フランス中世都市制度と都市住民

——シャンパーニュの都市プロヴァンを中心にして——

花田洋一郎 著

九州大学出版会

凡　例

（1）　本書では，末尾に参考文献目録，表，史料，図，地図，系図の順で資料を一括して掲げ，いずれも必要に応じて文中で参照・引用する方式を採用した。

（2）　本書では，参照・引用した文献を末尾の参考文献目録に一括して掲げた。参考文献目録は，【I】都市財政史関係研究文献，【II】シャンパーニュ伯領史関係及びシャンパーニュ諸都市関係史料と文献，【III】プロヴァン史関係史料及び文献，【IV】その他参考文献，に分類し，欧文（アルファベット順）と邦文（五十音順）とに分けて配列した。なお参照の便のために日本人研究者による外国語論文は邦文の中に含めた。

（3）　「註」が必要な場合には，本文中に番号を付してその位置を示し，各章の末尾に番号順に掲載した。

（4）　「註」の番号は，章ごとに独立した数字の連番で示した。

（5）　文献を引用する際には，編著者名・文献番号・頁数を必要に応じて註や本文中で括弧に挿入して示す方法を採った。

（6）　本文中で文献の参照頁を記す際，参考文献目録に挙げた文献については，欧文文献の場合「pp.」，邦語文献の場合「頁」，の表記は省いた。

（7）　参考文献目録には，中世都市史研究に重点を置いた文献を主に掲げ，それ以外の西欧中世史一般に関わる文献や辞典・概説書は必要に応じて「註」において，著者名・文献名・掲載書（雑誌）名・刊行地・刊行年・頁数を示した。

（8）　本書で使われる専門用語に関して，それに適当な邦訳がない場合は原語のカタカナ表記をした。しかし，できるかぎり便宜的な試訳をつけることにした。例えば，メールは市長，エシュヴァンは参審人，エシュヴィナージュは市参事会，カピテーヌは都市守備隊長，などである。

（9）　本書では貨幣単位の記載について次のような方法を採った。すなわちリブラ＝lb.，ソリドゥス＝s.，デナリウス＝d.，オボルス＝ob. である。なお 1d.＝2ob.；1lb.＝20s.＝240d. である。

（10）　本書では，都市に住む人々全体を「住民」とよび，「市民」という語は特別な場合を除いて使わない。それは聖界，俗界に限らず都市に住む様々な階層の人々を対象とする本書において，本来都市に居住し都市法を享受する俗人を指す「市民」という語では，著者の意図を十分に伝えることができないと考えたためである。

（11）　本書は，著者がこれまで発表してきた論文を基にしている。いずれも本書作成

の際に大幅に加筆し修正を加え，本書に組み込む際に論文題名を変更したが，参考のために元の論文を掲げれば以下の通りである。

序　論　書き下ろし
第1章　「フランス中世都市財政史研究の動向―1950年以降のフランス学界―」『史学雑誌』104-4, 1995年, 79-103頁。
第2章　書き下ろし
第3章　書き下ろし
第4章　「シャンパーニュ大市，都市当局，在地住民―プロヴァンを中心にして―」『経済学研究』(九州大学) 65-1・2, 1998年, 53-79頁。
第5章　「フランス中世都市の財政と「自治」―プロヴァンの都市会計簿(1274年―1331年)を素材にして―」『社会経済史学』61-5, 1995年, 54-81頁。
補　論　「フランス中世都市の財政構造をめぐって―シャンパーニュ大市都市プロヴァンの会計簿の検討―」『九州経済学会年報』32, 1994年, 57-63頁。
第6章　書き下ろし
第7章　「15世紀中葉プロヴァン都市会計簿の分析―中世後期フランス都市財政の1例―」『経済論究』(九州大学大学院) 94, 1996年, 435-458頁。
結　論　書き下ろし

(12)　本書では主要な定期刊行物に次の略号を用いた。

AM: *Annales du Midi*

Annales, E.S.C.: *Annales. Économie, Société, Civilisation*

BEC: *Bibliothèque de l'École des Chartes*

BHAP: *Bulletin de la Société d'Histoire et d'Archéologie de l'arrondissement de Provins*, devenu depuis 1967 *Provins et sa région*

BPH: *Bulletin Philologique et Historique du comité des travaux historiques et scientifiques*

CH: *Cahiers d'Histoire*

CRAIBL: *Comptes Rendus de l'Académie des Inscriptions et Belles-Lettres*

RH: *Revue Historique*

RN: *Revue du Nord*

MSAA: *Mémoires de la Société Académique d'agriculture, des sciences, arts et belles-lettres du département de l'Aube*

MSACSAM: *Mémoires de la Société d'Agriculture, Commerce, Sciences et Arts du*

département de la Marne
TAR: *Travaux de l'Académie nationale de Reims*
VC: *La Vie en Champagne*

目　次

凡　例 i

序　論　問題関心と課題の設定 1

第1部　研究史と課題の限定

第1章　フランス中世都市財政史研究の動向 7
　　　　　――1950年以降のフランス学界――
　　はじめに 7
　　第1節　中世都市財政史研究の本格化：1950～1960年代 8
　　第2節　中世都市財政史研究の多角的展開：1970～1980年代 ... 14
　　第3節　中世都市財政史研究領域の拡大と多様な研究成果 23
　　小　括 31
　　註 32

第2章　中世シャンパーニュ社会経済史研究の意義 37
　　はじめに 37
　　第1節　フランス中世におけるシャンパーニュ 37
　　第2節　シャンパーニュ地方の都市プロヴァン 41
　　小　括 43
　　註 44

第2部　都市社会

第3章　13世紀～15世紀におけるプロヴァン市当局と住民 ... 49
　　はじめに 49
　　第1節　プロヴァン住民の所有財産 50

第2節　プロヴァン住民の職種構成 ･････････････････････ 56
　第3節　13世紀～14世紀前半におけるプロヴァン市当局 ･･････ 59
　第4節　14世紀後半～15世紀における市当局と住民 ･･･････ 64
　小　　括 ･･ 67
　註 ･･･ 69

第4章　12世紀～14世紀におけるシャンパーニュ大市と
　　　　市当局及び都市住民 ････････････････････････････ 77
　はじめに ･･･････････････････････････････････････ 77
　第1節　プロヴァンにおける聖俗諸機関 ･････････････････ 79
　第2節　プロヴァン住民と外来商人 ････････････････････ 85
　第3節　プロヴァン市当局と年市 ･････････････････････ 89
　小　　括 ･･ 92
　註 ･･･ 94

第3部　財　政

第5章　13世紀後半から14世紀中葉におけるプロヴァン
　　　　都市財政 ････････････････････････････････････ 99
　　　　──1274～1331年都市会計簿を素材にして──
　はじめに ･･･････････････････････････････････････ 99
　第1節　プロヴァン都市会計簿の性格 ･･････････････････ 100
　第2節　プロヴァン都市財政運営の構造と変動 ･･･････････ 107
　小　　括 ･･･････････････････････････････････････ 113
　註 ･･ 115

補　論　プロヴァン都市会計簿分析の一例 ････････････････ 123
　はじめに ･････････････････････････････････････ 123
　第1節　1275年度会計簿の分析 ･･････････････････････ 123
　小　　括 ･･･････････････････････････････････････ 126

　　　　　　　　　　　　目　次　　　　　　　vii

　　註 126
　　史料原文 127

第6章　14世紀中葉における都市財政 135
　　　　　　——1360年会計簿の分析——

　　はじめに 135
　　第1節　1360年会計簿の性格 136
　　第2節　都市財政の構造と特色 140
　　第3節　14世紀中葉プロヴァン都市社会の状況 . . . 142
　　小　　括 144
　　註 145

第7章　15世紀中葉における都市財政 151
　　　　　　——1451年都市会計簿の分析——

　　はじめに 151
　　第1節　1451年都市会計簿の性格 151
　　第2節　部別構成 153
　　第3節　15世紀中葉プロヴァンの財政構造と会計簿の特徴 . . . 162
　　小　　括 164
　　註 165

結　論 169

　あとがき 173
　参考文献目録 179
　参考資料 225
　索引　INDEX 331
　フランス語目次 343

参考資料目次

[表1]	13～15世紀プロヴァン略史	227
[表2]	文書集成に現れるプロヴァン住民の所有財産 （13世紀後半～14世紀初頭）	230
[表3]	プロヴァン住民（周辺村落民を含む）の職種構成（1324年頃）	282
[表4]	シャンパーニュ大市開催期間	285
[表5]	中世におけるプロヴァン年市関係主要年表	286
[表6]	プロヴァンにおけるシャンパーニュ伯の所有財産	289
[表7]	シャンパーニュ伯（1285年以降はフランス王）の大市収入	293
[表8]	1274年度～1331年度：収入部	294
[表9]	1274年度～1331年度：支出部	296
[表10]	1360年会計簿の構成	298
[表11]	1451年度都市財政の収入部・支出部の内訳	300
[表12]	プロヴァンの市長リスト	301
[史料1]	子供の後見解放記録	302
[史料2]	プロヴァン都市会計簿に現れる年市	304
[史料3]	非訟業務文書に現れる年市	310
[史料4]	1360年会計簿冒頭部	314
[史料5]	フランス大元帥ロベール・ド・フィアンヌの特任状	315
[史料6]	1451年度会計簿冒頭部	317
[図1]	会計簿から見た14世紀初頭プロヴァンの財政機構	318
[図2]	コミューン体制期プロヴァン市当局の構成と市政役人の職務内容	319
[図3]	1360年会計簿に現れる人的配置	320
[図4]	15世紀中葉プロヴァン市当局の構成	321
[地図1]	中世フランスにおけるシャンパーニュ伯領	322
[地図2]	シャンパーニュ地方	323
[地図3]	シャンパーニュ大市とその周辺	324

[地図4]	プロヴァンの高台区と下町区 325
[地図5]	コミューンの非訟事項管轄権を利用した人々の出身村落 326
[地図6]	住民投票参加者の出身村落 327
[地図7]	1451年度都市会計簿における周辺村落に対する直接税負担配分 . . . 328

| [系図1] | シャンパーニュ伯家系図概略 . . . . 329 |

序論　問題関心と課題の設定

　第2次世界大戦後の西欧学界におけるヨーロッパ中世史研究の進歩は目覚ましく，中でもとりわけ中世都市研究では多彩な成果が続出した。そのインパクトはすぐにわが国学界へと波及し，法制史や経済史の分野で，都市起源，コミューン運動，都市法，都市商・手工業(ギルド)，など様々な問題をめぐって研究が進められた。戦後わが国学界における中世都市研究は，基本的にピレンヌ・テーゼ[1]とウェーバー都市論[2]の受容という形で進められ，とりわけ中世都市の起源論における遠隔地商業(商人)説，中世都市の「自由と自治」の在り方に関心が集中していた[3]。しかし1970年代から徐々にピレンヌに囚われずに，「市民」の社会的出自，都市-農村関係，市場史，手工業史などの分野で[4]独自の問題提起が試みられるようになった。

　わが国の中世都市研究は，対象とする時代が中世初期(4～11世紀)と盛期(12～13世紀)に集中する傾向が強く，中世後期(14～15世紀)は比較的手薄であった。その背景には，中世後期が都市衰退の時期に相当すると見なされ，さらにマルクス主義歴史学における「封建制から資本主義への移行」論の影響を受けて，都市よりも農村に研究の重心が移されていたことが考えられる[5]。さらに研究対象地域も，イングランド，ドイツ，ベルギー諸都市が盛んに取り上げられ，それに比べてフランス都市は蓄積が浅く，特に中世後期に関してはごく僅かという状況であった[6]。

　ところで近年西欧学界では，中世後期という時代の見直しが精力的に進められており，いわゆる「移行」の時代，あるいは「戦争・疫病・飢饉からなる危機＝三位一体の災厄」，都市経済衰退の時代[7]としてネガティヴなイメージで捉える通説を退けつつある[8]。特に，都市と周辺世界を分析単位に据える地域史，

その際の分析手段として中心地理論の適用, 研究対象の小都市への拡大,「自由と自治」の意味を問う政治権力と都市の力関係の考察,「危機」論に代わる「社会経済構造転換」論の登場といった多様な視角から, 中世都市史研究におけるパラダイムの転換が強く意識されている(田北 [556] [558] [560])。本書が対象とする中世後期フランス都市史についても, その点は例外ではない。中世後期を社会的編成の転換期, 既存体制(制度)の変革期と捉えることで, 16 世紀以降アンシャン・レジーム期の制度につながってゆく時代と見なし, 積極的に評価する気運が高まってきている。そこでは中世都市における制度の変化(行政・財政・司法など)を, その背景で進行する経済の動きと絡めて, 多面的に把握しようという姿勢が感じられる (Chevalier [44]; Rigaudière [175] [180])。

　こうした胎動が早期に起こり, 独自の成果を生み出してきているのがフランス中世都市財政史である。この財政史そのものは, 19 世紀後半の西欧におけるロマン主義的歴史学の雰囲気のもと郷土史の枠内では歴史家の関心を引いていたが, 史料刊行と静態的な制度叙述が主であった。財政史研究がこの無味乾燥な制度史の枠を越えて独特の進展を見せ始めるのは 1950 年以降である。この点は新世代を代表する歴史家の表現から容易に見て取れる。「財政は都市社会の状況を映し出す鏡」(Favier [96]; Droguet [76]),「中世都市会計は生き生きしている。会計は, その記載形式, その展開を見ることで, それをもたらした組織の関心事を映し出してくれる」(Clauzel [57] 279),「(会計簿は)財政面のみならず, 制度や社会面でも第一級の情報源であり……会計手段であると同時に真の都市年代記である」(Rigaudière [175] 19),「それは日誌のように都市財政, そしてその歴史の最も細かな事実を知るうえで興味深い記録である」(*Ibid*, 923)。ここに見られるのは, 財政(会計)関係記録の厳密な史料批判に基づく利用及びそれを踏まえた都市の社会経済・法制的諸変化との関連を追究する姿勢である。すなわち, 制度を多様な社会層の合意の基で社会状況に対応しながら変化してゆく柔軟な構造を持つものと捉え, そうした観点から史料を読み直そうというのである。こうした近年の動向に学びながら, 視野を狭く都市財政構造の分析に限定せずに, 財政を軸に都市制度そして市当局・王権・都市社会層の利害対立と絡み合いの諸相を動態的に把握しようというのが, 本書の基本的な立場である。

ところで本書は，研究対象として13〜15世紀におけるシャンパーニュ地方の都市プロヴァンを取り上げた。それは，慣習法文書から都市会計・租税記録及び市政関連文書に至る多くの文書が伝来し，さらに重厚な研究の蓄積にも恵まれて，都市財政を核に据えた上記の課題追究にとって絶好の条件を備えているからである。それと同時にフランス中世における重要な都市として，いわば社会経済・国制的にもフランス中世都市史の焦点に位置するからでもある。プロヴァンは，中世盛期を頂点に「大市」が衰退に向かった後も毛織物工業を基礎にして地域に根差した発展を示し，またコミューン体制崩壊後にも広範な社会層を糾合した独自の制度的展開を見せ，さらにシャンパーニュ伯からフランス国王への領主権の交替後にも，その自律的市政は存続したと言われている。

以上のような課題に取り組むために，本書は全体で3部構成を採っている。第1部「研究史と課題の限定」では，フランス学界における都市財政史をめぐる研究動向を子細に検討し，この分野における新潮流を確認し，同時に本書の接近方法を明らかにする。そしてフランス中世都市史研究の「縮図」としてプロヴァンの占める位置を明らかにするために，シャンパーニュ社会経済史を概観する。続いて第2部「都市社会」では，プロヴァン市当局と都市住民の関係を，様々な類型の史料を用いて，経済生活，社会的職能編成，市政活動との関わり，都市統治機関の変化，市場参加の在り方という観点から順次検討する。そして第3部「財政」においては，1274〜1331年，1360年，1451年の会計記録をそれぞれ分析し，都市財政制度の変化を重ね合わせながら検討し，併せて王権・市当局・都市住民の関係の変化を明らかにする。

註

1) ピレンヌ・テーゼについては，H. ピレンヌ（増田四郎監修/中村宏・佐々木克巳訳）『ヨーロッパ世界の誕生―マホメットとシャルルマーニュ―』創文社，1960年；同（佐々木克巳訳）『中世都市―社会経済史的試論―』創文社，1970年；同（佐々木克巳訳）『中世都市論集』創文社，1988年を参照。ピレンヌ・テーゼの欧米学界及びわが国学界におけるインパクトとその反応については，森本[574][575]を参照。
2) M. ウェーバー（世良晃志郎訳）『都市の類型学』創文社，1964年。
3) 例えば，瀬原義生『ヨーロッパ中世都市の起源』未来社，1993年；林毅『西洋

中世都市の自由と自治』敬文堂, 1986 年; 同『西洋中世自治都市と都市法』敬文堂, 1991 年; 同『ドイツ中世自治都市の諸問題』敬文堂, 1997 年.
4) 都市-農村関係に関しては, 森本 [575]; Verhulst et Morimoto [531]. 市場史については社会経済史学会「第 65 回大会特集号　共通論題　市場史の射程」『社会経済史学』63-2, 1997 年 (特に田北 [561] [562]; 丹下 [564]; 山田 [581]), 都市自治論については斎藤 [552], 手工業については田北 [560]; 藤井 [570] を参照.
5) 西洋経済史における西欧中世後期に対する評価の変化, そして中世後期における都市と農村をめぐる研究動向については, 田北 [556] [558] を参照.
6) わが国におけるフランス中世都市研究の代表的な業績は山瀬 [244] であるが, 南フランス中世社会経済史研究の動向紹介という性格が強いものであった. わが国学界における近年のフランス中世都市研究の成果は, 高橋 [555]; 江川 [542] を参照.
7) いわゆる中世後期における都市の衰退問題に関しては, とりわけイングランド都市の衰退論争がある. この問題については, 酒田 [549] [550] [551] 所収論文を参照. さらに, A. ダイヤー (酒田利夫訳)『イギリス都市の盛衰—1400〜1640 年—』早稲田大学出版部, 1998 年を参照. フランスについては, Carpentier et Le Mené [470] 429-452 を参照.
8) いわゆる「危機」論の相対化を試みた業績として, Seibt/Eberhard [526] 所収諸論文, Wolff [536]. フランスに関しては, Demurger [480], Roux [524], Goldsmith [498] が挙げられる.

第 1 部 | 研究史と課題の限定

第1章 フランス中世都市財政史研究の動向
　　　——1950年以降のフランス学界——

はじめに

　ヨーロッパ中世都市研究が多方面にわたる展開を見せる中で，様々な類型の史料が新たな観点から利用されるようになり，都市財政に関わる記録類もその例外ではなくなってきている。フランス中世財政史の泰斗ファヴィエは，この点を「中世に限らず，財政はすべての基礎であり，すべてを映し出してくれるものである……人々は財政と租税の問題と向き合って生き，それは現在でも変わらない。歴史家はそのことを自覚しておかねばならない」([96] 11) と表現している。

　しかし都市財政が共同体生活の根幹をなす重要な問題領域であるとの認識にもかかわらず，財政史に正面から取り組む気運が高まりを見せ始めたのはようやく最近のことである[1]。こうした胎動の学説的背景には，アナール学派の影響[2]，ブローデルの「資本主義の原動力としての都市」論[3]，近代国家形成過程において財政・租税制度を基本要素と捉える議論[4]に代表される潮流があろうが，都市とその後背地の諸関係を「全体史」として考察するフランス学界特有の「地域史」研究の重厚な蓄積を忘れてはならない。そこで本章では，第2次世界大戦後フランス学界における中世都市財政に関する研究成果を可能な限り網羅的に取り上げ（これと協同して研究を進めることの多いベルギー学界の成果も一部含む），研究史の系統的な整理を試みる。それを通じて本書が扱う課題の位置付けをより鮮明にできると考えるからである。

　ところでフランス学界における中世都市財政史研究は，自由主義的な風潮の

中「自由と自治」の牙城として中世都市に関する研究が第 1 期の頂点を迎えた 19 世紀後半にまで遡ることができる。この時期の研究は地方史家を中心に精力的に行われ，後の研究に史料基盤を提供することになったが[5]，方法的には法制史に偏り，問題関心も租税の在り方に終始して[6]，都市財政史そのものを対象に据えることはほとんどなかった。1897〜1898 年に，ドイツでクニピンクによるケルン会計簿の研究[7]が出され，史料刊行の一部に会計記録が所収された。すぐにフランスでもエスピナのドゥエ財政史に関する大著 (1902 年)[8]が続き，ヨーロッパ学界全体に共通する中世都市財政研究への関心の高まりを読み取れる。しかし，その後この分野をリードしたのはむしろベルギー学界で，1934 年に出されたファン・ヴェルフェケのヘント財政研究[9]を代表作とする。この傾向は第 2 次世界大戦後も継続し，国際研究集会の開催などで積極的な役割を演じてきた。これに対して，言わば都市財政史研究の後進国であったフランス学界において，取り組みが本格化したのは何を契機としていたのか。以下，この点から出発して，一定の年代枠を設けながら，研究動向を探ってゆくことにする。

第 1 節　中世都市財政史研究の本格化: 1950〜1960 年代

(1) 契　　機

フランス学界においてこの分野での研究が本格化するには，次の 2 つの契機が認められる。一つは，ナンシー大学シュネーデルの『13・14 世紀の都市メッス』(1950 年) を嚆矢とする中世都市研究の新潮流[10]であり，地域史を志向した都市全体史の試みが開始されたことである。この潮流の中で，財政史研究に先鞭をつけたのがトゥールーズ大学ヴォルフによる一連のトゥールーズに関する研究であり，特に評価されたのが，学位論文『1350 年頃から 1450 年頃に至るトゥールーズの商業と商人』(1954 年) [207] とその副論文『14・15 世紀トゥールーズ市民に関する≪税額査定帳簿≫』(1956 年) [208] である。前者は，所謂「危機」の時代におけるトゥールーズ商業の実態解明に重点を置いているが，そのために都市会計簿と租税記録の分析にも意を用いている。都市財政に関する記

述は多くはないが，財政記録が提供する情報は，様々な経済変動を示す図表・グラフに，十二分に利用されている。また後者は，1335年・1391年・1459年のタイユ税額査定帳簿《estimes》に基づいて，トゥルーズ市民の財産構成と土地所有分布を明らかにしている(その内容については山瀬[244] 118-170)。これらの書物以外のヴォルフの業績([205][206][209])も，中世都市財政史そのものを論じた研究ではないが，いずれも会計簿を含めた財政記録を駆使している。そうした点でこれらは，特に南仏におけるこの分野の研究に対して起爆剤となることができたのである。

　もう一つの契機は，ベルギーで開催された国際研究集会への，フランスの研究者による積極的な参加に求めることができよう。ベルギーにおける歴史研究・出版機関《Centre Pro Civitate》は定期的に国際研究集会を開催しているが，1960年代には，『13～16世紀都市財政と都市会計』(1962年)[103] で中世都市財政をテーマに選んだ後，続く『都市及び国家の枠内における租税』(1964年)[153] では，それを王国・領邦財政と関連させて検討した。

　前者では，まず冒頭報告で都市会計簿の史料的有用性の再認識とその活用の努力という学会の方向性が明示された (Bruwier [34]) が，フランスからは2報告が行われた。グレニソンとイグネは，フランス南西部諸都市を対象にして，財政・会計制度の発展と防備施設の構築・改修との相関性を浮き彫りにしているが，42都市について都市会計簿の伝来状況・主要史料の文書館での所蔵目録及び研究文献の網羅的リストを付している ([109])。またイグネ＝ナダルは，14世紀ペリグーのタイユ会計簿を素材にして，租税が都市財政の中で定着してゆく過程を会計簿の構成に見られる変化と関連させて探っている ([124])。後者は租税に焦点を絞り，都市と国家でのその形態・規模・機能などの検討を主眼としていたが (Arnould [2])，フランスからは，ファヴローとグレニソンが，15世紀ポワチエを対象にして国王課税と都市財政との絡み合い，王権による都市財政への漸次的介入，そして都市財政の破綻を明らかにしている ([100])。これら国際研究集会におけるフランスからの報告は，他国研究者の報告同様に示唆に富むもので，若手の歴史家たちを中世都市財政史の研究に向けて大いに啓発したようであり，特にグレニソン／イグネ報告 ([109]) は，後述するように，フランス学界に新たな道を切り開くこととなった。

こうした，ヴォルフの仕事と国際研究集会という内外からの刺激は，1960年代末までのフランス学界で強い力を発揮したのであり，その後の都市財政史研究が，しばしばこれらの業績を引用し導きの糸と見なしていることからも，そのことは明らかである。ことに重要なのは，都市の会計簿と租税記録との史料としての重要性が，ヴォルフによっても国際研究集会でも浮き彫りにされ，そこから，これら2つを素材とする研究が続出することになった点であろう。以下，その成果を見てみよう。

(2) 都市会計簿を素材とする研究

1950～60年代に発表された，都市会計簿を主たる素材として都市財政を検討した主要な業績を，刊行年代順に対象とした都市と共に列挙すると，次の通りである。Mollat [160] (ディエップ), Besnier [12] (アラス), Alauzier [1] (カジャール), Humbert [130] (ディジョン), Bernard et Giteau [10] (ボルドー), Wolff [211] (トゥールーズ), Wyffels [215] (アラス), Bougard et Wyffels [27] (カレー), Leguay [142] (レンヌ)。これらの中から，代表的な業績3点の内容を概観してゆくことにする。

① フランソワーズ・アンベール『14世紀中葉から1477年までのディジョン都市財政』([130])

ブルゴーニュ公国の首府ディジョンを対象に，1392年から1478年までの都市会計簿を分析した業績で，特に収支構成の検討に重点が置かれている。都市の全収支の管理は，14世紀初頭では市長《maire》が担当していたが，その後総収入役《receveur général》がその役目を担うことになる。しかし，15世紀初頭以降その役目は経常財政に限定され，特別財政には複数の臨時収入役《receveur extraordinaire》が当たることになった。収入では租税が大きく，支出ではブルゴーニュ公への援助金と防備費が2分の1以上を占めていた。ディジョン財政の全体的特徴として，収支のすべてを統括する総収入役の不在，直接税の優位，そして商業的繁栄と債務の制限あるいは早期返済による財政の安定性，が指摘されている。

第1章 フランス中世都市財政史研究の動向

② ピエール・ブガール／カルロス・ウェイフェルス『13世紀カレー財政―1255年から1302年までの史料刊行及び研究』([27])

都市領主が激しく交代した時期のカレー財政を，巻末に掲載した1268～1301年の間の10会計簿を含む複数の財政記録(都市の負債・未払金・間接税負担者・借金に関するリストなど)に基づいて分析している。収支管理は市政役人である書記《clerc》が中心となって行っていた。収入では租税(間接税《maltôte》が約60％，タイユが約35％)が大部分を占め，支出では伯への援助金・贈与・貸付が最も重い負担であった。この伯に対する金銭的負担を履行し，そして防備費用を捻出するために，市政機関は租税以外に借入に頼らねばならず，内外の富裕市民及び孤児資産からの借金や定期金売却を通じて，必要資金を集めていた。自主財源の整備よりも借入を優先した結果，14世紀初頭には絶望的な負債状況に陥ったとされる。なおカレー財政に関して本書刊行後の1983年に会計記録が新たに発見された。1277～1278年の会計年度分とされるこの記録もまた，彼らによって刊行されている([28])。

③ ジャン＝ピエール・ルゲ『Miseursの会計簿からみた15世紀の都市レンヌ』([142])

1418～1500年までの都市会計簿に基づいて，レンヌ都市財政の諸側面を綿密に分析した業績である。《Miseurs》とは，15世紀ブルターニュ諸都市(ナント・ヴィトレ・ヴァンヌなど)に見られる会計役の呼称である。レンヌでは2名であり，職務は収入役としての役割に加えて，公共事業の現場監督・徴税請負者を決める競売会の開催・使者として旅行と，多岐にわたっていた。収入では租税，特に飲料税(《apeticement》あるいは《billot》と呼ばれたぶどう酒税など)や一種の流通税(《devoirs de Cloison》と呼ばれ，市門などで様々な商品に対して徴収されていた)が中心であり，支出では防備費が30～50％を占めていた。ことに防備施設を中心とする公共事業(囲壁・鐘楼・塔などの構築・改修，橋・街路の維持，工事の資材や労働者の実態など)には本書の3分の2が充てられ，詳細に分析されている。レンヌにおける都市行政・財政制度の発展は，百年戦争に起因する防備体制整備の必要から生まれたとされ，後述する防備強化政策と都市財政との相関を明瞭にした著作である[11]。

これらの3つの業績は，いずれも都市会計簿を基本史料として取り上げ，それに基づいて会計制度や収支構成について詳細な分析を試みた本格的な研究である。しかし，数量的材料の統計的処理と図表を使った整理は十分とは言えず，また様々な収入を一体として観察し，これをシステムとして捉えようという態度が希薄であるという弱点を示すことも否めない[12]。以下に取り上げる租税史料を用いた諸研究は，そうした弱点を免れていると考えられる。

(3) 租税史料を素材とする研究

租税史料を素材にした研究のうち，主要なものは次の通りである。Prat [170]（アルビ），Bertrand [11]（エスパリヨン），Dubled [78]（カルパントラ），Fédou [101] 209-231（リヨン），Rossiaud [189]（リヨン），Higounet-Nadal [125]（ペリグー），Favier [95]（パリ）。中でも多く伝来し，利用されているのはタイユなど直接税の税額査定記録であるが，その呼称は様々である。フランス南西部及びプロヴァンスでは《estimes》，リヨンでは《vaillants》あるいは《nommées》，ラングドックでは《compoix》，ブルターニュでは《livres-rentiers》と称されている。これは，徴税実務に用いるべく，一定の基準に基づいて行われる資産評価と課税に関する情報を，個人別に記した記録であり，概して次のように構成されている。まず，評価対象として十分な家産を持っている家長の名が記載され，それに並べて動産・不動産の概要・構成・立地，そして時には職業が記され，最後に担税者各自が申告した家産価値に応じた担税額が記録される。この記録に基づいて，特に史料利用の方法論という観点で多大な影響を与えた業績として，次の2著が挙げられる。

① アルレット・イグネ＝ナダル『14世紀ペリグーのタイユ会計簿と人口史史料』([125])

伝来史料に恵まれたペリグーを対象に，人口史研究で租税記録を使用するための方法論的アプローチを試みた業績であり，後述する同じ著者による1978年の集大成([127])の序論をなす。巻末に，1320年から1401年までの14のタイユ会計簿を完全な形で刊行し，またそこに登場する4,493の家族名目録を付

している。地誌及び伝来史料の概観から始まり，担税者や免税者の階層・タイユ課税標準の計算方法・戸《feu》の定義(税制戸《feu fiscal》と実在戸《feu réel》の問題)を検討した上で，テクストからの情報をすべてパンチカード化する方法を提示している。こうして作成された8万枚に及ぶカードを基に，人口算定はもとより，個人データに基づく家族構成・系図復元から，地誌データに依拠した各教区の居住民数・富裕度や職業分布に至る多面的分析の可能性を示唆している。具体的な統計分析の成果は出されていないが，論述の展開スタイルは，その後の研究の多くが模範としており，その影響力を窺い知ることができる。なお，イグネ゠ナダルにはカステルジャルーに関する同様のテーマを扱った論稿がある([123])。

② ジャン・ファヴィエ『百年戦争末期パリの担税者。1421年・1423年・1438年の租税帳簿』([95])

中世パリ人口論争で脚光を浴びた，フィリップ4世期のタイユ帳簿(1292年・1296年・1297年・1313年)及びフィリップ6世期の王国全土教区・戸数調査報告(1328年)とパリの都市会計簿(1424年から伝来)との間隙を埋めるのが，本書の分析対象となっている3つの租税記録である。テクスト刊行が本書の3分の2を占め，史料分析は限られた紙幅の中で要領よくまとめられている。人口史的視点からの史料分析に始まり，1421～1423年のパリの囲壁内人口約10万(下限50,800，上限146,000)の結論を得ている。

次にパリの地誌構造の復元を試み，16地区を再現したあと，各地区の社会経済的分析に移り，職業分布について言えば，セーヌ左岸では居酒屋，右岸では両替商・金銀細工師，シテ島では小間物商，グレーヴ地区では皮鞣工の集中を確認している。さらに担税額データに基づく各職種の富裕度に関する検討から，両替商，毛皮商，魚商人，国王役人の豊かさを，またパリ市民の財産序列の分析からは，セーヌ右岸の優位を指摘している。本書の意義は，前述のイグネ゠ナダルが提示した租税史料に対する多面的アプローチを実行し，多彩な成果を得た点にある。また情報の統計的処理や図表を利用した整理の手腕も特筆せねばならない[13]。

第2節　中世都市財政史研究の多角的展開：1970～1980年代

(1) 1960年代までの総括

　1970年代以降の研究史を把握するためにまず言及しなければならないのは，1960年代までの欧米学界における中世財政史研究を総括したファヴィエの労作『中世後期における財政と税制』(1971年)[96]である。広い読者に向けた叢書の一冊として書き下ろされたもので，様々なテーマを各々に関連した史料と併せて紹介している。掲載史料の選択や量における偏り，史料解説の不十分さといった嫌いはあるが，冒頭に集約された論点開示と主要業績をほぼ網羅している文献目録は，中世財政史研究の総括を試みた業績として評価できる。さらに，本書の意義として，総括に加えて，中世都市財政史に対して3つの新たな研究方法を示唆した点を強調しなければならない。第1は，本書の随所に配置されている図表が示すように，数量データを統計処理する必要性を強く押し出している点である。第2に，本書の題名に見て取れるように，財政史と租税史との接合を意図している点である。第3に，欧米諸国の成果を積極的に摂取した叙述からも分かるように，フランス国内のみならず，ヨーロッパ規模での比較に意を尽くしている点である。

　このファヴィエの業績は，それまでの研究成果を総合しつつ，以上の3つの研究方向を提示し，それはその後の研究を決定づける一大画期となった。以下では，70年代から80年代にかけて生み出された中世都市財政史に関する代表的な成果を，この3つのアプローチに即して，コンピューターを用いた研究の精緻化，財政諸記録の総体的利用，比較の展望，の順序で検討してゆくことにしたい。

(2) コンピューターを用いた研究の精緻化

　70年代に入り，コンピューターは特に租税史料の分析のために活発に利用されるようになり，後述する中世都市の人口や社会構造に関する研究に代表さ

れる，多くの成果を生み出している。ここでは情報の大量処理を通じて研究の進展を意図した企画と業績として，次の2つを挙げておこう。一つは，高等師範学校の都市史センター／ローマ・フランス学院／国立科学研究センター共催により1985年にサン゠クルーで開催された研究集会『都市の古土地評価台帳と情報工学による処理』([18])である。ここでは技術的な問題に重点を置いた報告（Montpied et Rouault [163]; Stouff [199]）だけでなく，例えばデュボワは，租税会計簿《comptes des marcs》（《marcs》とは，ディジョンで徴収され，ブルゴーニュ公に毎年上納されていた租税で，この帳簿は家長の名簿であると同時に課税台帳である）を使って，ディジョン市民の財産，名前及び移動を分析している([82])。またリゴディエールは，税額査定時における，動産の調査方法・構成・評価に関して，1980年代までの成果の摂取に基づいた綿密な報告をしている([179])。このように社会構造分析を志向した報告は他にもいくつか挙げることができ，いずれも示唆に富む成果を上げている（Biget [14]; Coulet [66]; Zerner [217]）。

もう一つは，ゲローの論文「15世紀ディジョン都市財政に関する統計分析」(1982年) である([115])。前述したアンベールのディジョン財政史研究 (1961年) [130] に掲載された数値データを基に因子分析モデルを応用して，コレスポンデンス分析《analyse factorielle des correspondances》を行い，そこで得られた結果を相関係数分析によって検証するという方法を提示している。そこでは因子分析などの統計学的手法を応用することで，会計簿を読むだけでは分からない都市財政の構造と変動との特徴を明らかにすることができるとされる。ディジョンの場合，収入の顕著な安定性，支出部における各項目の変動規模の相違などが明らかにされ，総じて歴史研究における因子分析の有効性が確認される。都市財政史料の分析に統計学・数学的分析手法を取り入れることにより，分析結果の裏付けを得たり，あるいは新たな問題の発見が期待できる。なお，ゲローは前述の研究集会において，同じ分析手法を用いてリゴディエールの租税史料研究([174])を基に，「14世紀サン゠フルールにおける菜園に関する統計学的覚書」([116])と題する報告をしている。

(3) 会計簿と租税記録との総体的利用

70年代から80年代にかけて，中世都市史の量産期と言えるほど多彩な成果が現れたが，その中で，都市会計簿に基づいた研究として，Laduguie [136]（ボルドー），Duparc [88] 103-124（アヌシー），Chevalier [43] 95-107, 531-535（トゥール），Clauzel [50]〜[53]（リール），Favreau [99] 91-101, 187-191, 235-248, 581-582（ポワチエ），Droguet [76] [77]（マルセイユ），Durieux [90]（コンピエーニュ），Billot [19] 139-170（シャルトル），Le Mené [150]（アンジェ）がある。また租税記録を分析したものとして，Souchon [196]（オ＝ヴィヴァレ諸都市），Bled [20]（ロートレック），Suau-Noulens [201]（ロデーズ），Rey [173]（ラングル徴税管区），Bibolet [13]（トロワ），Rigaudière [174]（サン＝フルール），Eclache [92]（トゥールーズ），Montpied [161]（グルノーブル），Brondy [29]〜[33] 61-65（シャンベリー）を挙げることができる。

しかし，この時期に登場する新しい試みとして注目すべきは，個別都市史の総合的叙述の中で，この2種類の財政史料を総体的に利用した業績であろう。その主なものは，Castaldo [38] 247-285, 371-450（アグド），Plaisse [169] 97-114, 155-203（エヴルー），Desportes [71] 187-294, 457-523（ランス），Hébert [120] 26-93, 193-238（タラスコン），Rigaudière [175] 557-945（サン＝フルール），Stouff [198] 321-371, 720-724, 768-801（アルル），Coulet [65] 59-107, 247-271, 1069-1104（エクス＝アン＝プロヴァンス）である。

そこで以上の仕事の中から特に興味深い成果を上げた次の6点を取り上げ，都市財政に関わる部分をまとめてみたい。

① アンドレ・カスタルド『ラングドックにおける領主，都市，国王権力。中世アグドのコンシュラ(13-14世紀)』([38])

本書は，地中海沿岸の小都市アグドを対象に，中世後期におけるコンシュラの形成・発展過程を領主(＝司教)権力の弱体化と国王権力の強化との絡み合いの中で検討しているが，特に14世紀の社会・経済的状況の検討に財政史料を用いている。まず唯一伝来している1360〜1361年の《clavaires》（＝南仏諸都市における会計係の呼称）の会計簿の分析により，収入ではタイユが96％を

占めるのに対して，支出ではフランス王へのタイユ支払いが58％を占め，行政諸経費(給与や旅費)などの経常支出を遥かに上回っていることを明らかにし，ここから都市財政に対する国王財政の介入を強調する。次に1320/30年・1360/70年・1453年の3つの税額査定記録《compoix》の詳細な比較から，手工業者・商人が少なくて，農村的・漁村的性格が強いこと，14世紀末・15世紀初頭に富裕層《gros》及び貧窮層《menus》が減少して中間層《moyen》の形成が見られること，中間層と都市貴族との相克がこの時期のコンシュラの危機と関連していること，などを結論としている。

② ベルナール・シュヴァリエ『国王都市トゥール(1356-1520)。中世末期における中心都市の起源と発展』([43])

本書は14世紀から16世紀までのトゥール社会経済の長期分析を意図した著作であり，その中で都市財政に対する目配りがなされている。国王役人・参事会員・有力市民からなる住民総会において任命された収入役が，収入・支出業務を処理して，会計簿を作成していた。財政運営の実質的な責任は，2名の市政官《élus》と1名の教会代理人《commis des gens d'Eglise》——聖堂参事会とサン＝マルタン教会参事会から毎年交互に1名選出された——が担っていた。本書が分析の対象とした会計簿は1358年から1520年までであり，シュヴァリエはこれを1358～1418年(第1局面)，1425～1460年(第2局面)，1460～1520年(第3局面)に分割して，それぞれ個別に検討し，特に間接税に重心のある租税システムの確立過程に力点を置いて叙述している。そのため支出に関しては，費目構成にほとんど変化が見られないとして，その内訳を示すに留めている。財政は全体として健全だったと強調しているが，それが収入役による意図的な会計操作の結果であるという面があることにも，十分注意した論述をしている[14]。なお，シュヴァリエは，会計簿から得られる数値以外の情報，例えば自然現象(ロワール川の氷堤，洪水，橋・堤防の損壊，厳冬，多雨)，伝染病(ペスト・梅毒)，飢饉に関する記述にも着目して，巻末に整理した形でまとめている。

③ ピエール・デポルト『13・14世紀におけるランスとランスの人々』([71])

ランスにおける都市財政記録の伝来状況は非常に恵まれており,会計記録については,1337～1430年の24の《greffe de l'échevinage》(ランスにおける会計係の呼称であり,参審人12名の中から2名選出された)の会計簿の他に,防備施設,道路,市門の構築・補修に関する会計簿が伝来している。租税記録については,1301～1328年の間の32のタイユ帳簿を初めとして,戴冠式挙行諸経費の捻出のために作成された戴冠式タイユ帳簿,さらに1328年フィリップ6世の戴冠式に際して作成された不動産価値査定簿《prisée》が伝来している。会計簿からは,収入ではタイユ,支出では裁判諸経費が主であり,14世紀前半には多額の負債を抱えていたことが明らかにされているが,借金への依存が大司教により制限された結果,財政破綻には陥らなかったとされる。

租税記録は都市社会層分析において徹底的に利用されている。例えば,担税額から居住民を富裕層《gros》,中間層《moyens》,貧窮層《menus》の3階層に分け,それぞれの割合の変動分析からランス社会層の安定性を指摘している。他方で,《menus》の約4分の1ないし3分の1が2～3年で居住地と仕事を変えていたことを検出し,頻繁な教区間移動として特徴づけている。富裕市民層の財産構成に対しても,不動産・動産両面について詳細な分析を加え,人口に関しても独自の算定を提示するなど,租税記録からのデータを十分に生かし,多彩な成果を上げているのが印象的である。なお,デポルトには戴冠式をめぐる財政問題を検討した論文があり,歴代仏王戴冠式挙行都市の財政上の苦悩が浮き彫りにされている (Desportes [70] [73])。

④　ミシェル・エベール『14世紀のタラスコン。プロヴァンス地方の一都市共同体の歴史』([120])

ケベック大学エベールの第3期博士論文である本書は,南仏の中都市タラスコンを対象に都市社会層の実態解明に重点を置き,特にコンピューターを利用した財政史料分析によって大きな成果を上げている。本書で利用されている財政記録は,1382～1391年までの会計係《clavaires》作成の4都市会計簿,及び1378年と1390年の《cadastre》である (《cadastre》とは,前述した《estimes》,《compoix》などと同じ税額査定帳簿の一種であるが,所有者ごとにではなく,地区・街路などの区域ごとに市民の所有財産の評価額が記載されている)。会

計簿の分析からは，特に次のような事態が浮き彫りにされている。収入では間接税(9種に及ぶ構成を持ち，«gabella»というぶどう及びぶどう酒の売上税，水車の使用・家畜や穀類の取引に課された税などから成る)が75％を占め，支出では市政役人への給与，旅費といった行政諸経費(これには兵士への俸給・囲壁構築費・都市の使節派遣費なども含まれている)が67％を占めており，全体的に財政への戦争の影響を見て取ることができる。また14世紀末には借金(特にアヴィニョン商人から)の累積に苦しんでいたことが明らかにされている。1378年の税額査定記録(付随的に動産についても記載)と1390年のそれの分析からは，都市・農村景観の復元(家屋・教会施設・耕地・ぶどう畑などの分布)だけでなく，都市内9地区における家屋の評価額や職業分布の分析，商人・公証人・製粉業者・仲介業者などを最富裕層とする職業別富裕度の検討，さらには人口推計など，社会経済史での多様な試みをしており，租税史料の可能性を十分に引き出していると言えよう。

⑤ アルベール・リゴディエール『中世末期のオーヴェルニュ都市サン゠フルール。行政及び財政史研究』([175])

現在のフランス学界で中世都市財政史の第一人者，パリ第2大学のリゴディエールの学位論文である本書は，豊富な財政記録を駆使して，都市社会層及び財政構造を詳細に分析した労作である。本書が分析対象としている主な財政記録は，1378年から1467年までの会計簿と1360年・1400年・1425年・1451年の«estimes»であるが，第2巻全体が会計簿に基づく，収入・支出の個別分析及び収支の長期変動分析に当てられている(第1巻では，都市の自治組織の成立過程とその構成など，行政面が詳細に検討されている)。財政管理及び会計簿作成は，14世紀末までは収入役が担当していたが，15世紀以降は事実上，市政官«consul»が収入役を兼任していた。まず収入では，ぶどう酒税46％，タイユ40％と租税依存体制が明確であり，かつ間接税と直接税との均衡が印象的である。支出では国王への援助金25％，公共事業14％(大部分が防備施設関係)，行政諸経費14％で収入の半分以上を占め，都市財政に対する国王課税および軍事的支出の圧力が見て取れるという。さらに長期変動分析では1378～1399年(第1局面)，1400～1430年(第2局面)，1431～1467年(第3局

面)を通じて財政の安定性を指摘している。

次にタイユ税額査定記録からは，都市内の地区別・職業別富裕度の分析を試み，他方で4つの税額査定記録の相互比較による，富裕層の動態的把握がなされている。こうした成果は，1977年に同著者により刊行された，1380〜1385年の税額査定記録分析 ([174]) から得られた成果との比較検討を可能としている。さらに，コンピューターによる数値処理の結果を，百に及ぶ膨大な図表・グラフに示しており，その鮮やかさは大きく評価すべきであろう。また1970年代までの主要な都市財政史研究の成果が随所に引用され，他の都市の事例との比較にも目配りがなされている点にも注目すべきである。なお，リゴディエールには『中世において都市を統治すること』と題する最近刊行された論文集 ([180]) があり，1980年代に発表された彼の主要な財政史関係の諸論文 ([177] [178]) も収められている。これらの論文もまた，本書と同じく綿密な文献検索をした上で，コンピューターを使い情報を巧みに処理した仕事である。

⑥　ドニ・クローゼル『ブルゴーニュ公支配期におけるリール財政と政治』
　　([53])

ブルゴーニュ国家存立の一翼を担ったフランドル都市リールを対象にした本書は，現在アルトワ大学のクローゼルによる第3期博士論文である。都市財政をブルゴーニュ国家権力との関係を軸に分析した点で独自の成果を上げた業績である。本書はリールに伝来する1379〜1482年間の都市会計簿を基本史料とし，まず第1部でリール都市史を概観した上で，第2部にて複雑なリール市政機関の部局構成，会計技術の進歩，各種貨幣の交換比率の検討を通じて財政管理の基本を確認し，第3部で支出及び収入構成の具体的検討と財政構造の把握を行い，そして第4部では税制の特徴，食糧品市場の状況，商・手工業の在り方が検討されている。財政構造の分析に留まらず，都市の社会的状況の変化と経済活動の展開との関連性に目配りし，会計記録から得られる情報を最大限に活用した好例である(収支に関わる様々な数値を整理した多数の表が印象的である)。ここで明らかにされたリール財政は，収入ではぶどう酒，穀物など8つのカテゴリーからなる間接税と長期借入が支柱で，支出では公財政向け租税と借入金返済とが全体の68%を占め，全体的にブルゴーニュ国家に従属した

赤字財政であった。しかしこうした財政逼迫状態にありながらもリール経済は，多彩な商・手工業活動に支えられて危機に陥ることはなかったとされる。クローゼルは本書以外にもリール財政を対象とした研究を数多く発表しており，その多くが一貫して都市会計簿の網羅的分析を基本とするものである ([50]～[57])[15]。

(4) 比較の展望

このように，コンピューターの積極的利用により研究の精緻化が進み，さらに都市の全体史への志向の中で財政記録が総体的に利用されることにより，中世都市財政史研究の成果はこれまでにないほど豊かになった。こうした研究活動全般の深化は，比較史に格好の舞台を提供することになるが，その試みは現在までに開催された2つの研究集会により，一定の方向性が与えられていると思われる。ここで問題とする研究集会の第1は，1977年にリモージュで開催された，歴史・科学研究委員会《Comité des Travaux Historiques et Scientifiques》文献学・歴史学部門主催の諸学会全国連合《Congrès national des sociétés savantes》第102回大会であり，『中世における税制』をテーマとした ([93])。第2は，1984年にフォントヴローで開催された，『近代国家の形成過程―徴収と再分配―』というテーマを掲げた国立科学研究センター《Centre National des Recherches Scientifiques》主催の国際研究集会である ([108])。これは近代国家の生成を共通テーマとする，1984年から開始された研究プロジェクトの一環をなしている[16]。

リモージュ大会では，国王税制，都市税制，領主的賦課租及び十分の一税の3テーマが立てられていたが，都市税制に関する部門は，アルビにおける《comuns》と称された直接税 (Neirinck [164])，マルチーグにおける租税制度の展開過程 (Grava [112])，インノケンティウス6世／グレゴリウス11世期アヴィニョンにおける間接税《gabelle》(Hayez [119])，そして民兵装備のためにヴェルブリーで徴収されたタイユ (Carolus-Barré [36]) を扱った4報告からなる。しかし，特に注目されるのはファヴィエによる「租税史はどこにゆくのか」と題する冒頭報告 ([98]) で，租税史を中心とする都市財政史研究の蓄積を確認した上で，

今後の研究課題を多面的に提示している。それによれば，国王を頂点とする国家財政のみでなく，地域単位の領邦財政や農村に根を下ろしている様々な共同体の財政活動を研究する必要があり，また租税制度史の中で従来不足していた免税と徴税の仕方についてより詳細な研究が進められなければならない，とされる。そのためには職種や人名についての言及を拾ったプロソポグラフィーが必要となるが，こうした研究を通じて担税者の不正行為や税を原因とする住民反乱というような，全く新しいテーマも開拓されるとし，研究上の困難も大きいことを認めながらも，全体的に明るい見通しを与えているのが印象的である（ここでのファヴィエの提言は，その後1990年代に国際比較研究の中で具体的に取り組まれることになる）。

　フォントヴロー大会では，時代的には古代ローマから近代まで，地理的にはイギリス・フランス・ドイツ・ベルギー・イタリア・スペイン・スウェーデンなどを対象として，総括2本を含む計22本の報告が組まれており，ヨーロッパ規模での比較に有効な舞台を与えている。もちろん近代国家の税制をテーマとするこの研究集会では，中世都市財政は前面には出ていない。しかし，フランスに関して言えば，中世ブルゴーニュにおける租税制度の展開を領邦と都市にわたって論じたデュボワ報告（[81]）と，フランスにおける国家税制と都市税制の2システムの相互関係を中心に置いた上で，14世紀から16世紀にかけての時期を財政活動の確立・調和・破綻の3段階に分けて分析したシュヴァリエ報告（[45]）が，諸侯・国王財政と都市財政との関連という比較的研究の少ない分野に切り込んだ，意欲的な報告であると言えよう[17]。

　これら2つの研究集会は，一つはフランス内部を，もう一つはヨーロッパを舞台とし，租税と国家をキーワードに財政史を議論した最初の試みであるが，中世都市財政史研究の進展に資するところも大であり，これまで真剣に取り組まれることがなかった比較財政史への第一歩となったことは確実である。1990年代に入りこの分野における研究は，より多くのフランス諸都市に関する研究成果を取り込みながら，ヨーロッパ全体における比較を目指し，ますます展開することになる。

第1章　フランス中世都市財政史研究の動向　　　　　　　23

第3節　中世都市財政史研究領域の拡大と多様な研究成果

　このようにフランス学界での中世都市財政史研究は，ファヴィエが提示した研究方向に沿って着実に前進しており，興味深い様々な成果が生み出されてきている。それらを問題別に逐一検討することは不可能であるので，ここでは特に注目に値する次のような分野を選んで，それぞれの成果をとりまとめてみたい。まず，厳密な意味では財政史とは言えないが，ともかく財政史料を主たる素材とし，コンピューターを利用しながら，中世都市の人口と社会構造に迫ろうとする研究である。ついで，これもまたフランス学界での関心が強く，具体的な解明が進んだ中世都市の防備強化と財政との関連をめぐる研究を取り上げる。さらに，これはフランス学界では比較的等閑視された分野ではあるが，著者の問題関心に即して，都市会計簿の構成と会計監査制度に関する諸研究を見てみたい。そして最後に，1990年代における都市財政史研究の動向を簡単に整理したい。

(1)　中世都市人口史と都市地誌及び社会・職能分析

　中世都市の人口は，中世パリ人口論争[18]に代表されるように，早くから多くの歴史家の関心を集めていたが，歴史人口学の一環として，本格的な研究が開始されたのは1950年代からである[19]。1970年代末までの研究史については既にいくつもの動向論文が出されており (Wolff [210]; Carpentier et Glénisson [37]; Heers [122]; Fossier [106]; Higounet-Nadal [128] [129])，ここで繰り返す必要はないと思われる。そこで，タイユ帳簿などの直接税記録に基づいた研究に限って，比較的最近の業績を見てみたい。
　イグネ゠ナダルとファヴィエによる方法論についての貢献は既述のとおりである。1970年にはニース大学において高等教育関係中世史家協会第1回大会として，『中世人口学における史料と方法』([135]) が討議される中で，財政諸記録から人口動向を追跡するための方法が固められた。それが個別研究 (例えば，Russell [190]; Le Mené [149]; Carolus-Barré [35]; Zerner [216]; Castaldo [39] [40])

に応用されることによって，課税最小単位 «feu» の構成員数や免税者数などに関する知見が蓄積された。その後イグネ＝ナダルはその研究の集大成として学位論文『14・15世紀のペリグー。歴史人口学研究』(1978年) [127] を刊行した。ここでは厳密な史料批判に基づき，14世紀前半から15世紀末に至る起伏に富んだ人口変動が明らかにされただけでなく，移住・家族構成・結婚・寿命といった様々な問題についての分析を行っており，租税記録が持つ可能性を余すところなく引き出している。

　1980～90年代の中世都市歴史人口学を代表するのが，デュボワである。ディジョンを対象に，租税会計簿 «comptes des marcs» と戸数調査簿 «cherches de feux» を駆使して，貧困者・死亡率・女性戸などに関する論文を続けて発表しており，社会階層分析をも射程に収めた幅広い研究をしている ([79]～[86])。彼と同様に財政記録を基に大ペスト前後の時期の死者を検討した仕事は他にもある (Aubry [3]; Dossat [75])。さらにカジャールを対象に，1382年の税額査定帳簿 «rôle de capitation» を使って，家族構造に重点を置いて人口変動を分析したクラヴォーの論文 ([58]) も無視できない (さらに 1344～1387年の担税者名簿32通の分析を通じて，2度のペスト襲来を挟む人口変動と家族構造の変化を描いた [59])。またモンピエは，ドフィネの小都市アンブランに伝来する1447年・1459年・1475年の戸数改訂簿 «révison des feux»，1350年・1457年・1475年のタイユ担税者名簿，1461年の税額査定記録を主要史料として，地誌の描写，人口変動，担税額に現れる階層分布の有り様と職種構成を検討し，都市の社会的不平等や農村的性格という社会経済的特徴を浮き彫りにしている ([162])。この種の史料の重要性が認識された結果，史料そのものの代表能力の検討や紹介を意図した仕事も見られるようになった (Bottin [26]; Cessot [41]; Laudet [140]; Valladier-Chante [202])。

　1993年には歴史・科学研究委員会中世史・文献学部門主催の諸学会全国連合第118回大会が『中世における人口と人口学』([118]) をテーマとし，人口変動の動態的分析，史料論，人口移動，周辺人に関する研究成果が寄せられたと同時に，研究方法の行き詰まりも指摘された。これらの業績に端的に現れているように，中世都市人口史研究は，もはや人口算定に限定されず，多様な社会階層の流動性を根底に据えて，租税記録の特質を生かした社会構造分析を志向

第1章　フランス中世都市財政史研究の動向　　　25

するようになっており，以下で扱う中世都市社会構造を研究した主要業績に接続している。

租税記録に記載された地誌，動・不動産，職種などに関する情報を駆使して，都市内における財産・職種分布を分析する研究(いわゆる社会職能分析)[20]は，歴史人口学と同じく 1950 年代に本格化し，ヴォルフ ([208][212]) やファヴィエ ([95] 11-74) により方法論が確立された後，70 年代以降には租税史料分析に重点を置いた個別研究 (例えば Rigaudière [174]) や，総合的都市史研究 (例えば Desportes [71] 183-294; Hébert [120] 26-93, 134-147; Rigaudière [175] 842-895) の中で展開されて，大きな成果をあげている (他にも 1980 年代にかけて，Saint-Éloy [191]; Leharie-Van Elsuwé [147]; Durbec [89]; Leguay [143]; Gonthier [110]; Desportes [72]; Petillon [168]; Montpied [161])。最近の業績として特に興味深いのは，中世パリの租税記録を用いた職種分析 (Fossier [105]; Fianu [102])，サン=フルールの法律家の財産構成・分布 (Rigaudière [178])，リール市政役人の市政活動 (Clauzel [55] [56])，ディジョン有力家系が所有する不動産構成・分布 (Viaux [203])，アルルの地誌・職種・人口移動分析 (Stouff [200]) などが挙げられ，特定の職種に絞って財産構成や居住地区などを分析する業績が目立つ。これらが印象的に示してくれるのは，決して一枚岩的ではない，複雑な社会構造を持つ中世都市の姿である。

(2)　防備強化と都市財政

百年戦争の勃発から終結にかけて，フランス諸都市にとって囲壁などの防備施設を構築・補修・維持することは死活問題であり，それが都市財政に多大な影響を及ぼしていたことは早くから指摘されていた[21]。会計制度や租税制度の発展と関連させてこの問題にアプローチするようになってきたのは，1960 年代である。最初に，問題の重要性を強調したのは，前述の国際研究集会(1962 年)におけるグレニソン／イグネ報告 ([109]) である。彼らはフランス南西部諸都市を主たる対象として，会計簿の出現と戦争との同時性，防備費調達のための財源整備，支出に占める防備費の高い割合といった諸事実から，百年戦争期の都市における防備強化と財政制度発展との相関性を指摘した。

この問題提起を受けて、検討の枠組みを明確にしたのがコンタミーヌである([61])。その業績の独自性は、都市の防備強化を、経済・社会・文化という広い舞台で捉え、問題を 16 のサブテーマに細分しながら、1970 年代までの諸成果に基づいて検討している点にある。防備と都市財政との相関的発展はもちろんのこと、都市及び都市住民により防備費に充当された資金を「防備向け投資」«investissement défensif» と呼び、公共事業支出を投資と規定して、都市財政の積極的評価を試みたヴォルフ ([213]) の考え方を受け継ぎながら、防衛という共通目的による都市の社会的統一の進展を浮き彫りにし、その帰結としての都市制度の発展にまで触れている点が、特に示唆的である。

こうした論点整理と同時に、個別研究も着実に進んでいた。アンベールのディジョン研究、ルゲのレンヌ研究やプレースのエヴルー研究のように、個別都市史の叙述という枠内での言及 (Humbert [130] 198-206; Leguay [142] 96-297; Plaisse [169] 245-250) 以外に、防備強化に焦点を絞った研究も多く現れた (例えば、Chevalier [42]; Le Mené [148]; Higounet-Nadal [126]; Delmaire [68]; Guilbert [117]; Mesqui [393]; Michaud-Fréjaville [159])。そこで、1980 年代初頭までの成果を基に、特に防備のための資金調達を中心に総合を試みたのが、リゴディエールである ([176])。まず、資金調達方法として、租税以外の手段は結局彌縫策だったとした上で、租税に関しては、ぶどう酒・塩・小麦などに対する間接税が主で、直接税は補完的であったことを指摘している。次に、防備と会計制度発展との関連について、会計役人の主要な職務が防備資金の管理であり、それを厳密に実行するために特別会計簿が作成され、そこから都市財政を包括する都市会計簿へと発展した、と説明している。

1990 年代に入ると、リゴディエールによる総合化の試みに刺激されたかたちで、防備強化政策の推進に伴う都市財政制度の変革に留まらず、さらにそれとの関連で都市社会全体の権力関係の変化をも説明することを強く意識した仕事が現れた。リムーザン諸都市における都市権力を分析したフランダン゠ブレティ ([104]) やフランス全土における展開を素描したルゲ ([146]) とウォルフ ([204]) の仕事がそうである。しかし他方で、リールは防備向け投資が相対的に低いにも拘わらず財政・市政制度の変革を経験したことから、防備向け投資の都市財政・社会体制に対するインパクトを強調する立場に警鐘を鳴らしたクロ

ーゼルの見解は傾聴に値する ([57])。

　この分野の研究は豊富な事例により裏付けされ，ことに防備資金の調達については十分な成果が現れており，現在中世都市財政史の最も盛んな部門と考えてよい[22]。それと比べて，防備と会計制度との関連については，なお具体的な調査を積み重ねる必要があろう。また，他の問題の研究の中ではしばしば取り上げられる，国家財政あるいは領邦財政と都市財政との関連（すなわち国王・諸侯の財政政策）や，担税に関する階層間の相克といったテーマが，防備をめぐっては十分に取り上げられていないことも問題であろう。こうした論点に関する研究の深化が，今後必要と思われる。

(3) 都市会計簿の構成と監査

　まず都市財政運営の根幹に関わる会計簿の記載形式として，一般的に見られるのは収入と支出の 2 部構成であり，トゥールーズ (Wolff [211] 698)，ディジョン (Humbert [130] 36)，ペリグー (Higounet-Nadal [125] 17–18)，トゥール (Chevalier [43] 106)，タラスコン (Hébert [120] 195)，サン゠フルール (Rigaudière [175] 29)，リール (Clauzel [53] 23)，アルル (Stouff [198] 720)，シャルトル (Billot [19] 152)，エクス゠アン゠プロヴァンス (Coulet [65] 1075–1081) など，最近研究の対象となった大半の都市ではこれが基本である。しかし，より複雑な構成をとった会計簿を持つ都市も存在する。

　まず，レンヌの会計簿は，収入・支出・《déport》の 3 部構成であり，《déport》部には，会計監査会に提出された証拠書類が不十分であるために拒否された場合，それに関わる支出が記載されていた。興味深いことに，《État des Finances》と称された当該年度の予算案が存在し，収入・支出についてそれぞれ予算が組まれ，会計役はそれを参考にして収支業務を行っていた。この予算案は市政官とその代理及び市民数名からなる特別委員会により作成されていた (Leguay [142] 37–44)。また，アグドの会計簿は，先行会計年度の未領収金・収入・支出の 3 部構成であり，収入部では会計役により各収入項目の冒頭に予想額が記載されていた。また支出部は，経常支出《despessas》と特別支出《bayladas》に分かれていた (Castaldo [38] 394–409)[23]。これら 2 都市では，収支の 2

部構成を超える構成が，伝来する単一の会計簿のうちに現れているのであるが，市政機関による財政管理の大半を記録した都市会計簿以外に，別の会計記録が作成されることによって同じ効果が生まれることも多い。しばしば行われたのが，前述したタイユ帳簿の別途作成（例えば，ペリグー：Higounet-Nadal [125]；南仏諸都市：Menjot et Sánchez Martínez [156] [157]）である。さらに，より複合的な例として，カレーでは都市会計簿の他に，未領収金や借金のリストに加えて，参審人が毎年作成した都市の負債報告《État annuel de la dette》が伝来している（Bougard et Wyffels [27] 161-246）。ランスでは，道路税や防備施設・市門の構築・改修に関する別会計の記録が作成された（Desportes [71] 13-14）。こうした会計記録の構成あるいは別会計の問題[24]は，フランス学界での主要な関心とはなっていないが，都市による財政管理の厳密性と都市財政の全体構造を知る上で，非常に重要である。

次に会計監査について。都市の会計業務は会計年度末ごとに締め切られ，数ヵ月（時には数年）後に会計監査会が開催されるのが通例であった。そこでは当該年度（時には複数会計年度）会計簿の監査が，収入・支出に関する複数の証拠書類（支払命令書や領収書など）との照合を通じて行われていた。監査会はそのために招集され結成された委員会によるか，そうでなければ市政機関の一役職である会計監査役が中心となって行っていた。その構成は，例えばシャルトルでは，国王側の代表（バイイ・国王収入役など）と都市側の代表（都市収入役・代訟人・参審人など）（Billot [19] 169-170），トゥールでは国王代理人・参事会員・有力市民（Chevalier [43] 104-106），ディジョンでは市長《maire》・ブルゴーニュ公役人・2〜4名の参審人（Humbert [130] 102-107），ランスでは新旧参審人と市民代表26名（Desportes [71] 522），モンペリエでは14名の賢人衆（Combes [60] 109）であり，タラスコンでは会計監査役4名（Hébert [120] 110-111）というように，それぞれの都市の状況に応じて多様であった。

会計監査制度に関する研究が全体的に手薄である中で，レンヌとサン＝フルールについては比較的詳細な叙述がなされている。レンヌでは，ブルターニュ公あるいは都市守備隊長《capitaine》により任命された会計監査官が中心となり，これに市政役人自身あるいはその代理人と公役人も入り，さらに都市名望家5〜6名が加わった特別委員会が監査を行った。そこでは会計係が複数部作

成した原本記録と提出された証拠書類との照合がなされ，書類が欠如した収支費目は却下，書類不備の場合は一時的に留保 (=déport) された。数ヵ月あるいは数年の修正期間を経て再び監査会が開かれ，収支の最終決算がなされ，黒字，即ち会計係の手元に金銭が余った場合，彼は余剰金を都市に返却した。逆に赤字，即ち会計係が収入を超えた支出を行った場合，翌年度に彼は都市から立替分を弁済された (Leguay [142] 41-47)。サン＝フルールでは，週監査委員会と年監査委員会の 2 つが存在した。週監査は，毎週月曜に市庁舎に集まった誓約人《juré》団体を主体とし，市政官《consul》が提出した 1 週間分の支出に関する会計記録がここで吟味された。年監査では，新旧市政官 6 名・誓約人 12 名・ギルド代表 12 名・公証人 1 名からなる 31 名の委員会により，収支全体の検証が行われた。この委員会の権限は，1367 年・1493 年・1562 年に作成された 3 つの規約により細かく規定されており，監査会におけるギルド代表の影響力が徐々に強化される過程が印象的に読み取れる (Rigaudière [175] 175-180)。

　1990 年代に入り会計監査制度に関する知見の蓄積はそれほど進んでいない。それだけに，オーヴェルニュ及びヴレ地方都市の会計監査制度に正面から取り組んだリゴディエールの仕事は貴重である ([183])。監査制度が財政運営の健全化よりもむしろ都市内の社会的対立を緩和するための手段であったことを指摘し，そして規定などを基に各都市における監査機能を丹念に追いながら，監査制度が 14 世紀後半の出現時には健全に機能していたが，15 世紀後半以降市当局側の権限強化により機能が徐々に縮小され，監査システムとしての意味を喪失していく過程を明らかにした（前述のサン＝フルールのケースは例外である）。監査制度を本格的に取り上げた研究として示唆に富む。

(4) 中世都市財政史研究の充実と新たな方向の模索：1990 年代

　1990 年代に入り都市財政史研究は，方法論の確立と財政史そのものの射程の拡大により，少なくとも質的に充実してきていることは，以上の財政関連領域における近年の成果を見る限り明らかであろう (1990 年代フランス学界における財政史研究に関する詳細な動向は，拙稿 [252] を参照)。もちろん財政構造そのものを検討する基礎的な仕事 (Derville [69]; Sosson [195]; Bochaca [23] 144-158) や税

額査定記録に基づく都市社会分析 (Foucaud [107]) のみならず，他方で財政史料と租税史料との総体的利用による都市全体史の試みも健在である。例えばバイユーとリジューの 2 司教都市を対象としたヌヴーの仕事 ([165]) は，財政構造分析のみならず，社会地誌・職能編成・権力関係・経済状況の分析においても財政史料を巧みに利用し，両都市の社会経済的特徴を浮き彫りにしている。中世ディジョンの名望家層を，社会学の諸理論を援用しつつ分析したデュトゥールの研究も，エリート層の経済的基盤を探るために財政・租税記録を網羅的に分析している ([91])。

こうした個別事例の蓄積もさることながら，1990 年代の大きな特徴として指摘すべきは，中世における財政・租税をテーマの根幹に据えた国際的研究プロジェクトの始動である。その一つは，アリエ県文書館において 1995 年に開催された『領邦からなるフランス。14・15 世紀の会計法院』([62]) である。近年のヨーロッパ統合問題に端を発する近代国家形成研究を背景に，中世フランスの各地域において国王・領邦財政と都市財政とのパイプ役(時には監視役)として機能し，絶対王政期にかけて国家の存立を担った会計法院を取り上げたこの研究集会報告集では，会計法院の制度と機能，人員，都市・修道院・領主所領における会計監査が基本テーマとして選択され，パリ，ディジョン，リール，ブロワ，サヴォワ，アンジュー，ブルボネ，ノルマンディー，アキテーヌ，ロレーヌ，プロヴァンス，ブルターニュなど会計法院所在都市・地域を舞台に示唆に富む 20 論稿が収められている。その後この報告集の補完として，パリ・ブルゴーニュなど 9 会計法院に関する王令・会計簿・行政文書などの史料集 [63] が刊行され，都市財政と国王・領邦財政とを連携させた研究の進展が期待される[25]。

もう一つは仏・西の研究者による中世都市税制をめぐる共同研究プロジェクトである。その最初の成果は『中世における都市税制 1：史料研究』(Menjot et Sánchez Martínez [156]) として刊行されている。そこでは，地域あるいは都市における史料伝来状況の不均等性，史料の未刊行状況，租税史料の正確かつ系統的な類型化の欠如が強調され，何よりもまず史料の批判的検討からその貢献の度合いと限界を見極める必要があると主張する。検討対象となったフランス諸都市は，ルエルグ諸都市 (Biget et Boucheron [17])，サン＝テミリヨン (Bochaca [22]），ナルボンヌ（Larguier [138]），サン゠フルール（Rigaudière [184]）であり，それらの都市に伝来する税制史料が検討されており，フランス学界における史料論の到達点が見て取れる[26]）。

続く『中世における都市税制 2：租税システム』(Menjot et Sánchez Martínez [157]）では，課税手続きが対象とされる。すなわち «assiette»（課税物件の調査と評価，課税ベースの決定），«liquidation»（担税者への割当額決定），«modalités de recouvrement»（徴収方法）が詳細に検討される。掲載された論文20本中，南仏諸都市に関する論文は次の6本である。すなわちアルビとロデーズ（Biget [16]），ボルドーとサン゠テミリヨン（Bochaca [24]），ナルボンヌ（Larguier [139]），プロヴァンス諸都市（Hébert [121]），アルビ（Neyer [167]），ルピュイ゠アン゠ヴレ（Rigaudière [187]）である。

プロジェクトは続いて第2プロジェクトを開始し，そこでは税収の運用，税収管理体制と役人，租税への抵抗と訴訟の分析が行われる。そして最後に第3プロジェクトで総括を行う予定となっている[27]）。彼らはその成果を全ヨーロッパ規模での都市税制研究の活性化の端緒としたいと望んでいることから，その早期実現が待たれる。個別事例の蓄積と並んで，こうした中世財政を論議する国際的共同研究が今後ますます盛んになると思われる。

小　括

以上1950年代以降の中世都市財政史に関するフランス学界による研究を，1950～1960年代，1970～1980年代，1990年代の3期に分けて，本格化から多角的展開へ，そして充実化という方向に沿って概観してきた。ここで本章で確認したことを整理すると次のようになろう。

フランス中世都市財政史研究の進展において，1971年に発表されたファヴィエの包括的著作 [96] は，それまでの成果を総合しつつ3つの指針を提示し，その後の研究史における一大画期をなした。まず第1に，数量データの統計処理は，分析ツールとしてのコンピューターの利用とアナール学派を旗頭とする社会史的関心の高まりの中，人口動態（家族史・移動），社会地誌，職能編成など多様な方向で着実に展開した。第2に，財政史と租税史との連結に関する提

案は，2つの方向で継承されることになった。一方は，百年戦争の勃発により促進された防備施設建設・資金調達・会計制度の整備を追跡する方向で，直接税・間接税の比率や財政に関わる役人組織などが明らかにされている。もう一方は，会計簿の費目比較や監査制度の発達を跡付ける方向で，都市内の社会諸階層の力関係の変化や国王・伯権力の関与などを視野に入れて，財政・租税史を再検討している。第3に，比較の試みは，1990年代以降フランス内部での通時的・共時的比較と国際比較と裾野を広げながら進められている。

プロヴァンを対象とする本書でも，こうした潮流を受け止め，史料基盤を狭義の財政・租税記録から多様な類型の史料へと広げながら，「都市と王権」，「都市の社会経済的構造転換」など出来る限り多くの論点を取り上げていく。角度を変えて言えば，王権，都市当局，都市住民諸階層を結び付ける焦点として財政を取り上げ，会計史料・文書史料の分析から，定量・定性両面から接近したいのである。すなわち本書は，ファヴィエが提示した上記の3つの指針に沿って都市プロヴァンについてのケーススタディを行いたいのである。その際，史料の制約もあって，すべての論点を扱うことはできないが，次の諸点で指針の継承・発展が可能となっている。まず，前述の第1の方向では，統計的処理の可能な，会計記録や財産分与記録などの史料を使って，人口動態，社会構造・地誌，及び社会的職能編成を検討する。第2の方向では，会計・財政制度の発達史を，百年戦争に伴う防備強化のための資金調達と財政・会計制度の整備という具体的テーマに即して検討し，そこから都市社会層の相互関係，都市当局・都市住民間の関係，都市当局・上級権力(伯・仏王)間の関係の変化を重層的に考察する。第3の方向では，市参事会・都市評議会・住民総会など都市共同体機関の史的展開過程の追究から，フランス王権のいわば御膝下に位置する北フランス・シャンパーニュ都市の「自治」の特質を比較の座標軸として提示する。

註

1) 本章で展開されるような研究史の整理としては，1960年代までについてファヴィエによる総括([94][96] 311-346)がある。しかしその後の Le Goff [141] 293-

301; Chevalier [46] 20-22; Bautier [5] 48-50 は，いずれも文献検索が網羅的でない。

　ところで，わが国学界における中世都市財政史研究は，小倉 [220], 山瀬 [243]～[249], 若曽根 [250] [251] により先鞭をつけられ，その後ドイツとネーデルラントに関して研究が進んでいる。代表的業績として，田北 [231], 影山 [222]～[224], 神寶 [229] [230], 河原 [225] [226], 平嶋 [238], 藤井 [239]～[242]。また中野 [233]～[236] は，近世初期を対象としているが，イングランド中世都市研究と深く関わり，会計制度に関して貴重な情報を提供してくれる。さらにスペインに関する近業として中川 [232]。都市財政と関連して国王財政に関しても近年興味深い仕事が発表されており，例えばイングランドに関して城戸 [227], ブルゴーニュ国家に関して金尾 [221a], 畑 [237] が挙げられよう。このようにヨーロッパ各国に関して研究蓄積が行われているのに対し，フランスについては中世都市財政に本格的に取り組んだ仕事は見当たらず（山瀬 [243] [246] は研究動向をまとめたものである），最近では伊藤 [219] が中世に若干触れている程度である。他方で近世財政史に関する成果は豊かである（例えば佐村 [228]）。中世フランス国家財政に関連する業績には，山瀬 [248] [249] [577] [578] がある。

　なお1990年代のフランス学界とわが国学界における都市財政史研究の動向については，拙稿 [252] を参照していただきたい。

2) フランス都市財政史研究におけるアナール学派の影響は，特に方法論に見ることができよう。例えば，無味乾燥な数値の連続の中から人間の経済生活の変化を読み取る手法がそれであるが，とりわけ後述するイグネ＝ナダルはブローデルの影響を大きく受けており，その学位論文 [127] にそれが窺える。

3) F. ブローデル（村上光彦訳）『物質文明・経済・資本主義　15-18世紀：III―1　世界時間1』みすず書房，1995年，19-44頁。

4) J. A. シュンペーター（木村元一・小谷義次訳）『租税国家の危機』岩波書店，1983年（原書は1918年）; J. R. ストレイヤー（鷲見誠一訳）『近代国家の起源』岩波書店，1975年（原書は1970年）; Genet et Le Mené [108]; Bonney [467]。

5) Viollet [534] 145-158 は，当時のそうした研究成果に基づいた叙述を行っている。またこの時期フランス各地方で刊行された史料は，編纂方法に問題はあるものの，われわれ非西欧に住む研究者に貴重な史料基盤を提供してくれる（例えばVidal [532] [533] などがそうである）。著者が見る限り，現在でも利用価値をもつ刊行財政記録は50を下らない。

6) 当時刊行された業績の中で代表的な仕事は，Dupont-Ferrier [489] [490]。

7) Knipping, R., *Die kölner Stadtrechnungen des Mittelalters*, 2 Bde., Bonn, 1897-1898.

8) Espinas, G., *Les finances de la commune de Douai des origines au XVe siècle*, Paris, 1902.

9) Van Werveke, H., *De Gentsche stadsfinanciën in de middeleeuwen*, Brussel, 1934.

10) Schneider, J., *La ville de Metz aux XIIIe et XIVe siècles*, Nancy, 1950. フランス学界における中世都市研究のこの新しい動向については，山田 [579] 62-88頁

を参照。

11) ルゲにはこの他にブルターニュ公領諸都市をネットワークとして捉えた大著があり，ここでもブルターニュ諸都市の財政が個別に検討されている（[145] 145-166）。ここで取り上げられた主な都市は，レンヌ，ナント，ヴィトレ，ガンガン，ルドン，フジェール，ゲランド，カンペール，エヌボン，ヴァンヌ，サン゠マロなどである。本書は都市制度，景観，社会層，都市生活についても百科全書並の叙述を誇っており，きわめて興味深い。また，レンヌ小間物商コンフレリーの財政に関する研究もあり，これまで比較的等閑視されていた都市生活の内部組織を検討している（Leguay [144]）。

12) 財政システムあるいは租税システムについて，中世史家の間で共通認識があるわけではない。しかし，最近シュヴァリエはこの点について，次のように定義を試みている。「税制は，（共同体）構成員の財産に対する強制的・定期的徴収として定義すべきで，それは全体の利益の名において，認知されたひとつの権力によって行われる。徴収は租税という制度的形態を取る。この租税がたくさん存在し，適切な多様性をもち相互に結び付いているとき，それらは租税システムを成す」（[48] 21）。

13) 本書が刊行された後，史料解釈や地誌・人口データの処理をめぐって，ゲルーによる批判（[113]）が出され，ファヴィエによる反論（[97]）にも拘わらず，ゲルーは自説を擁護し続けた（[114]）。

14) 収入役の会計操作による赤字隠蔽を，リールに関して検討したのがクローゼルであり，会計簿の再検討を通じて，健全財政という表面的様相の裏にある慢性的赤字財政の実態を，明らかにしている（[50] 27-34）。

15) シュヴァリエ，リゴディエール，クローゼルの近年の仕事については，拙稿[252] 27-33 を参照。

16) このプロジェクトの成果は，報告集という形で公刊され，現在 20 数冊を数える（第 1 次プロジェクトの総括報告書として，Genet [497]）。わが国学界ではこの巨大プロジェクトを本格的に紹介・吟味した仕事はまだ出ていない。ただしその動向を簡単に整理したものとして，渡辺節夫「ヨーロッパ中世国家史研究の現状─フランスを中心として─」『歴史評論』559，1996 年，62-72 頁；藤井 [571]。

17) シュヴァリエはその後，このアプローチをより精緻にし，中世フランス都市─国家財政・税制の展開について理論化を試みた（[48] [49] [471a]）。その内容は拙稿 [252] 31-33 を参照。

18) 中世パリの人口については，1328 年の教区・戸数調査報告に関して 2 つの学説が対立している。すなわち約 21 万人を想定する立場と，約 8 万人を想定する立場である。それぞれの立場を代表する業績として，Lot [155]; Dollinger [74] を挙げておく。さらにその他の論者による人口推計については，Dupâquier, J., et alii, *Histoire de la population française*, t. 1: *Des origines à la Renaissance*, Paris, 1995 (1988¹), pp. 305-307 及び田中峰雄『知の運動─12 世紀ルネサンスから大学へ─』ミネルヴァ書房，1995 年，214, 575-580 頁を参照。

19) 直接の画期と見なされるのは，パリで開催された第 9 回歴史科学国際会議におけ

第1章　フランス中世都市財政史研究の動向　　35

るヴォルフらの報告である (Wolff, Cipolla, Dhondt et Postan [214])。1959 年には，統計的方法論を取り入れたボーチエの先駆的業績が発表された ([4])。また，1962 年には歴史人口学会が発足し，同学会が発行する年報《Annales de démographie historique》にも，数こそ少ないものの内容豊かな中世都市人口に関する論文が掲載されている (例えば Neveux [166])。しかし 1990 年代以降，中世史関係の論文はほとんど掲載されなくなった。

20) 先駆的業績として Chombart de Lauwe, P.-H., *Paris et l'agglomération parisienne, l'espace social dans une grande cité*, Paris, 1952. なお，中世都市の社会職能分析に関する最良の参考文献は，Rigaudière [174] [178] である。

21) 例えば，Lesquier [152]; Bécet [6]; Bibolet [280]。

22) この問題に対する関心の高まりの背景には，中世考古学の発展も無視できない。中世防備施設の考古学的調査において，会計簿などの財政史料が貴重な情報を与えてくれるからである。実際，1996 年には歴史・科学諸学会全国連合主催の国際研究集会第 121 回大会考古学・美術史部門が『13〜16 世紀における都市の囲壁』([466]) をテーマとし，多くの歴史家・考古学者の報告を得ている。またアメリカ学界でも世界史的観点から囲壁にアプローチした論文集を刊行している (Tracy [530])。着実に進展している中世考古学と財政史料との関わりに関しては，とりあえず最近の業績として Blieck et Vanderstraeten [21]; Benoit [9]; Jones [132]; Salamagne [194] を参照。

23) シャンパーニュの都市プロヴァンは，最近のフランス学界では詳しい検討の対象とはなっていないが，その会計簿には収入・支出・債権・債務の 4 部構成を見ることができる (Chapin [303] 272-274)。著者はこれを，13 世紀末から 14 世紀初頭にかけて生じた政治・社会的混乱に対抗して，自治権の保持を重視した市当局による厳密な財政管理の所産だったと考えており，この点については本書第 5 章にて分析している。なお記録の記載形式については，本書補論を参照。

24) わが国学界では，中野氏と藤井氏がこの問題に触れている。中野 [233] 38-40 頁；藤井 [240] 199-203 頁を参照。

25) 現在特に財政史研究者の関心を引いているのは領邦財政 (特に会計法院) であろう。代表例としてブルターニュ公領財政研究として，Kerhervé [133]; Le Page [151]。ブルゴーニュ公領財政に関して，Jean [131]; Rauzier [171]。ロレーヌ公領財政研究として，Schneider [525]。わが国における領邦財政研究の試みとして，ドイツを舞台とする小野 [547] [547a]；出口 [565] を参照。

26) フランス学界では近年財政・租税記録に関する史料論的検討が積極的に進められている。とりわけ，Menjot et Sánchez Martínez [156] [157] 所収諸論文及び Delsalle, P., (dir.), *La recherche historique en archives du Moyen Age*, Paris, 1995, pp. 117-132; Fossier, R., *Sources de l'histoire économique et sociale du Moyen Age occidental. Questions, sources, documents commentés*, L'Atelier du médiéviste, 6, Turnhout, 1999, pp. 64-82 が有益である。他方，わが国学界の試みとして，河原 [225] [226] 及び藤井 [239]〜[242] を参照。なお本書第 5 章〜第 7 章は著者による史料論分析を含むが，より深い考察のために別稿を準備中であ

る。
27) *La lettre du Comité pour l'histoire économique et financière de la France*, n° 4, septembre 1997. なおスペイン研究者が大半を占めているが,『中世後期における王権,都市,税制』をテーマにした国際研究集会報告集にもフランスを対象とする研究が収められている (Bois [25]; Chevalier [49])。

第2章 中世シャンパーニュ社会経済史研究の意義

はじめに

　第1章で触れたように，近年の西欧中世都市研究は都市だけを考察するのではなく，それが立地する地域全体との諸関係，とりわけ社会経済的諸関係をも視野に収めつつ都市史にアプローチしている。この「地域史」の手法は，フランス学界において既に長い伝統を有し，本論の対象となるシャンパーニュ地方の都市プロヴァンについても極めて有効であると言える。そこで以下では，中世都市の社会経済構造と行・財政制度の検討にとって必要最小限の範囲で，シャンパーニュ地方の政治・社会経済史を概観しておこう。

　なお本章の考察手順は次の通りである。まず第1節においてシャンパーニュ地方の地理的位置と歴史的背景を概観し，研究史をたどりつつ本論の学説上の位置付けを明らかにする。続く第2節では，シャンパーニュ伯領における都市プロヴァンの歴史的地位そして研究の到達水準を考察し，財政・会計制度を軸にした既述の課題の追究にとって絶好の研究条件を備えていることを確認する。

第1節　フランス中世におけるシャンパーニュ

　パリの南東に位置するシャンパーニュ地方は，アルデンヌ《Ardennes》，マルヌ《Marne》，オーブ《Aube》，オート゠マルヌ《Haute-Marne》の各県を含む広大な領域で，通常シャンパーニュ゠アルデンヌ地方と呼ばれている。その

名はシャンパーニュ伯の支配領域(＝伯領)に由来する。この伯領は現在のシャンパーニュ地方よりもより広く，北は現在のエーヌ《Aisne》県，東はムーズ《Meuse》県，西はセーヌ＝エ＝マルヌ《Seine-et-Marne》県，南はコート＝ドール《Côte-d'Or》県，南西はヨンヌ《Yonne》県の一部にまで広がっていた([地図1][地図2])。イル＝ド＝フランスの東方，セーヌ川上流地域でエーヌ，ムーズ，ヨンヌ川と境を接し，西に緩く傾斜した起伏の少ない石灰質の土地である。

シャンパーニュは古くから地中海と北海を結び付ける交通の要衝として栄え，ローマ帝国の属州に編成されてからは北はベルギカ・セクンダ《Belgica Secunda》(後のランス大司教管区)，南はルグドゥネンシス・セノニア《Lugdunensis Senonia》(後のサンス大司教管区)に分かれた。その中心的定住地ランス，シャロン＝シュル＝マルヌ(現シャロン＝アン＝シャンパーニュ)，トロワ，サンスなどは，ローマ軍団の駐屯地としてまた司教座・修道院の所在地として都市的機能を維持し続けていた。中世盛期には，在地交易と遠隔地交易との活性化に伴いシャンパーニュ各地にも市場が生まれ，その中から南北商業の結節点となる「シャンパーニュ大市《foires de Champagne》」が伯の主導で編成され，当代随一の国際市場としてその名を馳せた。中世後期には，百年戦争や農民反乱など災禍に見舞われ，大市も衰退したが，シャンパーニュ諸都市はその社会経済・政治構造の転換を通じてそれらに対処し，特に王権と接近しつつ「危機」の克服に尽力した。その結果，15世紀後半から宗教戦争勃発による混乱期までの間に「おおよそ平穏で確実な繁栄を遂げた時代」(Crubellier [314] 202)を迎え，とりわけ農業・手工業の復興によりその地位を改善したとも言われている[1]。

ここで伯領の歴史を簡単に見てみよう([系図1]参照)。10世紀前半にヴェルマンドワ《Vermandois》伯エルベール2世(Herbert II: †943)は，ネウストリア大公ロベール1世(Robert I: †923)からその娘との婚姻を通じてモー《Meaux》伯領を獲得する。それをエルベール2世の息子ロベール(Robert: †967)が継承し，さらに婚姻によりトロワ伯領を獲得する。このトロワ・モー伯領がシャンパーニュ伯領史の出発点となる。その後伯位はエルベール(Herbert le Jeune: †994/5)からエチエンヌ(Étienne: †1022)へと継承される。

第2章 中世シャンパーニュ社会経済史研究の意義　　　39

　しかしエチエンヌの死後，トロワ・モー（＝シャンパーニュ・ブリィ）伯位は血縁関係によりブロワ《Blois》伯に移り，ウード2世（Eudes II: 1021～1037）の継承に帰した。その後伯領は分割と統合を繰り返すが，1152年チボー2世（Thibaud II: 1125～1152）の死後伯領は最終的にブロワ伯領とシャンパーニュ伯領とに分離され，後者はアンリ1世自由伯（Henri I le Libéral: 1152～1181）の系統が継承することとなった。1234年には，伯チボー4世吟遊伯（Thibaud IV le Chansonnier: 1201～1253）がスペイン北部ナヴァル《Navarre》王国の王位を母方から継承し，以後伯はナヴァルの首都パンプローナにも拠点を置くことになる[2]。1284年，唯一の伯位継承者である女伯ジャンヌ（Jeanne: 1273～1305）がフランス王フィリップ3世の皇太子フィリップ（後のフィリップ4世）妃となると共に伯領は王領に併合され（正式の併合は1361年），ここにシャンパーニュ伯領の歴史は幕を閉じた（伯領史の詳細は，Crubellier [314] 119-133; Evergates [324] を参照）。

　シャンパーニュ伯領は，イル゠ド゠フランスに座すフランス王権，北のフランドル伯，東の神聖ローマ帝国，東南のブルゴーニュ公領に挟まれ，地政学的に特異な位置にあった。こうした状況がシャンパーニュ伯領を当時最有力な領邦の一つに押し上げる一因となった。シャンパーニュ中世史研究が伯領政治史を主とし，なかでも形成史に大きく傾斜してきたのも，それを反映している[3]。シャンパーニュ伯に関する専門的研究は，歴代伯ごとに伯領政治・社会経済史を研究し，膨大な関連史料目録を作成したアルボワ・ド・ジュバンヴィルの大著 [254] を嚆矢とし，その後伯権力・都市制度・大市を一つの「全体史」にまでまとめ上げたシャパン（[303]）により批判的に継承された。第2次世界大戦後，伯領史を大きく発展させたのはナンシー大学（現在名誉教授）のビュールである。彼の国家博士論文は，10世紀後半から12世紀前半にかけての伯領初期史を対象とし，伝来史料を網羅的に利用しつつ地域史研究の成果を集大成した画期的な仕事である（[298]）。ビュールはそれ以降も政治史，社会経済史，中世考古学など多岐にわたるテーマに取り組んでおり，文字通りシャンパーニュ研究の第一人者となっている（[295][297][301][302]）[4]。

　シャンパーニュ伯領に関する研究史には，もう一つの潮流として大市研究がある。シャンパーニュ大市は，その歴史的重要性の故に19世紀以来多くの研

究者が取り上げてきた。ここで研究史の全体を見渡す余裕はないが[5]，今日もなおブルクロの大市研究[289]とシャパンの大市都市の研究[303]が，広範な問題領域をカヴァーした基本文献として高く評価されている。これら古典的業績以降の仕事としては，まず1940年代〜1950年代にボーチエが，イタリア公証人文書の分析に基づいて社会経済的観点から大市商業の動態を明らかにしたこと([269]〜[272])，他方ビュールが，12世紀初頭までに各地に簇生していた年市が12世紀前半を通じてシャンパーニュ伯の主導下に再編される過程を浮き彫りにしたこと([296][298])[6]，これら2人の業績を特筆すべきである。しかしその後の新しい知見は僅かである[7]。

ところで大市が開催される4都市(及びその市当局)間での研究の蓄積状況に目を向けた場合，4都市それぞれを取り上げたシャパンの業績は今日も古典の位置を占める。第2次世界大戦後のプロヴァン以外の大市開催都市に関する研究は，バル゠シュル゠オーブ年市における商業施設及び商業活動の素描を行ったルボー[360]，トロワ年市について経済活動の地誌的概観を行ったビボレの研究([287] 29-42)，14世紀トロワにおけるイタリア人両替商・商人の定着状況を分析したデュボワのみである([486])。さらに同じくデュボワによる，シャンパーニュ大市を起源とする信用経済の進展をフランス全体に関して概観した研究([485])及びフランク王国内における大市開催都市の空間構造を概観した研究([487])は，シャンパーニュ大市に留まらないスケールの大きい仕事で示唆に富む。しかし全体的に見ると，戦前に比べて業績数は少数に留まり，後述のプロヴァンに比肩すべき水準に達しないと言える。

ひるがえってわが国学界における研究状況を整理してみよう。まず大市の制度を概観しイタリア商人の活動を分析した大黒俊二氏の仕事([369][370])と封建権力と市場との関係に着目した山田雅彦氏の仕事([371]〜[375][580][583])がある。そして11・12世紀における伯の権力掌握過程や親族関係などを分析した渡辺節夫氏の仕事([376]〜[379])も重要である。これらはみな上記の成果を広く摂取すると同時に独自の貢献もなしている。

こうした研究動向が示しているように，シャンパーニュに対する主たる関心は国制史における領邦としてのシャンパーニュ伯領，そして経済史における「中世の世界経済」の結節点としての大市にあり，その他の問題は後景に押し

やられた感は否めない。同じことは対象時代についても当てはまり、伯領が終焉を迎えた 13 世紀末までとするのが主で、それ以降についてはあまり問題にしない傾向が強く見られる[8]。これは伯領あるいはシャンパーニュ大市が最盛期を迎えた 12・13 世紀に関心があまりにも集中してしまい、そのため中世後期の研究が立ち遅れたためである。

しかし、それは決して中世後期が研究に値しないことを意味するのではない。それというのも、シャンパーニュは、とりわけ中世後期に顕著になる国王行・財政制度の発展(中央集権化)を背景とする王権-都市関係の変化、その関係の変化に対応した都市行・財政制度の変革あるいは社会構造の変化、さらに毛織物生産を特色とする地域経済の変容、といった中世後期に関して特に注目されている問題に取り組むための条件に恵まれているからである[9]。そして、先にも簡単に触れたように、この中世後期シャンパーニュ都市の中で伝来史料・研究文献に恵まれているのがプロヴァンである。

第 2 節　シャンパーニュ地方の都市プロヴァン

プロヴァンはセーヌ゠エ゠マルヌ県にありパリの東南東 83 キロに位置する。現在は人口約 1 万 2 千人の小都市であるが、市内にはローマ期・中世の建造物が数多く残されており、フランス有数の観光都市として有名である。

デュルタン《Durteint》川を臨む小高い丘と(それと途中で合流しセーヌ川に注ぐ)ヴルジー《Voulzie》川沿いに広がる沼沢地という軍事的に有利な地形から、メロヴィング期にはパグスの中心となり、その後シャンパーニュ伯領に組み入れられてからは丘に築かれた伯の城砦を中心に都市化が進み、高台区都市として発展した。11 世紀にはサン゠タユール修道院周辺で都市化が進み、下町区都市として発展した。これら二つの都市は 13 世紀に市壁で囲まれ一体化したが、こうした地誌的 2 核構造は現在でも明瞭に見ることができる([地図 4] 参照)。

中世におけるプロヴァンの特色として、政治的にはトロワに次ぐシャンパーニュ伯領第 2 の都市であること、経済的にはとりわけ 12・13 世紀に国際通貨として西欧全体にその名を馳せたプロヴァン貨造幣地[10]、シャンパーニュ地域

経済の発展を支えた毛織物工業都市[11]，そしてシャンパーニュ大市の開催地であること，宗教的にはサンス大司教管区に属し，様々な宗教機関[12]を擁し，さらにドミニコ会とフランシスコ会との両托鉢修道会が定着していたことが挙げられよう[13]。以上からも分かるように，プロヴァンは中世フランスにおいて政治・経済・宗教的な中心地機能の凝集点として，特に経済的に重要な地位を占めていたことが分かる。14世紀前半には人口約1万を数え，大都市の仲間入りを果たし，またパリ，ルアンに次ぐ商業中心地として繁栄を誇った。

このように中世ヨーロッパ経済において大きな役割を果たしていたプロヴァンに対して，多くの研究者が関心を示したのも当然であろう。事実，フランス中世社会経済に関する信頼できる概説書には，個別事例として必ずプロヴァンが引用されている（例えば，Chevalier [44]; Le Goff [141]; Carpentier et Le Mené [470]; Contamine et alii [477]）。そこで中世プロヴァン研究において，他のシャンパーニュの諸都市と比較して恵まれている点を，伝来史料の刊行状況と研究史の2方向から見てみたい。

中世プロヴァンの伝来史料[14]の中で，都市社会経済とりわけ都市行・財政に関する史料は，トロワ，ランスなどの他のシャンパーニュ都市に比べて量的には豊富とは言えない。しかし刊行状況の多様さという点では，特に本書のように会計史料と文書史料とを組み合わせて利用するうえで絶好の条件を備えている。基本史料の一部は歴史史料研究所《Institut de Recherche et d'Histoire des Textes》によりマイクロフィルム化（[382] [383] [385] [386]）されており，またプロヴァン郡歴史・考古学協会《Société d'histoire et d'archéologie de l'arrondissement de Provins》を中心に精力的に校訂・刊行が続けられている[15]。本書に関わる素材は，プルーとオリアクにより刊行された『1271年から1330年に至るプロヴァン・コミューンの文書及び会計簿』(1933年) [395]を筆頭に，ブルクロ [388]，シャパン [303]，メスキ [393]，ヴァイシエール [396]～[399]たちによって刊行されている。なお史料の伝来状況，体裁に関する説明，そして史料批判は，分析時に各章において詳述するので，ここでは言及しない。

次に研究状況であるが，史料刊行への積極的な取り組みからも分かるように，他のフランス都市の研究状況と比べても研究蓄積は厚く，活発な印象を受ける。個々の業績の意義については各章の叙述に委ねるが，プリヴァ社企画の

フランス都市史シリーズの1巻として1988年にプロヴァン史[448]が刊行されたことが，史料伝来状況の良好さと研究蓄積の重厚さとを裏付けている[16]。また大市研究においても，メスキを中心に研究が進められており（[431][434]），最近ではボーチエ[406]がイタリア公証人文書の分析から得た新知見を加えて，プロヴァン年市に関する情報の集積を試みていることから，プロヴァンは他の大市都市に比べて素材の点で遥かに優れていると言える。ただ最近のプロヴァン史研究で残念なのは，近現代史への関心移動は仕方ないとしても，中世史の分野で中世考古学，建築史，教会史が盛んとなってきたその分，社会経済的な関心が薄らいできていることである。冒頭でも述べたような中世後期社会経済史をめぐる根本的見直しの動きの胎動に鑑みるとき，こうした傾向は歓迎されることではない。従って，著者は社会経済的視点からは十分に取り組まれてこなかった史料を素材として，中世プロヴァンにおける行・財政史と社会経済史の変化を総合的に考察したいのである。

小 括

わが国学界の西洋経済史において，シャンパーニュに対する知識と関心はシャンパーニュ大市に限られると言っても過言ではない。中世盛期において地中海と北海・バルト海とを結ぶ南北商業ネットワークの結節点として，あるいは「ヨーロッパ経済-世界の中心地」（ブローデル）として，シャンパーニュ大市は人びとの関心を集めてきたと言えよう。

しかし，本書が対象に据えるのは大市の衰退期であり，かつて「危機」の時代と見なされた中世後期における都市プロヴァンである。中世後期社会経済史をめぐる最近の動向との関連で，プロヴァンを取り上げる意味については既に述べた。そこでここでは，プロヴァンがフランス都市行・財政史研究のいわば「焦点」の地位を占めることを再確認しておきたい。

プロヴァンには，史料の伝来・刊行状況と研究蓄積の点から，財政を軸に中世後期の都市社会の分析を行う客観的条件が揃っている。史料を新しい視点から活用することで，これまでの都市研究では十分に検討されることが少なかった都市住民の経済生活，市当局の市政運営，シャンパーニュ大市という巨大な

国際市場への関与の仕方，といった都市社会の諸側面への接近が可能となっている(これらの問題は第3章，第4章で検討される)。そして財政史料の分析を通じて，財政制度の発展を辿るだけでなく，その発展の在り方に都市と周辺世界との関係の変化，都市内における社会変化をも見て取ることができる(この点は，一定の時代枠を設けながら，第5章，第6章，第7章で検討される)。換言すれば，都市財政史研究のなかで培われた問題関心をプロヴァンに当てはめ，それを軸に中世後期の政治・社会経済的変化を総合的に考察したいのである。

註

1) その後近現代に入り，シャンパーニュは再び戦争の舞台となった(例えば普仏戦争におけるセダンの戦い，第1次世界大戦におけるマルヌの戦いなど)。第2次世界大戦後はパリ地方への産業の集中により人口減少を経験し，ランス，エペルネーのシャンパン醸造業を除いて，伝統産業である製鉄業や繊維工業(トロワのメリヤス工業など)は衰退しつつある。現在シャンパーニュの産業は，全体として小規模なものにとどまり，代わりに豊かな歴史を活かした観光業などのサービス産業が大勢を占めている。
2) シャンパーニュ伯家によるナヴァル王国統治については，R. バード(狩野美智子訳)『ナバラ王国の歴史―山の民バスク民族の国―』彩流社，1995年，97-113頁; Leroy, B., *La Navarre au Moyen Age*, Paris, 1984, pp. 41-59 を参照。
3) シャンパーニュ伯(領)に関する研究は16世紀以降膨大な量にのぼるが，主な研究は Chapin [303] XIII-XVI に整理されている。
4) 彼の業績以外にも次のような研究がある。シャンパーニュ伯領を舞台に伯家と中小諸侯との姻戚関係や封建制度の特徴を追究したアメリカ人研究者 Benton [277] や Evergates [320]～[324]，伯領の境界画定過程を近隣聖俗諸権力との政治関係を踏まえて検討した Hubert [326] と Leconte [339]，13・14世紀伯財政の構造分析を試みた Lefèvre [340]～[342], Bourquelot [288] と Bautier [268]，王領地に併合された後のシャンパーニュにおける行・財政制度を，上級国王役人バイイと収入役に関して検討した Ozanam [348] [349]，伯領行・財政制度を概観した Longnon [345]，慣習法文書の分析に焦点を当てた Bourgeois [255] と Portejoie [353]，シャンパーニュに伝来する1271年以前の古フランス語文書を編纂した Coq [256]，シャンパーニュ南部の農奴制を研究した Patault [350]。こうした研究成果は最近の通史に十分取り入れられている (Crubellier [314])。なおシャンパーニュの通史として他に，Poinsignon [352], Crozet [312], Crubellier et Juillard [313] がある。
5) シャンパーニュ大市研究史については山田 [372] 35 註1を参照。なおそこで紹介

されている戦前の文献に, 次の6点を追加しておく。Le Galois d'Aubepierre [343]; Lalore [335] (この史料については, 邦訳を試みた拙稿 [380] を参照); Pierre [351]; Laurent [337]; Dupieux [319]; Wescher [368]。

6) 6大年市(=大市)に組み込まれなかったシャンパーニュ地方小年市の機能については, Bur [300]; Roger [357]; 山田 [375] を参照。

7) 戦後フランス学界における成果としてボーチェとビュールの業績以外に, Naud [347]; Roger [359]; Racine [354] があるが, どれも大市を正面から取り扱ったものではない。他方ドイツ学界における近年の成果として, Schönfelder [362], Thomas [364] [365] を参照。

8) 王領への伯領併合700周年を記念した研究集会報告集 [367] は, 中世シャンパーニュ研究の到達点とフランス学界における関心の所在を理解するうえで参考になる。所収論文として, 特に Bur [302]; Couvret [311]; Lalou [336] を参照。しかし, 当然のことではあるが14・15世紀に対する目配りは見られない。

9) ランスに関してこれらの問題を網羅的に検討したのが Desportes [71] である。シャロン゠シュル゠マルヌについては, Barthélemy [264]〜[266], Clause et Ravaux [305], Guilbert [328]〜[334] がある。トロワについても著者と問題関心を共有する仕事が近年公刊された (Bibolet et alii [287])。これらの研究は, 著者の問題関心と軌を一にするため, 参照系として大いに示唆的である。なおこの問題については, 拙稿 [381] において検討を試みている。

10) プロヴァン貨(=デナリウス銀貨)の存在は10世紀末以来確認され, 年市の発展と共にその影響力を強めた。1150年以降伯領を越えてフランス王国の中心的貨幣となり, その影響力はトゥール貨, ブルゴーニュのディジョン貨, 南仏のヴィエンヌ貨に匹敵するものであった。1160年頃にはローマ, そして中部イタリアまでへも流通していた。しかし13世紀に入り徐々に衰退し (Bautier [406] 154-155, 161-162), 13世紀末から14世紀にかけては計算貨幣として機能していたとされる (Bourquelot [289]t. 2, 47-48)。プロヴァン貨に関して詳しくは, Bourquelot [388]t. 1, 429-451; [289]t. 2, 38-64; Maxe-Werly [429] を参照。

11) プロヴァン毛織物工業に関しては第3章で言及するが, プロヴァンにおける毛織物製造工程に関して Boisset [409], 毛織物の種類に関して Bourquelot [289]t. 1, 227-257 を参照。

12) プロヴァン内外の宗教機関については, Maille [428]; Veissière [456] を参照。さらに本書第4章第1節を参照。

13) 托鉢修道会の定着と都市化との関係については, Le Goff, J., Ordres mendiants et urbanisation dans la France médiévale. État de l'enquête, dans *Annales, E.S.C*, 1970, pp. 924-946 (邦訳: 江川溫訳「中世フランスにおける托鉢修道会と都市化」二宮宏之・樺山紘一・福井憲彦編『都市空間の解剖』(叢書歴史を拓く。アナール論文選4), 新評論, 1985年, 61-110頁)。

14) プロヴァンの伝来史料目録として次のものがある。所蔵手書本1〜269番は, Molinier, A., Manuscrits de la Bibliothèque de Provins, dans *Catalogue général des manuscrits des Bibliothèques publiques de France, Départements*, t. 3, Paris,

1885(1979), pp. 261-313; 270〜281番は, dans *Ibid.*, t. 43, Supplément (par Bellanger, M.,), t. 4, Paris, 1904, pp. 146-148; 1904年以降の所蔵分(282〜371番)に関しては, Bibolet, Fr., et Pionnier, R., Bibliothèque de Provins. 2e supplément au catalogue des manuscrits, dans *BHAP*, nº 125, 1971, pp. 67-77; 1971年以後については目録化はされていない。

なおプロヴァンに伝来するカルチュレールはすべてマイクロフィルム化されており, 著者も入手している。この点については, Bourlet, C., Dufour, A., Legras, A.-M., De Valence, M., et Vérité, I., *Répertoire des microfilms de Cartulaires français consultables à l'I.R.H.T. Section de diplomatique*, Orléans/Paris, 1999 を参照。

15) 1892年に創設されたこの協会が発行する雑誌は, 現在154号(2000年), 史料及び研究書の刊行は16点を数える。フランス地方学会の中でも着実に成果を上げている学会である。

16) ここには1980年代までのプロヴァン研究の成果がまとめられ, 中世に関しても新しい知見が取り込まれているが, 13〜15世紀についてはブルクロ, シャパンの見解をほぼ踏襲しており, 伝来史料の検討も不十分である。例えば本書が取り組んだような中世プロヴァンの財政構造についてはごく簡単に言及されるのみで, 15世紀に関しては全く触れられていない。

第 2 部 都市社会

第3章　13世紀～15世紀におけるプロヴァン市当局と住民

はじめに

　中世都市行・財政制度を研究する際，その変遷を年代順に辿るだけでなく，都市の社会的編成の特徴と関連づけながら動態的に把握せねばならないことは，近年の中世都市史研究の動向からも明らかである。しかし，そうした要請に応えるだけの時代幅をカヴァーする多様な史料が伝来するケースは決して多くない。この点でプロヴァンは数少ない例外をなす。この事情に加えて，中世都市プロヴァンが政治経済的に重要な地位を占めていたために，多くの研究者の関心を引いてきたことも見逃せない。そこで本章では，伝来史料・研究文献に依拠しつつプロヴァンにおける市当局と住民とに焦点をあてる。この作業を通じて，第3部で検討する財政制度の変化を都市内社会関係の変化と絡めて考察するための前提諸条件を明らかにする。ここでの主眼は，市当局と住民との関係を追究するために，13世紀～15世紀における都市住民の経済活動，市当局の社会的構成と市政活動の内容の検討に置かれることになる。

　ところで多くの北フランス諸都市の例にもれず[1]，14世紀中葉を境にプロヴァンの都市統治機関にも交替が生じ，それに伴い市政の基本性格は大きく変化した。そこで本章では，13世紀～14世紀前半のコミューン体制期（コミューン《commune》が都市の中心的統治システムとして機能している時期）[2]と14世紀後半～15世紀の都市評議会体制期（都市評議会《Conseil de Ville》と呼ばれる市政合議機関が都市の中心的統治機関として機能している時期）とを区別して，市当局と住民との関係を見てゆきたい。ただし史料の伝来状況の点でコミ

ューン体制期については豊かであるのに対し,都市評議会体制期については比較的少ないため,近隣都市トロワ,ランス,シャロン゠シュル゠マルヌに関する事例研究から一部内容を補いつつ論述することをお断りしておく。

本章の考察手順として,まず伝来史料の性格を踏まえたうえで,コミューン体制期における住民の所有財産と職種構成を検討する。次に市当局(=コミューン)の組織構成と市政活動を検討し,そこから住民との関係を探り,コミューン体制期プロヴァンの特徴を考察する。続いて都市評議会体制期について,住民の経済生活,市当局の社会構成及び市政活動を検討し,市当局-住民の関係がコミューン体制期と比べてどのように変化したかを考察する。具体的には,第1節で,主に北フランスにおいて広く行われていた法行為である「子供の後見解放」記録にある財産分与の記述を基に住民の所有財産を検討し,当時の住民の経済状況を探る。第2節でコミューン存続の是非を問う住民の投票記録という中世においては例外的な史料を素材とし,住民の職種構成を検討する。第3節でコミューン文書を始めとする市政文書を手掛かりに,市当局の社会構成と市政活動に焦点を当て,市政の特徴を明らかにする。最後に第4節で都市評議会体制期の市当局-住民関係を考察する。

第1節 プロヴァン住民の所有財産

(1) 素 材

住民の生活基盤は何か。彼らの財産は何から構成されていたのだろうか。都市,農村に限らず人間の生活を支える物的基盤は,当時の人々の経済的状況を考察する上で一つの指標を提供してくれる。しかし,当時の人々の所有財産が具体的に判明することは稀であり,そうした情報を提供してくれる史料も限られている。この問題に接近するために利用される史料として,遺言書,財産の帰属をめぐる訴訟記録,市当局により作成された住民の財産目録[3]などが挙げられるが,こうした類型の史料はプロヴァンには残念ながらほとんど伝来していない[4]。その代わりにプロヴァンには独特な史料が伝来しており,住民の生活基盤に関する興味深い情報をわれわれに与えてくれる。それは13・14世紀

プロヴァン市政に関する第一級の史料である『都市プロヴァン文書集成』《Cartulaire de la ville de Provins》(プロヴァン市立図書館所蔵手書本89番[382][5])だが、まずそれに所収された諸記録の概観から始めよう。

書冊は丁本《volume in folio》で、2段組で書かれた羊皮紙25枚の折り丁からなる。1葉は縦350 mm、横260 mmである。折り丁は通常8葉からなるが、ここでは完全ではなく欠落部分がある。黄ばんだ子牛の革で装丁されている。ページ付けは206までなされているが、それは同時代のものではなく16世紀末〜17世紀初頭のものと推定されている。筆跡は形、大きさともに様々である(Bourquelot [411] 193–194)。

この書冊は文書の系統的な筆写による集成という厳密な意味でのカルチュレール[6]ではなく、その大半は13世紀後半から14世紀前半にかけて市当局において作成された様々な実務的記録の原簿を、ほぼ同時代的に書き留めていったものである。その内容は、第1に都市会計簿、第2に尋問調書や判決などの刑事裁判関係記録や、市当局とプロヴァン住民個人との間で交わされた主に民事面での非訟業務記録である。それらに加えて書冊の各所にある空白を利用して、伯と仏王、トロワ・モーのバイイ(上級国王役人)、そしてプロヴァン市当局が発給した文書や規約などが筆写されている。上記の1と2にあたる諸記録は1933年に刊行されたが(Prou et Auriac [395])、これは線引き抹消された記録を復元したり余白の書き込みを明示するなど、文書集成をある程度まで忠実に再現した刊本である。

さて本節で問題としたいのは上述の2に分類された文書類であり、プロヴァン住民による子供の後見解放に伴う相続財産の分与、孤児資産の管理、財産売買、不動産をめぐる紛争処理、負債の担保物件確認などの文書である。文書集成に記載されている文書総数は約950通(但し、伯文書、王令、規約等を除く)、そのうち財産(動・不動産)の移動に関係する文書は870通、さらに詳細が判明する文書は631通で、そこに記された内容は [表2] に整理している。

(2) 子供の後見解放

本節での分析対象はこの631通であるが、分析に入る前に後見解放について

説明しておく必要があろう。ここで述べる子供の後見解放とは，一般的には《émancipation》という言葉が使われるが，プロヴァンの史料には《désaveu》と書かれている法行為のことである。これの解釈と法的な定義をめぐっては次のような議論がある。

これを最初に取り上げたプロヴァン市立図書館員オリアクは，この行為が単なる家父長による庇護・保護権からの子供の解放ではなく，コミューンの特権享受（市民権，投票権など）の条件であったと考えた。特に投票権獲得には別個に世帯を設ける必要があったが，それが容易であった富裕者を除く一般住民にとっては簡単ではなかった。そこで彼らは子供たちに虚構の世帯分与を行い，市当局の前で承認を得ることでそれを合法化したと言うのである。従ってこの制度はコミューン体制の衰退と共に消滅し，しかもプロヴァン独自のものであったとする（[400]）。都市史・農業史の大家グランは，これを投票権獲得などとは全く関係なく，独立した世帯を設けるための後見解放と考えた。この制度を最も広範な意味での家族の庇護下からの解放と捉えるべきとし，さらに北フランス一帯（とりわけフランドル）に見られる現象であるとして，オリアク説を退ける（[500]）。中世ブルゴーニュの法制史家シュヴリエは，ブルゴーニュ地方都市ディジョンの事例からこの制度が13世紀末から14世紀にかけて都市慣習から離れてブルゴーニュ公領の一般慣習となったとする。そして，プロヴァンのような独立世帯を設けるために有益な慣習に基づく金額あるいは財産の分与，すなわち家族からの離脱・自立ではなく，（被解放者の）身分の公的な変更（すなわち父親との同列化）をもたらす法行為であったと考えた。その背景には解放を通じて，子供の財産に対する家父長権の介入を制限するという市当局の意図があったようである。なお彼はこの制度が北フランスに限定されるものではないとする（[472][473]）。最近ではル・ロワ・ラデュリが中世フランス慣習法体系に関する論文の中で，この制度を財産相続における，均分相続とも長子相続とも異なるその中間的解決を意図したパリ型慣習法の中に位置付けている（[512] 159-162頁）。

慣習法体系の在り方に深く関わるこの問題は今後改めて検討する必要があるが[7]，現時点で著者は，最新の『プロヴァン史』にある次の解釈が適切と考えている。問題の文書は「両親（大抵の場合，寡婦か寡夫）が，最初の結婚でもう

けた子供を解放したことを証明する記録である。後見解放は，将来両親が死亡した時の相続財産に関する義務履行確認の相互承認であり，相続財産の一部の直接払込を介する。頻繁に行われていたのは，通常再婚を控えた寡婦もしくは寡夫のために子供を保護すること。即ち子供は相続財産の自分の取り分と一緒に近親者1人のもとに置かれるが，存命の両親の近親者は，こうした文書によって（その子の）教育におけるあらゆる責任から免れる」(Veissière [448] 116)。要するに，遺産相続問題を生前に予め解決しておくための法行為である。従って問題の記録は遺産目録に準じるような史料であると考えることができる。

この法行為の解釈についてはここまでにして，以下では具体的に住民の所有財産を見てゆこう。[表2]は，財産内容が判明する文書のすべてに関して，文書作成年代，財産の分与者（大抵は両親のどちらか），被分与者（大抵は子供），財産内容の順に整理したものであるが，この申請に立ち会った市政役人あるいは証人は除いている。

(3) 住民の財産構成・分布と不動産所有

(i) 相続財産の構成

まず相続財産の内容を見てゆこう。文書を通覧すると，全体的に次のようなものが分与されていることが判明する。もちろんこれらがすべて分与されたわけではなく，大多数が分与される場合，その一部が分与される場合，全く分与されない場合とがある。財産はまず，動産と不動産とに分けられる。動産は次のようなもので，様々なものが現れている。

寝具類（羽毛・詰毛ベッド，シーツ，掛け布団，羽布団，クッション，枕，敷物）。家具類（椅子，ベンチ，テーブル，大箱［衣服などの収納箱］，木箱，三脚，四脚台，食器棚）。衣服類（上着《cote》，外套《serquot; peliçon》，布地（下着）《linciaus》，帽子，タオル）。料理・食事用品（パン捏桶，フライパン，すり鉢，瓶［銅・錫］，盥，ぶどう酒樽・大樽，テーブルクロス）。照明器具（蝋燭，燭台）。道具類。家畜（雌牛・雌羊・鵞鳥・馬），ぶどう圧搾器，物売台，紡ぎ車，梳き櫛，織機，毛羽立て用アザミ，鍛冶場，ふいご，大鋏，鍬，鎌，大鎌，鉈鎌，その他大工道具など専用道具類。原材料（小麦，燕麦，羊毛房）。

現金。借金。その他不明物品《soille》。

次に不動産として，家屋，建物[8]，付属建物《chas; apartenance》，倉庫，菜園（時には囲い地の意）《jardin; porpris; pourprins; oche; cortil》，囲い地《closel》，土地，小麦畑，ぶどう畑，豌豆畑，採草地が挙げられる。

(ii) 不動産の立地

都市住民が都市内だけでなく周辺農村にも広く不動産を所有し，それが都市住民の富裕化のみならず都市と農村との親近性を示す指標の一つであることはよく知られている（高橋 [555] 381；山田 [579] 72-74)。この点はプロヴァンについても認められる。

不動産の立地を確定できるほど正確な場所に関する描写はないが，都市内においてはかなりの精度で地点比定可能な場合もある。プロヴァン囲壁内では，家屋の多くが高台区・下町区の通り沿いに面しており，某の家と某の家との間とか，裏とか，正面といった具体的表現がとられている例も多い[9]。

プロヴァン囲壁外及び周辺村落には，家屋だけでなく多くの土地が点在している。近いところでは市門付近（例えばトロワ門，キュロワゾン門，オドワ門など。[地図4] 参照）に見られるが，大多数は半径約15キロ以内の村落（文書集成中の記録に出てくる村落に関しては [地図5] [地図6] を参照。これらはコミューンの法域に属する）にあり，その村落内もしくはその村域《finage》内に所在している[10]。

(iii) 住民による都市内外不動産所有の特徴

史料に現れる住民の所有財産に関して次のような特徴を見いだすことができよう。まず富裕者のみならず，様々な職種の住民（周辺村落住民も含む）が登場するという点である。職種が判明するものはその職種名を併記して [表2] に掲載しているが，手工業者の側にはかなりの財を成し，多くの不動産を獲得した人物も見られる。例えば [表2] 102番の鍋釜工故ジュアンは，娘2人に家屋（複）と菜園，倉庫とそれに属する土地50アルパン，採草地3カルチエ，ぶどう畑2と2分の1アルパン3カルチエ，耕地1アルパンを分与している。305番織工ガランは娘イザブロンに貢租付きの土地7カルチエを分与している。310番の石工故エラールは，娘に土地7カルチエの半分，ぶどう畑2分の1ア

ルパン2分の1カルチエ,採草地1カルチエ,広場,家屋2軒,土地2アルパン,採石場の半分,寝台1台,大箱1個を分与している。609番の洗濯屋ルノーと妻ジャコートは,妻の幼い弟たちに(恐らく自分たちに子供がいないからであろう),すべての家屋の半分,毛織物乾燥施設3棟の半分,ぶどう畑3アルパン,スルダン村域の土地9アルパン,家屋1軒と中庭全体を分与している。628番床屋(ひげそり屋)故ロジェの妻エルイは息子に建物4棟,家屋の半分を分与している。

　次に不動産の中でも家屋所有が目立つ点である。家屋は住居用としてだけでなく,賃貸用として複数所有された場合も少なくない(それが何のために使われたのかは第4章第2節を参照)。しかも一人で囲壁内だけでなく周辺村落にも家屋を持つケースも見られる[11]。これらが住民個人の所有物かあるいは保有物かについては議論の余地が残るが,多くは住民の所有物件であると考えたい。というのも個人もしくはプロヴァン宗教機関(例えばサン゠タユール修道院,サン゠キリアス参事会教会,ノートル゠ダム・デュ・ヴァル参事会教会など)所有家屋の賃貸借が問題となる場合は,少なからずその旨が明記されており[12],それ以外のケースでは自有地と判断できるからである[13]。この問題についてメスキは,プロヴァン住民の多くが家屋・土地などの不動産を賃借していたと考えているようだが,しばしば史料中に明記される自有地の表現には言及を避けている([432] 66)。

　第3に,住民が持つ不動産の中で土地(耕地)・菜園が多く見られる点である。とりわけ菜園の場合,家屋に付属するものもあれば独立したものもある。この点は多くのフランス都市において確認されていることだが[14],改めて都市の農村的性格が確認されるだけでなく,住民の多くが食料の一部を自給できる条件を備えていたことを窺わせる。

　ところで,中世都市の有力市民層を構成する商人がここにほとんど現れていないのは奇妙である。この点は大市と関連した受動的な商業システムと関連づけて説明することもできるが,職種が併記されていない者が多数いるので,その中に商人が入り込んでいる可能性も否定できない。むしろ重要なのは市政経験者がこの中に現れることが非常に少ない点である。市政役人はその役職と名前がほぼ判明しており文書の中で同定することは比較的容易であり,例えばメ

ール(市長)経験者([表12]参照)では, [表2]の14番ミル・ル・ペヴリエ[在職期間 1274～1275], 160番ジルベール・ド・モリ [1281～1282], 626番ゴーチエ・ド・デュルタン [1285～1287/1293/1297～1298/1305/1310] だけで, しかも財産の概要が分かるのは前一者のみである。市政役人の多くは在職中に正式の手続きを踏まずに内々で財産分与を処理していたのか, それとも実際に分与するほどの財産がないためその必要がなかったのか, 現時点では不明である。前述のグランはこの点について, 市政役人などの富裕者層はプレヴォの前で財産分与の手続きを行ったので, 市当局の記録には現れないのではないかと考えた。つまり彼らは自らの法行為の確認のために伯権力を頼ったとする。他方で伯による確認には費用が高くついたため, 一般住民は市当局によるサービス(財産分与の確認に何らかの料金が必要だったのかどうかは不明)を受けるしかなかったとする ([500] 402)。この問題については証拠となる文書は伝来しておらず推測の域を出ていないので, 今後追究したい。

第2節　プロヴァン住民の職種構成

以上見てきたように, プロヴァン住民はその財産の中に様々な不動産を持つ者が少なくないことが判明したが, それでは彼らは一体いかなる職種に従事してこうした財産を作り上げたのか。ここでは前節において分析した文書と時代を同じくする史料を用いて, 住民の社会職能的分析を試みる。

(1) 素　材

ここで利用する史料は, 1323～1324年に実施されたコミューン廃止(すなわち市当局の活動停止)の是非を問う住民投票の記録で, 中世には他に類を見ない極めて貴重な史料である。羊皮紙巻物に記載されたオリジナルは国立文書館所蔵手書本 J 768, no 36 及び J 771, no 7 として保管されている。1852年にブルクロにより刊行 ([389]) され, その価値の高さからこれまで多くの研究者の関心を引いてきた[15]。ブルクロは, これがプロヴァンのコミューン最後の時期 (1344～1356年頃) に作成されたものと考えたが, 後にシャパンは, 記録に記

載された人名を他の記録のそれと照合しながらこれが 1323～1324 年頃に作成されたものと断定し，投票後すぐに作成された同時代史料である可能性がきわめて高いことを主張した ([303] 221-222)。

ところで何故投票を実施することになったのか，その点を説明しておこう。プロヴァンは，シャンパーニュ伯領諸都市の中でも最も長くコミューンを維持した都市である[16]。しかし他の都市よりも安定した市政運営を実現していたわけではなく，むしろ第 5 章で明らかにされるように常に緊張を孕んだ市政運営であった。というのも，1281 年の毛織物工業労働者の暴動とその渦中での市長暗殺のために被った王権による一時的なコミューン停止処分以来[17]，プロヴァンは幾度かコミューン停止を経験し，理由は不明であるが 1323～1324 年にも停止を受けていたからである。王権により周辺諸都市で次々とコミューンが廃止されてゆく中で，社会不安を解消しきれないコミューン体制の責任を問うために投票は実施された。投票を促した主体は恐らく王権であったと思われる (Veissière [448] 90)。結果は存続派 156 名，廃止派 2,389 名で廃止派が圧倒した。しかし存続派の王権への執拗な存続要求によりコミューンは復活した (Chapin [303] 222)。

記録はコミューン存続派と廃止派とを分けて記載しており，J 768, no 36 は，まず教区ごとに，続いて周辺村落ごとに住民の名前が記載されているが，J 771, no 7 にはそのような区別はなく，名前が列挙されているだけである。投票者は基本的に家長であるが，しかし寡婦も多く見られることから亡夫の代わりに投票したと思われる。またコミューン成員ではない伯の保護民（大半は農奴）《homme de prévôté》は，妻が自由人であれば投票権をもっていたとされる。完全に排除されているのは貴族，そして宗教機関に属する農奴である (Veissière [448] 90)。聖職者の関与については現時点では判断できない。

(2) プロヴァンの社会職能的特徴

この記録の史料的価値を最も高めているのは，名前に職種が併記されている点である。但しすべての人物に職種が併記されているわけではない。判明した職種を，業種ごとに整理したのが [表 3] である。各教区の人数は，J 768, no

36に記されたものを整理したものである。ただし，それぞれの職種の総数には周辺村落の人々も含まれているため，4教区の総数との差が周辺村落の人々の数となる(各職種の総計人数と4教区の総計人数とが合わないのはそのためである)。ところで，直接税(タイユ)徴収のための税額査定帳簿のような担税額が併記された史料 (例えば Rigaudière [174]) ではないので，住民の経済力までは分からない。従って，経済的上層に位置する職種や貧困層がどの程度いたのかについては不明であるが，この点は [表2] に現れる相続財産の量的格差がある程度見通しを与えてくれると思われるので，この点の検討は今後に委ねたい。

さて [表3] に現れるプロヴァンの社会職能的特徴として，以下の点を挙げることができよう。第1に，繊維工業，とりわけ毛織物工業の優位である。具体的に見てみると，織工333名，縮絨工兼起毛工252名，起毛工78名，縮絨工60名，ドラピエ(毛織物の製造と販売とを担う織元)53名，染色工32名と，他の業種に比べ圧倒的である。そして逆に皮革・金属工業の劣位が印象的である[18]。このことからプロヴァン住民の約半分(64.5%)が繊維工業及びその関係業種に従事していたとする『プロヴァン史』の記述 (Veissière [448] 91) も頷ける。ところで，ここに紡績工程を担う人々が現れてこない点が奇妙であるが，これは農民が多数居住していた事実から彼らがその役目を担っていたと考えたいが，この点は今後追究しなくてはならない。

ところで市政役人の業種について判明するのは僅かであるが，例えば市長経験者について見ると([表12] 参照)，ジル・ジュリオ [在職期間 1254～1257] とジルベール・ド・ロスティ [1257～1258] が織元，ジルベール・ド・モリ [1281～1282] とマンゴ・メーレス [1296/1299/1306～1308] 及び息子アス [1312～1313/1315/1330] が染色工であり，市政役人の大半は織元か染色工出身であるとされる (Veissière [448] 118-119)。このことから市政運営と毛織物工業とが利害関係の点で密接に絡み合っていたことが窺え，これが市当局と住民との関係にも深く影響していたと考えられる。

第2に，プロヴァン各地区(=教区)の経済的特性が明確に反映されている。全体的に下町区のサント゠クロワ地区とサン゠タユール地区とに商工業が集中しており，特に後者が顕著である。他方，高台区は相対的に農村的な色彩が強

いように思われる。この特徴は周辺村落についても認められ，例えばルイイ村はパン製造とぶどう栽培に特化し，スルダン村とシャロートル＝ラ＝グランド村はぶどう栽培に特化し，その他の村落は農夫がほとんどであるため農業中心と考えられる。

　第3に多様な職種構成が印象的である。毛織物・麻織物工業を筆頭に，食料品関係から運搬業まで様々である。これは都市に限ったことではなく，周辺村落にも実に多様な職種従事者が居住している。いくつか例を挙げると，ルイイ村では，羊飼い1名，パン屋34名，炭焼き1名，大工6名，車大工1名，仕立て屋1名，農夫8名，石工2名，豚飼い1名，織工2名，牛飼い2名，ぶどう栽培人33名，寡婦6名，プレヴォ管区保護民10名が確認できる。ヴルジー村では，大工2名，仕立て屋1名，農夫214名，石工3名，小間物商1名，人夫1名，織工2名，ぶどう栽培人28名，寡婦16名，プレヴォ管区保護民5名が確認できる。オジェール村では，肉屋2名，パン屋1名，大工1名，車大工1名，仕立て屋1名，屋根葺き工3名，チーズ作り1名，農夫5名，小間物商1名，陶工2名，靴直し1名，寡婦6名，プレヴォ管区保護民13名が確認できる (Richard [444] 92-93)[19]。

　以上の諸点を考慮すると，これまで通説で強調されてきた経済活動の衰退局面，特に都市の主要産業である繊維工業の後退にもかかわらず，都市囲壁内外における土地（耕地）や菜園の広範な所有状況から見て，職種的な裾野の拡大を伴いつつ緩やかな社会経済構造の転換過程にあったと考えられる。

第3節　13世紀～14世紀前半におけるプロヴァン市当局

(1) 1230年コミューン体制

　プロヴァンのコミューン体制は，シャンパーニュ伯チボー4世によりコミューン結成が認可された1230年に始まるが，それは都市統治に関する伯権力代行機関の法的認可に過ぎず，これが市政機関として機能していたことは少なくとも12世紀後半に確認できる[20]。ここではまずコミューン体制期における市当局の権限について，1230年コミューン文書の条項内容を整理しながら見て

ゆこう[21]。

　最初にコミューンの法域は，都市プロヴァンとそれを中心に半径約15キロ圏内に置かれたプレヴォ管区に広がっていた（第2条）。都市部の統治は，伯あるいは伯役人により追認されたエシュヴァン（参審人）13名とその中から選出された市長1名により構成されるエシュヴィナージュ（市参事会）が担った（第11～14条）。農村部の統治は，プレヴォ管区内に点在する9つの周辺村落が受け持ち，それぞれに毎年一定額で請負に出された村役人職《mairie》が置かれ，市当局の出先機関をなしていた（[地図6]）。なお市当局の具体的構成は[図2]にまとめている。

　伯はこれまでの賦課租《toltes》及びタイユのすべてを廃止して，財産税であるジュレ（宣誓《jurée》）税（動産1リブラにつき6デナリウス，不動産1リブラにつき2デナリウス，一括払いの場合は年20リブラ）に切り替え，その納税義務をコミューン成員に課した（第2・3・5条）。市民権獲得の条件は実質的にこの義務のみであった。プロヴァン住民の多くは，伯領内の周辺農村及び近隣諸地域からの移入者で，特にセーヌ－マルヌ間地域出身者が大半を占めていたとされるが（Morlet [438]），これはコミューン文書に市民権獲得に関する詳細な条件設定がなく，非常に寛大であったためと思われる。

　裁判権とプレヴォ職は，プロヴァン貨で年250リブラの支払いでもってコミューンの請負となった（第6条）[22]。但し上級裁判権，さらに法廷決闘敗北者《champion vaincu》，度量不正使用犯《fausse mesure》，そして伯直属の聖職者・騎士・家臣・ユダヤ人に関する裁判権は伯が留保し，彼らに課された罰金は伯に支払われた。度量不正使用犯への罰金の内，伯は15ソリドゥス，市民は20ソリドゥスを受け取り，コミューン成員に課された罰金は，市民は20ソリドゥスまでを受け取り，残りは伯のものとなった（第7～10条）。

　市民生活に関しては，不動産などの売買の自由，コミューン裁判権の自律性尊重，市民の義務としての軍役，伯の徴発権（馬と荷車），バン権（水車・かまど使用強制と設備維持）について規定が見られる（第15～23条）。また伯に対する債務，あるいはその他の理由で逮捕・拘留された市民は，伯により解放されることが保証された（第25条）。市民には移動の自由も認められており，プロヴァン市外に出ようとする市民に対して伯は，15日間有効の通行証を付与した

(第26条)。農奴身分から解放された者には，コミューン成員になるか伯の領民に留まるか，その選択の自由が与えられていた(第27条)。なお流通税の免除や造幣権についての規定は見られない。

　この1230年文書から読み取れる市当局の特徴として次の点が確認できる。すなわち市長と参審人の市政活動は，伯へのジュレ税の徴収・支払い，裁判権・プレヴォ職請負料の支払い，すなわち治安維持(＝下級裁判権の執行と罰金徴収)，そして軍役やバン権などの伯への奉仕義務の管理が基本であり，そこには伯行政・財政・司法業務の代行という性格が強く現れている。市政役人の中に伯役人経験者がある程度見られることがこれを裏付けている[23]。

　しかし，彼らを伯に完全に従属する役人と単純に捉えることはできない。実際，参審人団とは別個に市長・ジュレ(誓約人)体制が強力に維持されたピカルディー地方ほどではないが，しかし参審人が実権を握っていたフランドルやアルトワ (Desportes [483] 268) よりも市長の権限は強く，また給与も年60リブラと高かった(その他の市政役人は10～40リブラ程度)ことは，市政の長としての責任が重かったことを示唆していると思われる。また参審人の任命権は確かに伯にあったが，それは市参事会交替期に市長から伯に提出された新参審人候補者リストに基づいてなされていた (Bourquelot [411] 229-230)。つまり伯は参審人を恣意的に選ぶことはせずに，都市の意向を尊重していたと考えられる。

　市長を長とする市当局の権限は，その後自主運営の余地が広く残されていた行政・財政面において大きく発展してゆく。なお文書において商・手工業面における規制が見られないのは，プロヴァンが繊維工業都市であると同時に大市開催都市であることと深く関係しており，人間の移動に対して寛大であったことと併せて，都市の経済活動を後押しする意図からであろう。但し，商・手工業に対する規制を市当局が全く行わなかったわけではなく，僅かではあるがパン屋・菓子屋，フェルト帽子製造工などに対する規約が文書集成中に伝来している[24]。

(2) 1230年体制の補強及び再編成

　プロヴァン市政の枠組みを明確にした1230年体制は，その後1252年，1268

年文書により部分的に修正される[25]。1252年文書では，まず税制面においてジュレ税が年間1,600リブラの定額支払によって代替された。追加は司法面（とりわけ年市関係）で多く見られ，特に1230年文書では規定が見られなかった外来商人に対する裁判権に関して，市長，プレヴォ（下級伯役人），年市守護，バイイ（上級伯役人）の権限内容が明確にされている。そしてコミューン専用の訴訟及び事務処理施設 «loge»[26] が，プレヴォの施設のそばに設置されることが定められた。また罰金に関して，市民が外来商人から告訴された場合の罰金の内20ソリドゥスまでは，都市防備施設費に充当すべきことが新たに加えられた。1268年文書では，定額支払が廃止されジュレ税が復活した以外にほとんど変更はない。1252年文書と同じく外来商人の裁判権に関する市長及び伯役人の権限確認がなされている。要するにこの二つの文書は基本的に1230年体制を補強するものであった。

1273年，市当局は伯アンリ3世からジュレ税を毛織物やその他商品に対する売上税によって代替させる市制改革文書[27]の発給を得て，これにより都市財政の改革が進行した。大市が急速に衰退し始めた時期に，市当局はなぜ都市商業・手工業に打撃を与えかねない間接税への転換を図ったのか。その理由は不明であるが，おそらく伯財政の逼迫が背景にあると思われる。実際，この時点からプロヴァン市政は内外の政治的・社会経済的諸問題に直面せざるを得なくなり，その方針も大きく方向転換することになる。その後プロヴァン市政の枠組みは，1284年の王領への併合後も変更されることはなかったが，都市内外における経済状況の悪化と社会不安の増大を解消する有効な手立てを打ち出すことができぬままにあった。1319年に仏王フィリップ5世が発給した王令は，行・財政面で市当局の権限を制限して市政の健全化を目指すと共に，経済面でもとりわけ食料品購入に規制を敷き住民の経済生活の保護を意図したが[28]，それが現実に実施されたかどうかは不明である。というのもその後もコミューン体制の動揺は続き[29]，1323～1324年の住民投票を経て，1330年代にはその機能を著しく侵害されたからである[30]。コミューンは最終的に1350年代に廃止されたと考えられている (Chapin [303] 224)。コミューン体制解体後の都市制度の展開については次節で検討される。

(3) 市政活動における市当局と住民

　コミューン体制下における市政役人の社会的構成と市政活動の概要は[図2]に示しているが，ここでは特に市長と参審人の市政活動について述べて，そこから市政面における彼らの住民に対する意識に迫ってみたい。

　この時期，市当局の当面の課題は，住民と外来商人の裁判権に関して市長と伯役人プレヴォ及びバイイとの間での権利関係を明確にすることであり，それは住民と外来商人との間で生じた商取引をめぐる紛争を迅速に解決し，都市内経済活動をスムーズにさせるためであったと思われる。実際1252年文書と1268年文書では，この問題に関する詳細な規定が見られ，市長の管轄権と伯役人の管轄権とを明確に区分し，そのために市当局専用の訴訟及び事務処理施設をプレヴォのそれのそばに設置している。この事例が示すように，本来市当局の政策は伯と住民との双方の利害に目配りしたものであったと考えられるが，このバランスも，1273年の税制改革[31]を契機に不安定なものとなってゆく。

　この税制改革により毛織物工業は大きな打撃を被り，さらに大市の経済活動が衰退し始めた[32]ことも手伝って，これまで維持されてきた市当局-住民間の協調関係は動揺し始める。13世紀末から14世紀初頭にかけて手工業者の暴動が相次ぎ([表1]参照)，また伯・国王権力，宗教機関との間で生じた裁判権管轄問題や租税・援助金徴収を主とする財政問題など様々な市政上の困難に直面した市当局は，伯・国王や大司教などの聖俗上級権力のもとへ問題の収拾のために頻繁に赴いた[33]。時には年市守護が何らかの理由でプロヴァン住民を投獄し殺害した件で市長らがパリに赴いた事例[34]や住民に危害を加えたバイイに苦情申し立てをするための市長のパリ出張[35]など，市長自ら住民のために現地に出張し事件を処理する活動を行った場合も見られた。しかし住民との関係悪化を止めることはできなかったと思われる。1319年王令も効なく，1323～1324年には住民投票が実施されコミューン廃止派が大勢を占めたことがそれを裏付けている。要するに，市当局は当初は住民との協調関係を結びながら市政運営を行っていた。しかし市政活動の規模が拡大し，かつ不安定になるにつれて聖俗上級権力との関係がますます密になり，逆に住民との協調関係は徐々に弱くな

っていったと考えられる。その過程は，第5章で検討される都市財政制度の展開の中により鮮明に現れている。

第4節　14世紀後半～15世紀における市当局と住民

　1350年代に最終的にコミューンが廃止された後のプロヴァン都市統治は，いかなる形態を取っていたのか。14・15世紀における都市制度の展開は必ずしも詳細に判明しているわけではない。そこで伝来史料から得られる情報を整理すると，おおよそ次のような状況が浮かび上がってくる。

　コミューン廃止後のプロヴァン都市統治機関に関する最初の言及は，1360年会計簿([385])[36]に添付されたフランス大元帥ロベール・ド・フィアンヌの特任状([史料5])における次の文言である。「余の仲間にしてプロヴァンの都市守備隊長ドニ・シェルタンと，余と共にある都市評議会と統治機関の他の選出者たちの同意と意向によって」《par l'assentement et volonté de Denis Chertemps nostre compaignon, capitain dudit Provins et autres esleuz avec nous au consoil et gouvernement de ladite ville》という文言から，この時期に既に都市統治機関として都市評議会が存在していたことが判明する。さらに都市評議会の具体的な構成について，都市の守備隊長《カピテーヌ capitaine》[37]が市政責任者としての役割を果たしていると思われること[38]，都市会計係と会計監査役数名の名が記載されている[39]ことから，全体像は掴めないがある程度の市政活動を行い得る都市統治機関であったと考えられる。但しここで指摘すべき点は，特任状の差出人あるいは市政責任者が国王役人であることであり，ここに都市統治に対する王権介入の端緒を見ることができ，この傾向はその後ますます顕著になってゆく[40]。

　続いて都市評議会については，1367～1370年の防備工事関係記録[41]から，それが防備工事の実行主体であることが判明する。都市評議会と工事請負者との間で交わされた契約書末尾には，契約に立ち会った評議員の名が署名されており，そこには複数の市政役人(役職名は不明)の他に，都市守備隊長代理，教区代表4名，聖界代表として教区司祭，サン゠ジャック修道院長，ノートル゠ダム・デュ・ヴァル参事会教会会長，国王役人としてトロワ・モーのバイイ代

理，国王代訟人《procureur du Roy》，国王セルジャン（下級国王役人で補佐役），プロヴァンのプレヴォの名が確認でき，この時期には聖俗両界の代表者が評議会に参集し，防備工事に関する審議を行っていたと思われる。さらに1368～1370年の租税請負契約書[42]から，都市評議会は，防備工事以外にぶどう酒消費税《retrait de la pinte de vin》と小麦（粉挽）税《molage》の徴税請負の入札・請負契約も行っており，都市財政の管理も担当していたと思われる。しかしながら防備工事と租税徴収以外の活動については情報がなく，都市評議会の開催頻度や正確な構成員数も不明である[43]。

その後都市評議会の活動内容がより鮮明になるのは，1451年の都市会計簿[44]においてである。史料文言から都市評議会の構成員として，都市諸業務の書記にして代訟人・管理者，道路管理役，収入役，布告役に加えて，国王役人として国王弁護士，モー・バイイ管区の在プロヴァン書記が確認できる。原則的に評議会はバイイ（代理）あるいは都市守備隊長の開催許可と出席をもって開催された。但し，そこでの国王役人の役割は王権の利害を貫徹させることではなく，むしろ都市評議員と協力して市政業務に当たりながら，その時々で王権の利害との調整を図るというものであったと思われる (Chevalier [44] 202-207)。14世紀後半には確認できる聖界代表の参加が，史料に現れていない理由ははっきりしないが，彼らが市政に全く関与していないとは断言できない[45]。この時期，評議会は市庁舎で開催されていたと思われる。評議会の活動内容としては[表11]に整理された収支構成に明らかな通り，租税徴収と防備強化を中心に様々な活動を見て取ることができ，その詳細な分析は第7章で行われる。

前節で検討したコミューン体制期と大きく異なるのは，租税徴収と防備強化工事の実施が市政活動の枢要な部分を占めている点である。いずれも都市住民の生活に深くかかわり，この時期には住民により密着した市政活動が展開されていたと考えられる。それではこのような市当局と住民側との関係はどうであったのだろうか。プロヴァンにおいてこの点を伝来史料から読み取ることは，この問題に関する言及が少ないことから困難だが，近隣諸都市の事例を踏まえておおよそ次のように考えてよいと思われる。

都市評議会が中心的都市統治機関として創設された14世紀中葉に，既にそれを土台から支える住民側の組織として住民総会《assemblée générale des habitants》と呼ばれる制度が機能していた[46]。これはその名が示すとおり都市住民が直接市政に参加できる場であり，原則的にすべての都市住民が出席できたとされる (Bibolet [285] 6)。そこは王権代表と都市住民とが直接対話を行い，市政役人・会計役人の選出，租税割当の決定，会計監査の承認，公共工事の是非の討議など市政に関わる様々な問題を議論する場であった。住民総会は16世紀頃にはほとんどの都市で機能しなくなるとされるが[47]，14・15世紀においては都市住民が市政問題の討議に直接参加できる制度，換言すれば住民とのコンセンサスを得る場として機能し，都市行・財政運営を支えていた。

　ここで近隣諸都市の住民総会の事例としてトロワの場合を見てみよう。トロワでは住民総会議事録が，1416年以降伝来している。トロワ住民総会はサン=バルナベ Saint-Barnabé 総会と呼ばれ，1270年以来毎年6月11日に鐘楼館1階の回廊で開催され，住民はそこで道路管理役にして都市代表である《voyeur》を選出した。原則的に聖界，俗界に関係なくすべての住民が出席でき，通常は都市の各居住区画の警備責任者が主で100〜150名ほどであったが，1430年には400名もの参加を得ることもあった。討議内容は市政役人の選出以外に，インフラ整備，租税割当決定，不動産などの売買，各種請願の吟味，戦況報告，貨幣価値とパン価格の統制，王権の下への使節派遣，国王書簡の読み上げと多岐にわたっていた。15世紀前半までは都市の政策決定に積極的に加わっていたが，15世紀中葉以降は都市評議会の決定を承認するだけの受動的な集まりに過ぎなくなり，16世紀に徐々に衰退していったとされる (Bibolet [279] [282] [285] 6-7; Bibolet et alii [287] 117-119; 拙稿 [381] 364-366)。

　プロヴァンにおいても，1451年度会計簿の文言から住民総会が制度として機能していたことが判明する ([史料6] 参照)。住民総会は毎年3月にモーのバイイ及び代理の出席を得てドミニコ修道会教会において開催されたが，参加者の構成と人数は不明である。この年の住民総会では，市政役人の改選（特に収入役の選出）に加えて，当該年度の国王エド授与分の確認や都市治安に関わる諸問題の討議が行われた[48]。また「総会の決議により」《par conclusion en l'assemblée》，当該年度のパン従量税については3月分しか徴収しないことが決定された[49]。このことは住民総会が住民の希望をある程度まで聞き入れてくれる場であったことを示唆している。単年度史料における言及のみで，前後の時

第3章 13世紀～15世紀におけるプロヴァン市当局と住民　　　　67

代に関しては不明であることから，プロヴァン住民総会の意義を正当に評価することは困難であるが，「毎年慣習的になされているように」《ainsi qu'il est acoustumé faire chacun an》という文言 (Mesqui [393] 262) と前述のトロワやランス，シャロン゠シュル゠マルヌ[50]，あるいは他のフランス諸都市の事例[51]とを考慮すると，この制度が住民の市政参加の場として慣習的に機能していたことは確かだと思われる。最近刊行された16世紀プロヴァンの司祭クロード・アトンの回想録によると，16世紀中葉においても住民総会が開催されていたことが分かる (Haton [392] 11, 19)[52]。

　これまで素描してきた都市評議会と住民総会について次のようにまとめることができよう。すなわち14・15世紀のプロヴァンでは，コミューン体制後期に崩れた市当局と都市住民との協調関係が，都市評議会と住民総会という市政運営における2制度の共生を基礎として再構築されていた。この2制度は都市内諸勢力の利害を調節しながら全体的な合意を取り付ける上で大きな役割を果たし，とりわけ都市防衛とそのための資金調達という当時の都市共同体にとっての死活問題に対処するために最も適合的な制度であった。そして市政の安定運営がそのまま王国の安定につながるように，政策決定において国王役人が介入し，王権と都市とのパイプ役を果たしていた。

小　　括

　本章で検討してきた中世プロヴァンの市当局と都市住民について確認できたことをもう一度整理してみよう。中世都市の住民の経済的基盤，とりわけその所有財産の概要が判明するのは極めて稀であるが，プロヴァンの場合子供の後見解放に伴う財産分与の確認記録から住民の多くが家屋・土地・菜園を主とする不動産を持っていたことが判明した。さらに14世紀初頭の投票記録の社会職能的分析から，都市住民の約半分が毛織物工業に従事していたこと，またそれ以外にも様々な職種が存在し，全体としてバランスの取れた経済活動を展開していたことが明らかになった。

　全体として経済的安定を享受した住民は，早くも12世紀後半には都市統治機関コミューンを擁していた。1230年に伯から法的に確認されたコミューン

は伯権力の代行機関としての性格が強かったが，その後徐々にその権限を拡大させてゆく。市政役人である市長や参審人の社会的出自については，その多くが富裕商人や土地所有者層であったとされる (Richard [444] 52–53)。そして 13 世紀後半には織元や染色工などの毛織物工業親方層が占め，オリガルシーを形成するようになったとされる (Veissière [448] 116–119)。前述の通り住民の大半が毛織物工業に従事していたことから，市政運営に対する住民の態度は毛織物工業における親方–職人関係が少なからず影響していたと考えられるが，当初は経済的繁栄にも支えられて，市当局は住民との協調関係を維持しながら市政運営を行っていた。

　しかし，13 世紀後半の税制改革を契機に協調関係は徐々に崩れ，住民との市政政策におけるコンセンサスが取れなくなる。時には暴動という形で市当局の政策に対する抵抗が示されたが，14 世紀前半のコミューン存続の是非を問う投票で廃止派が大多数を占めた時点でこれまでの協調関係は崩れ去った。市当局側も住民との協調関係を取り戻す努力を見せはしたが，功を奏することはなかった。コミューンはその後存続派の努力で 14 世紀中葉まで維持されるが，もはや都市統治機関としての機能をほとんど果たしていなかったと思われる。コミューンの最終的廃止が住民投票から約 30 年後の 1350 年代となった背景には，都市統治機構の移行がそれだけの時間を必要とするような緩やかなものであったからであろう。

　ところで，百年戦争の勃発や黒死病の襲来などによる政治的・社会経済的動揺が進行する 14 世紀中葉に，都市制度は大きく変化する。コミューンに代わって都市統治の役割を担ったのは都市評議会という合議機関であり，都市内聖俗諸勢力の利害を調整しながら市政運営を行っていた。当時の最も重要な市政上の課題は都市の防備強化とそのための課税による資金調達であり，いずれも都市住民の生活に直接関わることであったがために，それを実現するために市当局は住民側の協力を得る必要があった。そこで住民側から政策上の同意を得るために開催されたのが住民総会という制度であり，中世後期ではまだ市当局の決定を承認するだけの受動的な存在ではなく，むしろ積極的に意見を表明し，時には決定を修正させるほどの影響力をもっていたと考えられる。これら 2 制度にはいずれも王権が関与しているが，これは王権による都市運営の侵害

ではなく，むしろ都市の利害と王権の利害とを同調させて両者間での協調関係を構築するためであった。このような様々な次元での協調関係はとりわけ都市財政面において鮮明に捉えることができるが，その動向については第3部において展開される。

註

1) 1350年頃における都市統治機関の形態の変化はフランス全土で一般的に見られる現象であり，この点については Contamine [61] 30-33; Chevalier [44] 199; Rossiaud [523] 509-513 に詳述されている。
2) コミューンとは，共同誓約によって結成され文書によって認可された法人格を備えた都市共同体を指す言葉で，特に北仏の王領地周辺に分布する都市統治システムである。11・12世紀に，聖俗領主に自治権を要求したコミューン運動を経験することなく，シャンパーニュでは伯への財政的援助の代価として平和裡にコミューン認可が行われた。コミューン体制と都市評議会体制との根本的な違いは，統治機関の構成にあり，前者は俗人有力市民が市政を掌握していたが，後者では聖俗名望家層が協力して市政を担っていた。
3) 例えば，1474年トロワ市当局が作成したトロワ住民の所有軍事装備目録が典型であり，そこでは教会関係者の武具・武器所有も明らかにされている (Contamine [476])。なおプロヴァンには，第1章で概観したような税額査定記録は伝来していない。
4) 遺言書に関しては，伝来史料の徹底的な調査が必要であるが，プロヴァンの市長 Pierre de la Rochelle の遺言書 (1271年2月) 1通が Chapin [303] 311-313 に刊行されている。また訴訟記録に関しても文書集成に若干記載されている。
5) この手書本は歴史史料研究所 (IRHT) によってマイクロフィルム化されている。本章では，著者は刊本とマイクロフィルムの両方を参照している。
6) この点に関しては，Guyotjeannin, O., Morelle, L., et Parisse, M., (réunis par), *Les cartulaires. Actes de la table ronde organisée par l'École nationale des chartes et le G.D.R. 121 du CNRS.*, Paris, 5-7 décembre 1991, Paris, 1993 所収の諸論文を参照。この研究集会の詳細は，岡崎敦「フランスにおける中世古文書学の現在―カルチュレール研究集会 (1991年12月5-7日，於パリ) に出席して―」『史学雑誌』102-1，1993年，89-110頁を参照。
7) この問題に関係する主題として，フランドル諸都市に関する河原 [548] 第6章を参照。都市慣習法をめぐる問題点については，シュネーデル [553]；プティ゠デュタイイ [572]；岡村 [545]；斎藤 [552]；鈴木 [553a] [553b] を参照。
8) 史料に《chambre》と記載。本書では便宜的に建物と訳しているが，その実態は非常に多様である。家屋に隣接もしくは付属した，しばしば煙突を備えた店舗あるいは作業場のような簡易建造物，または店舗設営地そのものを指すと考えられ

ている (Pichon [442] 69; Veissière [448] 122-123)。
9) 場所の確定には，中世プロヴァン地誌に関するデータを多く取り込んだプロヴァン歴史地図 (Garrigou-Grandchamp et Mesqui [419]) が参考になる。
10) 地名比定については Stein, H., et Hubert, J., *Dictionnaire topographique du département de Seine-et-Marne*, Paris, 1954 を参照。なお村落に関しては，現在消滅しているもしくは同定不可能な村落も多く，すべての村名比定ができたわけではない。
11) 1290年9月9日付文書において，ジョフロワ・アニオはプロヴァン下町区のドイツ人通りに家屋を持つと同時に，サン゠マルタン・ド・シャントロン村(プロヴァン東10キロ)にも家屋を持っていた (Prou et Auriac [395] 126)。
12) 例えば1301年11月6日付文書では,「サン゠タユール修道院から移ってきた菜園付家屋の半分」《la mitié de la meson qui tient audit courtil, et muest de Seint Ayoul》(*Ibid*., 189)。
13) 例えば1276年1月11日付文書では,「自有地から移ってきた土地約2分の1アルパン」《anviron demi arpant de terre qui muet de franc alue》(*Ibid*., 27)。
14) Coulet, N., Pour une histoire du jardin. Vergers et potagers à Aix-en-Provence: 1350-1450, dans *Le Moyen Age*, t. 73, 1967, pp. 139-270; Higounet-Nadal, A., Les jardins urbains dans la France médiévale, dans *Jardins et vergers en Europe occidentale (VIIIe-XVIIIe siècles), Flaran 9, 1987*, Auch, 1989, pp. 115-144.
15) この記録を利用した研究として Boisset [409]; Maillard [426]; Morlet [438]; Veissière [451] などがあり，主として人名研究史料としての価値が注目されている。
16) シャンパーニュ伯領内のコミューン都市の大半は1280年代に廃止されたと考えられている。例えばトロワは1242年，サン゠マンミは1243年頃，シャチヨン゠シュル゠マルヌは1246年，バル゠シュル゠オーブは1260年頃に廃止されている (Arbois de Jubainville [254] t. 4, 731-733; [253] 30)。13世紀中葉以降もコミューンが存続していたと考えられる都市は，プロヴァンの他にサン゠フロランタン，ヴィルモー，バル゠シュル゠セーヌである。これらのコミューンの内，ヴィルモーのコミューンは1372年に廃止されている (Roserot, A., Notice historique sur Villemaur, dans *Revue de Champagne et de Brie*, t. 7, 1879, pp. 97-98)。サン゠フロランタンとバル゠シュル゠セーヌについてコミューンの正確な廃止時期は不明だが，少なくとも何らかの形で行政機関は革命期まで存続していたようである (Hermelin, C., *Histoire de la ville de Saint-Florentin*, Paris, 1912; Roserot, Al., *Dictionnaire historique de la Champagne méridionale (Aube) des origines à 1790*, Angers, 1948, pp. 122-124)。

なおシャンパーニュ伯領諸都市に伝来するフランシーズ文書は，Bourgeois [255] 107-178; Longnon [260] t. 2, 1-183 に刊行されている。
17) 1281年に発生した手工業者の暴動から市長暗殺までの一連の過程については，Richard [444] に詳しい。
18) 近隣諸都市の社会職能的構成の特徴を見てみると，トロワでは繊維・皮革工業が

優位であり，また農業従事者も多く見られた (Bibolet et alii [287] 107-116)。シャロンは毛織物工業が圧倒的に優位で (Clause et Ravaux [305] 86)，ランスでは麻織物工業を始めとして，皮革・建築・金属加工業が優位であった (Desportes [71] 93-103, 341-365)。

19) その他の周辺村落の職種構成は次のとおりである。フォントネ村では，農夫 54 名，寡婦 2 名，プレヴォ管区保護民 3 名。クルタコン村では，農夫 30 名，毛皮商 1 名，ぶどう栽培人 3 名，寡婦 2 名，プレヴォ管区保護民 3 名。スルダン村では，ぶどう栽培人 10 名，寡婦 2 名，プレヴォ管区保護民 1 名。シャロートル゠ラ゠グランド村では，床屋（ひげそり屋）1 名，陶工 2 名，ぶどう栽培人 17 名，寡婦 1 名，プレヴォ管区保護民 11 名。レシェル村とシャンスネ村については不明。

20) 1153 年伯アンリ 1 世発給の文書 (Bourquelot [388] t. 2, 380-382) と 1190 年伯アンリ 2 世発給の文書 (*Ibid*., t. 1, 207-208, note 1) がそれである。前者で《hominibus meæ communiæ Pruvini duntaxat exceptis》，後者で《Unde toti communi castelli et castellariæ》という形で，住民共同体を既に《communia》と呼んでいる。ところで 1230 年文書にはコミューンを認可するという文言はないが，この文書を確認し一部条項の変更・追加を施した伯チボー 4 世発給の 1252 年文書における，《en l'autre lettre que nous leur donnasmes quant leur commune fu fette》(*Ibid*., t. 2, 411) という記述からその事実が確認でき，一般的にこれがコミューン文書と見なされている。

21) 1230 年文書は，Longnon [260] t. 2, 75-78; Bourquelot [388] t. 1, 199-206 に刊行されている。文書自体には第 1 条，第 2 条というような条項区分はされていない。以下は，著者の判断で便宜的に内容に応じて整理したものである。

22) こうした裁判権・プレヴォ職請負料の例は，他の伯領内コミューンにも見られる。例えばトロワでは 300 lb.，シャチヨン゠シュル゠マルヌ 286 lb.，バルボンヌ 184 lb.，クロンミエール 169 lb.，バル゠シュル゠セーヌ 117 lb.，ラフェルテ゠シュル゠オーブ 80 lb.，サン゠フロランタン 72 lb.，とそのコミューンを含むプレヴォ管区の規模に応じて請負料は異なっていたと思われる (Arbois de Jubainville [254] t. 4, 723 et note a)。

23) 例えば市長，参審人職を歴任したギョーム・レモン [市長在職期間 1246〜1247/1262〜1265/1266〜1267/1270〜1271] は年市守護 [1271〜1276/1279] であり，同じく息子ジャン [1316] はプレヴォ [1274〜1277] であった。ギョーム・ル・シャプリエ [1284] もプレヴォ [1272〜1273] であった (Chapin [303] 244-250, 254-256)。さらにギョーム・ド・サン゠マルセル [1290〜1292] は，1296 年にシャンパーニュ森林裁判官に就任した (Veissière [448] 118)。

24) 文書集成中に伝来する市当局作成による商・手工業に関する規約として，小麦・魚の売却に関する規約 (1271 年)，フェルト帽子製造工規約 (1294 年)，毛織物裁縫工規約 (1294 年)，大青 1 スチエの容量を決定する規約 (1296 年) がある。これらの規約はかなり簡潔に書かれており，その内容は決して抑圧的なものではなく，都市住民と商・手工業者との利害を一致させる適切なものだとされている。

さらに伯発給の規約として，パン屋・菓子屋規約 (1270 年) が伝来している (Chapin [303] 199-200)。
25) 1252 年文書と 1268 年文書は，Chapin [303] 292-295, 303-309 に刊行。
26) この施設に関しては，第 4 章第 3 節を参照。
27) 1273 年文書は，Longnon [260] t. 2, 78-81; Bourquelot [388] t. 2, 421-425 に刊行。この文書に規定された税制改革の主たる内容は以下の通りである。ジュレ税から売上税への転換，売上税課税対象品目と税額の設定(無地，薄手毛織物 12 d.，縞模様・多色染上質毛織物 6d.，大青 1 樽 6d.，その他の染料 20s. につき 1d.，大青 1 スチエにつき 6d.，ふるいにかけた灰 1 リブラにつき 1d.，ぶどう酒 1 樽 5s. 3d.，小売された小麦 1 スチエにつき 1d.，燕麦 1 スチエにつき 1d. [この 2 種については住民免除]，プロヴァン住民による小売毛織物 20s.につき 1d.，新品毛皮・雌雄牛革・コルドバ革の販売 20s. につき 1d.，種子・蠟・胡椒・ブラジルスオウノキ・ショウガ・魚や肉の擂身・レモン・クローブの荷につき 2s.，明礬・アニス・アーモンド・兎の荷につき 12d.)，規定監視委員会の設置(無地及び縞模様の毛織物の親方 8 名)，バン権確認。なお文書の末尾には，この税制について 3 年以内であればジュレ税に戻れることが定められている。
28) Bourquelot [388] t. 2, 441-446. 全 19 条からなる王令の主な内容は次の通りである。行政面では，市当局の市政運営に対する監視機関として誓約人 40 名体制と 1 名の賢人衆の設置。警備体制の強化。財政面では，支出の抑制，旅費の制限，孤児資産の管理健全化，会計簿の年 2 回提出。司法面では，罰金・投獄の厳正化。経済面では，市政役人の食料独占禁止，小売商人・魚商人の食料買占禁止，小麦の買占禁止と市場での販売強制，肉・魚などの品質検査，豌豆パンの販売許可。
29) 第 5 章で分析するプロヴァン都市会計簿には，この時期に市当局が直面した様々な困難が随所に書き留められている。
30) 例えば 1331～1332 年には国王親任官の指揮下で都市の負債処理委員会が招集された。1331～1338 年には，モー・トロワのバイイとプロヴァンのプレヴォが，市長選出権・刑事裁判権・罰金徴収権を奪取した (Chapin [303] 223-224; Bourquelot [388] t. 2, 15)。
31) 本章註 27 参照。
32) Bautier [271] 136; Contamine et alii [477] 250-251.
33) この点については第 5 章第 2 節を参照。市政役人の出張に代表される都市の渉外活動《vie de relation》は，中世における人と人との結び合い(ソシアビリテ)との関連で最近特に注目を浴びている。代表的な業績として，Favreau [493]; Higounet-Nadal [504]; Rigaudière [175] 557-652; [522] を参照。さらにブルゴーニュ公の伝令を分析対象とした Kanao [221] も参照。
34) 《une voie faite a Paris et a Senliz, la semainne aprés la Magdelaine par le maieur, Gautier de Durtain, . . . alerent pour le fait de la fame qui fu tuée a la geyne que li maistre des foires li firent, . . .》[1311 年 7 月 22 日] (Prou et Auriac [395] 227-228)。

第 3 章　13 世紀〜15 世紀におけるプロヴァン市当局と住民　　　　73

35) 《une voie faite a Chantemelle par le maieur et Guillaume Poincet, et porterent unes lettres que li maires avoit empetrées pour les griés que li baillis faisoit a aucun des bourjois de la commune...》(*Ibid.*, 228).
36) この史料については第 6 章参照。
37) カピテーヌは，通常貴族であり，都市の守備隊長であると同時に都市防備の責任者である。ルアン，トゥールなど一部の大都市では都市守備司令官《gouverneur》の肩書を持っていた (Favier, J., *Dictionnaire de la France médiévale*, Paris, 1993, p. 202)。
38) 1360 年タイユ会計簿では，1359 年の都市守備隊長シモン・ド・ジュイからピエール・ド・ジュイイにタイユ会計業務を委託する特任状が渡されており，これは彼が都市の財政活動に関する権限を持っていたことを示唆している。[史料 4] 参照。
39) [史料 4] 参照。
40) 都市統治機関への王権（国王役人）の介入は，フランス諸都市のほとんどで見られる現象である。かつてはこれを王権による都市諸特権の剝奪，絶対王政への第一歩と見るのが主流であったが，近年ではこれを王権と都市との新たな協調関係の構築と考える傾向が主流を占めている (Chevalier [44] [45])。トロワについて国王役人の市政介入を具体的に検討した Bibolet [284] を参照。
41) この記録は Mesqui [393] 232-244 に刊行。
42) この記録は Mesqui [393] 245-256 に刊行。
43) 1354〜1358 年に創設されたトロワ都市評議会の場合を見てみよう。評議員数は 14 世紀後半は 20 名以下だが，15 世紀には 35 名を超えた。構成は，半分が富裕毛織物業者を中心とする都市名望家，4 分の 1 を司教，参事会教会会員，修道院長などの聖界代表が，残り 4 分の 1 をバイイ代理，国王弁護士，国王代訟人，プレヴォ，年市守護，徴税役人などの国王役人が占めていた。評議会の会合は通常 15 日ごとに開かれ，場所は一定していなかったが旧伯館のバイイ館の広間で開催されることが多かった。評議会は都市のあらゆる問題を審議し，中でも防備，治安維持，財政管理，道路整備，市場統制，宗教施設・学校の整備が主な議題であった (Bibolet [283]; Bibolet et alii [287] 119-123; 拙稿 [381] 364-367)。その他の都市の評議会に関しては，例えば次の文献を参照。サント゠マリ゠ド゠ラ゠メールは Amargier [462]，ランスは Desportes [71] 563-570，ディジョンは Dutour [91] 114-127，リムーザン諸都市は Flandin-Bléty [104] 16，サン゠フルールは Rigaudière [175] 128-135，シャンベリーは Brondy [33] 49-51，カルパントラは Dubled [484]，ニースは Durbec [491]。
44) この史料については，第 7 章第 1 節を参照。
45) 会計簿には，宗教機関が管理する給水場の修理や堀の漁業権に関する言及が出てくる。トロワでは 16 世紀に聖界代表が都市行政から離れ，潜在的な宗教対立がその一因と考えられているが (Bibolet [281] 70)，15 世紀中葉のプロヴァンにはこれは当てはまらない。
　　ところで都市評議会に聖界代表が加わり，市政に協力することは一見奇妙に思

えるかもしれないが，中世後期においては都市住民と教会関係者とは基本的に良好関係にあったと考えられているようである (Bibolet [281] 69-70; Leguay [516] 277-281)。

46) 住民総会は，中世後期のフランス都市においてしばしば開催されたが，王権の代表と都市住民との討議の場であり，また会計監査会と同じく王権が市政運営に直接介入する場であった。その起源についてなお研究は少ないが (Rigaudière [180] 504-505)，戦争の激化に伴い都市防衛策を早急に討議するために都市住民が自発的に参集し，おそらく周辺村落住民たちも加わって創設されたものと考えられる (Chevalier [44] 199-202, 207-210)。国王役人が主催する以上，王権の政策が会議の決定に大きな影響を与えたことは当然であるが，王権側の決定事項を承認するだけの受動的な集会ではなく，住民側も案件の是非を積極的に論議する場として 15 世紀までは機能していたと考えられる。住民総会の制度面での特徴については，この問題に焦点を当てたほぼ唯一の専門的研究である Babeau [463] を参照。

47) Babeau [463] 244. 彼によれば，ブルゴーニュやシャンパーニュ地方では，住民総会が革命期まで機能したとされる。

48) 1451 年度会計簿支出部 3 月の項目を参照 (Mesqui [393] 262)。

49) 同じく収入部パン従量税の項目を参照 (*Ibid.*, 260)。

50) ランスにおける住民総会に関する最初の言及は，1347 年 5 月初頭に「防備担当者」《Élus sur le fait de la forteresse》が住民全体により選出されたという文言である (Desportes [71] 542, 552)。その後 1358 年頃にはすべての徴税が住民総会で決定され，またすべての評議員と都市守備隊長代理もそこで選出されたとされる。1346～1360 年の間に住民総会の役割が大きくなり，その頻繁な開催が都市評議会の権威を確立させたとされる (*Ibid.*, 564)。14 世紀中葉以降，主に防備工事・徴税の決定や役人選挙を担う制度として確立したと考えられる。16 世紀以降総会の機能は縮小するが，18 世紀までは開催されていたようである (Humbert [327] 62, note 1)。ランスでも総会には原則として都市住民のすべてが参加できた。参加者数には年度によって大きくばらつきがあるが，平均して 500～600 名が参加していたとされる (Desportes [71] 591, 653)。ランス住民総会について詳細は，拙稿 [381] 367-368 を参照。

シャロン＝シュル＝マルヌにおいて，住民総会が決議機関として最初に姿を見せるのは 1375 年 6 月 3 日であり，1375～1379 年の都市会計簿の冒頭部にある住民総会議事録においてである。続いての言及は 1394 年 12 月 27 日で，タイユ収入役の会計簿の監査と担税者リストの改訂のために，住民総会にてトゥサン修道院長と複数の委員が選出されている。14 世紀末から 15 世紀初頭にかけて頻繁に開催されるが，その後は年に一度聖マルタンの祝日 (11 月 11 日) に開催されるようになった。この制度は 18 世紀まで続いたとされる。総会には聖界・俗界を問わずあらゆる階層の人々が出席できた。参加者数について判明している数を挙げると，1417 年 2 月 6 日の総会では 400 名以上，1440 年 1 月 27 日の総会では 100 名以上と報告されている。総会の機能は，防備工事・徴税の決定，評議員や委員

第3章 13世紀～15世紀におけるプロヴァン市当局と住民　　　　75

など役人の選出であったが，1417年2月6日の総会のように政治的問題を討議することもあった。シャロン住民総会について詳細は，拙稿 [381] 369-370 を参照。

51) 南仏諸都市の住民総会については Rigaudière [175] 408-419 を参照。ノルマンディー諸都市は Neveux [165] 382-384, 443，ブルターニュ諸都市は Leguay [145] 100-101，サヴォワ諸都市は Brondy [33] 48-49; Duparc [88] 81-84，トゥールは Chevalier [43] 87-89，シャルトルは Billot [19] 153，ディジョンは Dutour [91] 129-131，アミアンは Maugis [518] 186-190，リムーザン諸都市は Flandin-Bléty [104] 16-17。

52) 例えば 1554 年の記述。《Pour lequel gouvernement, et clameur des pauvres malades qui estoient par les rue dudit Prouvins, qui disoient morir de faim et de froict, messieurs les procureur et eschevins dudit Prouvins tindrent et feirent assembler les habitans de la ville à l'hostel commung d'icelle, qu'on apelle l'hostel de la ville》(Haton [392] 11).

第4章　12世紀〜14世紀におけるシャンパーニュ大市と市当局及び都市住民

　　　　　　　　　　は　じ　め　に

　本章では，第3章前半部で検討したコミューン体制期におけるプロヴァン住民の経済的基盤，さらに市当局-都市住民関係をより具体的に理解するために，シャンパーニュ大市と市当局及び在地住民との関係を検討する。ここでの狙いは，大市[1]という巨大な商業空間に対して，開催都市当局がどのように対応していたか，そして商品売買のための市場参加以外に都市住民はどのように関与していたのかを分析することであり，これは制度的観点[2]からの市場分析に欠かせない視点の一つであろうと思われる。

　シャンパーニュ大市《Fairs of Champagne / foires de Champagne / Champagnemessen》は，ボーチエによれば，「中世経済の発展に最も寄与した諸制度の一つであり，北欧商人と地中海諸地方商人との定期的な出会いにリズムを与え，地域全体の飛躍の条件となった繊維工業の著しい発展を促し，そして近代経済を生み出す基となる国際的な両替・銀行業メカニズムの形成をもたらした」([406] 153)とされる(なお本章では都市を単位としてそこで開催される期日が限定されている市場を年市と呼び，ラニィ，バル＝シュル＝オーブ，プロヴァン，トロワの4都市において順次開催される総計六つの年市からなるサイクル全体を大市と呼ぶ)。プロヴァンでは5月と9月にシャンパーニュ大市サイクルを構成する2年市が開催され(5月年市は高台区の広場，9月年市はサン＝タユール修道院前の広場において開かれた。[地図4]参照)，さらにサン＝マルタン年市が11月末から新年にかけて開催されていた([表6])。これに加えて，高台区西側のサン＝ローラン礼拝

堂周辺では毎週火曜日に週市が開かれていた([地図4])。一般的にシャンパーニュ大市は10〜11世紀に生まれ，12〜13世紀に最盛期を迎え，13世紀後半から衰退局面に入り，15世紀にはその役目を完全に終えるとされているが[3]，プロヴァン年市もそうした年代的消長を示している([表5])。

これまでの研究の多くが遠隔地取引の場としての大市を強調してきたため，シャンパーニュ大市については一般的に，西欧各地の商人が一堂に会し商取引を行う華やかな舞台というイメージが定着している。これに対して，本章のように大市と開催都市当局及び在地住民との関係を解明しようとすると，それを具体的に示す史料は限られていることを認めざるをえない。もちろん教会機関の文書集成やイタリア公証人文書などにはまだ開拓する余地が多く残されていると思われるが，その多くは未刊行史料で分析にはかなりの困難を伴う。

ところが著者が主たる研究対象としているプロヴァンは，他の大市都市と比べて史料の伝来及び刊行に恵まれ，都市と市場に関する研究文献が豊富であり，本章の課題を分析するのに他の大市都市よりも有利な条件を備えている。そこで著者は，そうした史料から，年市と市当局及び住民との関係の具体的な解明に資するものを選んで検討してみた。当然ながら，本章での議論には史料に制約された部分性が強いことは否めない。従って利用する史料の性格を十分に認識しておく必要がある。特にここでは，利用する史料がそれぞれ異なる第1節と第2・3節について，あらかじめ史料と各節の内容との対応関係を説明しておくのが適当と思われる。

第1節では，聖俗諸機関の市場関係の所有物件と権利とを検討する。利用する史料はそれぞれの機関に関する伝来史料を用いており，必要と思われる場合に限り該当箇所で詳しい説明を加えている。第2節では，在地住民の不動産(ことに家屋)の所有とその外来商人への賃貸を扱う。ここでは一方でシャンパーニュ伯とその役人として年市行政の責任を負っている年市守護との文書と並んで，市当局による非訟業務文書[4]が素材となる。後者は子供の後見からの解放に伴う財産分与，債務支払，保証人の認定，遺言執行などについて，市当局が在地住民個人の法的行為を確認して記録したものだが，その際市当局は，住民間で既に解決した問題について受動的に文書作成及び押印を行ったのではなく，むしろ場合に応じて住民間の利害調整に積極的に関与していたようである

第4章 12世紀〜14世紀におけるシャンパーニュ大市と市当局及び都市住民　79

(例えば，第2節の①の記録は，適当な請負人が見いだせない場合には市政役人がその役目を担うという，市当局の積極的対応を示す典型である)。そして，市当局と年市との関係を分析する第3節では，この文書集成の内の都市会計簿と並んで，再び非訟業務文書が扱われる。この文書集成にある市当局の権限に関する文書と都市会計簿は，主として都市行・財政制度の分析のために使われてきたが(Chapin [303]; 本書第5章)，それ以外の文書はこれまで十分に分析されることはなかった。本章ではここに収められたすべての記録の読み直しを通じて，そこに何らかの合意やルールを見いだすことに努め，そこから従来の大市研究で等閑視されてきた制度的観点からの市場史研究に寄与したいのである。

第1節　プロヴァンにおける聖俗諸機関

　中世都市を自由で平等な市民共同体の牙城とするイメージはもはや過去のものであり，住民間には歴然とした階層差が存在し，都市は様々な機関の権力が縦横に交錯する複雑な空間であった[5]。そこで，ここではプロヴァンにおける主要な聖俗諸機関の市場関係の所有物件と権利を検討してゆきたい。参考のために [地図4] には，各種宗教機関の他に，位置が特定できた外来商人の家屋や宿屋などを記している。

(1)　シャンパーニュ伯

　シャンパーニュ伯は，11世紀後半以降伯領形成の一環として年市政策を精力的に行ったが[6]，各年市開催都市に多くの権利をもっていた。12・13世紀を通じて伯は幾度もプロヴァンを訪れ，高台区にある伯館に滞在しており，伯とプロヴァンの関係はトロワと同様に伯領形成初期から非常に密接であった。
　さてプロヴァンにおける伯の所有財産であるが，1276〜1278年に作成されたとされる伯所有財産調査記録 《*Extenta terre comitatis Campanie et Brie*》[7] に詳細に記載されているものを，[表6] に列記した。この表から，伯が年市開催期・非開催期に関係なく，常時都市内流通・販売行為に深く関与していることが判明する。この表から，プロヴァンから得られる伯の収入は，3年市収

入，伯所有財産収入(家屋・取引所・物売台賃貸料など)，そして慣習的賦課租(流通税など)が主であることが分かる。伯の大市総収入に関しては厳密な計算は望めないまでも[8]，13世紀後半から14世紀中葉に関して伝来史料の網羅的検討を通じてブルクロが得た数値を [表7] にまとめている。そこから，伯の大市総収入の約30～40％を占めるというプロヴァン2年市の大きな地位が判明する。

ところで伯は，このように経済的に関与するだけでなく，年市行政・司法にも積極的に介入していることを見逃してはならない。伯の代理人として年市開催の陣頭指揮を執ったのは年市守護《gardes des foires》であった。彼は配下に年市書記，守護代理，印璽係，セルジャン(命令などを実行する者)，年市公証人など多くの役人を従え，商業活動を規制・指導し，安全護送《sauf-conduit》制度[8bis]を通じて商人・商品の安全に万全を期し，商業施設の管理の徹底，治安維持，裁判実施と判決執行，年市参加者間で取り交わされた契約書の作成・押印を担っていた。そして時には伯会計簿の監査や徴税も担当していた (Bourquelot [289] t. 2, 210-252)。このような年市専門の役人の他に，一般の伯役人も年市運営に参加していた。しかし，上級伯役人バイイが司法面で部分的に関与するだけであったのに加えて，プレヴォ職が1230年にプロヴァン市当局の請負になったことから，プレヴォは伯役人ではあっても実質的に市当局と伯とのパイプ役を果たす役職となり，それも裁判実務面での関与が主であった[9]。

(2) サン゠キリアス参事会教会

伯ウード2世の主導により1019～1032年頃に高台区に創建されたサン゠キリアス参事会教会は，5月年市及びサン゠マルタン年市開催区域に最も近い場所に立地し，これら2年市とサン゠タユール年市に対して多くの権利を有していた。伝来史料から判明する限りで，外来商人(例えば，トゥールーズ，オーリャック，リモージュ商人等)へ高台区・下町区に持つ複数家屋の賃貸，肉屋・パン屋・小売商の物売台に対する税，さらにプロヴァン3年市最初の7日間のパン流通税及びぶどう酒税の全体，ぶどう酒を運んだ4輪荷車の車輪税，家畜・農産物・果物・麻織物に対する流通税などである (Veissière [396] 58-59,

第 4 章 12 世紀～14 世紀におけるシャンパーニュ大市と市当局及び都市住民　　81

86-87, 114-115, 156, 211）。他にトロワ商人が高台区に持つ取引所からも利益を得ていた (Bourquelot [388] t. 1, 416-417 note 2)。穀物計量税の権利を持っていたが，後述するようにこれはプロヴァン内外の複数宗教機関が分割所有していた (*Ibid.*, 259-261)。

(3)　サン゠タユール修道院

　サン゠タユール修道院は，トロワのベネディクト会モンチエ゠ラ゠セル修道院の分院として伯チボー 1 世により 1048 年に創建され，下町区発展の中核を担っていた。この修道院についてまず特徴的なのは，この修道院に年市最初の 7 日間（即ち 9 月 14 日から 9 月 21 日まで）の上級・下級裁判権が伯から与えられている点である。この特権は 1153 年に伯アンリ 1 世により賦与され (*Ibid.*, t. 2, 380-382)，翌年確認されたのを皮切りに革命まで維持されたとされる。修道院長は修道院の一室で裁判を行ったとされ，この裁判は費用が安く迅速に処理されたことから，多くの訴訟提起者たちが殺到したと言われる (Bourquelot [289] t. 2, 258)。この 7 日間に年市へ向けた諸商品が持ち込まれ，通りの清掃や施設の点検などが一斉に行われた。その期間は年市守護に代わって修道院関係者が総責任者として運営に当たり，後述するように市当局もこれに協力していたと思われる。サン゠タユール修道院がもつ年市関係の権利としては他に，年市最初の 7 日間の売上税徴収権[10]，穀物計量税《minage》，穀物計量桝の独占権，菓子の流通税の半分など，そしてルアン商人とシャロン毛織物商人への家屋賃貸が分かっている[11]。

(4)　テンプル騎士団

　1193 年にプロヴァン下町区に定着したテンプル騎士団は，14 世紀初頭に王権の解散命令を受け財産を没収されるまでは，都市内の至るところに多くの権利を持ち，とりわけ年市・週市は大きな収入源であった。下町区に水車数基，パン焼きかまどと家屋を複数所有し，独自にぶどう栽培を行いぶどう酒を年市で販売していた。年市・週市諸収入として，最も収益性が高かった羊毛流通税

の半分を始めとして，肉屋用家畜・皮革・糸・麻織物・二輪荷車・刃物・クッションなどの流通税，羊毛計量分銅使用料，6日分の穀物計量税，物売台・店舗賃貸料があり，サン＝タユール年市商業施設《maison des Osches》[12]の一部も所有していた。また高台区と下町区とにそれぞれ羊毛計量施設を所有し，1171年には石造家屋1軒とその付属建物を獲得し，そこで複数の商人が1年を通じて取引できる自由と併せて，伯の確認を得ていた[13]。

(5) 施療院

プロヴァンには二つの施療院が存在していた。まず1050年頃伯チボー1世により創建されたプロヴァン施療院は，家屋200軒以上，その他の複数の建物[14]及び複数の物売台に対する貢租徴収権を保持していたことが1250～1280年間に作成されたとされる貢租台帳(Morlet et Mulon [394])から判明する。また5月年市とサン＝タユール年市においてオーセール産ぶどう酒などの搬入税，流通税，通過税などを持ち (Veissière [454])，小売商人の取引所及び地下の倉庫からの収入を伯と折半し，所有家屋の一部に毛織物取引所を設置して，年市非開催期における販売場所をそこに強制し，その収入も伯と折半していた (Chapin [303] 55, 68)。もう一つのサン＝テスプリ施療院は，高台区西のジュイ門近くにあったとされ，プロヴァン施療院が収容しきれない巡礼者・貧困者・老人・子供などを受け入れるために，1160年以降に伯アンリ1世により創建された。権利としては，プロヴァンで販売された麻織物の流通税の半分が重要だったが，12世紀末以降サン＝キリアス参事会教会との間に係争が生じ，1202年にサン＝キリアス側が勝訴し獲得したので，これ以降は喪失してしまう。また5月年市とサン＝マルタン年市からの収入を持ち，その他に多くの家屋を持っていたようであるが，詳細は分からない (Veissière [396] [449])。

(6) サン＝ジャック修道院

高台区南に立地していた1157年創建のアウグスティヌス会サン＝ジャック修道院は，高台区のサン＝ジャン通り，ジュイ通り，下町区のドイツ人通り，

キュロワゾン通り，ニンニク通りなど主要な通りに少なくとも40軒以上の家屋（主に外来商人に賃貸），そして建物22軒，小屋，広場，倉庫などを所有していた。そして，とりわけ5月年市とサン゠マルタン年市に深く関与していた (Pichon [441] 44-50; [442])。

（7）托鉢修道会

プロヴァンには二つの托鉢修道会が存在していた。まずフランシスコ修道士が1227年頃に下町区に定着して，1248年までに修道院を創建するが，伝来する1314～1315年の貢租台帳 (Housset [391]) に，多くの家屋，建物，倉庫などに対する地代徴収権が記載されている。他に穀物計量税の一部，ぶどう酒運搬税などを持っていた[15]。他方ドミニコ修道士は，1248年に同じく下町区に定着し，1269年に伯チボー5世により修道院が創建されたが，財産や権利については不明である。

（8）ノートル゠ダム・デュ・ヴァル参事会教会

1190年頃にトロワ門から約100メートル東付近に創建されたノートル゠ダム・デュ・ヴァル参事会教会も実に様々な物件を所有していた。すなわち，主に下町区に家屋31軒・建物10棟・囲い地付き家屋4軒，サント゠クロワ教区に肉屋物売台6台，サン゠キリアス教区に革・毛織物・塩の物売台14台と半分，下町区各所にぶどう畑・採砂用の土地・採草地・菜園，デュルタン川沿いに毛織物染色施設1棟，そしてその他に倉庫・水車・ぶどう搾り器など。さらに経常収入の中には，上述の家屋，採草地やぶどう畑に設定された定期金として年間総額75リブラ17ソリドゥス，年市最初の7日間におけるぶどう酒搬入税《intragium》として年間100ソリドゥス（伯チボー3世から獲得），サン゠タユール教区における亜麻・麻の流通税が見られ，プロヴァン都市経済に深く関与していたことが分かる (Veissière [399] 42, 46-50, 127)。

(9) その他

　以上の他にもいくつかの宗教機関がプロヴァンに存在するが，それらが持つ権利については不明である。また俗人が個人として市場関係の権利を持っているケースもいくつか見られるが，それほど重要ではないのでここでは触れない[16]。これらに対してプロヴァンの周辺に立地する宗教施設がプロヴァンに持つ物件については，言及が必要である。

　シトー会のジュイ修道院(1124年創建。プロヴァンの北西12キロ)は，高台区に修道院経済活動の都市出張所である都市館 (Garrigou-Grandchamp et Mesqui [419]) と，サン゠タユール年市でのぶどう酒流通税の一部を保持していた (Bourquelot [289] t. 2, 187, note 9)。同じくシトー会のプルイイ修道院(1118年創建。南西18キロ)も高台区に都市館を構えていた (Chapin [303] 38, note 26; Maille [427])。さらにバルボ修道院(1147年創建。南西40キロ)は，高台区の都市館に加えて，サン゠ジャン通り沿いに複数の家屋と広場を所有していた (Colpart [474] 84-85)。さらにトロワのサン゠テチエンヌ参事会教会とサン゠ジャン参事会教会など，他の大市都市の宗教機関もプロヴァンに様々な権利を持っていた[17]。なおプロヴァン市当局は，年市に対していかなる権利も，それに関する物件も所有しておらず，物質的な利害関係を持っていなかったと考えられる。

　以上，聖俗諸機関がプロヴァン内にもつ財産と権利を概観してきたが，年市開催都市におけるこれらの錯綜は，主として流通税など市場関係諸税の分割（その多くは伯からの譲渡と思われる）と，家屋・商業施設を主とする不動産の分散的所有が中心的理由をなしていた。こうした諸権利から得られる収益はほとんどの機関にとって重要な収入源となっていたようで，各機関は収入を増やすために家屋などの不動産投資に積極的に参与し，時に権利をめぐる紛争を抱えながらも[18]，全体としてスムーズに都市化を推し進める役割を果たしたと考えられる。なぜなら聖俗諸機関は獲得した不動産をプロヴァン住民に賃貸するだけでなく，商取引のために年市に来訪したトロワなど年市都市からの商人を始め，西欧諸都市・地方の商人団[19]に賃貸・譲渡し，不動産の運用に積極的に

第4章 12世紀〜14世紀におけるシャンパーニュ大市と市当局及び都市住民　85

努め，外来商人の定着化を促進したと考えられるからである。ところでそもそも市場関係権利とは無縁だったプロヴァン住民も，多くの物件を所有して，賃貸していたようであり，これが次節の対象となる。

第2節　プロヴァン住民と外来商人

中世都市における外来商人の宿泊については，フランス学界における研究として，とりわけ南仏を主たる舞台とするヴォルフ，クレラの業績があり，興味深い事例研究が蓄積されつつあるが[20]，最近のわが国学界でも山本，岩井，藤井，岡村氏によって西欧各地に関する個別研究が発表されている[21]。これらはいずれも，市場活動の根幹を支える外来商人＝異人の歓待という人的交流に着目している[22]。

ところでシャンパーニュ大市開催都市における外来商人の宿泊については，シャパンが詳細に検討して，4大市都市それぞれについて興味深い事実を提示し，在地住民の多くが家屋賃貸を行っていたことを指摘しているが ([303] 105-120)，住民個人と外来商人との接触の実態が細かく叙述されているわけではない。またトロワと比べてプロヴァンについての情報は決して豊富ではない。しかしプロヴァン市当局の作成による非訟業務記録の分析から，いくつか典型的な例を取り出すことができる。まずそこから住民の家屋所有状況を探ってみよう（なお以下の文書中に現れる，後見解放という文言については，第3章第1節(2)を参照）。

① 1277年2月5日付の文書には，鍋釜工故ジュアンの幼子ジュアネ＝ロスレとジュアネ＝プチの相続財産が参審人のジュアン・サンシュに請負（すなわち子供が成人するまでの財産管理の代行）に出されたことが記載され，その内容に以下のものが列記されている。すなわち「彼らの父親鍋釜工ジュアンに属していた家屋（複），菜園及び付属建物で，プロヴァンのデ・マレ通りにあると言われているもの……ドイツ人通りにあると言われており，アスティ人の家屋（複）とテンプル騎士団の家屋（複）との間にある家屋（複），そしてシャンジ門にあるシャテル・ガイヤール［と呼ばれる堅固な建物］の側の家屋1軒……」《des mesons et dou pourpris, et des apartenances qui furent Jehan le meignien leur pere, assises en la rue des Marés a Prouvins, si com l'an dit... des mesons de la rue aux Alemanz, asises, si com l'en dit, entre les mesons qui furent aus Atisiens d'une part et les mesons dou Temple d'autre part, et d'une meson assise a Changi, delez Chatel-Gaillart...》(Prou et Auriac [395] 31. 以下ページ数のみ)。

② 1290年9月9日付の文書には，ジョフロワ・アニオの子供ペランとエストナンを彼の後見から解放し，次の相続物件を彼らに分与した旨が記されている。すなわち「ドイツ人通りにあり，ミロ・デ・レシェルの家とルニエ・アコールの家との間にある建物8棟の持ち分，同じ場所にある中庭付きの瓦屋根家屋1軒の彼の持ち分，同じく中庭の井戸とドイツ人通りの国王舗道との間にある家屋1軒の彼の持ち分，ジャック・ル・ノルマンの家とトマ・ル・ヴォドワの家との間のドイツ人通りに面した建物1棟について彼の持ち分」《sa partie de VIII chanbres qu'il a an la rue aus Alemanz, asises antre la meson Milaut de Lechieres d'une part et la meson Renier Lacorre d'autre part; it. sa partie d'une maison de tuile et d'une court qui siet en ce meimes leu, it sa partie d'une meson qui siet antre le puis de ladite court et le pavement le roi de la rue aus Alemanz; it. sa partie d'une chanbre qui siet an la dite rue aus Alemans delez la meson Jaq. le Normant d'une part et la meson Tomas le Vaudois d'autre...》(126)。

③ 1290年11月3日付の文書には，プロヴァンの西北西14キロにある村落ヴィ゠シャンパーニュのジュアネ・モリオが2人の息子ジャカンとコランを彼の後見から解放し，彼らに相続物件として「ヴィ゠シャンパーニュに彼が持つ家屋1軒……[高台区の] サン・ローラン [礼拝堂] 前の地下倉庫2箇所において宿泊 [もしくは荷物の収納] について持っていた利益……」《une meson qu'il avoit a Viez Champoingne... fruit qu'il avoit pour herbergié en II celiers devant Seint Lorant...》(125) を与えている。

第4章　12世紀～14世紀におけるシャンパーニュ大市と市当局及び都市住民　　87

④　1295年8月12日付の文書では，ギアール・ド・ラ・ロジュとその妻が息子ペランを彼らの後見から解放し，彼に相続物件として「彼らの家屋（複）の賃貸料年40ソリドゥスを6年間について」《XL s. tout les ans juques a sis ans pour le louier de ses mesons》分与している (152)。

⑤　1303年2月3日付の文書では，エルヴァン・ド・ランスとその妻が，彼らの娘ジョアンヌを彼らの後見から解放しており，彼女の相続財産として5月年市開催区近くの「オドワ門付近の家屋2軒」《II mesonz seant a la porte Houdoins》(189) を分与している（オドワ門は [地図4] 参照）。

⑥　1309年6月20日付の文書では，床屋（ひげそり屋）であった故ロジェの妻が彼女の息子ゴシェを後見から解放し，父親からの相続物件として「クレティアン・ロンバールとゴチエ・ブールという人物に属している下町区の馬市開催区にある建物4棟，そして同じくプルパンセと床屋（ひげそり屋）ロランに属している家屋1軒の半分……」《quatre chambres seanz en la foire aux chevauz, tenenz a Crestiein Lombart d'une part et d'autre part a Gautier Boole; it. la moitié d'une meson tenent a Pourpencée et d'autre part a Lorin le barbier...》(210) を分与している。

　これらの文言から，プロヴァン住民の中には家屋を複数所有していた者がかなりいたことは明白である。とりわけ③の文言は，周辺村落の住民ではあるが，地下倉庫2箇所を第三者に貸してそこから利益を得ていた可能性を示唆している。④の文言は明らかに家屋を第三者に賃貸ししていることを表している。また，⑥の「……に属している」《tenenz a...》という表現は，おそらく長期賃貸を意味していると考えられる。またこれらの文書には，ドイツ商人が多く宿泊していたことが確実なドイツ人通り[23]や，市場開催区近くに家屋を複数持つことが明示されていることから，文書において「彼（女）の家屋」《sa maison》と指示されている自宅以外は，おそらく外来商人への賃貸用であったろうと推測できる。但し複数の家屋を所有している住民すべてがそうしていたというのではない。プロヴァン住民のおよそ半分は毛織物工業に従事していた

とされ (本書第3章第2節及び Chapin [303] 61 参照), 従って所有家屋を毛織物製造・保管のために使用していた可能性も高い。しかしここに挙げた例証で注目すべきは, こうした家屋所有に大商人や裕福な毛織物業者といった有力市民だけでなく, 多様な職種の民衆もかかわっている点であり, 例を挙げれば, ①の鍋釜工ジュアンや, ⑥の床屋 (ひげそり屋) ロジェがそうである。また, ③に見られるようなプロヴァンの周辺村落住民が都市内に不動産をもつケースも散見される[24]。さらにこうした不動産所有者の中には, 年市期間だけに来訪することをやめて都市に定着し市民となった外来商人もいた。その典型は, 1263年には既にプロヴァン市民となり, 各種伯役人職を歴任する一方で参審人の職務も経験し, 最終的にはプロヴァン南部の村落グエ《Gouaix》の領主となった, フィレンツェ出身のルニエ・アコール (②参照) であり, この人物はプロヴァンに少なくとも家屋25軒を所有していた他に, 高台区と下町区にまたがって複数の店舗も所有し, それらのほとんどを賃貸に出していた (Bourquelot [414]; Verdier [459] [460])。

　以上のように, 住民による複数家屋の所有と外来商人への賃貸は, 非訟業務文書の強く示唆するところであるが, これをさらに強調してくれる史料を, 伯文書と年市守護文書に見いだすことができる。すなわち, まず伯アンリ1世の1164年文書は, 「5月年市開催区域内にあるすべての家屋の賃貸料の半分を, 施療院の家屋を除いて」《medietas precii locationum omnium domorum que sunt in nundinis, . . . exceptis domibus Domus Dei》(Mesqui [393] no 5, 189), プロヴァン住民は伯に譲渡するという文言を含んでおり, 住民も家屋賃貸から直接利益を得ていたことが判明する。次に1299年に年市守護が発給した年市改革文書 (Bourquelot [388] t. 2, 437-440) からは, 高台区と下町区との宿泊状況がかなりの程度まで判明する。すなわちそこでは, 5月年市における慣習に反して外来商人が5月年市開催区域外に商品等の搬入及び宿泊をしたため, それが特に下町区住民の利益となってしまい, そのために自分たちが不利益を被っているという高台区住民の, 仏王に提起した訴えが発端とされている。そこで王は, 高台区住民のためにこの悪弊を正し, 従来の慣習を確認する措置を取るべく調査を行い, 年市守護と国王役人の前で関係者の合意を得たという。この合意事項に則って, 南仏のプロヴァンス及びラングドック商人団長とイタリア商

人団長を始めとする外来商人は，5月年市期における高台区への商品搬入及び宿泊を定めた文書の規定を遵守すべきとされ，下町区の宿屋もそれに従うことを約束した。そして高台区住民も外来商人が宿泊する家屋の改善・維持に努め，そこで保管・販売される諸商品が劣悪な状態にならないように配慮することを約束したというのである。高台区の家屋老朽化などから，仏王はプロヴァン年市が衰退過程にあることを察知して改革に着手し，下町区住民もこの改革に合意したと考えられる。

　本章で扱う史料は限られているため，外来商人への家屋賃貸の実態にこれ以上迫ることは不可能であるが，これまでの検討からかなりの住民が複数の家屋を所有し，賃貸や宿泊業務を行い，外来商人と接触していた可能性はきわめて大きい。住民にとってそれは重要な収入源であり，彼らはこれを出来る限り保持しようとしていたであろうことは，前述の1299年文書において下町区住民が，全体の利益を優先して改革に同意したことからも推測できよう。但しここで改めて確認しておくべきことは，第1章で検討した聖俗諸機関と同じく，プロヴァン住民も不動産賃貸料を頼みにする金利生活者であったわけではなく，決して大市衰退後の経済復興を妨げるような存在ではなかったということである。実際，聖俗諸機関にとって不動産収入の地位は大きかったが，彼らは独自に生産も行っており，住民も，第3章第1節で見た土地や菜園の広範な所有が示唆するように生産活動を行っていたからである。

第3節　プロヴァン市当局と年市

(1)　プロヴァン都市会計簿に現れる年市関係の言及

　都市会計簿から得られる年市関係の言及を整理したのが [史料2] である。まず常時現れる項目として目立つのは，市当局による年市における借入及び返済，年市最初の3日間の照明と警備費用などであるが，中でも詳細に記載されているのは，賃借料を始めとしたロジュ《loge》に関する記載である。ロジュとは市当局による訴訟及び事務処理の施設で，5月年市のため高台区に1棟，サン゠タユール年市のため下町区に1棟，それ以外にも常設の1棟と，全部で

3棟が確認できる。場所と施設そのものを賃借していたが，1284年以降に言及のある常設ロジュが市庁舎の役割を果たし，それぞれの年市開催期には高台区ロジュと下町区ロジュとに常設ロジュからベンチを運んで，いわば年市出張所として設営をしていたと考えられる。また常時ロジュ内の清掃・美化に努め，ベンチの修理・買い替えをしたり，中庭，芝生，囲いなどの整備にも余念がなかった様子も会計簿から読み取れるが，これは市当局が年市と直接関係するこの施設とそこでの業務を重視していたことを示している。

　次に注目されるのは市当局の年市運営への関与を示す項目である。1283年・1288年には，サン゠タユール年市でサン゠タユール修道院がもつ最初の7日間の自治的運営にプレヴォが関与し，その給与を市当局が負担しているのが見られる（1284年と1287年にもこれと関係していると思われる記述があるが，なぜこの4年度のみに言及があるのかは不明である）。また1283年以降は5月年市及びサン゠タユール年市の最初の3日間について，夜間警備とそのための照明費用が計上されている。従って，市当局が年市運営から完全に遮断されていたわけではない。4年度に限られるが，サン゠タユール修道院による運営の期間にはこれに協力し[25]，また年市最初の3日間だけは夜間の治安維持に努めていた様子が窺える。その他に，1286年には外来商人の罰金についての年市守護との交渉，1311年と1320年には年市守護の暴挙について仏王に上訴のための出張，1320年には年市守護への贈与が見られる。前述した年市最初の3日間の夜間警備は，おそらく年市開催の準備で多忙なはずの年市守護への協力であるから，こうした言及を通じて，市当局と年市守護との間の微妙な関係を垣間見ることができる。

　重要な点は，会計簿を見る限り市当局が年市から流通税や不動産賃貸によって直接財源を得ることはなかったことである。借入及び返済を年市決済で行うという形で年市を大いに利用しているのは確かであるが，借入の大半は年内に返済している。むしろプロヴァン市当局は年市での出張所であるロジュの管理に細心の注意を払いながら，都市と周辺領域での下級裁判権保持者としての権威を年市期間にも維持すべく努力しているという姿が印象的である。

（2） 非訟業務関係文書に現れる年市関係の言及

非訟業務関係文書から得られる年市に関する言及は，[史料 3] に列挙して，関係箇所の原文とその内容の要旨を載せているが，それぞれの項目で市長と参審人たちが法的に確認した内容を要約すると，次のようになる。

① 商品代金の年市決済　　　　　　② 相続財産取分の年市での引き渡し
③ 負債の年市決済　　　　　　　　④ 相続財産取分の年市での引き渡し
⑤ 負債の年市決済　　　　　　　　⑥ 負債の年市決済
⑦ 負債の年市決済　　　　　　　　⑧ 年市での借入
⑨ 相続財産取分の年市での引き渡し　⑩ 相続財産取分の年市での引き渡し
⑪ 負債の年市決済　　　　　　　　⑫ 相続財産取分の年市での引き渡し
⑬ 相続財産取分の年市での引き渡し

これらから，非訟業務関係文書における年市に関する記述の大部分が，相続財産取分の年市での引き渡しと負債の年市決済についてであることが分かる。文書集成には様々な非訟業務関係文書が筆写されており，それらの総数は約 1,000 を数えることから，全体的に見て年市に関する言及はきわめて僅かである。

しかしこうした言及を見る限り，少なくとも住民も年市決済という大市の信用制度を利用していたことは明らかである。しかもより重要と思われるのは，市当局による住民間の問題解決の一手段として，年市決済が現れている点である。実際，[史料 3] に挙げているものと同様の問題を扱った他の多くの記載では，年市決済が言及されずに解決しているようであり，おそらく即時決済が金銭的に困難であるケースについて最終手段の一つとして年市決済を市当局は選び，それを当該住民に勧めたと考えられる。ただし，市当局がこうした手段をどこまで重視していたかの判断は微妙である。それは，市当局は負債の年市での返済を 1325 年までは行っており（[史料 2] の当該年度を見よ），この時点でも年市決済を利用しているにもかかわらず，住民間の問題解決のためには，1314 年以降は年市決済を利用していないからである。ところで 1320 年には，その

債権者である靴工ジャカン・ド・ブロから大市債務履行命令書《Lettre de foire》を盗んだ咎で，シモナン・ショベールが市当局により投獄・拘留されている (Prou et Auriac [395] 251)。市当局はシモナンを結局無罪放免するが，こうした年市の場での市当局の実力行使は，本来の責任者である年市守護との間に微妙な関係を生じさせたに違いない。この辺りの事情は今後さらに検討してみたい。

ところで，非訟業務文書に外来商人と住民との商取引をめぐる争いは全く現れてこない。この点について触れた業績はまだないが，おそらく以下のような事情だったと思われる。すなわち，伯チボー 4 世発給の 1252 年文書 (Chapin [303] 201-202, 292-295) によれば，外来商人がプロヴァン市民を訴えた場合，市長，年市守護，バイイの誰に訴えるかは，外来商人当事者の選択に委ねられていた。従って，上述のように年市守護など伯役人との対立を避けていたかに見える市当局[26]は，こうした訴訟に積極的に関わることはなかったと考えられる。

この節での分析をまとめると，財政面であれ非訟業務面であれプロヴァン市当局は年市そのものには深入りしない仕方で，おそらく年市守護など伯役人との衝突を回避しながら，むしろそれをバックアップする役目を果たしていたようである。そしてまさにそうした立場を守ることで，市当局は年市の衰退に完全に巻き込まれることなく市政を維持しえたのである。この点は，第 3 部で検討されるプロヴァン都市財政に関する次のような事実と合致する。すなわち，13 世紀後半以降の年市衰退と都市経済衰弱により動揺をきたした市政運営を，市当局は上級権力との連携を強化することで 14 世紀前半には安定させることに努めており（本書第 5 章），その後 15 世紀中葉には，年市が完全に破綻していたにもかかわらず，安定した財政活動を再び見せていたのである（本書第 7 章）。そしてこうした認識は，年市と都市経済との衰退の間に密接な関係を見るシャパン説 ([303] 229) に修正を促すものである。

小　括

通説からイメージされるシャンパーニュ大市は，12・13 世紀においては外

来商人同士が出会って様々な物資を交換する国際市場,そして13世紀後半から14世紀前半にかけては,商品取引市場から金融決済市場への転換というものであろう。ここでは,在地住民と市当局の姿が前面に出てくることはない[27]。こうした通説では無視されている在地住民と市当局の年市への参加と対応を,プロヴァンを舞台にして描くことが本章の目的であった。

都市内外の聖俗諸機関が年市に関係して持つ諸権利・物件の錯綜状況,在地住民による多くの不動産,とりわけ家屋の所有と外来商人への賃貸,そして住民による決済の場としての年市の利用,こうしたものが著者が使用している史料から検出することのできた,プロヴァンと年市との関係であった。その中での市当局の役割は,総じて財政的に年市を利用することなく,また住民間の決済の場に年市を利用させることもそれほどなく,年市運営にも深く介入せずにむしろそれを背後で支える,というものであった。まさに年市と適度な距離を置いた都市運営こそがプロヴァンの特徴であり,それがプロヴァンの年市運営に見られる社会諸集団間の合意・ルールの在り方であった。

年市が破綻する14世紀後半以降シャンパーニュ大市都市の経済は総じて衰退を経験するが,プロヴァンは早期に復興し,15世紀後半には国王行・財政を支えていくことになる[28]。その背景には,大市衰退の中でプロヴァン経済がそれまでの国際的商工業中心地から在地的なそれへと緩やかな重心移動を遂げたことが考えられる。プロヴァンは住民の半数が従事する毛織物工業を核とする地域的商工業中心地へと徐々に転換し,そしてその際に,市当局が大市の行・財政運営の多くを伯役人・都市内聖俗諸機関に委ねていた事情が,都市内外の社会諸階層の政治的軋轢にもかかわらず,比較的緩やかな制度転換を可能にしたのではないだろうか。この経済復興[29]の中で,年市最盛期に培った都市運営のノウハウが生かされるような新しい合意・ルールが形成されていたと考えたい(実際,家屋賃貸などで補助収入を得ていたと考えられる住民たちも,大市の衰退により経済的打撃を受けたはずであるが,この問題の解決方法もその文脈で捉えたい)。しかし,それがどのような性格のものだったのかをより具体的に検討する余裕も能力も現在の著者にはないので,今後追究せねばならない。だがそれについては第3部にて示唆を得ることができると思われる。

註

1) 本章末尾の文献目録にあげていないわが国における西欧大市研究として，以下の論文がある。小倉欣一「中世フランクフルトの大市」『東洋大学経済研究所研究報告』4, 1979年, 36–53頁; 田北廣道「中世後期ラインラントの小都市チュルピヒにおける年市とその市場機能について—14・15世紀判告録の分析を中心に—(上)(下)」『福岡大学商学論叢』27–4・28–1, 1983年, 711–738頁・99–123頁; 加藤哲実「中世交易地聖アイヴズと周辺の農村」『比較都市史研究』8–2, 1989年, 31–45頁; 勘坂純市「中世イングランドにおける市場開設権と領主層」『土地制度史学』140, 1993年, 17–35頁; 勘坂純市「13世紀イングランドにおける市場開設権と賦役・貨幣地代」『社会経済史学』60–4, 1994年, 1–32頁; 近藤晃『市場経済の史的構造』未来社, 1995年; 谷澤毅「商都ライプツィヒの興隆と大市―商業史的概観―」『長崎県立大学論集』33–4, 2000年, 1–25頁。また市場を軸に交易の歴史を扱った概説書として，A. プレシ / O. フェールターク（高橋清徳編訳）『交易のヨーロッパ史―物・人・市場・ルート―』東洋書林, 2000年。

　　近年の中世市場史研究の中で，豊かな示唆を与えてくれる業績として，特に奥西[546], 田北[562][563], 丹下[564], 森本[576], 山田[580]〜[584]を参照。

2) 市場史研究の新しい動向で重視されるのはいわゆる「制度」的観点であり，一定の時代的・地理的な枠内で生活している人間と市場との関係の追究である（磯谷[539]）。その主眼は，市場を「社会集団間の合意とルールに支えられた制度として捉える視点を提示」（田北[561] 3）することに置かれている。

3) Contamine et alii [477] 250–251; Derville [481] 175.

4) この文書集成の伝来状況及び性格に関しては，本書第3章第1節を参照。ところで非訟業務文書とは，非訟事項管轄権 «juridiction gracieuse» に基づき作成された様々な法行為に関する文書全体を指す。非訟事項管轄権とは，諸個人が市政役人の前で各種文書（契約書・遺言状など）を作成し，市政役人が証人となったり，文書に印璽を付すなどしてその真正性を証明するという慣行であり，北仏のコミューン都市や南仏のコンシュラ都市の多くで見られたとされる（高橋[555] 353）。プロヴァンでは，この慣行は都市周辺の農村へも普及していた（[地図5]参照）。シャンパーニュにおけるこの慣行については，Bautier [274]を参照。

5) この点を鋭く分析した業績として，Desportes [71] を参照。

6) シャンパーニュ伯領形成史については Bur [298] を参照。なお1284年に女伯ジャンヌは仏王フィリップ3世の息子フィリップ（後の4世）と結婚し，以後仏王が伯を兼任することになった。伯領が正式に王領に併合されたのは1361年である（Crubellier [314] 439）。

7) この記録は Longnon [260] t. 2, 68–75 に刊行され，Bénard [407] が解説をしている。

8) シャンパーニュ伯財政については様々な研究があるが，ここでは概略を説明したものとして，Longnon [345] を参照。

第4章　12世紀〜14世紀におけるシャンパーニュ大市と市当局及び都市住民

8bis) 安全護送制度については，山田 [582] を参照。
9) 大市に関与する様々な役人とその職務は，Bourquelot [289] t. 2, 206-273; Chapin [303] 125-134 を参照。なお同じく 1230 年に，トロワでもプレヴォ職はトロワ市当局の請負制となっていた (*Ibid*., 165)。
10) この期間に売られたあらゆる種類の商品それぞれに対して 7 デナリウスが徴収されたようだが，詳細は不明である (Godefroy [421] 84)。
11) *Ibid*., 29-48; Chapin [303] 45-46, 116-7; Bourquelot [289] t. 2, 203. サン゠タユール修道院北側には «maison des Osches» と呼ばれる商品売買施設の集合体があり ([地図 4] 参照)，そこがサン゠タユール年市の中央市場として機能していた。ここで人々は売買を行い，年市守護等の役人もここに事務所を構え，公共分銅も保管されていた (*Ibid*., 16)。
12) この施設については前註 11 参照。
13) Carrière [390] 序 82-88, 108-9; Bourquelot [289] t. 2, 203, 306; Chapin [303] 65-70, 154, 200.
14) これについては第 3 章註 8 を参照。
15) Bourquelot [289] t. 1, 260; t. 2, 203, note 9。フランシスコ会修道院の不動産獲得については，Cailleaux [416] 285-286 を参照。
16) これら俗人の多くは伯の家臣もしくは伯と密接な関係にある貴族であり，伯から封として市場関係の権利(特に税)を授与されていた (Bourquelot [289] t. 2, 183-185)。
17) とりあえず Bautier [406] 158-159; Bourquelot [289] t. 2, 183 を参照。
18) 例えば前述のプロヴァンで売却された布の流通税の半分をめぐるサン゠キリアス参事会教会とサン゠テスプリ施療院との争いがそうである (Veissière [396] 113-114)。
19) 大市都市商人は大市諸都市それぞれに専用の取引所と宿泊用家屋を持っていた (Bourquelot [289] t. 2, 3-29)。例えばプロヴァン商人はトロワに取引所を，バルに家屋と宿屋をもっていた (Bourquelot [388] t. 1, 416-417)。またランス，シャロンといったシャンパーニュ近隣諸都市の商人だけでなく，南仏，イタリア，ネーデルラント，スペインなど諸都市・地方の商人も宿泊用の家屋や商品倉庫を，多くの場合それぞれ高台区と下町区で賃借あるいは所有していた (*Ibid*., 403-428; Veissière [448] 87)。
20) 例えば，Wolff [535]; Combes [475]; Hayez [501]; Coulet [478] [479]。
21) 山本健「南ドイツの中世都市と外来者 (Gast)—フライジング市を中心に—」比較都市史研究会編『都市と共同体(上)』名著出版，1991 年，153-173 頁; 藤井美男・岡村明美「西欧中世都市における商業組織の研究」『産業経営研究所報』(九州産業大学) 27，1995 年，157-171 頁; 同「西欧中世都市における商取引と外来商人」『産業経営研究所報』28，1996 年，113-129 頁; 岩井隆夫「市場村落・市場町・都市の形成」寺尾誠編著『都市と文明』ミネルヴァ書房，1996 年，304-323 頁。
22) H. C. パイヤー(岩井隆夫訳)『異人歓待の歴史』ハーベスト社，1997 年及び山田

雅彦「ヨーロッパにおける異人歓待と共同体型公共社会の歴史性」『市場史研究』17, 1997 年, 82-92 頁を参照。
23) 中世プロヴァンの通りに関しては, Lefèvre [425] を参照。
24) 例えばプロヴァンの北々西約 15 キロにある村落 Bannost のジュアン・セアン＝ビアンは, 1292 年にプロヴァンのメロ通り入口にある家屋の半分を息子に分与している (Prou et Auriac [395] 135)。
25) [史料 2] 1308 年の項には, サン＝タユール年市 7 日間の裁判からの入金の記載がある。その詳細は不明で, しかもこの年度だけだが, これからこの頃まで修道院の年市運営に市当局が関与していた可能性は否定できない。
26) 例えば [史料 2] 1311 年と 1320 年の項では, 市政役人が年市守護による市民の投獄と殺害について, 仏王に訴えるべくパリなどに出張しているが, こうした例は特別な場合である (Prou et Auriac [395] 227-228, 253-254)。
27) フランス中世社会経済史に関する最新の仕事によるシャンパーニュ大市の叙述を見よ (Carpentier et Le Mené [470] 290-292)。
28) ここで断っておくが, 15 世紀後半以降プロヴァンは必ずしも順調に復興したわけではない。16 世紀に入り騎馬警察隊長官職設置 (1540 年), バイイ職の再設置 (1544 年), 上座裁判所設置 (1551 年) など国王権力との結び付きが強化され, 政治的にその地位が向上する反面, 宗教戦争, 飢饉, ペスト, 火事, 洪水・寒波・日照りなどの天災による打撃も大きかったことも指摘せねばならない (Veissière [448] 179-180)。しかしそうした変動の中で行・財政制度について見れば着実な復興を見て取ることができ, それはプロヴァンに限らない。14・15 世紀シャンパーニュ諸都市における行・財政制度の展開に関しては, 拙稿 [381] を参照。プロヴァンについては本書第 7 章を参照。
29) 百年戦争後の復興に関する研究はまだ少ない。先行研究として, *La reconstruction après la guerre de Cent Ans. Actes du 104ᵉ Congrès national des sociétés savantes (Bordeaux, 1979), Section de philologie et d'histoire jusqu'à 1610*, t. 1, Paris, 1981 を参照。

第 3 部 財　政

第5章 13世紀後半から14世紀中葉における
プロヴァン都市財政
――1274〜1331年都市会計簿を素材にして――

は じ め に

　西欧中世都市の財政史を研究するにあたり，最も重要であると同時に取り扱いに慎重を要する史料類型の一つに，都市会計簿《livre des comptes municipaux》がある。それは記載された数値と事実を通じて，都市の経済活動とそれに携わる人々の構成といった，様々な側面をわれわれに示してくれる素材である。しかしそれを特に数量的に利用するにあたり，その信頼性を十分に吟味しておく必要がある。すなわち，計算や記載のミスといった技術的問題はもちろんのこと，伝来している都市会計簿のほとんどは監査を経た後に清書された記録であるため，実際に行われた受取と支払を個別的に記録した「原簿」――その中でも重要なものが租税記録――により補完できない限り，そこに現れる情報だけでは都市の財政運営の日常を把握することは困難である。さらに都市会計簿は市当局が，より正確に言えば収入役が関与した財政活動の記録であって，それが他の多くの団体も関与する都市財政活動のすべてを総括したものではない，というその部分性も考慮せねばならない[1]。

　都市会計簿の性格についてもう一つ考慮すべき点は，そこに多くの数値が列挙されていることからともすれば生じがちな，客観的記録という印象が必ずしも正確ではないということである。現在盛んな史料論では，記録作成者の意図による史料の主観的性格が一つの強調点とされているが[2]，会計簿にもそれが当てはまることは確実である。本章では会計簿の分析を通じて，第3章第3節において概観した市政面での市当局-住民間における関係変化，換言すればコ

ミューン体制期プロヴァンの「自治」の性格を検討することが可能なのも，まさにプロヴァン市政役人の都市統治についての考え方が，この都市会計簿の形式と内容(=財政構造)に印象的に投影されていると考えるからである。

第1節 プロヴァン都市会計簿の性格

(1) 素　材

プロヴァン会計簿はそれ自体単独で伝来しているのではなく，Cartulaire de la ville de Provins と題された文書集成 [382] (カルチュレール[3])の中に他の市政関連文書と併せて伝来しており，この書冊は現在プロヴァン市立図書館に Manuscrit n° 89 (以下，M89 と略記)として所蔵されている。この書冊の性格については，第3章第1節(1)において分析しているのでここでは繰り返さない。

(2) 射　程

都市会計簿を通じて中世都市財政を研究するうえでまず確認すべきは，それが都市全体の財政活動をどの程度押さえているかという点である。ことに，都市内諸団体の経済活動との関係，さらに場合によっては，都市の中心的な会計簿とは別の帳簿の対象となるような市政の個別機関による財政活動を検討しておく必要がある。すなわち，都市経済活動全体に対する部分性と都市共同体の財政活動全体に対する部分性との2つの水準で，記録の射程を明らかにしておくことが，特に都市会計簿を分析する場合必要な作業なのである。

前者の問題をプロヴァン都市会計簿に関して考える場合，第1に考慮すべきは大市の存在であり，そこでの様々な活動から生じた金銭の動きのうち市当局が直接関与した部分に関する問題である。この問題は第4章第3節において検討したが，そこで確認したことを繰り返すと次のようになろう。会計簿に現れる大市に関する財政活動は，大市で行われた外国人金貸しからの借入と返済，ロジュと呼ばれる訴訟及び事務処理施設[4]の大市開催場所への移設にかかる経費，警備を目的とする大市最初の3日間のロジュ照明費，警備人の後について

第5章 13世紀後半から14世紀中葉におけるプロヴァン都市財政　　101

大市の警備活動を補助した楽器弾きへの給与などで，全体的に額は高くない[5]。借入は別として，これらは総じて大市をめぐる行政的支援に関わる費目であり，大市における経済活動と直接関連したものではない。つまり会計簿には市当局と大市経済活動との関連はほとんど現れていないと言える。シャンパーニュ伯所有財産調査記録《*Extenta terre comitatus Campanie et Brie*》と伯会計簿[6]，大市に関する先行研究[7]，そして本書第4章の検討結果を見る限り，大市関係収益の大部分は伯，伯の家臣，複数の教会機関，都市住民個人に属していた。従って，プロヴァン市当局が直接関与した大市関係収支は，ほぼ都市会計簿に記載されたものだけだったと考えてよいと思われる。こうした特徴を年市開催都市の市当局が持つ特異性とみなし，そこでの財政構造を極めて特殊なものと見るべきかどうかについては，現時点で比較の素材がないこともあり，著者にはまだ明確な考えはない。

　第2に，プロヴァン市当局以外の諸団体（特に教会機関や施療院など）と関連する収支は，都市会計簿に僅かしか現れない[8]。特に大市との関係で，これらの経済活動は非常に活発であったと推測できるが，本章の主要な史料は，それをほとんど映し出してはいないのである。かくして，プロヴァン会計簿は都市経済全体に対しては部分性を免れていないことを認めなければならない。しかしながら，大市との深い関わりをもって展開したプロヴァンの社会経済を前提として，市当局が代表する都市共同体が目指した「自治」の方向を，その会計簿を通じて見定めようとする本章の史料分析にとって，史料のこうした性格は大きな障害ではないと考える。

　次に後者の部分性については，第1に1230年コミューン文書に現れる，プロヴァン住民から伯に毎年支払われていたとされる賦課租[9]が，この会計簿に言及されていないことが問題となる。しかしこれは，市政役人が徴収業務を担当していただけで，伯にそのまま引き渡されるべき性格のものであり，市当局の収入となっていなかったはずであるから，その会計簿に登場しないのは当然である。第2に中世都市財政において顕著である防備強化に関連する財政活動であるが，プロヴァン会計簿に記載された例がごく僅か[10]であることが注意を引く。また会計簿以外に市当局が関与した防備強化に関する財政活動の記録も伝来していない。しかし，メスキによるプロヴァン防備施設に関する研究によ

っても，本章の対象とする期間にプロヴァンで大きな防備強化工事は行われていないことが確実であり([393] 19-22)，都市会計簿でそれに関連した項目がほとんど見当たらないのも当然としてよい[11]。このように見てくると，プロヴァン市当局の財政活動に対して，本章の史料がきわめて部分的な記載しかしていないと考える具体的な根拠は見当たらない。

　この点をさらに補強してくれるのが会計簿の伝来状況である。その詳細は手書本の総体的分析を通じて今後一層追究せねばならないが，現段階でも次のように考えることができる。M89 に収められた形での会計簿は，おそらく監査の関係で実務的に市当局が毎年整理した記録であり，おそらくそれほど長い期間を置かずに，後にカルチュレールと呼ばれるようになる書冊に筆写されたと思われる。そしてこの書冊には当時の市当局にとって重要であった文書がほとんど収められているのである[12]。従って，M89 を通じて伝来した会計簿は，通年の記録として市当局が整理したものであるという点と，都市の主要文書が集成された書冊に筆写された点とからして，この時期のプロヴァン都市財政の全体をほぼカヴァーしていたと考えられる。さらに会計簿の記載内容そのものも，こうした見方を支持してくれる。すなわち，一方では，そこに別個の財政活動あるいはそれの記録の存在を仄めかすような項目を見いだすことができない。他方では，後述するように収支項目が非常に多岐にわたっており，財政活動の総体的管理が進んでいると思われる。このようにプロヴァン都市共同体財政との関係では，本章の史料は基本的には部分性を免れていると考えてよかろう。

　以上に加えてもう一点ここで確認しておくべきことは，プロヴァン財政の自治的運営の前提である，税種・税率(額)を含めた租税高権の有無である。租税高権が市当局に委譲されたことを明確に示す史料は伝来していないが，第3章第3節(2)で言及した1273年文書は実質的に都市に租税徴収権が与えられていることを示す。少なくとも13世紀後半のある時点で租税高権が都市に委譲され，市当局はその権利を行使できたと考えられる。こうしたことから，市政役人による財政運営の方向を「自治」の性格として問題にするために，この会計簿は適当な素材であると言える。

(3) 部別構成

(i) 基本的枠組み

M89を通じて伝来しているのは，1274年度から1331年度までの会計記録58年度分のうち，1303・1316～1319・1321～1323・1326年度の計9年度分の遺漏を除く計49年度分である。会計年度はクリスマス暦に依っており，1274年度という場合は正確には1273年12月25日から1274年12月25日までの期間を指す。中世フランス語とローマ数字で書かれ，計算はすべてトゥール貨で行われている。

この会計簿は，市長《メール maire》1名が作成の任に当たり，年度末に市参事会《エシュヴィナージュ échevinage》(参審人《エシュヴァン échevin》13名で構成され，その中から市長を選出)に提出されていた。会計簿提出後参審人は改選され，プロヴァンの都市領主であるシャンパーニュ伯，後には仏王が，都市から提示されたリストを基に新参審人を任命していた。13世紀については会計簿上に会計監査に関する情報を見いだすことはできない(もちろん行われていたはずであるが)。会計簿に会計監査についての記載が現れ始める1320年度以降を見る限りでは[13]，監査会は改選後の市当局を中心に，誓約人《ジュレ juré》と呼ばれた主に市政業務の補助を行う市政役人経験者と市民の一部が加わった委員たちによって，1月末から2月上旬に開催されていたようである。

伝来する会計簿は前述のとおり1274年度からであるが，1274年度の収入部における前年度繰越金についての言及[14]から，それ以前の会計制度の存在を推定することができる。また都市会計簿は1331年度を最後に伝来していないが，他の史料にそれ以降の時期についても，この会計簿の主要項目に記された都市財政活動を示唆する言及[15]が見られることから，この時期以降会計簿作成が行われなくなったわけではないと思われる。

しかし後述するように，1274年頃はプロヴァンをめぐる政治的状況からして，市政の民主化に伴う会計簿作成開始が想定できる時期である。また1320年代後半はプロヴァンにおけるそれまでの自治体制が破綻し始め，そのため財政規模の縮小が顕著に見られ，1330年代初頭に会計制度が大きく変化したと

考えることが可能であろう。従って，カルチュレールと呼ばれた書冊に伝来している会計簿が，都市プロヴァンの財政構造においてひとまとまりの時期に対応している，逆に恐らくこの会計簿の伝来期間そのものが，一定の財政構造により規定されていると言ってよいと思われるが，この点は手書本の検討によってさらに追究されねばならない。

(ii) 部別内容分析

プロヴァン都市会計簿は，各年度ごとに収入・支出・債権・債務の4部構成からなり，基本的にこの順序でM89に筆写されている。そこで以下，この順序で各部の項目内容を見てゆくことにする[16]。ただし各部に配列されている諸項目は，複雑に入り組んだ形で記載されている場合が多い。従って以下で説明する各部内容の分類は，他の中世都市財政史研究で一般的に使われている形式（とりわけRigaudière [175]) を参考にしながら，著者の判断で再構成したものである。

a) 収入

① 都市プロヴァン及びそれに属する周辺村落《vilois》[17]からの裁判収入。後述するように，プロヴァンは1230年コミューン文書により伯からプレヴォ職と裁判権を請け負い，そこでは「プロヴァンのコミューンの男女，そしてプロヴァンのコミューンの裁判権下に留まるであろう者すべてに課された罰金は，20ソリドゥスまではプロヴァン市民に属し，これからも彼らのものとなる。そして残りは余(伯)のものとなる」《li forfait des hommes et des femmes de la commune de Provins et touz ceux qui seront etagier en la justice de la commune de Provins sont et seront aus bourgeois de Provins jusques à XX s. et li seurplus sera miens》と規定されており (Bourquelot [388] t. 1, 201)，この罰金が裁判収入の大部分であったと思われる[18]。② 周辺村落村役人職請負からの収入。村落ごとに請負額は異なり，毎年更新されていたようである。しばしば裁判収入の中に組み込まれ，また別個に記載されている場合でも総額だけで，個別村落ごとに正確な額を知ることはできない。総額から判断して裁判収入の約3分の1ないし4分の1を占めていた。③ 租税。中世都市の租税収入

は，不動産や動産に課される直接税（タイユ《taille》）と生産・流通・販売といった経済活動に課される間接税（アシーズ《assise》）の2種類に分類される。プロヴァンにタイユが登場するのは，後述する1281年の市長暗殺事件の事後処理のためだけ（1282・1283・1284年度）で，それ以外はすべて間接税である。会計簿には徴収総額とその請負人の名，場合によっては徴収目的が記載されているが，徴収システムなどの詳細は不明である。④ 借入。プロヴァンの有力者，外国人金貸，モンチエ＝ラ＝セル修道院からの借金が大部分である。⑤ 先行会計諸年度の債権（＝未領収金）回収。⑥ 警備特別税。都市警備のために住民から徴収した税（不払の場合は抵当設定）。⑦ 浴場賃貸料（1311年度より）[19]。⑧ 定期金元本。寡婦と孤児に売却された定期金の元本が大多数。⑨ 抵当品売却。罰金あるいは税の不払のために徴取され，売却されたもの。⑩ その他として，馬の賃貸料，先行会計年度繰越金，都市住民の遺贈などがある。

b) 支出
① プレヴォ職・裁判権請負料。これは1230年コミューン文書に規定されている250 lb.[20]（これに伯の側近が受け取っていたと思われる伯璽捺印手数料として，14 lb. 10 s. が加わって計264 lb. 10 s.）が大部分であり，毎年伯に支払われていた。1285年以降はそのうちの40 lb. が割引き[21]され，以後210 lb.（伯璽捺印手数料を加えて224 lb. 10 s.）となっている。② 行政諸経費。第1に市政役人の旅費。重要案件について伯／仏王，大司教と協議し，援助を要請するために，あるいは都市が関係した裁判に出席するために，主にパリ・サンス・トロワに赴いている。第2に贈与。有力者が都市に来訪したときの歓待費，または市政役人が出張の際に携帯していったもの。魚・毛織物・ぶどう酒・肉が主で，主な贈り先は伯／仏王，宮廷役人，バイイ，司教など俗界と聖界の有力者である。第3に給与と特別手当。市長とその専属書記，そして都市運営の実務を担当する書記（1308年以降会計実務を担当した《clerc de la loge (ou de la commune)》と裁判実務を担当した《logier》の2名からなる）などが主たる受給者。参審人は原則的に無報酬だったが，徴税・旅行などの際に特別手当が支給されている。他に法曹関係者や外部からの使者などにも支給されたケースが

ある。以上に加えてロジュ賃借料(移設諸経費を含む)，事務諸経費(羊皮紙・蠟燭・薪などの購入費)，租税徴収諸経費[22]など。③ 債務返済。借入金と市政役人による一時立替金の返済が大部分。④ 軍備。王への軍事物資援助，そして財政的援助からなり，フランドル戦争の時期に集中して現れている。⑤ 警備。都市の警備人への給与，警備特別税の徴収経費からなる。⑥ 定期金。大部分が寡婦・孤児への支払。⑦ 伯所有の馬の賃借料。⑧ 公共事業費。橋・囲壁・市門の改修はごく僅かで，浴場新設・維持費などが大部分を占める。⑨ 貸付。伯／仏王，サンス大司教が主たる借入者。⑩ その他，使途不明金を含む分類不能費目。

c) 債権

内容は前述の収入部の大部分が関係する未領収金である。半分以上は翌年に回収されているが，一部には累積してゆくものもあり，その取り立てが特定の年度に集中して，収入の約3分の1を占めることもあった[23]。このような場合には，間接税・借入に代わって収入補塡の役割を果たしていたと思われる。未領収金が多いにもかかわらず，財政運営が可能であった背景には，大市で培われた信用経済が都市行・財政制度に深く浸透していたという大市都市に特有の要因があったと考えられる。

d) 債務

内容はプロヴァン市政役人が一時的に立て替えた金額，借入金，そして定期金契約をしたにもかかわらず市当局に渡されていない元本である。債務については，従来その累積によるプロヴァンの財政破綻という図式[24]が考えられていたが，債務総額の動きをすべての年度について見ると，数年おきに増減を繰り返していることが分かる[25]。このことから判断すると，債務は定期的に処理されていると考えられる。その方法として，約10年周期で，特定年度に数年度分の負債を間接税徴収で一気に完済するケース(例えば1287年度・1297年度・1308年度[26])も見られるが，通常の返済方法は市長など有力市政役人(すなわち富裕市民)による立替であったと思われる[27]。

第2節　プロヴァン都市財政運営の構造と変動

（1）　財政運営の構造的特質

　まず会計簿に一貫した性格として，収入・支出及び債権・債務の徹底管理による都市財政の全体的把握を志向し，その目標に沿って市政役人の活動を統制していた点を強調することができる。一般に市当局が主体となって作成した都市会計簿については，それが「市政にかかわる収入及びその資金運用を担当した役人が，在職中に行った会計諸業務の全体を，監査と承認を経た後で一定の方針に従って要約することを目的とした記録」[28]であり，「財政活動の全体から生じた損益を確定することではなく，公金運用を正当化し，自らに与えられた任務(会計業務)の監査を可能にすることを第1目的とする」[29]ため，「債権と債務の変化を描くことは問題にしない」[30]とされている。すなわち，市当局財政全体を把握することよりも，特定会計年度の財務管理を担当した収入役の責任のありかたに重点が置かれた，「責任負担・責任解除会計」《charge and discharge accounting》と総称される記帳方式[31]が中世都市会計制度特有の性格だと言うのである。

　しかしプロヴァンについては，こうした記帳方式を越えた，全体的視点を備えた財政運営を会計簿から読み取ることができる。その論拠の第1は，各会計年度ごとに，収入・支出部に続いて債権・債務状況に関する記載を持つという記録の構成であり，第2は，その詳細な記載内容から債権回収・債務返済に対する意識の高さ[32]が見て取れることである。確かにこれが，プロヴァンに限定された志向だと言うのではない。実際，財政状況をなるだけ全体的に把握しようとする努力は他の都市会計簿にも見ることができ，その中には一般に中世都市財政制度には存在しないとされる，予算制度が機能している場合さえある[33]。しかしそうした記録の伝来はその多くが14世紀後半以降であり，既に13世紀の70年代から，プロヴァンが財政状況の全体的把握に強い関心を持っていた点を強調するべきである。

　次に収支の構造的特徴の検討に移る。[表8][表9]は1274年度から1331年

度までの収入部及び支出部における各項目の割合をまとめたものである。まず[表8]から見て取れるように，裁判収入（周辺村役人職請負料を含む）が平均38.4%を占め，最も高い割合を示している。しかも年度によってはやや逸脱するものの，全体的に400〜500 lb.程度を毎年確保していること。また他の項目と異なりほぼすべての年度に現れ，総収入がこの裁判収入だけ，あるいはそれに近い年度も存在すること[34]から，これがプロヴァン都市財政収入の支柱をなしていると言える。次に[表9]から，統治権・裁判権請負料は平均15.7%と割合で見ると高くはないが，毎年一定の額が支払われており，また裁判収入が請負料支払いに十分でなかった場合には，借入あるいは租税などの対策を講じて支払われていたこと[35]を考慮すると，市当局にとって請負料支払いが最も重要な義務と意識されていたと思われる。これらの表が示唆することは，何よりも統治権・裁判権関係収支がプロヴァン財政の根幹をなすということである。また[表9]から請負料と行政諸経費だけで総支出の50.9%を占めていることが分かり，全体として自治権保持のための支出が重視されていることは確実である。

　他に注目すべき構造的特徴として，他の多くの中世都市財政の基盤である租税収入と借入の割合が，プロヴァンでは相対的に低いということが挙げられる。他の都市の場合，程度の差こそあれ租税収入は毎年財政の大部分を占めてほぼ経常収入となっており[36]，借入もまた租税ほどではないにしても収入の重要な一角を占めている[37]が，プロヴァンの場合，[表8]から分かるように，租税は計27年度，借入は計26年度とその登場年度数は約半分で，大規模支出に対応するための特別収入源としての性格が強いと考えられる。特に租税は，後述する1273年の税制改革を受けて収入費目に登場するが，[表8]に見えるようにその徴収が不規則であるのは，制度確立の過渡期でまだ臨時性が残っていたためではなかろうか。さらに他の都市の事例とは対照的に，公共事業の割合が非常に小さいこと[38]を考え合わせると，会計簿に含まれる時期のプロヴァン都市財政は，課税強化を梃子に公共投資を強力に推進する積極財政の段階ではなかったと言える。

(2) 財政運営における諸変化と社会・経済的展開

　プロヴァン都市会計簿からは，この記録がカヴァーする期間における財政運営上のいくつかの変化も読み取ることができる。まず会計簿作成開始の経緯に関する記録は，プロヴァンには伝来していない。しかし他のフランス中世都市の研究において，この点について現在いくつかの契機が考えられている中で，都市と上級権力との関係と都市内部の政治的諸関係とが絡み合って進行した，市政民主化の過程で都市財政の組織化が進められ，その帰結として会計簿作成が行われたという説明が有力となっている[39]。プロヴァンにもこの説明が最も適切であるように思える。

　すなわち1273年伯アンリ3世により発給された市政改革文書《nova costuma》では，まず従来毎年プロヴァン住民から伯に支払われていた財産税(ジュレ税)が，毛織物を中心とした諸商品への売上税によって代替されることが規定され[40]，財政機構の早急な組織化が市当局側の要請として必要になったと思われる。また同じ文書では「無地及び縞模様の毛織物業親方8名」《li VIII maistre de la drapperie des draps plains et des roiés》からなる委員会が設置され，「この親方たちは，余(伯)の要請あるいは余の命令に基づいて，今後この(文書の)規定に，あるいはその条項がどれであろうとそれに反した男女を彼らのギルドから引き抜き，排除せねばならない」《li dit maistre seront tenu à tirer et à oster, à la requeste de nous ou de nostre commandement, de leur compeinie celui ou celle qui venront contre ces convenences ou contre aucune d'elles》(Bourquelot [388] t. 2, 425-426)と規定されて，不法な市政運営を取り締まる役割が与えられており[41]，その中には当然租税関係業務が含まれていたはずである。こうした点から，この時期にプロヴァン都市財政の組織化が行われ，これが会計簿作成の契機になったと考えてよいと思われる。

　伝来する会計簿から読み取れる歴史的変化の第1は，1281年の市長暗殺事件[42]後に現れる。この事件後会計簿の記載内容は大きく変わり，支出項目の中でも特に旅行と贈与に関する記載数が増加しかつ詳細になり[43]，これらの総額も増加傾向を見せ始める[44]。こういった項目の急激な増加は，外部有力者との接触と癒着という旅行・贈与の目的を考慮すると，市当局と上級権力との関係

が一層緊密化していることを示唆している。こうした財政活動に関する記載の変化に並行して，同時期に都市内で生じた諸事件に関する記載で，本来の財政活動とは直接に関係ないものが会計簿に現れるようになる。例えば，市長暗殺の首謀者と関与者たちの追放・赦免(1281年度)，プレヴォにより破壊された都市の晒し台をめぐる市当局の苦情(1283年度)，都市を襲った大旱魃と火事を監視するための夜間灯火の実施(1293年度)といった記述である[45]。

　第2の変化は，徒弟奉公条件の変更に端を発する1305～1306年の織工と縮絨工・起毛工との間の争い[46]の後，[図1]に見て取れるように，市長とロジュの書記との間での収支管理の役割分担の明確化(前者が都市外部と関係する，後者が内部に関係する財政実務を担当)として現れてくる。この争いと同時期に会計簿には，元市長ジュアン・ド・フォンテーヌ＝リアンが逮捕され，国王役人がプロヴァンに赴き調査を行ったという記述が見られる(彼が逮捕された理由は不明であるが，この争いの中で市長の不正が明るみになり，糾弾されたためと思われる)[47]。おそらくこの第2の変化は，これらの事件により生じた都市秩序の動揺を受けて，市政担当者の会計責任をより明確にする措置であったと思われる。

　第3の変化は，後述する1319年の王令発給と1323～1324年住民投票の後である。特に印象的なのは，市政役人の出張項目の中に市当局と教会機関あるいはプレヴォ・年市守護・バイイなどの国王役人との間で生じた訴訟内容と経過，ガスコーニュ征服戦争のための援助金要請を発端とするプロヴァン住民の反乱に対する措置，公金横領の嫌疑をかけられた元市長ロベール・ド・ヴァンシに対する訴訟，さらにコミューンを脱退する市民に関する記述といった市政関係の諸事件が，旅費や特別手当のような会計簿本来の数的記述の間に詳細に記載されていることである[48]。そして，こうしたプロヴァンでの政治の根幹を揺るがすような事件への会計簿作成者の関心が顕著に現れるこの時期に，会計監査に関する言及が記載され始めると同時に，財政規模は極端に縮小し，しかも1327年度以降には統治権・裁判権請負料が未払いとなる[49]。ついには会計簿の記帳形式も極端に簡略化されて，1329年度の収入・支出は僅か3項目となり，1330年度に至っては収入総額・支出総額のみが記載されるに過ぎなくなって，財政活動が急速に追い詰められていく様子が分かる。

第 5 章　13 世紀後半から 14 世紀中葉におけるプロヴァン都市財政　　　　　111

　会計簿に現れたこうした構造と変化を，第 3 章第 3 節で概観した 13 世紀末から 14 世紀前半のプロヴァンにおける政治・社会的展開の中に位置付けると，そこに密接な関連を認めることができる。12 世紀前半伯チボー 2 世により再編成された大市の発展[50]により，12 世紀後半以降プロヴァンは経済的繁栄を享受する。そして 13 世紀初頭に勃発したシャンパーニュ伯位継承問題を発端とする内戦[51]に際し伯に提供した多大な軍事的・財政的援助の代償として，1230 年にトロワに続きコミューン文書が賦与されるに至る[52]。すなわち，伯はプロヴァン住民に，コミューンという形で進んだ形態の自治を認めるに際して，その市政役人による統治の根幹が，伯行政の下請けであるプレヴォ職と都市内部で平和と秩序を維持するための裁判権であるとして，コミューンによるこれらの全面的行使を確認し，その代償として定期的な支払いを課したのである。少なくとも 12 世紀後半以降，住民共同体が機能していたことが史料から推測される[53]から，住民を主体として形成された既存の組織を確認した文書を賦与されることで，プロヴァンは伯と密接な関係を持つに至ったのである。

　ところが 13 世紀後半を過ぎると大市は衰退の一途を辿り，それに伴い経済活動全般も低下し始める (Bautier [271] 135-137)。こうした状況の中で，1273 年の市政改革文書の発給による商・手工業者への課税強化，さらに仏王による援助金要請に伴う課税負担の増大により，それまで均衡を保っていた都市内部の権力関係は崩れ，富裕な商人・毛織物業及び染色業の親方を中心とする市当局サイドの上層住民に対する，手工業者を主とする下層住民の不満が高まってゆく (Chapin [303] 216; Richard [444] 22)。手工業者の暴動に伴う，1281 年の市長暗殺事件はその最たるものであった。

　ところで，シャンパーニュ伯領のコミューンの大半が 1280 年代には廃止されていた状況[54]の中で，プロヴァンはこれを保っていたが，1284 年には君主の婚姻関係から伯領が王領に併合されたのを機会に，賦与されていた諸特権に関する確認文書[55]を獲得することに成功した。この事情から判断して，プロヴァンの市当局はコミューン維持に一層固執するようになり，結果としてプロヴァン上層市民が担う市当局と伯 / 仏王との関係は，一層強化されたと思われる。会計簿の出張項目に現れる，上級権力との間を行き来する市政役人たちの姿がその象徴である。

しかし，都市秩序の安定を望む市政運営が上級権力との関係維持を常に優先的に考えていたことは，下層住民との協調を軽視する方向に働き，上層・下層の対立の深まりを助長する結果となった。かくしてこの対立を緩和すべく，14世紀初頭に会計責任の明確化が試みられることとなったと思われる。1319年仏王フィリップ5世発給の王令[56]は，市政役人が持つ財政運営上の権限を制限することで，上層・下層住民の関係改善を企図したものであった。しかし，1323～1324年に実施されたコミューン廃止の是非を問うプロヴァン及び周辺村落住民の投票で，コミューン廃止派が大勢を占めたにもかかわらず，少数の市政役人たちの努力によりコミューン存続が認められたことは[57]，上層市民と下層住民との決定的決裂を示す事件であった。実際，コミューン復活直後にも縮絨工・起毛工を中心とする暴動が生じたが，これも市当局の要請を受けて国王役人により鎮圧された (Bourquelot [388] t. 2, 10–13)[58]。コミューンは，最終的に約30年後の百年戦争の最中に廃止されたと考えられているが (Chapin [303] 224)，既にこの時点でコミューンによる自治体制は破綻していたと言える。

(3) プロヴァン「自治」の性格

以上，われわれはプロヴァン会計簿の検討を通じて，市当局の主たる関心が統治権・裁判権請負を根幹とする自治権保持にあり，その目的のために財政活動をできる限り厳密に行うだけでなく，都市内外の政治・社会的状況の把握にも努め，そうした努力が会計簿に映し出されていることを確認してきた。それでは会計簿に現れるプロヴァンの「自治」とは，どのような性格を持つものであったのだろうか。この問題に関する研究としてはほとんど唯一のシャパンの見解 ([303] 176–224) と著者の見解とを対比させて，論点を明確にしてみたい。

シャパンはシャンパーニュ大市諸都市の研究において，大市の衰退と王権の強化を背景に置いて，13世紀後半以降の市政役人による杜撰な財政運営及びその結果たる財政破綻と，市民全体が担う強力な自治体制の行き詰まりを一体のものとして強調し，基本的にこの視点から会計簿を解釈しているが，プロヴァン市政役人の行政・財政活動の実態は十分に検討していない。しかしこれまでの検討を総合すると，市政役人の活動力についても，「自治」の性格につい

第5章 13世紀後半から14世紀中葉におけるプロヴァン都市財政　　113

ても，この見解は修正されねばならない。

　会計簿の示すところでは市政役人の活動は非常に活発で，健全財政の姿が印象的であり，累積債務による財政破綻を確認することはできない[59]。多くの未領収金は，大市で培われた信用経済あるいは市政役人による私的処理でもって対応されていたと思われる。市政役人は，少なくとも記帳方法の改善などを通じて会計簿の中では健全財政を具現し，財政活動に対する真摯さを表面に出すことで，良心的な市政運営を強調しようとしていたのである。

　それではコミューンの維持は市政役人にとってどういう意味があったのか。プロヴァンの市政役職は，都市上層部，すなわち富裕商人・毛織物業親方・染色業親方などが事実上独占していた (Veissière [448] 116-119)。その中には伯役人，すなわちプレヴォ・年市守護・伯の収入役を経験した者も見られ[60]，また市長を数年度務めた後でシャンパーニュの森林裁判官に就任した者もいて[61]，伯／仏王権力とのつながりは非常に密接であった。コミューンの維持は，彼ら市政役人にとって社会的地位の上昇や名望家として地位安定を可能にする手段であり，他方伯／仏王の側にとっても，行政の末端機関の安定化のために有益であった，と考えることができよう。プロヴァンの「自治」には，こうした市政役人と上級権力双方の利害が絡み合っており，市政役人はコミューンの安定維持のために活発な渉外活動を展開したのである。

小　括

　都市会計簿を主たる素材として中世都市財政の状況把握に限らず，そこに見え隠れする当時の都市社会の実態に迫ろうとする試みは，少なくともわが国ではこれまで未着手の状態であったと言って過言ではない。しかし1950年代以降，フランス学界で研究が着実に進展していることは確かで，数こそ少ないがそのような視点を備えた業績も公にされている。本章はこれらの先行諸研究の成果を積極的に摂取し，これまで十分に研究されることがなかったプロヴァン会計簿の分析を通じて，1270年代から1330年代までのプロヴァン都市財政と「自治」の問題を一体のものとして捉え，その展開を検討してきた。

　都市会計簿を分析するにあたり，史料の射程を確定することは重要な作業で

あるが, 本章ではこれを都市の経済活動全体に対する部分性と都市共同体の財政活動全体に対する部分性との2つの水準で検討した。そこでわれわれが確認したのは, まず前者に関して本章の史料は基本的に免れていないものの, それは本章の目標にとって大きな障害ではないということ。次に後者に関しては, 記載内容の具体的検討からだけでなく, 年次記録として市当局により整理・筆写された上で, さらにそこには当時の市当局にとって重要であった文書のほとんどが集成されている書冊によって伝来しているという, その特有の伝来形態からしても, この会計簿がプロヴァン都市共同体の財政活動の基本的部分を記載しているということであった。

史料論の観点からさらに着目すべき点は, この会計簿から得られる数値を主とする情報が, 財政記録として市政役人が志向していた財政運営の方向性を抽出することを可能にするだけでなく, 同時にそれが市政についての覚書的な記述を多く含んでいるということであった。換言すれば本章の史料は, 都市の年代記としての要素を持ち, 市政役人による都市内外の政治的・社会的展開の把握が直接書き込まれている[62]。こうして彼らの「自治」に対する高い関心が, 会計簿から印象的に読み取れるわけであるが, それが本章の冒頭で指摘した史料の主観的性格を際立たせているのである。

このような性格の史料として, プロヴァンの都市会計簿を分析した結果, それが作成された1274年度から1331年度までが, この都市の財政構造におけるひとまとまりの時期と考えてよいことが明らかとなった。この期間を通じて財政運営を担った市政役人たちは, 収入・支出及び債権・債務の徹底管理による都市財政の全体的運営を志向していた。彼らは, 都市の財政状況をなるべく正確に把握して, 都市が直面する現実に可能な限り対応した財政運営を行おうとしていたのである。そしてそれは, 統治権・裁判権関係収支を根幹に置いた, 全体としてコミューンに体現されている自治権の保持を最大の目標とした財政運営であった。この会計簿から検出できる継起的な3つの変化は, いずれもそうした財政運営の動揺に対応しながら, それを維持しようとする努力を示していたと言えるのであり, そのような努力によって既存の財政構造が維持できなくなった時点で, 本章の史料となった形での会計簿の作成が終わったと想定される。

第5章　13世紀後半から14世紀中葉におけるプロヴァン都市財政　　　　115

　こうした財政運営の方向性から見て取れる「自治」とは，コミューンの維持[63]を前提に上級権力とのつながりを重視し，裁判権行使を根幹に据えた統治と健全財政の具現を企図した入念な財政活動を柱とする，上層市民主体の活発な市政運営であった。ここでの「コミューン」は，都市内平和を実現するための宣誓共同体という定義（プティ＝デュタイイ[572]）では収まり切れない存在であった。むしろ当初は権力代行機関として機能しながらも，伯／仏王権の権力集中過程において「社団」的様相を徐々に色濃くしていった統治機関であった。そしてプロヴァン会計簿に現れる構造と変化とは，このコミューンによる統治体制が破綻してゆく過程を如実に示しているのである。

註

1) Favier [96] 20; Aerts [461] 280.
2) 都市会計簿に関するこうした指摘については，Clauzel [57] を参照。
3) カルチュレールの定義については，第3章第1節(1)及び註6を参照。
4) これについては第4章第3節を参照。
5) 借入は別にして，ロジュ移設諸経費は毎年40 lb. 前後。照明費は5月・9月両大市で合わせて6 lb. 前後，14世紀以降20 lb. 前後に上昇。楽器弾きへの給与は，詳細な記載がある1320年度では1 lb. 程度。[表9] を参照。
6) これらの記録は，Longnon [260] t. 2, 9-183; t. 3 に刊行されている。これらに基づく伯財政研究として，Arbois de Jubainville [254] t. 4, 803-862; Lefèvre [340] [342] を参照。
7) 特に，Bourquelot [289] t. 2, 175-206.
8) ドミニコ修道会への寄進及びサン＝キリアス参事会教会の司祭に支払われた5月大市開催場所に移設されたロジュ賃借料，がそうである（Prou et Auriac [395]）。
9) シャンパーニュ地方でジュレ税 «jurée» と呼ばれたタイユの一種である。1230年文書には，「毎年，動産1リブラにつき6デナリウス，不動産1リブラにつき2デナリウス」«VI deniers de la livre du mueble chacun an, . . . et auraie de la livre del l'ériteige II den. chacun an» と規定されており，各住民の申告に基づいて市政役人が税額査定・決定と徴収を行い，毎年サン・タンドレの祝日（11月30日）に伯に支払われていた（Bourquelot [388] t. 1, 199-200, 203）。なおこの時に作成されたと思われる税額査定帳簿は伝来していない。
10) 防備施設に関する記載は1284・1306・1311年度のみに現れ，堀の浚渫・囲壁と市門の改修がその内容である。なお防備については，会計簿以外にプロヴァン施療院の貢租台帳 «censier» などの他の記録にも記述が見られる。これら防備関係諸記録は，Mesqui [393] 186-276 に刊行されている。

11) 囲壁構築などの防備強化工事は，基本的に伯/仏王の許可が必要であった。しかしそれは新規の工事の場合で，防備施設の定期的な小規模改修・整備は実質的に市当局の自由裁量に任されていたのではなかろうか。会計簿の時期のプロヴァンで，新規の大規模防備工事が実施されたのかどうかは現時点での考古学的調査結果からも不明であり，当時プロヴァンが対外的に平和であったことを考慮する限り，行われなかったと著者は考えている。

12) 中世プロヴァンに関して現在までに知られている文書の主要部分は，Bourquelot [388] t. 2, 377-449; Chapin [303] 279-323 などに刊行されているが，その大部分は M89 を通じて伝来している。

13) 監査についての記述が見られるのは，1320・1324・1325・1327・1328・1331 年度の計6年度である。1320年度の記述は次の通り。「この会計簿を作成し，そして引き渡すために，特にこのためにコミューンの参審人と誓約人の大部分が市参事会に招集され出席した。彼らによりコミューンは統治されてきたが，彼らは上述の市長による統治及び行政について，そして市長がどのようにその職務を遂行したかを知っており，また知っていなければならない……（参審人9名，市民・誓約人37名の名前）……そしてこの会計簿が，上述のコミューンの参審人，誓約人，市民たちは，最終的な良き会計簿であり，この会計の残金と整合して作られていると，称賛し，批准し，確認し，承認し，同意した。1320年2月20日金曜日に作成。」《A ce present compte faire et rendre furent present et appellé oudit eschevinage, expeciaument et expressement pour ce, la plus grant et sainne partie des eschevins et jurez de la commune par lesquex la commune avoit esté gouvernée, et liquel savoient et devoient savoir le gouvernement et l'administracion doudit mayeur et commant il s'estoit portez en ladite mairie, c'est assavoir...（中略）... et lequel compte li dessus dit eschevin, juré et bourgois de ladite commune voldrent, loerent, ratiffierent, approuverent, confermerent, ottroierent et accorderent comme bon compte finable et fait deuement ensemble le rest d'ycelui compte. Ce fu fait en l'an de grace mil trois cenz vint, le vendredi XX jourz ou mois de fevrier.》 (Prou et Auriac [395] 260-261).

なおここでのジュレは，1319年文書によって市政のチェック機関として設けられたものであり（第3章註28を参照），1230年文書などに現れるジュレ税とは関係ない。

14) 「ウード・コリオンから，彼がその計算の残額について負っている35リブラ14ソリドゥス」《De Eude Corion, XXXV lb.et XIIII s.qu'il devoit de la remasence de son conte.》(Ibid., 279). この書式は他の年度にも見られ，先行会計年度における残金の繰越を意味する。

15) 1341年度シャンパーニュ王領会計簿には，統治権・裁判権請負料 250 lb. と伯璽捺印手数料 14 lb. 10 s. の支払い，そして 40 lb. の払い戻しが記録されている (Longnon [260] t. 3, 295, 306)。

16) プロヴァン会計簿の記載形式については，本書補論に1275年度分を掲載し，それを基にした分析を行っている。

第5章　13世紀後半から14世紀中葉におけるプロヴァン都市財政　　　117

17) 《vilois》は都市近郊の複数村落を指し，村落居住民はその村落が属すコミューンの諸特権と諸負担を共有していた。シャンパーニュではプロヴァン以外に，シャトー＝ティエリー，ランスなどが《vilois》を持っていた (Carolus-Barré [469] 92-93)。プロヴァン会計簿に現れる《vilois》の数は計9箇所であるが，そのうち地名比定できるのは8箇所 (Augers, Chalautre-la-Grande, Champcenest, Courtacon, Fontenet, Léchelle, Rouilly, Sourdun) で，残りの Voulzie は，プロヴァン南東部を流れセーヌ川に合流する川の名であり，おそらくこの河川流域に点在する複数村落を含んでいたと思われる (Mesqui [433] 91)。これらはいずれもプロヴァンから半径15キロ以内にある (Veissière [448] 100)。周辺村落に関しては詳しいことは不明だが，Chalautre-la-Grande 村についてだけは伝来史料を網羅的に検討したヴェルディエの研究 [458] を参照。

18) 裁判権及び裁判収入の具体的内容を，会計簿から再構成することは不可能である。罰金の種別については，外来商人に対する罰金と魚とパンの不正売却に対する罰金が，会計簿から内容が判明する唯一の例である。近隣都市の事例からは，都市の公序違反や手工業製品の品質規定違反に対する罰金などが推測できる (Humbert [130] 126-137)。この点については今後追究したい。

19) 浴場については Chapin [303] 192-193 を参照。当時の浴場は現在のサウナに近いものであったらしい。中世の人々も好んで朝に浴場に行ったとされる(阿部謹也『阿部謹也著作集3　中世を旅する人びと』筑摩書房，2000年，71-82頁)。プロヴァンには，古い浴場《vieux bains》と新しい浴場《nouveaux bains》の2つがあった。プロヴァンの浴場は市営ではなく，個人が経営を請け負っていたようである。浴場はサン＝キリアス参事会教会に属していた。市当局はそれを借り受けて，修理保全を引き受け，第三者に経営を任せていたようである。会計簿にはこうした浴場の修繕，新しい浴場の建設に関する詳細な記述が豊富にある。古い浴場は1356年に廃墟同然となり，その所有権全体は Jean de la Grange の寡婦 Mahaut de Chavigny からサン＝キリアス参事会教会に貢租と定期金付きで譲渡された ([384] t. 4, 169)。新しい浴場がその後どうなったのか，さらに何故1311年度から浴場請負料が都市の収入として現れるようになったのか，全く不明である。なおフランス中世都市の浴場に関する研究文献はほとんどないが，例外として Wallart, J., Les Étuves à Douai du XIVe au XVIIe siècle, dans *Mémoires de la société d'agriculture, sciences et arts de Douai*, 5e série, t. 1, 1956-1964, pp. 39-61.

20) 「余はプレヴォ職とプロヴァン，そしてプレヴォ管区に含まれる村落の管轄権と裁判権を，プロヴァン管区が含んでいる通り，またこの文書が作成される日に余が持っている通りに，彼らに与え，許可する。毎年5月の大市の時に余に渡されるべき，プロヴァン貨250リブラと引き換えに」《se leur doin et ottroy la prévosté et la justice de Provins et dou vilois, si comme la prevostez de Provins se contient, si com je la tenoie au jour que ces lettres furent faites pour CCL liv. de Provénisiens, que ils me rendront chascun an en la foire de May》(Bourquelot [388] t. 1, 200-201)。

21) 発端は不明だが，1285年に外来商人の罰金40 lb. をめぐって，それまでそれを保持していたバイイと市当局との間で訴訟が起き，後者が勝訴した (Chapin [303] 207)。その結果，1288年に1285年から4年分160 lb. が市当局に払い戻され，1289年度以降は224 lb. 10s. が毎年支払われることとなった (Prou et Auriac [395] 73)。この割引は市長暗殺事件後のタイユ徴収とは全く関係なく，むしろ伯領の王領への併合と関係していると思われるが，詳細は不明である。

22) 租税徴収諸経費とは，主として市政役人を含む徴税請負人への報酬からなる。[表9]からこの項目の記載が不定期であるのは，それが特別手当の中に組み込まれていたり，あるいは会計簿への記載以前に徴収総額からその分が差し引かれていたからである。

23) 例えば，1292年度は，収入総額724 lb. 2s. に対し債権回収分は161 lb. 7s. 3d. で，22.2%。1305年度は1624 lb. 14s. 6d. に対し720 lb. 1s. 6d. で44.3%。1309年度は1462 lb. 19s. に対し524 lb. 1s. で35.8%。[表8]参照。

24) Chapin [303] 213-224; Veissière [448] 171-172.

25) 債務総額の変動の目立った例を2つ挙げておく。1120 lb. (1280年度) → 3058 lb. 10s. 9d. (1282年度) → 66 lb. 17s. 8d. (1283年度) → 127 lb. 7s. 6d. (1284年度)。870 lb. (1306年度) → 1944 lb. 6s. 8d. (1307年度) → 364 lb. 16s. 7d. (1308年度) → 256 lb. 6s. 3d. (1309年度) (Prou et Auriac [395] 48, 51, 62, 68, 205, 212, 218, 222)。

26) 例えば1287年度には，2回にわたり間接税総計4210 lb. 16s. が徴収され，そのうち総計3942 lb. 17s. が債務返済に充てられた (*Ibid.*, 72-73)。

27) この立替分は，支出③によって漸次返済されるはずのものであった。しかしプロヴァンについて直接の証拠はないものの，中世都市の主要な市政役人が，返済を当てにすることなく自腹を切る形で債務返済を行うことは多く（そのため破産に陥った市政役人もいたと言われる），こうした公私の混同は中世都市では普通であったとされている (Humbert [130] 47-49; Leguay [142] 28-31, 46; Aerts [461] 281, 285; Rigaudière [175] 666)。しかしこうした行為が，むしろ都市財政の赤字を租税あるいは定期金などで安易に埋めて，住民の不満を増長させることを結果的に回避することになったとも言えるのではないか。

28) Glénisson et Higounet [109] 36.

29) Rigaudière [175] 659.

30) De Roover, R., Les comptes communaux et la comptabilité communale à Bruges au XIVe siècle, dans [103] 87.

31) 「責任負担・責任解除会計」《charge and discharge accounting》とは，主として荘園や王領地の財政管理に採用されていた会計計算方式を指すために中世イングランドで用いられる用語で，大陸諸国における類語の存在について著者は知らない。しかし用語が示唆する計算方式は大陸でも変わらないと思われるので，本章ではこの用語を採用した（日本語訳は以下の福島論文を参考にした）。詳しくは，チャットフィールド（津田正晃・加藤順介訳）『会計思想史』文眞堂，1978年，30-32頁；福島千幸「英国代理人会計の生成」『立教経済学研究』46-2，1992年，103-115頁参照。

32) しかし，債権と債務が増加したときに，どのようなシステムであるいは組織を編成して対処したのかは不明である．
33) 例えば，レンヌの会計簿は収入部・支出部・《déport》部の 3 部構成を持ち，《déport》部には会計監査会に提出された証拠書類が不十分であることを理由に拒否された支出額が記載されていたのみならず，《État des finances》と呼ばれる会計年度ごとの予算案が存在していた (Leguay [142] 36-47)．
34) 1285 年度: 収入総額 450 lb. 15s. 6d. 中，裁判収入は 446 lb. 2s. 6d. で 99.1%．以下同じ計算方式で，1286 年度 96.4%．1287 年度 100%．[表 8] 参照．
35) 1284 年度: Roolant Bonseignor より 100 lb. 借入 (Prou et Auriac [395] 63)．1289 年度: Jehan Biaumont より 160 lb. 借入 (*Ibid.*, 76)．1325 年度: 194 lb. 11s. を租税で調達 (*Ibid.*, 275)．
36) 一般的にフランス中世都市の財源の大部分は租税によって賄われていた (Le Goff [141] 296)．例えば，カレーでは 1268～1301 年，10 会計年度平均で 97.8% (Bougard et Wyffels [27] 38)．サン=フルールでは 1378～1466 年，47 会計年度平均で 88.4% (Rigaudière [175] 911)．タラスコンでは 1382～1391 年，5 会計年度平均で 85.3% (Hébert [120] 197)．
37) 例えばアルルでは 1426～1450 年，19 会計年度平均で 38.5% (Stouff [198] 721)．エクス=アン=プロヴァンスでは，1443 年度総支出の 46.56% が借入返済に充てられた (Coulet [65] 1079-1081)．
38) 総収入に占める公共事業費の割合は，レンヌでは 1483 年度で 71% (Leguay [142] 93)．トゥールでは 1388～1460 年，5 会計年度平均で 51.4% (Chevalier [43] 102)．サン=フルールでは 1398～1405 年，6 会計年度平均で 34.1% (Rigaudière [175] 768)．
39) 国際研究集会『13～16 世紀都市財政と都市会計』[103] の総括報告で，ドントは都市会計簿作成を促した背景として，① 人口の増加及び経済発展，② 防備強化，③ 王・諸侯からの財政的要請，④ 都市社会の民主化，⑤ 紙の普及，を挙げている (Dhondt, J., Conclusions générales, dans [103] 353-359)．その後の研究では，これらのうち②④を強調する傾向が強い．前者の立場として，Billot [19] 152．後者の立場として Rigaudière [175] 658．
40) この文書については，Bourquelot [388] t. 2, 421-425．
41) この毛織物業親方 8 名委員会は，伯文書規定に違反した者の処罰を本来の業務とする．一定の自治権を与えられたこれを契機に，彼らと伯との関係が密接になると同時に，毛織物業親方は都市内での自立性を強め，都市行政への介入の足掛かりを得たと考えることができる．これを都市の社会経済的構造転換の一つの現れと見ることもできよう．しかしこの事件と，1305 年の兄弟団など自発的結合の禁止王令 (Chevalier [47] 282) や 1305～1306 年の手工業者の内紛との関連性について，現在の著者には明確に説明することはできないので，今後追究したい．
42) 市長ギョーム・パントコト暗殺の原因は，ナヴァル王国の反乱を鎮圧すべく仏王フィリップ 3 世がその前年に各都市に要求した遠征費用であった．大市衰退に起因する経済的苦境にあり，度重なる課税要求に疲弊した手工業者たちはこの課税

に抗議したが，市長は事態を軽視したため反乱を招き，暗殺された (Bourquelot [388] t. 1, 237-246 参照)。この暗殺事件の詳細については，Richard [444] 及び Mollat et Wolff [519] 邦訳 42-43 を参照。

43) 具体的に，出張項目では出張者名・行き先・目的・滞在日数が詳細に記載されている。1283 年度の例では，市長を含む市政役人 10 名が，都市の晒し台の破壊によってプレヴォがコミューンに与えた害を訴え出るためパリに赴き，そこに 7 日間滞在し，この出張全体で 16 lb. 11s. 6d. の経費がかかったことが記録されている (Prou et Auriac [395] 59)。同じく贈与項目では贈り手・贈り先・贈物の価値が記載されている。同年度の例では，魚商ジョアンヌから市当局が魚を 35s. で買い取り，それをバイイに渡したことが記録されている (Ibid., 57)。

44) 旅費・贈与費用の増額傾向を約 10 年度平均で見ると次の通りである。1274～1280 年度: 旅費 53 lb.，贈物 32 lb. 1281～1290 年度: 旅費 136 lb.，贈物 67 lb. 1291～1300 年度: 旅費 154 lb.，贈物 153 lb. この傾向は 1320 年度まで続き，その後激減する (Ibid., passim)。

45) Ibid., 49, 59, 90.

46) この事件について，1305 年 6 月と 1305 年 10 月 14 日付のフィリップ 4 世の文書と 1306 年 4 月付パリ高等法院の判決が伝来している (Beugnot, A. A., *Les Olim ou registres des arrêts rendus par la cour du roi sous les règnes de saint Louis, de Philippe le Hardi, de Philippe le Bel, de Louis le Hutin et de Philippe le Long*, t. 2, Paris, 1842, pp. 476-479)。そこでは徒弟修行に関して，旧き慣習に従い，織工はその仕事を起毛工・縮絨工の子供に，起毛工・縮絨工はその仕事を織工の子供に教えるべきことが取り決められた。

47) 「労働者の争いのために，そしてジュアン・ド・フォンテーヌ゠リアンのためにプロヴァンに赴いた時の尚書官の支出に対して」《pour les despens au chancelier, quant il vint pour la besoingne des ovriers, et pour Jehan de Fontaine Riant a Provins》;「労働者の争いのために，そしてジュアン・ド・フォンテーヌ゠リアンの調査のために赴いた国王騎士ピエール・ド・サント゠クロワ殿の支出に対して」《pour les despenz mons. Pierre de Sainte Croiz, chevalier le Roi, comme il vint pour la besoingne des ovriers et pour faire l'enqueste Jehan de Fontaine Riant》;「ジュアン・ド・フォンテーヌ゠リアンの逮捕とジュアンの再調査のためにプロヴァンに戻ってきたジャック・ド・ジャルセーヌ殿へ [の支払い]」《a mestre Jaque de Jarsaines pour l'arrest Jehan de Fontaine Riant, et pour revenir a Provins pour refaire l'enqueste dou dit Jehan》 (Prou et Auriac [395] 204-205)。

48) Ibid., 252-279, 284-289.

49) [表 8][表 9] 参照。

50) Bur [296] 45-62; [298] 292-304; 山田 [372] 48-51 頁。

51) Bourquelot [388] t. 1, 163-170; Evergates [321] 3-4, 47-48.

52) シャンパーニュ伯領で 1230 年から 1232 年にかけてコミューンが認可された都市は，トロワ，プロヴァン以外に，バル゠シュル゠オーブ，エペルネー，セザン

第5章　13世紀後半から14世紀中葉におけるプロヴァン都市財政　　121

ヌ，ラフェルテ゠シュル゠オーブなど約14を数える (Arbois de Jubainville [254] t. 4, 725, note a et b)．

53) 第3章第3節註20参照．
54) 第3章第2節註16参照．
55) フィリップ4世と王妃ジャンヌ・ド・ナヴァル両者によるプロヴァンのコミューンの諸特権確認文書 ([383] fol. 266 rº; Bourquelot [388] t. 2, 432)．
56) *Ordonnances des rois de France de la troisième race*, t. XII, Paris, 1777, pp. 445–447; Bourquelot [388] t. 2, 441–446. この王令の内容については，Chapin [303] 219–220．
57) この住民投票は王権の発議によるものとされているが (Veissière [448] 90)，どのような背景で，そしてどのような形で実施されたのかについては全く不明である．ブルクロの計算では投票総数2,545名中，コミューン存続賛成は156，反対は2,389とされているが (Bourquelot [411] 217)，シャパンは総数を2,573名としている (Chapin [303] 60, note 45)．なおこの投票記録については第3章第2節 (1) を参照．
58) この暴動の直接の原因は労働時間の延長に対する抗議であったが，その背景にはコミューン復活に対する不満があったとされる (Chapin [303] 222)．
59) もちろん会計簿には収支それぞれの総額が奇妙に一致あるいは接近している年度が少なからず見られ，その場合詳細不明の項目が目立つ．また，債務の一部が会計簿に現れることなく帳簿外で処理されている可能性も大きいことも考慮すると，市政役人による赤字隠蔽工作の可能性を否定することはできない．従ってこの点についてはさらに検討を続けたい．リールとトゥールにおけるそのような会計操作については，Chevalier [43] 106–107, Clauzel [50] 27–34 を参照．
60) Veissière [448] 117–118; Chapin [303] 184–187．
61) ギョーム・ド・サン゠マルセルは1290〜1292年度に3期市長を務めた後この役職に就任している (Veissière [448] 118)．彼が在職中のプロヴァン財政は，財政規模の拡大・安定期に当たる．会計簿には債権・債務状況が詳細に記録され，またその処理も積極的に行われており，彼が都市の財政状態の改善に心血を注いでいた様が窺える (Prou et Auriac [395] 78–88)．
62) 都市会計簿のこうした性格を，フランスの都市財政史家もようやく認識するようになった．この点を最初に明確に意識したのは Rigaudière [175] 923 であったが，その視点は Clauzel [57] 279 などに継承されている．
63) フランス学界におけるコミューン研究は，19世紀後半以降主に法制史の分野でそれを自由で平等な民主政体と見なす素地が形成され，そのイメージはベルギーの歴史家ピレンヌの影響下で定式化された．その後プティ゠デュタイイによりコミューンと封建権力との関係が明確にされ，自由と自治の牙城というドグマからの脱却が試みられた．この点に関しては，Petit-Dutaillis, Ch., *Les communes françaises*, Paris, 1947; 水野絢子「中世北フランスのコミューヌとカペー王権——中世都市の「封建」的性格に関する一試論——」『西洋史学』89，1973年，50–67頁（斎藤 [552] 223–248 に再録），プティ゠デュタイイ [572]，また岡村 [544]

[545] を参照。

　1970 年代以降個別中世都市史の進展により，コミューン内の社会的対立と軋轢に関する知見が大量に蓄積され (Le Goff [141] 324-333, とりわけ Desportes [71]), 自由で平等な世界というイメージは払拭されつつあり，本章もこうした最近の研究動向を意識している。1982 年にはコミューン研究の到達点を画する研究集会報告集 (*Les chartes et le mouvement communal. Colloque régional* (*octobre 1980*) *organisé en commémoration du 9e centenaire de la Commune de Saint-Quentin*, Société académique de Saint-Quentin, 1982) が刊行された。その後 1990 年代に入り再び研究の活性化が見られ始めた。例えば, Lyon, B., What Role Did Communes Have in the Feudal System? dans *Revue belge de Philologie et d'Histoire*, t. 72, 1994, pp. 241-253; Teyssot, J., Le mouvement communal en Auvergne, XIIe-XVe siècles, dans *AM*, t. 109, 1997, pp. 201-210; Trauffler, H., (éd.), *Le pouvoir et les libertés en Lotharingie médiévale. Actes des 8es journées lotharingiennes, Publications du CLUDEM*, t. 10, Luxembourg, 1998 がそうした例であるが，その動向については今後検討したい。

補論　プロヴァン都市会計簿分析の一例

は じ め に

　第5章においてわれわれは，13世紀後半から14世紀初頭にかけてのプロヴァン都市会計簿の分析を行った。そしてそこで都市会計簿と呼ばれる史料類型とプロヴァン都市会計簿の記載形式及び構成について詳しく説明した。しかし，都市会計簿という史料類型をイメージするにはそれだけでは不十分である。実際にどのような形で書かれているのか，項目の配列と内容はどうなっているのか，これらの点を明確にしておくことが必要である。そのためには特定年度の会計記録を取り上げて，その原文を基に検討することが望ましい。そこでここでは，第5章の補論として都市会計簿の中から1275年度を選び，その記載形式・項目構成そして財政構造を明らかにする[1]。単年度分であるため，記載形式の変化といった史料分析の動態的側面を押さえることはできないが，都市会計簿に対する具体的なイメージを得るには十分と思われる[2]。

第1節　1275年度会計簿の分析

(1) 表　題

　会計簿の冒頭には次のような表題がついている（本稿末尾の史料原文を参照)。「以下は1274年から1275年までのミル・ル・ペヴリエ[3]，市長2期目の収入の勘定である」。このような表題は，支出部，債権部，債務部の冒頭にも見られ

る。支出部:「以下は 1274 年から 1275 年までの, ミル・ル・ペヴリエの収入からの支出である」。債権部:「以下は 1275 年クリスマスに都市がおかれた状況であり, この日ミル・ル・ペヴリエが市長職を終え, ジュアン・ラコールがそれに代わる。以下は人々が都市に対して負っているもの, そして都市が持つものである」。債務部:「以下は 1275 年クリスマスにおいて都市が負うものであり, この日ミル・ル・ペヴリエが市長職を終え, ジュアン・ラコール[4]がそれに代わる」。そしてこうした表題は, 形式には僅かな違いがあるが, 各年度ごとに見られる。

(2) 内　容

まず収入・支出部に重点をおき, その記載項目を検討してみたい。

収入部 ([1]〜[18]) では以下のような項目が見られる。

都市プロヴァン及び周辺村落からの裁判収入(これには周辺村落村役人職請負収入を含む)([15])[5]。租税 ([5]〜[12]): すべて間接税 «assise», すなわち売上税[6]である。借入 ([3])。先行年度の未払金領収 ([14] [17] [18])。抵当品売却 ([13] [16])。馬の賃貸料 ([4])。前年度(市長1期目)の手元金 ([2]): 前年度の収入が支出を超えていた場合, 市長の手元に残った残金は次年度繰越金として新市長に受け渡されていた。詳細不明 ([1])。他年度では, これらの項目以外に, 定期金元本, 都市警備特別税(1295 年以降), 浴場賃貸料(1309 年以降記載開始。市当局が第三者に経営を委託)などが見られる ([表8] を参照)。

支出部 ([19]〜[44]) では以下のような項目が見られる。

プレヴォ職・裁判権請負料 ([35]): 1230 年にシャンパーニュ伯が発給したコミューン文書[7]にある規定で, 年間 250 リブラ(これに伯璽捺印手数料として 14 リブラ 10 ソリドゥスが加わる)と引き換えにプロヴァンは伯から下級裁判権とプレヴォ職を請け負っていたが, この項目はそれと符合する。市政役人への給与 ([23] [27] [40]〜[42]): 給与を受け取っていたのは, 市長とその専属書記, 会計書記, 裁判書記たちである。市政役人の旅費 ([43]): 都市の重要案件について, シャンパーニュ伯/仏王/ランス及びサンス大司教などと協議のために, 主にパリ, サンス, トロワへ出張していた。年度によってはここに出張目

的や結果に関する詳細な記述が見られる。当該年度はトロワ裁判へ赴いている[8]。債務の返済（[20][21][26][30][31][33][34]）。定期金（[24][37]）。馬の賃借料（[25][36]）。照明及び暖房費（[28][29]）。訴訟及び事務処理施設賃借料（[22]）[9]。使途不明（[19]）。その他（[32][38][39][44]）。

この他に、他の年度には有力者の歓待用や市政役人の出張の際の贈与品[10]として用いられる、魚・毛織物・ぶどう酒などの購入費、警備人への給与及び警備特別税徴収経費、伯／王への軍事援助などが現れている。

債権部（[45]～[81]）：市長の手元金や罰金の未領収分、間接税《assise》未納分、定期金元本などからなり、その種類は収入項目のほとんどに関係している。

債務部（[82]～[87]）：借入、孤児への定期金未払分が主である。今年度に関しては終身定期金は見られない。

(3) 財政構造の特徴

まず、収入における項目別割合は、裁判収入（村役人職請負収入を含む）55.2％と借金31.9％が著しく高い比重を示す（[表8]参照）。また支出のそれは、プレヴォ職・裁判権請負料28.3％、債務返済15.9％、給与14.5％、使途不明の支出24.0％、定期金6.7％、旅費5.6％が目立つ（[表9]参照）。いずれにせよ、裁判権を根幹とした統治関係収支が支柱をなしている点が重要と思われる。他方で租税収入の割合がきわめて低い。また債権が収入の44％（史料では収入総額は915リブラ12デナリウスとなっているが、私が再計算した数値では942リブラ8ソリドゥス10デナリウスとなる。おそらく筆写ミスと思われる）、債務が支出の56％（史料では支出総額は934リブラ12デナリウスであるが、私が再計算したところ933リブラ19ソリドゥスとなった）に相当しているだけでなく、それらの記載が詳細であるという点も指摘しておこう。

こうした特徴は実はほとんどの年度に見られるもので、プロヴァン財政の基本的特徴と見なすことができる。

小　括

　以上 1275 年度都市会計簿を素材に，この種の史料の記載形式と項目内容を史料原文と対照しながら検討し，財政構造の特徴を考察してきた。ここで確認されたことは，前章で確認された点を裏付けると共に説得力をも与えるものと思われる。本論の成果をより意義あるものとするには，他のフランス都市あるいはヨーロッパ都市における同時代会計史料との比較が必要であるが，これは今後追究すべき問題である[11]。

註

1) プロヴァン都市会計簿の記載形式は，中世都市会計簿の代表例の一つと見なすこともできる。それは，プロヴァン都市会計簿 1281 年度の収支構成が現代フランス語訳されて，フランス中世史基本史料集に掲載されていることからも窺える (Brunel, G., et Lalou, E., (dir.), *Sources d'histoire médiévale IXe-milieu du XIVe siècle*, Paris, 1992, pp. 408-410)。
2) ここで 1275 年度分を取り上げたのは，第 1 に史料の内容量が紙幅との関係上適当である，第 2 に他の年度と比べて項目ごとの分類が容易である，という理由からである。近年フランス都市財政史研究の中には，論文の中で付録史料として都市会計簿，租税記録の特定年度分を一括刊行する試みも見られ (Kerhervé [134]; Rigaudière [185] [522])，これも同じ理由に基づいている。
3) ミル・ル・ペヴリエは，1274・1275 年度に市長を務めた ([表 12] 参照)。彼は騎士で，都市の有力者であった (Chapin [303] 64)。その名から判断して，彼(あるいは彼の家系)の本業はおそらく胡椒商であったと思われる。1283 年度に市長を務めたジャックは彼の息子である。
4) ジュアン・ラコールは 1288 年度にも市長になっている。彼の父親はルニエ・アコールである。彼はフィレンツェ出身の商人で，都市に定着し商業・不動産投資・土地経営などを通じて富を蓄積し，伯の侍従，収入役にまで登り詰めた人物である。都市に定着した外来商人の一つのタイプを代表している (Bourquelot [414]; Chapin [303] 120-124)。彼が残した，13 世紀については非常に珍しい個人編纂カルチュレールは，13 世紀後半における一領主の所領経営の実態を明らかにしてくれる史料として貴重である (Verdier [459] [460])。
5) これについては，第 5 章註 17 及び註 18 を参照。
6) この間接税の内容は不明である。しかし，1273 年の間接税導入を意図した税制改革との関係は否定できない(この文書の内容については，第 3 章註 27 参照)。

補論　プロヴァン都市会計簿分析の一例　　　　　　　　　　127

7) これについては，第5章註20参照。
8) この時期のトロワ裁判は，伯の封建的裁判集会からパリ高等法院の出先機関としてシャンパーニュ地方の司法問題を専門的に裁判する機関に変わりつつあった。プロヴァン市当局は，問題の性格と重要性に応じてパリまたはトロワで提訴すべく赴いていた。この裁判制度については，Benton [276]，Boutiot [290] [294] を参照。
9) この施設については，本書第4章第3節を参照。
10) 都市の贈り物政策の意味と実態については，拙稿 [252] 41 を参照。
11) 同時代の会計史料に関しては，まずどの程度伝来しているのかを調査する必要がある。1981年に歴史史料研究所 (IRHT) によってフランス全土に伝来する中世からアンシャン・レジーム期までの都市評議会審議録・都市会計簿の目録化が行われた (IRHT, (éd.), *Répertoire provisoire des délibérations et comptabilités communales* (*Moyen Age et Ancien Régime*), Paris, 5 vol, 1981-1982)。しかしこのプロジェクトは資金不足などにより途中で中止され，シャンパーニュの目録化は実現しなかった。
　　現段階で比較材料として有益な史料として，オーヴェルニュ地方のモンフェラン都市会計簿 (1259～1272年) (Lodge [154]) がある。今後比較研究を通じて，13世紀後半における都市財政構造，会計簿記帳方法，会計技術などを明らかにしたい。

　　　　　　　　*　　　　　*　　　　　*

史料原文

[史料]　1275年度の会計簿 ([　] 内は著者による項目ごとの整理番号。※は著者による補足)

(Fol. 12 v°)

　C'est li contes de la recepte que Miles li Pevriers fist de la seconde année que il fu meres, an l'an sexante et quatorze qui chei an l'an LXXV.

[01]　Pour un henap d'argent qui fu Guill. Pentecoste, LI s.
[02]　Pour deniers contanz qui demorerent a la vile de son premier conte, XVI lb. V s.
[03]　Pour deniers qui furent anprunté de Gautier Bonnevite an la foire de may an l'an LXXV, CCC lb.
[04]　Pour le loier des chevaus la Reyne, qu'an devoit des la saint Jehan

l'an LXXIIII juques au Nouel ansivant, XIIII lb.

[05] De Herbert Haroart, C s. qu'il devoit de la derreine assise.
[06] De la fame Herbert Meresse, XL s. de la derreine assise.
[07] De Gilaut l'ainné, pevrier, XL s. de la derreine assise.
[08] De Jaque l'avenier, L s. de la derreinne assise.
[09] De Bardaut de Bannos, L s. de la derreine assise.
[10] De la Gonboste, XX s. de la derreine assise.
[11] Dou Griois, L s. de la derreine assise.
[12] De Gen..., VIII lb. de la derreine assise. Gaige... henas.

Somme, CCCLVIII lb. et VI s.

[13] Pour gaiges qui demourerent en la volte dou tens Mile le Pevrier, de l'an LXXIIII qui chei an l'an LXXV—XXXIX lb. et XVIII s.
[14] Pour dautes que Moriaus dut dou remanant de son conte de l'an LXXIIII qui chei an l'an LXXV—IIII lb. I d.
[15] Pour toute la Justise dou cors de la vile et dou vilois, et pour les meries vandues, de l'an LXXIIII qui chei an l'an LXXV—XXVIxx lb. et XV s.
[16] Pour I roie qui demora en la volte—L s.
[17] Pour dautes que Moriaus a receu des amendes des viez defauz, —IX s.
[18] Pour detes que li maieur des vilois durent dou remanant de leur conte de l'an LXXIIII qui chei an l'an LXXV, —XIIII lb. IX d.

Somme, XXIXxx lb. XXXIII s.

Somme de toute la recepte, IX. C et XV lb. XII d. contanz.

(Fol. 13 r°)

C'est la paie de la recepte Mile le Pevrier de l'an LXXIIII qui chei an l'an LXXV.

[19] Pour les menuz despans fez par la main Morel, IIIIxx XI lb. XVIII s. II d. contanz.
[20] Pour quitez et pour delivrez, XI lb. XIX s. VI d.
[21] Pour defauz et pour amandes, dom en atant a avoir aucune chose, XIX lb. V s. VI d.

- [22] Pour le loier de la loige d'une année, XXV lb.
- [23] Pour le servise Jeh. de Vilecran, XXX lb.
- [24] Pour la fame feu Bernier de Chacenai, XII lb.
- [25] Pour les despans des chevaux la Reine des la saint Jeh. juques au Nouel ansivant, XIIII lb. VII s. dom l'an a les parties.
- [26] Pour daute que maieur dou vilois doivent, IX lb. VIII s, dom Pierres de Bernart dit qu'il ne doit pas tant de XX s. et Pierres li barbiers de XX s.
- [27] Pour le servise Morel. XX lb.
- [28] Pour huile et pour chandeles d'une annee, LX s.
- [29] Pour buche d'une année, IIII lb.
- [30] Jehanz Reymons doit X lb. pour les amandes des genz estranges dou tens qu'il fu prevolz.
- [31] Gentils de Florence, L s. pour les amandes des VII jorz de la foire St Ayoul.
- [32] Pour les gaiges qui demorerent en la loige a Nouel an l'an LXXV, — LVII lb. et VII s. VIII d.
- [33] Pour daute que Moriaus dut dou remenant de ce conte, XXXII lb. IX s.

Somme, XVIIxx et III lb. IIII s. VI d.

- [34] A Andriu Cristofle, LXIII lb. que la vile li devoit de remasance.
- [35] A la Reine, XIIIxx et IIII lb. X s. pour la Joustise, qui li furent paiez en la foire de may l'an LXXV.
- [36] Et li furent paié a Colaut de Bar-le-duc et en loier de chevaux.
- [37] A la fame Guill. Kaete, de Douay, L lb. de tornois pour sa rente a vie dou tens trespassé juques a jour qu'ele fu morte; et furent baillié Jaquemin Capelet.
- [38] Pour II henas d'argent qui sont engaigés pour Gentill, VIII lb.
- [39] Pour I henap d'argent qui est angaigés pour Guill. Pentecoste, pour deniers qu'il devoit de viez a la vile, LI s.
- [40] Pour le servise au maieur, LX lb.
- [41] Pour le servise au clerc le maieur, XX lb.

[42] Pour le servise Gautier Lamoe, C s.

[43] Pour deniers contanz bailliez au maieur pour aler aus Jorz a Troies, LII lb. VIII s.

(Fol. 13 v°)

[44] Pour deniers contanz bailliez en eschevinaige le jour qu'il conta, LXV lb. V s. VI d.

Somme, Vc IIIIxx et X lb. XIIII s. VI d.

Somme de toute la paie, IXc XXXIIII lb. XII d. contanz.

Einsins doit Miles li Pevriers, VI lb. de remenant.

C'est li estaz d la Vile an quel point ele demora a Nouel an l'an LXXV, que Miles li Pevriers issi de la mere et Jeh. Lacorre antra.

C'est ce qu'an devoit a la vile et que la vile avoit.

[45] Pour les despans des chevaus de la St. Jeh. l'an LXXV, — XIIII lb. VII s. dom en a les parties.

[46] Pour daute que li maieur des vilois durent, VII lb. X s. dom Moriaus a les nons.

[47] Jeh. Reymons, X lb. pour les amandes des genz estranges dou tens qu'il fu prevolz.

[48] Gentils de Florence, L s. pour les amandes des VII jorz.

[49] Pour les gaiges qui demorerent en la loige, LVII lb. VII s. VIII d.

[50] Pour daute que Moriaus dut dou remenant de son conte, XXXII lb. IX s.

[51] Pour II hanas d'argent engaigés pour Gentil, VIII lb.

[52] Pour I hanap d'argent engaigés pour Guill. Pentecoste, LI s.

[53] Pour l'escheoite Th. le giu, LX s. que Calebace doit paier.

[54] Pour daute que Nicolas dut dou remenant de son conte, IIII lb. III s.

[55] Pour daute que Th. de Barbonne dut de sa merie, XXXIIII s. VI d., et les doivent paier Guill. Reimons et Jeh. de Vilecran, qui furent executeur.

[56] Jeh. Chapuis, LX s.

補論 プロヴァン都市会計簿分析の一例　　　131

[57]　Jeh. Alabesche, XXXVI s. VI d.
[58]　Pour l'echeoite Morisaut de la rue Ste Croiz, LX s. don il i a II chambres.
[59]　Pierre Coipiau, LXVI s.
[60]　Nicolas Rebede, LX s., pleige mestre Nocolas.
[61]　Eudes de Mesabon, XXXVIII s.
[62]　Miles li Pevriers, VI lb. ; et l'an li doit son servise de la recepte qu'il recut de la derreine assise qui fu fete an l'an LXXIIII par sire Ren., par Guill. Reimon, par Pierre Paris et par Pierre de Saint Martin.
[63]　Pour deniers contanz bailliez en eschevinaige le jor que Miles li Pevriers conta, et pour deniers bailliez pour fere les despens quant en ala au Jorz à Trois, CXVII lb. XIII s. VI d.
[64]　Pour I cheval que Estienes li Bues enmena a Lion, que sire Reners li fist baillier, IIII lb.

(Fol. 14 r°)

Ce sunt li defaut qui furent tret des (sic) defauz de la derreine assise, qui (sic) sire Reniers et Guill. Reymons firent.

[65]　Li Griois, IIII lb. et X s.
[66]　Michiaus li esculiers, C s.
[67]　Adanz de la meson Dieu, XL s.
[68]　Li filz feu Climent le ferpier, XX s.
[69]　Jeh. Chicotez, C s.
[70]　Guill. de Chatiau-Tierri, C s.
[71]　Passe li Lombarz, VIII lb.
[72]　Guill. Pentecoute, VIII lb.
[73]　Guill. Reymon, VIII lb.
[74]　Fielipon de Vodoi, XX s.
[75]　Jehanz de Boucenai, XL s.
[76]　Jeh. Lacorre, XX s.
[77]　Eudes Corions, XXX s. Gaige, I grant pot.
[78]　Gentill, VIII lb. Gaige, II henas d'argent.

- [79] Bardauz de Bannos, VII lb. X s.
- [80] Jaques li aveniers, VII lb. X s.
- [81] Hues de la Noe, XLV lb. pour la premiere assise et X lb. pour la derreine.

(合計　417 lb. 6s.2d.※)

　C'est ce que la vile devoit a Nouel an l'an LXXV. que Miles li Pevriers issi de la merie, et Jehanz Lacorre i antra. C'est ce que la vile doit a orfelins:
- [82] Aus enfanz feu Bernier de Chacenai, IIIxx lb.
- [83] Aus anfanz feu Pierre dou Puis-le-conte, XX lb.
- [84] A l'anfant feu Piferas, L lb.
- [85] A l'anfant feu Est. de Sanz, XVII lb.
- [86] Aus enfanz feu Postel de la rue de Joi, XXI lb.
- [87] A Gautier Bonnevite, CCC et XXXII lb.

　　Et des rantes a vie ne set en pas la certeinneté.

(合計　520 lb. ※)

《典拠》Prou et Auriac [395] 16–18.

図版　1275年度会計簿の収入部

第6章　14世紀中葉における都市財政
―― 1360 年会計簿の分析 ――

は じ め に

　14 世紀中葉という時代を，これまでのヨーロッパ社会経済史は社会経済体制の全般的「危機」が進行した時期と考えてきた (近江 [543] 39–95)。そしてそれを，戦争や反乱の舞台となり飢饉や疫病が頻発した大陸において特に顕著に認められる現象と見なしていた (ヴォルフ [536] 3–46; Rossiaud [523])。しかし近年，この時期のネガティヴな側面を強調する傾向は薄れ (Goldsmith [498])，代わりに危機的状況を克服するために様々な形で生み出された社会経済的な制度の構造転換に着目し，この時代を積極的に評価しようという気運が高まってきている (ヴォルフ [536] 103–208; 田北 [556] [558]; 朝治・服部 [537])。フランス学界もその例外ではなく，14 世紀中葉 (すなわち 1350〜1360 年代) が，とりわけ都市史において政治面あるいは社会経済面における制度の転換期と考えられ (Chevalier [44] 199)，それは第 1 章で検討した研究動向にも鮮明に現れている。

　本章では，こうした近年の研究潮流を念頭に置きながら 14 世紀中葉のプロヴァンにおける財政制度を検討する。そして記録に映し出された都市社会状況を考察する。前章で考察したように，プロヴァン財政活動は 1330 年代には完全に衰微し，都市社会も非常に混乱していた。例えば，以下に列挙する事件は ([表 1] 参照)，この時期のプロヴァン社会経済の動揺を象徴しているようである。すなわちコミューン体制が廃止され (1350 年頃)，ペストが蔓延し (1348 年)[1]，飢饉に伴う住民暴動が発生した (1349 年)[2]。また 1356 年にはポワチエ戦における仏軍敗北と仏王ジャン 2 世の捕囚を契機にイングランド軍によるフラ

ンス侵攻が激化し，1358年にはプロヴァン周辺村落が攻撃され[3]，翌年には包囲された。しかしその後20年足らずの内に，防備工事関係記録やぶどう酒税・小麦(粉挽)税の徴収請負契約書が複数伝来する[4]など，一部回復の徴候さえも窺える。そしてこの事実は，その間の都市社会経済における構造転換を推察させる。そこで以下，この時代について伝来する財政記録を基に都市財政と社会状況の具体相を考察したい。

第1節　1360年会計簿の性格

(1) 素　材

　本章で分析の対象となるのは1360年会計簿である。この記録は，プロヴァン市立図書館所蔵手書本166番(文献目録[385])として伝来している。寸法は縦280mm，横204mmである。羊皮紙に書かれ，全部で8葉，16頁からなる。頁及び葉の番号付はなく，記載は14頁までで，残り1葉(2頁)は空白となっている。いつ装丁されたものかは不明であるが，記録には紙製の濃青色の表紙が付されている。湿気による記録の劣化は全体的に軽微であり，一部判読不能な箇所はあるものの，比較的読みやすい状態である。この記録には原本の他に，そのコピーが1通伝来している。それはブルクロの『プロヴァン史執筆用覚書及び史料集』(全9巻)の第4巻(プロヴァン市立図書館所蔵手書本150番[384])に彼自身の手で筆写されたものである。本章執筆に際し，私はオリジナル，マイクロフィルム，ブルクロのコピーの3種を参照した[5]。なお，史料文言の引用については，ブルクロのコピーによった。

　[史料4]の会計簿冒頭部の文言から，この記録の記載年代は，1359年5月8日〜1360年5月1日(新暦表記では1360〜1361年)であることが判明する。字体は1人の手によるもののようであり，中世フランス語とローマ数字を用いて書かれている。記載されている貨幣単位は，エキュ金貨，グロ銀貨(古グロ銀貨と併用)，デナリウス銀貨(トゥール貨)が主である[6]。残念ながら現時点では，シャンパーニュ地方におけるこれら貨幣相互の正確な換算比率は不明であり，この点は今後の課題となる。

（2） 史料の性格

　この記録には何が書かれ，そしてどのような性格をもつのだろうか。この点についてまず史料冒頭部（[史料4]）にある次の文言から，これが本来タイユ（直接税）未納額徴収帳簿であることが判明する。すなわち「これは[ジュイ修道院の]食料保管係である修道士ピエール・ド・ジュイイが作成した会計簿である。それはかつてピエール・ル・フランソワとピエール・デポワニィが受け取り，彼らの会計として引き渡し，返したタイユの未納分に関して，都市プロヴァンに支払われるべき金銭について，プロヴァンのために彼が行った収入と支出である」《C'est le compte frère Pierre de Juilli, cellerier des receptes et mises par li faites pour la ville de Provins des deniers dehus à ycelle pour deffauz des taailles jadis recehues par Pierre le François et Pierre dépoigny, baillez et renduz pour leurs comptes.》（[385] fol. 1 r°; [384] t. 4, 196）。確かに，この記録の項目構成図[表10]に見えるように，収入部には徴収担当者から徴収額と未納額とが報告されている。また実際に未納者リストも添付されている（[385] fol. 5 r°–7 v°; [384] t. 4, 206–211）。さらに会計簿末尾には当時のフランス大元帥ロベール・ド・フィアンヌ[7]の特任状（すなわちタイユ徴収許可証）[史料5]が筆写されており，その文言を読む限り他にタイユ未納額徴収帳簿が複数存在したとは思えず，当該年に関してはピエール・ド・ジュイイ一人にタイユ会計業務が委託され，彼がその成果を記録したと考えられる。従って，これらの文言を読む限りでは，この記録は都市全体の財政活動を管理する市当局の中心的会計簿（すなわち都市会計簿）ではなく，他のフランス諸都市に遍在するタイユ会計簿[8]と考えられる。ところが，この解釈を躊躇させる次のような問題がこの記録に存在する。

　第1の問題は，支出部が存在していることである（[表10]）。そこには出張，紙代，会計係への給与などの支出項目があり，これからこの記録が単なるタイユ未納額徴収帳簿ではないことが判明する。一般的にタイユ会計簿であれば担税額の徴収結果だけを記録するのが普通であるからだ（支出部が存在する場合は，基本的に徴収経費や徴収係への報酬である）[9]。従って，この記録が市当局の財政活動の一部を含んでいる可能性が浮かび上がってくる。第2の問題は，

当該年の債権(すなわちタイユ未納総額)と債務(おそらく市当局もしくは会計係の自己負担)との関係の処理が,別項目できれいに整理されているのではなく,支出部に続いて延々と記載されていることである。各項目の内容を説明する記述は難解であるが,金銭の流れの大枠は理解できる。また計算ミス,もしくは筆写ミスのせいか計算が厳密に合致しない箇所もいくつか散見されるが,その差は小さく大きな問題ではない。全体的に見て,そこには稚拙ではあるが,金銭の動きを細大漏らさず記録しようという会計係の意図を見て取ることができる。こうした形式は,市当局による会計監査を強く意識した結果だと思われる。

以上から確認できることは,この記録がタイユの徴収状況を記しているだけでなく,当時の財政活動の一端をも垣間見せてくれる史料であるということである。そしてこれは,次の会計簿の構成分析によりさらに印象的に裏付けられる。

(3) 史料の内容構成

会計簿全体の構成は次のような形態になっている([表10])。最初に,冒頭部では会計業務の委託,会計年度(期首・期末)の指定,会計監査の実施の旨が記されている。収入部では,まずタイユ徴収結果が徴収係ごとに分けて記録され,続いて徴収諸経費の総額が計上され,さらに担税者の何人かについて担税額の控除がなされ[10],最後に実際の入金額に未納額を併せた総額が最終収入額として記載されている(徴収係のひとりピエール・デポワニィの項目では,教区ごとに分けて徴収結果が記されている)。そして実際はどうか分からないが,少なくとも記載上は,未納額が徴収係各自の自己負担により計上されているように見える[11]。支出部には,様々な性格の支払いと担税額割引分の返済との総額に,徴収係各自が自己負担した額(換言すれば彼らに都市が支払うべき負債)が加算されて,支出総額が計上されている。そして一応の収支決算が行われている(ここまでを便宜的に前半部とする)。

通常ならここで終了するのだが,記録にはさらに会計係自身による2種類の支払い(守備隊会計簿超過支出分の補塡と会計文書作成費用)と,会計係が別個

に受け取った収入とが計上され，最後に，その差し引き分，すなわち会計係に対する都市の最終的な負債総額が記されている[12]。その後に付録としてフランス大元帥の特任状が筆写されている。興味深いのは，1357年タイユ未納者リストも続いて筆写されている点である。このリストを細かく見ると，徴収係が全く同じ人物であることが分かる。1357年と1360年の時点で徴収係が同一人物であることから，その間の事情をおおよそ次のように推測できる。おそらく彼らは1357年以前に徴収業務を請け負い，1357年にまず未納額リストを作成したが，その後戦争激化のため徴収活動を停止せざるを得なくなった[13]。そして情勢が落ち着いてから1360年に再び未納分の徴収を再開したのではないか。しかし，この点を裏付けてくれる史料は伝来していない。

ところでタイユはどのような命令系統の下で徴収されていたのか。この点も会計簿の構成から判明する。タイユ徴収活動の人的関係は[図3]に示しているが，この図から当該年のタイユ会計係ピエール・ド・ジュイイの配下で，プロヴァンを構成する4教区全体において，ピエール・ル・フランソワ，ピエール・デポワニィ，オダール・ド・シュイレーヌの3名が実際の徴収業務を担当していることが分かる。

こうして徴収状況の把握と若干の支出業務を済ませた後で，ピエール・ド・ジュイイは会計簿の清書を作成し，それは会計監査を担当していたと考えられる評議員ユーグ・ド・マレ，ウダール・デュルガン，ジュアン・ド・ブルイユクールに提出された（[史料4]参照）。

ところで会計簿の構成から，タイユ会計簿以外にも会計簿が存在していたことも判明する。「同じく都市は，受取りよりも多くを支出したことから，彼の守備隊会計簿の残額に対して，この食料保管係に10エキュ5と3分の1グロを負う」《Item, la ville doit audit cellerier pour reste de son compte des garnissons pour plus mis que receu, ... X escuz V gros et I tiers de gros》([385] fol. 4 r°; [384] t. 4, 203) という文言から，それがプロヴァン守備隊会計簿であることが分かる。そしてこの会計簿もまたピエール・ド・ジュイイが担当していることが窺える。従って，この時期のプロヴァン財政には複数の会計部局が，おそらく特別会計枠として存在していたようである。ただしそれ以上のことは会計簿から読み取れない。

全体的に見て，このタイユ会計簿の構成は非常に複雑であるとの印象が強い。単なるタイユ会計簿ではなく，そこには様々な性格の会計が入り込んできているように思える。少なくとも既に触れたように，タイユ徴収業務に直接かかわる前半部分と会計係によるその他の会計処理がかかわっている後半部分との区別ができるように思える。これを会計係の会計技術の未熟さまたは帳簿整理の不徹底のせいと見るか，もしくは会計処理の全容をすべて開示しようという会計係の意思の反映と見るか。あるいは，この会計記録がそのまま清書されて会計監査に提出されたようなものではなくて，清書の前段階の最終準備稿のようなもので，作成時点で得られた情報がすべて書き込まれたものと仮定することもできるかもしれない（従って会計監査提出用に清書される段階で，再びいくつかの会計記録に分けられたのかもしれない。しかし何らかの事情で清書された会計記録ではなく，その前段階のものが伝来した）[14]。

ともあれこうした帳簿の性格を逆手にとり積極的に読むことで，我々は厳密な意味でのタイユ会計簿には記録されない様々な財政関係の情報をそこに見いだすことができる。その情報の検討は次節の対象となる。

第2節　都市財政の構造と特色

会計簿から読み取れるプロヴァン都市財政の特色として，以下の点を指摘することができよう。まずタイユ徴収の目的であるが，これはフランス大元帥の特任状にある「兵士のタイユのためにそして都市の改修のために」《pour taailles genz d'armes et pour la refection de la dicte ville》という文言から，プロヴァンに駐屯する守備隊兵士の維持と都市防備施設改修との費用調達のためであると考えられる[15]。タイユ徴収権は本来国王大権に属するが，この時期仏王はイングランド軍の捕虜であったので，王国の統治を代行していた摂政王太子シャルルの代理としてフランス大元帥から，プロヴァンの守備隊長を通じて許可されているようである。

直接税であるタイユは基本的に財産従価税である。この会計簿の時代には，フランス大元帥の特任状にある「1リブラにつき12デナリウスが貴殿の手から取られるように」《chacune livre XII d. a prendre par vostre main》（[385] fol.

4 vº; [384] t. 4, 205)という文言から，おそらく住民の申告資産価値1リブラにつき12デナリウスが課されたタイユ(5％の定率税)が徴収されていたと考えられる。この時期のプロヴァン財政について判明するのはタイユの存在だけではない。タイユ以外の租税に関する言及も見られる。

その一つは「ジュアン・メーレス・ル・ジョーヌの手から1リブラにつき4デナリウスの課税及びその他から受け取った，ユーグ・ド・マレ殿より5エキュ」《De maistre Hugue de Malay receu de l'imposicion de IIII d. pour livre et etc. par la main Jehan Meresse le jeune . . . . V escuz》([385] fol. 4 rº; [384] t. 4, 203)という文言であり，タイユ以外に1リブラにつき4デナリウスの租税が存在していたことが分かる。これが直接税なのか間接税なのか，あるいは割引タイユにすぎないのかはこれだけでは判断できない。さらに「その他」《et etc.》という文言は，4デナリウス以外の税率をもつ租税の存在を示唆しているようだが見当はつかない。もう一つは「フィリッポン・ジャカンの前で売却された塩の[流通・消費に課される]間接税(ガベル)について，彼[会計係]は都市に1エキュ半を負っている」《Item il doit a la ville pour gabelle de sel vendu pardevers Philippon Jaquin . . . I escuz et demy》([385] fol. 4 rº; [384] t. 4, 203)という文言であり，プロヴァンにも塩税が導入されていることが分かる[16]。

以上の点からこの時期のプロヴァン財政に関して，タイユ徴収を中心とした記録にいくつか別種の租税が併記されていることが判明する。いずれも断片的な情報であるので，租税体系の全容を把握し財政規模を想定することは望めないが，全体的にこの時期のプロヴァン財政が複数の租税からなる財政構造に移行しているという印象を受ける(実際第5章で分析したプロヴァン財政は，租税システムを備えた財政構造をもつものではなかった)。というのも，1367～1370年におけるぶどう酒税や小麦(粉挽)税の徴税請負契約に関する記録が伝来し，この時には既に間接税を支柱とする財政構造が形成されていると考えられることから，それより7年前のこの会計簿の時代に租税制度の整備を想定するのは行きすぎではないと思われるからである。もちろん[表10]に明らかなように，未納額が納入額よりもはるかに高く，それを市当局・会計係の自己負担で処理するというやり方は，そうした判断を躊躇させる問題である[17]。しかしここはより大胆に考えて，当時のプロヴァン財政は，恒常化した直接税と定

着しつつある間接税との併存体制を軸にしていたと考えられるのではないだろうか。

ところでタイユに関して，当時プロヴァンが深刻な戦時状況に置かれていたこと，そしてその徴収許可がほかならぬフランス大元帥から守備隊長を通じて与えられていることに着目して，タイユは戦費調達のために徴収された極めて軍事的・臨時的なものであり，タイユ会計簿も王権への会計報告のため入念に作成されたものと考えることもできよう。このように考えた場合，本来プロヴァン財政には他に（問題の会計簿には現れない）行・財政活動全体を包括するような経常財政があり，当該年は突発的な戦闘が生じたため，経常収支では対応できないので臨時課税を行ったことになる。私もこの解釈を完全に否定するつもりはない。ただ私には，これまで述べてきたように，会計簿にタイユ以外の要素が入り込み，そこには市政活動の一部も見られることが気にかかり，緊迫した状況で行われた臨時課税帳簿と見なすには無理があるように思えるのである。またフランス大元帥の特任状の文言にも，戦費調達のためという明確な指示はなく，守備隊維持と防備施設改修のための資金調達であることが明示されていることから，臨時課税とするよりもむしろ経常的課税に近い性格を持っていたと考えたいのである。実際，この時期守備隊は都市に常駐しており，都市が独自に行う昼夜の警備・監視業務（時には民兵軍の組織）を補強する形で，都市から雇われており，その費用がタイユで賄われていたと考えられるからである (Chevalier [44] 118-124)。また防備施設の改修も，継続して行われる性格のものであったはずである (*Ibid.*, 50-53)。ともあれこれだけでは根拠不十分であり，現在の著者の能力では判断できないので今後改めて検討せねばならない。

第3節　14世紀中葉プロヴァン都市社会の状況

第1節でも述べたように，1360年会計簿を子細に分析することで，そこにタイユなど租税に関する記述の他にプロヴァン市政，さらには都市社会の特徴を示唆する文言をいくつも見いだすことができる。そのような文言を総合すると，どのような都市社会像が描かれるのだろうか。ここでは会計簿の分析から浮かび上がってくるプロヴァン市政の在り方を考察し，それを支えた都市制度

第6章　14世紀中葉における都市財政

の特徴に迫ってみたい。

　まず注目すべきは，会計簿の文言から都市評議会《consoil》の存在が確認できる点である。この点は既に第3章第4節で触れたが，他の市政関係文書が伝来していないため会計簿のみから得られる都市統治機関に関する情報は断片的である。従って，評議会の権限，評議員数，名簿などは全く不明で，コミューン体制期の市参事会(エシュヴィナージュ)との系譜上のつながりもはっきりしない。フランス中世防備施設の専門家であるメスキは，14世紀後半の都市評議会について，定員は固定しておらず，定数に達していなくても討議ができ，防備施設工事と徴税請負のための契約を締結する程度の権限しか持たない存在と見なし，都市統治機関としてのその機能を低く評価している([393] 171)。しかしタイユ徴収権を与えられている事実，そして1360年会計簿の文言からみて行・財政面である一定の権限を持っていると思われ，それは同時期のトロワやランスなどの近隣諸都市の事例からも頷ける[18]。ともあれ1360年における都市評議会の存在確認は，1350年頃とされるコミューン体制廃止から都市統治新体制への漸次的な移行を示唆している[19]。

　次にタイユ会計の責任者がジュイ修道院の修道士で，本来は食料保管係であることに着目したい[20]。本来俗事たる都市運営に修道士が会計係として関与していることは，前章で検討したコミューン体制期のプロヴァン財政では見られなかったことであり，都市制度もしくは都市社会のルールが変化したことを意味する(しかしこの修道士が都市の会計係に就任するに至った経緯は不明である)。さらに興味深いのは，会計簿収入部の未納タイユ支払い者の項目に，プロヴァン俗人住民だけでなく，プロヴァン内に立地する宗教機関が現れている点である。すなわちサン゠タユール修道院は65エキュを担税しているのである(ただし控除欄にて，この額から55エキュが値引きされている)([385] fol. 3r°; [384] t. 4, 196-197, 200)。また会計簿に付属する1357年タイユ未納者リストには，ノートル゠ダム・デュ・ヴァル参事会教会，サント゠クロワ修道院，テンプル修道院の施療院，フランシスコ修道会，プロヴァン施療院の名が見える。以上の点から，この時期に，都市運営のために徴収されるタイユ担税に関しては宗教機関もこれに貢献するという財政面での市当局との協力体制ができあがっていたのではないかと考えられる。このような現象は，同じ時期の他の

フランス諸都市にも見られ (Rigaudière [180] 462-465)，とりわけ都市の安全確保という都市に居住する社会層全体の利益に関わる政策のための課税には協力するというルールが生まれていたと思われる (Ibid., 463)[21]。プロヴァンの場合，会計簿から観察できるのは財政面だけであるが，しかしその後 1367～1370 年には，第 3 章第 4 節で述べたように行政面における宗教機関との協力体制を確認することができ，市政上の協調体制は一層鮮明になる。

続いて指摘しなければならないのは，都市運営への国王権力の介入が認められる点である。それは当時の市政役人で都市財政全体の会計役を担ったと思われるユーグ・ド・マレが，1338 年から 1387 年の間に国王代訟人《procureur du Roy》を兼ねていること (Veissière [397] 1971, 93) から判明する。この役職は，法の実務家として王権に関わる訴訟業務を代行する役目を担っていたが[22]，ユーグ・ド・マレは約 50 年もの間この職にあり，同時にプロヴァンの市政役人でもあったようである[23]。情報が限られているので彼の存在を過大評価することは慎まねばならないが，少なくとも法の専門家として王権と都市との両方の利害を調整しながら市政運営を行う，言わば都市と王権とのパイプ役であったのではないかと考えることはできよう。

以上の指摘から，1360 年会計簿は当時の市政の在り方，都市制度の特徴について貴重な情報をわれわれに与えてくれることが分かる。コミューン体制に代わって都市評議会が新たに都市の統治を担う機関として現れ，それを支える形で一方では宗教機関と，他方では王権との協調関係が都市内において形成されつつあった[24]。この現象はプロヴァン独自のものではなく，多くのフランス都市で見られたことであることを考慮すると，既存の制度から新しい制度へと市政の在り方が大きく変わるこの時代を理解するために，プロヴァンは貴重な素材を提供してくれていると言えよう。

小　括

本章では，これまでその存在が指摘されることはあっても，本格的に分析されることがなかったプロヴァンの 1360 年会計簿の分析を，手書本を利用しつつ試みた。

第 6 章　14 世紀中葉における都市財政　　　　　　　　　145

　この記録はタイユ徴収帳簿としても，都市会計簿としても収まりきれない特徴を持つ。実際，支出部の項目の詳細な分析から，それら双方に跨る情報が多数含まれていることが明らかにされた。

　まずプロヴァン財政面では，タイユ以外の租税の存在が認められることから，直接税と生まれつつある間接税との併存体制を想定するに至った。タイユは都市の守備隊維持と防備施設の改修のために徴収され，それが都市内に居を構えるすべての階層の人々の利益につながることから，宗教機関も担税していた。この文脈に，タイユ会計簿の会計係がジュイ修道院の修道士であったことを位置付けて考えることも可能かもしれない。こうした財政面での転換に対応する形で，行政面でも新しい都市統治機関すなわち都市評議会が現れた。その具体的な性格は不明であるが，近隣諸都市における動向から見ても，都市評議会を一定の能動的な権限を持った機関と考えると，国王役人の役職にある者が市政役人として評議会の中にいる意味がより明確になると思われる。

　以上の分析結果からも分かるように，本章の会計簿が 14 世紀中葉というフランス社会経済における転換期の諸相を，プロヴァンについて垣間見せてくれる貴重な史料であることは明らかであろう。もちろん情報が断片的かつ静態的であるため，この時代に関して制度の発展を動態的に捉えることは望めない。

　しかし，本章で検討した転換期における都市制度がその後どのように進展したのかは，次章で見いだすことができよう。次章では 15 世紀中葉の都市会計簿が素材となるが，われわれはそこに 14 世紀中葉における都市制度の特徴が一層鮮明に現れていることを認めるであろう。

註

1) プロヴァンにおけるペスト禍について詳細は不明であるが，住民の約半分が死亡したと伝えられる (Bourquelot [388] t. 2, 16)。
2) *Ibid.*, t. 2, 16.
3) この時，Champbenoît, Mont-Notre-Dame, Saint-Léonard, Mez-de-la-Madeleine などの修道院が破壊された (Veissière [448] 176)。
4) 第 3 章第 4 節を参照。
5) この記録の存在が学術論文上で指摘されたのは，著者の知る限り 1856 年のブルクロ論文の末尾における言及 ([411] 460) が最初である。しかしその内容が検討

されることはこれまで全くなかった。というのもブルクロ自身,『プロヴァン史』([388])では全く言及せず,シャンパーニュ大市諸都市の制度を分析したシャパン[303],プロヴァン防備施設に関する研究をまとめたメスキ[393],プロヴァン郡歴史・考古学協会代表でプロヴァン中世教会史の泰斗ヴァイシエールさえも,この記録に関してはその存在を伝来史料リストに掲載するだけで,それを正面から取り扱うことはなかった。

しかし彼らによるこの記録の軽視は,決してこの記録が無価値であることを意味するものではなく,ただ彼らの研究分野に直接関わらなかったからに過ぎない。実際,シャパンには研究対象時期から外れており,メスキは街道・橋・防備施設・城砦を研究する文献・考古学者,ヴァイシエールは宗教・教会史家であった。プロヴァン史のあらゆる分野に精通していたブルクロが取り上げなかったのは謎であるが,彼自身その史料的価値を十分認識していたのは確かである。というのも,彼によるこの史料原本の筆写が,彼の『プロヴァン史執筆用覚書及び史料集』[384]に伝来していることを,プロヴァン市立図書館で確認したからである。ブルクロは古文書学校教授を務めていたことから,このコピーは原本を忠実に筆写したものであると考えてよい。実際,私は 1996 年 7 月のプロヴァン滞在中に,図書館主任司書アンヌ・マルザンさんと共に部分的に対照を行い,ほぼ忠実な筆写であることを確認した。さらにマルザンさんの御厚意でこの記録のブルクロ・コピーの複写を許可して戴いた。その後 2000 年 8 月に再びプロヴァンで勉強する機会を得て,この記録のエディション作成の許可をマルザンさんから得た。そして原本との校合を通じて最終的なチェックを終えた。またこの時に,この記録が歴史史料研究所(IRHT)によりマイクロフィルム化されたことを教えられ,すぐにそれを入手することができた。マルザンさんにはこの場をかりてお礼を申し上げる。なおこの記録のエディションは現在準備中である。

Je voudrais exprimer ma profonde gratitude à Madame Marzin, conservatrice de la Bibliothèque et des Archives de la ville de Provins. Je n'oublierai pas également le personnel de la Bibliothèque municipale de Provins qui m'a accueilli sympathiquement.

6) 周知のとおりフィリップ 4 世の治世以降,フランス王権は財政の逼迫により貨幣の改鋳を幾度も繰り返し,フランス国内経済は非常に混乱していた(ヴォルフ[536] 60-64)。特に 14 世紀中葉前後には様々なタイプの貨幣が発行され,記録に現れるエキュ金貨,グロ銀貨はそれぞれいつの造幣のものか現時点では判断できない。従ってデナリウス貨との換算率は正確には分からない。この時期に発行された貨幣については Favier [96] 32-70; Id., *Dictionnaire*, 650-665; Fournial, E., *Histoire monétaire de l'Occident médiéval*, Paris, 1970 を参照。フランス中世の貨幣問題については,山瀬[577][578]を参照。実在貨幣の計算貨幣への換算の困難については,ブルゴーニュ国家財政の場合を取り扱った金尾[221a]を参照。さらに M. ブロック(森本芳樹訳)『西欧中世の自然経済と貨幣経済』創文社,1982 年も参照。

7) 大元帥 «connétable» という役職は,本来カロリング期における国王の馬の手入

第6章　14世紀中葉における都市財政　　　　　　　　　　　147

れを担当する役人であったが，中世後期には王の軍事顧問として軍隊長であっただけでなく，時には政治的な役割を果たしていた (Favier, *Dictionnaire*, 304–305)。会計簿の時代，仏王ジャン2世はイングランド軍に捕らわれていたので (1360年10月に解放)，王国は摂政王太子シャルルが統治していた。その中でフランス大元帥も政治的な活動を行ったと考えられる。当時の情勢に関しては，Autrand, Fr., *Charles V le Sage*, Paris, 1994 を参照。

8) タイユ会計簿の典型的な例として，ペリグーの史料分析と刊行を試みた Higounet-Nadal [125] がある。またナントのタイユ帳簿について Kerhervé [134]，アルビのタイユ帳簿について Vidal [532] を参照。さらに Neyer [167] は本章の記録と同時期の1360年タイユ会計簿を分析しており，その内容構成分析は示唆的である。

9) ただし，都市会計簿がその記載形式を時代状況に合わせて正確かつ見やすいものへと進化させていたように，タイユ会計簿も記載形式を発展させていたと考えてよい。例えばペリグーでは，1314/15年，1320/21年，1321/22年，1339/40年，1340/41年，1366/67年，1397～1406年について，タイユ会計簿の記載形式や会計技術が徐々に厳密になってゆき，記録の体裁が整備されていく様子が明らかにされている (Higounet-Nadal [124])。

10) 担税額控除の対象者はすべて，この会計簿において未納額を支払った者であり，理由は定かではないが市当局の命令により担税額の一部が控除されている。

11) 次の文言がそれを示唆している。「フランソワに支払われ，そして支払われるべき未納金総額はあわせて248$^{1}/_{2}$ エキュ3古グロ12デナリウス(トゥール貨)である。これは上記の未納金の総額と同じであり，それはすべて(後に)受け取るために食料保管係に渡された。そしてこの収入については(徴収業務は)終了した」《Somme des deffauz au François paiez et a paier ensemble II^c XLVIII escuz et demi III viez gros et XII d. tourn. et est semblable a la principal somme d'iceuls deffauz dessus escripte qui en tout furent baillez audit cellerier pour recevoir et est fin quant à cette recepte.》 ([385] fol. 1 r°; [384] t. 4, 197)。

12) このような帳簿上の処理の理由を明確に説明することはできない。徴収係が自己負担したことを帳簿に明示するためであろうか。

13) 前註3参照。

14) この記録については，近年の史料論の成果を踏まえてより詳細な議論を展開する予定である。

15) 都市守備隊の維持費がタイユで賄われているという点は，第7章で検討する1451年度会計簿にも確認できる。

16) 塩税制度は1330年代にフィリップ6世により整備され，1341～1343年に確立した。1355年にオイル語圏の諸地方三部会の同意を得て北フランスの諸地域に導入された (Rigaudière [521] 244)。ランスでは，都市内の各宗教機関代表と住民との同意を得て，1359年に導入された (Desportes [71] 559)。税額は1360年には塩の価格の5分の1であった。塩の計量はミュイ単位 (=12スチエ) でする習わしであった。1364年には1ミュイにつき24フラン《franc》で，1367年には半分

に減額されたが，1380年には20フランとなった (Binet [408] 84)。フランスにおける塩税制度の概観は，高橋 [554] を参照。さらに製塩業については中堀 [567] [568] を参照。

17) この時タイユ未納率は約70%に上り，また担税額の控除が項目として存在することから，戦争・疫病などの災厄による経済混乱のためタイユ徴収は思うようにはかどらなかったと思われる。当面，未収分は市当局・会計係の方で自己負担して，次の徴収分から返済を受けるという状況は，制度の未成熟というより，コミューン財政の頃から培われた確固たる信用経済関係が土台としてあったからではないだろうか。

18) トロワについては第3章註43を参照。ランスにおける都市評議会の創設はかなり複雑な過程を辿った。1347年の防備担当委員会(聖職者3名・市民3名)結成を起点として，1356年市民4名からなる防備強化工事担当委員会の設置，そして1358年6月10日市民代表6名で構成された市政委員会が，ランス大司教の抵抗をよそに同年9月9日に王太子シャルルにより認可された。これが都市評議会となった (Desportes [71] 563-570; [318] 163-165)。なおランスにおけるより詳細な過程ともう一つの近隣都市であるシャロン=シュル=マルヌの状況については，拙稿 [381] 368-371 を参照。

19) 14世紀前半に北フランス諸都市の多くでコミューンが廃止されたが，その後どのような過程を経て都市評議会などの新しい都市統治機関が創設されたのか，この問題についてはいまだ研究が少ない。拙稿 [381] で検討したシャンパーニュ諸都市の場合について，私は都市住民の下からの動きが強いと考えたが，これはまだ仮説に過ぎない。

とはいえ私が本章で明らかにした14世紀中葉における都市評議会の存在は，これまでのプロヴァン史でも言及されておらず，そもそもこの時期自体が研究の空白期となっている。その意味で本章の記録は，中世後期プロヴァンを理解するうえで重要な地位を占めていると思われる。

20) ジュイ修道院は，1124年創建のシトー会修道院でプロヴァンの北西12キロに位置する。創建時からプロヴァンとの経済的関係が強く，13世紀には高台区に都市館を持っていた (Veissière [448] 96)。14世紀後半におけるプロヴァンとの経済関係を示す事実として，1369年6月26日付の売買契約書において，都市評議会はジュイ修道院長から，ジュイ門とシャンジ門の跳橋建造のために切り出したばかりの木材を購入している (Mesqui [393] 242-243)。

21) 「囲壁の恩恵をすべての人々が被るようになると，誰もが《その能力に応じて》防備強化に関する租税を逃れるべきではなかった」(Rigaudière [180] 463)。

22) Favier, *Dictionnaire*, 792.

23) 1360年と1367〜1370年において，彼が都市評議会の評議員であることは確かである (Mesqui [393] 171, 257)。

24) 近年のフランス学界では，国家形成の問題への強い関心から，王権のイニシアティヴを様々な局面で強調する傾向があるが，この都市統治機関の社会的再編成については基本的に「下から」の内発的・自生的な発展の産物と見なす立場が目立

ち，王権は王国統治のために都市の協力を得るために後から介入したと考えられ (Besnier et alii [278] 34; Chevalier [44] 199-200)，著者もこの立場に近い。しかし，都市によってあるいは地域によって事情がかなり異なるので，より多くのデータ集積が必要と思われる。この点については拙稿[381]を参照。

第7章　15世紀中葉における都市財政
―― 1451 年都市会計簿の分析 ――

は じ め に

　本章では，15世紀中葉プロヴァンの都市会計簿の分析を通じて都市の政治・社会経済的状況を考察する。ただし本章の主たる分析対象は都市会計簿1年度分であり，残念ながらこれが15世紀プロヴァン都市財政に関して唯一伝来するまとまった記録である[1]。単年度分であるがゆえに分析が静態的となることは否めない。しかし，後述するようにこの記録は第5章で分析した記録に匹敵する情報量を持っており，この時代のプロヴァン政治・社会経済的状況を十分に垣間見せてくれる。

第1節　1451年都市会計簿の性格

(1)　史　　料

　本章で分析するプロヴァン都市会計簿は，プロヴァン市立図書館にManuscrit nº 166 として所蔵されている ([386])。1979年にメスキによって刊行され[2]，2000年に歴史史料研究所 (IRHT) によりマイクロフィルム化された。記録の寸法は縦443mm，横284mm。21枚の紙を重ねて中央で綴じ，折り曲げて作られた，42頁(21葉)で1折の形態になっている。最初から葉ないし頁の番号付けはなされていない。羊皮紙の表紙がつけられていて，そこには「1450年。1450年3月1日に始まり1451年2月末日に終了する1年度に関する，都

市プロヴァンに属する金銭の収入役ピエール・フレロンの会計簿」《1450. Compte de Pierre Fréron, receveur des deniers appartenants à la ville de Provins, pour un an commençant le premier jour de Mars Mccccl et finissant le derrenier jour de Février ccccli》(Mesqui [393] 257) という表題が記されている(但しメスキはこれを新暦に直して 1451～1452 年としている。そこで本章では 1451 年度と表示する)[3]。記載がなされているのは 35 葉までで，残りの 7 葉は空白となっている。字体は 1 人の手になるものとされ，中世フランス語とローマ数字で書かれ，計算はすべてトゥール貨でなされている。

(2) 射　程

　都市会計簿を用いて中世都市財政を研究するにあたりまず確認すべきは，その記録が市当局の財政活動をどの程度押さえているのかという点である。都市の中心的な会計簿とは別の帳簿に記載されるような，市当局あるいはその付属機関による財政活動の有無を検討して，問題の記録の都市財政活動全体に対する地位を問題としなければならない。しかし，1450 年前後のプロヴァンについて，市政運営を担っていた都市評議会《Conseil de la Ville》が管轄する財政活動の全容を捉えるのは，関係史料がほとんどないため極めて困難である。この記録を刊行したメスキもこの点について何も語っていない。とはいえ会計簿の記載形式と内容から次のように考えることができる。

　第 1 に，会計簿冒頭部の「都市プロヴァンに属する金銭の収入役ピエール・フレロンによる，改修及び工事とその他について，上述の都市の統治のために彼によってなされた諸収入，諸支出の会計簿……」《Compte de Pierre Fréron, receveur des deniers appartenants à la ville de Provins, des réceptes, mises et despenses par lui faictes pour le fait et gouvernement de ladite ville, tant en réparations et ouvrages comme autrement...》([386] fol. 1 r°; Mesqui [393] 258) という文言が示すとおり，この記録は都市の収入役が作成した 1 年度の全体帳簿として，都市行政機関の中心的会計簿である。第 2 に，[表 11] に整理した支出部内訳に見られるように，この会計簿には市政役人などへの給与や市政用件での出張などに関するものを含めて多様な項目があることから，この記録が

当該年度の市政活動の広い範囲を含んでいると見てよい。第3に，この会計簿に記された主要な公共工事の手続きが，以下のような15世紀フランスにおける都市防備強化の一般的手順と合致しており，そこからも，この記録が公共工事関係財政活動の極めて広い範囲――おそらくすべて――をカヴァーしていると思われる。すなわち，14世紀後半以降都市の防備強化には基本的に国王の許可が必要であった (Chevalier [44] 52)。許可を獲得すると，国王役人の監督下で都市評議会が中心となって都市内の他の団体と協力しながら工事を実施し，その後の改修や維持をも行った (Mesqui [393] 23-25, 156)。防備強化には莫大な資金が必要であり，都市が独自に持つ財源では実施困難であったので，国王が徴収許可を与えた国王援税(エド)を中心とする租税によって賄われていた([表11]の収入部参照)。従って都市が防備強化を独自に実施することは，非常に稀であったと言ってよい。また市当局を無視して王権が独自に都市内で防備強化を実施することも，この時代には見られなかった (Mesqui [393] 158; Rigaudière [176] 19-22)。さらに都市内の諸団体，とりわけ複数の教会機関が独自に都市の防備強化を実施する可能性も考えられるが，少なくとも本章の対象である会計簿の時代のプロヴァンでは，都市評議会が主導的立場にあり，他の団体は特に資金面で協力するだけで，独自に都市防備強化の一部を実施することはなかったと思われる (Mesqui [393] 23-25)。王権によって保証された財源によって，都市評議会が手掛けるというこの手順は，防備強化以外の公共工事についても同様に認めることができる (Contamine [61] 40-43)。本章の会計簿がその年度の公共工事のほぼすべてに関係していると考えるのは，かかる理由からである。

　以上の点から確認できるのは，本章の会計簿が当該年度のプロヴァン都市財政の広い範囲を，とりわけこの時代における都市財政の支柱をなす公共事業関係財政活動のほぼすべてをカヴァーしているということである。

第2節　部別構成

(1)　基本的枠組み

　本章の対象である会計簿は，その末尾における会計監査会出席者たちの署名

から，監査会において承認済みの清書された記録であることが分かる。全体として収入部と支出部との2部構成であるが，収入部の前にこの記録がプロヴァンの収入役による職務遂行に基づき作成され，提出された旨が記され，末尾では総収入額から総支出額の差し引きによる黒字額の計上が確認されている。収入部には各種収入項目が源泉ごとに分離されて，整理された形で記載されている。支出部では週ごとの支出総額が順次計上されており，支出業務は基本的に週別に締め切って，まとめられたと思われる。さらにそれが3月から翌年2月まで月別に整理され，月ごとの支出総額も計上されている。続いてこれとは別個に，市政役人への給与と会計監査諸経費とがそれぞれひとまとめにして記載されている。なお会計簿の関係書類として，プロヴァン塩倉役人作成の申告書1通が別紙でこの記録と一緒に保管されて伝来しており，そこには1451年度にプロヴァンの塩倉《grenier à sel》が購入した塩の量が記録されている。

プロヴァン収入役ピエール・フレロンが作成し，モーのバイイ（正確にはトロワ・モーのバイイ。プロヴァンを管轄する上級国王役人）の代理2名に提出された会計簿は，その末尾の記載によれば，2月末日に市庁舎で監査された。そのための特別委員会（監査委員会）には，バイイ代理2名の他に王権の法曹関係者2名（国王弁護士《advocat du Roy》と国王代訟人《procureur du Roy》）が監査役として入り，それに複数の市政役人と在地名望家が加わっていた。この監査会が終了した3月上旬に，モーのバイイ及び代理の主催でプロヴァンの住民総会[4]が開かれ，収入役などプロヴァン市政役人が改選された。

伝来する会計簿は1451年度だけであるが，収入部における前会計年度繰越金[5]や未領収金に関する言及[6]から，1451年度以前における会計制度の存在が推定できる。1451年度以降に関しては，記録の最終部分が記載されている35葉裏（folio 35 v°）の余白に後継収入役への今年度分繰越金の支払いに関する言及[7]があり，次年度会計制度の存在を示唆している。また，1451年度の会計簿をその前後の会計制度とは異質と考える積極的論拠は見当たらない。

以上のような枠組みを，前節(2)で検討した射程と考え合わせてみると，この記録が次のような目的を持つことが判明する。すなわち，住民の総意を代表して財政管理に当たる収入役が作成したこの記録は，公共工事の大部分をカヴァーし，その資金運用は，収入部・支出部に見られる明快な整理法によって細

大漏らさぬ形で記されている。これは国王役人の監査を受けていることと深く関連している。すなわち，国王エドを主とする財源による公共工事(とりわけ防備強化)の実施に伴い，王権には工事の進行と資金運用が正当か否かを吟味する必要があり，都市にはその正当性を明示する必要があった。この必要を満たすために，記録は何よりも公共工事の進行とその資金運用の日常的・系統的チェックを主眼とすることとなり，それが本章の会計簿の基本的枠組みを規定していた。

以上を踏まえて，われわれはこの年度の会計簿を15世紀中葉プロヴァン都市財政を代表しうる記録と見なし，以下そこに現れる財政構造の検討を通じて中世後期における都市財政の一端を見ることにする。

(2) 部別内容分析

1451年度会計簿各部の項目は全体的に整理の行き届いた形で記録されている。そこで以下では，その記載の順番に従って内容分析を行うと共に，文言に現れる特徴にも目を配りたい。なお前述のように収入部と支出部とでは項目整理の形式が異なっている。収入部は源泉別記載となっており，しかも各項目の冒頭にその源泉を説明する文言が記されているので，この文言を引用しながら内容を記載順に見てゆく。支出部については，項目の大部分が支払いの時間的順序に従って記載されているため，収入部のような簡潔な種別分類がなされず，また支払目的を明快に記した文言もごく僅かである。従って，中世都市財政史研究で一般的に使われている分類形式(とりわけRigaudière [175])を参考に，著者の判断で再構成した叙述とする。

a) 収入 ([386] fol. 2 r°-7 v°)
① 前会計年度繰越金

「ピエール・フレロンによってなされた，都市に支払われかつ帰属するべき現金の受取り」《RECEPTE en deniers faicte par ledit Pierre Fréron deubz et appartenants à ladite ville》。ここには1450年度収入役ジュアン・ブルジョワからの29リブラ10デナリウスの繰越金が計上されている。

156 第3部 財　政

② 請負料

「今年度の会計簿について，プロヴァンの複数の市門の道路と柵のための別の通常受取り」《AULTRE récepte ordinaire à cause des chaussées et vennes des portes de Provins pour l'année de ce présent compte》。ここに記載されているのは，いずれも防備施設維持に充当される収入が特定の個人によって定額請負されている場合であり，それには2種類ある。第1に，シャンジ門，キュロワゾン門，ジュイ門([地図4]参照)を通って都市内に入って来る諸商品への課税，すなわち市門通過税の請負料である。これはプチ・エドあるいは都市エドとも呼ばれ，市当局が毎年徴収できる権利をもつ。市当局が開催する入札で1年度ごとに徴収請負人が決定され，彼は市門付近で税額早見表を使いながら各商品ごとに定額の税を徴収していた (Chevalier [44] 212; Desportes [71] 657-660)。プロヴァンについて課税された品目や税率についての情報はない[8]。会計簿に記載された例を挙げると，「今年度のキュロワゾン門の柵・道路・舗装（の維持に充てられる税）の徴税請負人であるジュアン・ル・ジャンドルからトゥール貨で9リブラ。最高額及び最終入札者として，その額で請負は彼のものとなり，この門の下の清掃を負担する。このことについてトゥール貨で9リブラ」《De Jehan le Gendre, fermier pour ledit an des vennes, chaussées et pavemens de la porte de Culoison, la somme de ix livres tournois. Auquel pris ladite ferme lui demoura à la charge du curage de dessoubz ladite porte, comme le plus offrant et dernier enchérisseur. Pour ce, ci, ix l.t.》。

第2にプロヴァンの堀と外堀の漁業権請負料である。堀の漁業権が請負という形で都市住民に委託され，請負料が防備施設の維持に充当された例は他のフランス都市にも見られる[9]。都市を取り巻くすべての堀と外堀とが一体として請負の対象とされたのかどうか，史料からは分からないが，「ユダヤ人の堀」《fossé aux juifs》([386] fol. 2v°)，「フランシスコ修道会の堀」《fossez des Cordelières》([368] fol. 10v°) という文言から，少なくとも堀の一部には他の団体の権利が強く働いていたと思われる。請負契約年間（この時のプロヴァンでは6年）について請負人はそこを養魚地として利用し，捕獲した魚を売却することができたと思われる[10]。

③ 国王エド授与分

第 7 章　15 世紀中葉における都市財政　　　　　　　　　　　157

「この(都市の)防備強化のために，国王陛下より授与されたエドのための別の受取り」《AULTRE récepte à cause des aides actroyez par le Roy nostre sire, pour l'emparement et fortiffication d'icelle》。都市からの要請に応じて，特に防備強化への充当を条件に，一定の年限で国王が徴収権を授与した消費税である。15 世紀フランスでは，本来国王にすべて帰属するはずの租税の一部（ぶどう酒，パン，塩への課税が中心）が，その徴収許可という形で都市に与えられており，塩以外は基本的に請負制で毎年入札が行われた。プロヴァンではぶどう酒税とパン税が徴収されており，ぶどう酒税は「プロヴァンの都市と 4 教区において，小売されたぶどう酒 1 パントにつき 8 分の 1」《chacune pinte de vin vendu à détail en la ville et quatre parroisses de Provins la viiie partie》分が，売価の中から徴収されていた。負担はぶどう酒の販売によって消費者に転嫁され，ぶどう酒は 8 分の 1 減量されて売られたので，この税は「目減り」《diminution》と呼ばれていた[11]。しかし 1451 年度に関してぶどう酒税は徴収されておらず，代わりに次年度あるいはそれ以降のぶどう酒税についてプロヴァン居酒屋経営者 32 名からぶどう酒税予納金が支払われている[12]。次にパン税は，「売却された個々の重いパン[13]に対する 2 分の 1 デナリウス」《maille sur chascun pain de poix vendu》であり，プロヴァンのすべてのパン屋から支払われていた。しかし当該年度については住民の反対があり，プロヴァン住民総会の決定により 3 月のみ徴収された。

　④　前会計年度未領収金

　まず都市プロヴァンとその徴税管区(エレクシオン)[14]におけるエドの収入役《receveur des aides》(＝国王エドの徴収を担う国王役人)からの，前年度に「都市防備強化のため国王により(プロヴァンとその徴税管区の)居住民に与えられたエドの 4 分の 1」《quart des aides par lui ottroyé et donné ausdis habitans pour l'emparement et fortiffication d'icelle ville》についての残金の支払い。次にタイユ徴収人《collecteur d'une taille》(エド徴収を指揮する国王役人エリュの配下にある下級役人)から，国王のためにプロヴァンで徴収されたタイユの残金支払い。最後にプロヴァン塩倉役人《grenetier du grenier à sel》から「塩倉に売却された塩 27 ミュイ 1 ミノの売却について」《pour la vente de xxvii muis ung minot de sel vendu audit grenier》，残額が支払われている。

国王財政収入の支柱として知られる塩税が都市財政に組み込まれているのは，一見すると奇妙に思えるが，塩倉設置都市では，塩倉が購入した塩の価格（国王による決定価格）に定率付加税を上乗せして居住民に売却し，付加税分の利益を都市財政の収入源とする場合が多かった (Rigaudière [176] 53-54)。国王は収益がすべて防備強化に充当されることを条件に，これを許可した。税率は都市と時代によって様々であったが，この会計簿から当時のプロヴァンにおける税率は塩1ミノにつき2ソリドゥス6デナリウスであったことが分かる[15]。

⑤ 租税

「都市プロヴァンとその徴税管区に属する複数の都市と教区において，プロヴァンにおけるエド徴収を担当する役人により行われた税額査定による別の受取り」《AUTRE récepte à cause d'une assiette faicte par les esleuz sur le fait des aides audit Provins, tant sur ladite ville que sur les villes et parroisses de l'élettion dudit Provins》。続けて，プロヴァンが維持すべき守備兵数の削減[16]を請願すべく，この時サン・メクサンにいた国王のもとに赴いた市政役人の出張費を捻出するために，この税が徴収されたと記されている ([386] fol. 5vº)。都市プロヴァンの負担分は4回の分割払いとなっており，1451年度については1回目のみの支払いが行われている。この税について《assiette》という本来タイユに代表される直接税の税額査定（課税基礎決定）を意味する語が使用されていること，プロヴァン及び徴税管区居住民からそれぞれ異なる額が支払われていること，さらに目的を明示し高額を徴収していることを考慮すると，不測の事態に際して即座に資金調達をするための直接税である可能性が高い。

⑥ その他

前々年度の租税徴収請負人の一人からの残金支払い。寡婦から支払われていることから，おそらく請負人本人は残金を支払う前に死亡し，妻がその役目を引き継いだと思われる。

b) 支出 ([386] fol. 8 rº-35 vº)

① 公共工事費[17]

この会計簿に見える公共工事は，防備強化工事と給水場・市道舗装など公共設備の整備工事とに分けることができる。これらへの支出の内容は，現場労働

第 7 章　15 世紀中葉における都市財政　　　　　　　　　　　　159

者への賃金，原料購入費及び建築資材調達費，各種工具の修理費などである。
　1451 年度防備強化工事の中心は，プロヴァン下町区北の幕壁改築（[地図 4] 参照）である。工事従事者への給与として，まず細砂や石材など建築資材採取に従事した者への賃金がある。例えば，「都市の採砂場において細砂を採取した丸 6 日について，人夫ジュアン・ド・グラン＝プレとコリヌ・ド・ビュシィ各々にそれぞれトゥール貨で 12 ソリドゥス 6 デナリウス」《Audit Jehan de Grant Pré et Colinet de Bussy, ouvriers de bras, à chacun d'eulx xii sols vi deniers tournois, pour vi jours entiers qu'ilz ont tiré sablon en la sablonnière de ladite ville》。次に，細砂・石材・石灰を現場まで運搬した者への賃金。例えば，「原料調達のために，採砂場から新築囲壁のもとへ細砂を運んだ荷車引きジュアン・ピカールへ，彼自身，彼の馬及び荷車を使用した 4 日半について 28 ソリドゥス 1 デナリウス 1 オボルス」《A Jehan Picart, charretier, xxviii sols i denier obole, pour iiii jours et demi de lui, de ses chevaulx et tombereau, qui ont mené sablon de ladite sablonnière ausdits murs neufz, pour faire matière》。最後に幕壁改築作業に従事した石工及びその見習への賃金である。例えば，「ル・プレ・オ・クレール近くの新築囲壁において働いた 6 日半について，石工ジュアン・フラオンとジュアン・ミル各々にトゥール貨で 22 ソリドゥス 11 デナリウス」《A Jehan Flaon et Jehan Mile, maçons, à chacun d'eulx xxii sols xi deniers tournois, pour vi jours et demi qu'ilz ont ouvré chacun, ès murs neufz d'emprès le Pré aux Clerc》。「原料調製，その運搬，また石材運搬，現場の古い土壁の取り壊しによって，上述の石工への 5 日半の助力について，ドニゾ・ウリエ（その他 5 名）に 11 ソリドゥス 5 デナリウス 1 オボルス」《A Denisot Houlier... a chacun d'eulx xi sols v deniers obole, pour avoir par lesdits v jours et demi servy lesdits maçons, tant à faire matière, la pourter, que à pourter pierres et faire la descombre des viez murs de terre qui y estoient》。こうした賃金支払い以外にも，モルタルに必要な石灰の購入費，金槌・鍬など工具の修理費が支出されている。この他に防備強化の一環として市門に備え付けられた跳橋の修理も行われた。
　都市公共設備の整備として，市内 3 箇所の給水場[18]の導水管修理，堀の水門修理，市道の舗装など。給水場の導水管修理の例として，「ブーランソワ通り

で壊れていたサン゠タユール給水場の導水管の修理のために，先月3月29日と30日の丸2日働いたことについて10ソリドゥスをタフォローに」《Audit Tafforeau x sols pour avoir ouvré deux jours entiers, ès xxixe et derrenier jour de Mars derrière passé, à refaire les tuyaux de la fontaine Saint-Ayoul qui estoient rompus en la rue de Boulençois》。「同じく，炭2ビッシュと油脂1カルトロンについて彼にトゥール貨で12デナリウス」《Item à lui pour deux bichets charbon et ung quarteron de suif xii deniers tournois》。「7リーブル半の鉛と上述のブーランソワ通りに設置する導水管を必要な長さだけ製造するために，ジュアン・ベルニエにトゥール貨で26デナリウス」《A Jehan Bernier vin six deniers tournois pour vii livres et demie de plomb, pour faire un tronson de tuyau mis en ladite rue de Boulençoys》。「この導水管の仕事での上述のタフォローの手伝い2日間について，人夫シモン・カレにトゥール貨で6ソリドゥス」《Et à Simon Carré, ouvrier de bras, vi sols tournois, pour avoir servy et aidé par deux jours audit Tafforeau à ouvrer ès dits tuyaux》。

② 出張費

第1に，都市が維持すべき守備兵数削減を要請すべく，国王のもとへ赴いた者へ。第2に，前述したぶどう酒税・パン税・塩税で構成される国王エド徴収権の更新を獲得するために，国王のもとへ赴いた者へ支払われた。前者は6名から5名への守備兵数削減，後者はぶどう酒・パン税について4年，塩税について2年の更新を獲得し，目的を果たしている。

③ 給与

プロヴァン市政役人への給与と市政に関与した国王役人への給与あるいは特別手当。まず4名の市政役人として，他都市の市長にあたる「都市諸業務の書記，代訟人にして管理者」《clerc, procureur et gesteur des besongnes et affaires de ladite ville》，「道路管理役」《voyeur》（担当する業務は道路管理より広く，税務のかなりの部分を含む）[19]，「収入役」，布告及び召喚を担当する「宣誓布告役」《sergent crieur juré》[20]。次に国王役人として，法律上の助言及び訴訟処理を担った「国王弁護士にして俗人法廷の顧問」《advocat du Roy nostre sire, et conseiller en court laye》[21]，「プロヴァンにおけるエド徴収役人」《esleuz à Provins sur le fait des aides》[22]，「モーのバイイ管区の在プロヴァン宣誓

書記」《clerc juré du bailliage de Meaulx au siège de Provins》が現れている。これらは，支出項目を月別に記載した部分と別に，それに続けて「役人の給与」《GAIGES d'officiers》の項にまとめて記載されていることから，都市が年俸を支払っている役職で市当局の中核を構成する高級職務と考えられる。

この他に，当該年度について様々な形で市政に関与した人々へ特別手当が渡されている。例えば「従者ジル・プレヴォテルへ，国王陛下の諸書簡を都市に届けてくれた，彼の労苦，報酬そして支出のために」《A Giles Prévostel, escuier... pour ses peine, salaire et despens d'avoir apporté en ceste ville les lettres du Roy nostre sire》。「エド徴収役人ジュアン・ド・ミリィとジュアン・ド・ブロロ（他に国王役人2名）に，都市のために2つの訴訟について2つの調査を行った，彼らの労苦と報酬のために」《A Jehan de Milly et Jehan de Brolot, esleuz sur le fait des aides... pour leurs peines et salaires d'avoir fait deux enquestes au proffit de ladite ville de deux procès》。なお塩倉役人について，収入部の塩税項目における「市当局に渡された金額のうち，彼の労苦の代償としてトゥール貨で6リブラが彼の手によって差し引かれた」《Sur laquelle somme lui a esté retenu par ses mains six livres tournois pour sa peinne》という文言から，塩倉役人は市当局に渡される利益総額から自分の給与分を天引きしていることが分かる。

④　贈与

パリ高等法院の法廷で訴訟業務に携わっているプロヴァンの評議員《conseiller de ladite ville en la cour de Parlement》やプロヴァンに来訪した「国王の総徴税官」《receveur général du Roy》などに，薔薇の花束が贈られている（プロヴァンの薔薇はフランスで最も有名であった）。

⑤　訴訟諸経費

市当局は，プロヴァン守備隊長とモンチエ=ラ=セル修道院に対して訴訟を提起している。前者については，彼が市当局に毎年要求している100リブラにのぼる給与支払いの是非が焦点となっている。後者についての訴訟内容は不明である。

⑥　歓待費

次の3項目がこれに該当する。まず3月上旬にプロヴァン住民総会の開催の

ために来訪したモーのバイイとその代理及びその他の国王役人，そして彼らを接待したプロヴァン名望家たち全員の宿泊代など。次に翌年2月中旬，フランス軍によるギュイエンヌ奪回の知らせが届いた日に，祝鐘を打ち鳴らした者たちの宿泊代など。さらに2月下旬，プロヴァン徴税管区の射手隊閲兵式に際して，その主催責任者，国王役人，射手隊の宿泊代などの支払い。

⑦　会計監査諸経費

市政役人と監査役それぞれへの特別手当支給，そして監査会開催にかかった雑費。

⑧　その他

ここに整理したのは全部で8項目で，上記の独立支出項目に分類できない支出である。しかし支出内容は極めて明瞭であるので，興味深い項目をいくつか挙げておく。「都市の文書及び支払い命令書作成用の両手一杯の紙代として」《pour deux mains de papier... pour escripre les escriptures et mandements de ladite ville》。「プロヴァンの市庁舎が現在置かれている家屋の賃借と占用の代金として」《pour le loyer et occuppation de la maison ouquel en tient à présent l'ostel de ladite ville de Provins》。「都市が上述の(フランシスコ会)修道女たちから借りている堀の1年分として」《à cause d'une année des fossez que ladite ville a prins desdites religieuses》。「ギョーム・ドルジに，プレ・オ・クレールに隣接する彼の採草地を，今年度について新壁面構築の間，原料を調製し，石・細砂を荷車で運び込む場としたことへの損害賠償として」《A Guillaume Dolesy... pour ses dommages et interestz de ce que on a ceste présente année fait en son pré, joingnant au Pré aux Clers, à faire la matière, charié pierres et sablon parmi, pendant que on a fait le pan de mur neuf》。

第3節　15世紀中葉プロヴァンの財政構造と会計簿の特徴

まず会計簿に現れる財政構造から見てゆこう。[表11]に明らかなように，収入はほぼすべてが租税であり，間接税が80.9％と大部分を占めている。支出は公共工事費50.1％，行政諸経費46.8％で，公共工事費が財政支出の半分を占めている。その中でも防備強化工事は43.8％と最も高い割合を示してい

第7章 15世紀中葉における都市財政

る。さらに、収入項目②と③の文言から、まず市門通過税は市門を通る道路や柵などの維持に、堀の漁業権請負料はおそらく堀の整備に充当されていたと考えられる。またぶどう酒・パン・塩への課税からなる国王エドも、防備強化を含む公共工事への充当が原則であった。しかし、租税徴収は闇雲に行われたのではなく、都市住民の生命を保証する防備強化工事費は、ぶどう酒税など日常消費品目への特別課税で賄い、彼らの日常生活を支える市道などのインフラ整備工事費は、市門通過税を典型とする通常課税で調達するというように、目的税的性格を前面に出すことで、担税者とのコンセンサスを強く意識していたようである[23]。これらの点は、当時のプロヴァン財政構造が、戦乱の中での収入減少に支出減少で対応する消極性で貫かれていたのではなく、住民の担税力と負担意欲とを基盤とし、新たな課税の強化を梃子として、活発な公共工事を行う積極的な性格を示していたことを示唆する。

他方で、こうした財政運営が国王財政との連携なくしては実現できないことも確かである。都市の防備強化は、都市固有の財源では到底対応できる事業ではなかった。防備強化工事推進のための課税許可を通じて国王財政は都市財政に深く介入するようになり、本章が取り扱った15世紀には、両者の絡み合いは都市財政を貫く基本構造として確立していたと考えられる。プロヴァン財政の基軸をなす国王エドの徴収権取得と、会計簿に頻繁に現れる国王役人の姿は、そのことを印象的に示している。

以上のような国王財政との共生関係のもとでの積極的な財政運営は、1451年度プロヴァン会計簿の特徴をなす、公共工事関係の詳細な記録の中にも表れている。先に著者は、本章の会計簿が公共工事の進行とその資金運用の日常的・系統的チェックを主眼としていることを指摘した。資金運用のチェック方法は、前述した記録の記載形式(特に支出部の時間順での週別・月別整理)に明らかである。また公共工事進行状況の会計簿の随所への詳細な記録は、工事そのものの監督も綿密に行われていたことを示している。記録の記述によると、1451年度の防備強化工事の進行はおおよそ次のように再現できる。まず5月上旬に古い集会所《viez loge》の石壁が取り壊され、石が現場へ運ばれる。続いて都市内の採砂場から細砂が、都市近郊の石灰製造所から石灰が現場に運ばれ、土壁を撤去しながら石造の幕壁建設が開始する。7月上旬に、幕壁の下部

が完成し,「足場」«eschaffaulx» が組まれる。7月下旬から8月中旬までの休止[24]を挟んで,9月中旬に足場はさらに「高く張り渡され」«haulx échauffaulx»,9月下旬に幕壁が完成している。前述したように幕壁工事に並行して市内の各所でも工事が行われているが,それらの進行状況も同じく詳細に記録されている。このように工事の進行状況を書き留めることによって,市当局は工事が順調に実施され当面の目標を達成したことを明示し,それによって資金運用の正当性をより強固なものとしたのである。そしてここには,これによって会計監査会での国王役人の承認を得て,次年度以降も今まで同様あるいはそれ以上の国王徴税権認可を得たいとする市当局の期待が表れていたことも,容易に想像できる。

小　括

　前章で分析した会計簿から浮かび上がった都市財政の一側面,そして市政の在り方あるいは都市制度の特徴は,およそ100年近く経過した15世紀中葉においてどのような姿をわれわれに見せてくれたのだろうか。その点を踏まえて,本章では15世紀に関して唯一伝来するプロヴァンの1451年度会計簿分析を試み,都市財政制度の特徴,そして会計簿から読み取れる都市社会の諸相に迫ってみた。ここで分析結果をまとめると次のようになろう。

　本章の会計簿は,都市の収入役が関与した財政活動1年度の全体帳簿として,市当局の中心的会計簿であり,当該年度の市政活動の広い範囲を含んでいる。とりわけ主要な公共工事関係財政活動の詳細を記録しており,記録の基本的枠組み(収入・支出の記載形式や国王役人を主体とする監査など)から見ても,公共工事の進行とその資金運用の日常的・系統的チェックを主眼としていた。

　分析の結果,この時期のプロヴァン財政は間接税(国王エド)を中核とする課税強化を梃子とした積極財政であることが判明した(支出の約97%を占める公共工事・行政諸経費と,それを賄う収入の約81%を間接税が占める)。しかも税徴収が国王高権に属している事情から,それは国王財政との密接な連携のもとで実現しており,国王財政との共生関係がプロヴァンの財政構造と会計簿の

特徴を規定していた。この共生関係は，財政面のみならず行政面においても見ることができる。すなわち中心的な都市統治機関である都市評議会に数名の国王役人が常駐し，市政役人と共に市政運営（とりわけ徴税と会計監査）を担っていた。1360年の時点で微かに認められた王権との連携が，ここではより鮮明に現れている。とはいえ王権との連携は，この時期にはまだ都市住民を抑圧するほどのものではなく，それは住民の市政への直接参加の場である住民総会が機能していることによってはっきりと示されている[25]。15世紀中葉プロヴァン財政は，国王財政と都市財政との絡み合いの構図を示す典型であると同時に，この時期の王権と都市との勢力均衡をも浮き彫りにしていると考えられる[26]。

　最後にわれわれはここで，コミューン体制期に認められる上級権力指向型のプロヴァン財政が，14世紀中葉に大きな転換を迎え，そのときに生まれた新しいタイプの財政制度あるいは都市社会のルールが，15世紀中葉により明確な形で根付き，機能している様子を認めることができよう。中世後期プロヴァンの財政制度の展開を多元的に見ていくことで得られたこうした都市制度の特徴は，舞台をフランス都市全体の中に移すとき，都市の社会状況に対応して自らを変化させていく制度の一つの典型を示していると考えられる。

註

1) 15世紀プロヴァンには都市評議会審議録あるいは住民総会議事録が伝来していないため，市政の具体的内容を知ることはできない。しかし，他の史料類型を活用することである程度の接近が可能である。実際プロヴァンの宗教機関は豊かな伝来史料を誇っており，これらの文書を網羅的に検討し，プロヴァン市政に関する言及を集積することで，この時代の都市状況に迫ることが期待できる。これは今後の課題としたい。

2) この記録は，メスキのプロヴァン防備施設に関する総合研究 [393] 257-276 に，付録として刊行されている。以下の記録の体裁に関する叙述は，彼の説明に基づいている。

3) 表題の文言に関してメスキは年代を1350 «cccl» としているが，これは印刷ミスで，原本には1450 «ccccl» と記されていることを，1996年7月に私はプロヴァン市立図書館主任司書のマルザンさんと共に現地で確認した。なおこの記録はマルザンさんの御好意により特別に複写を許して戴き，手書本そのものの検討が可能になった。第5章，第6章同様，本章でも手書本及びマイクロフィルムに基づ

4) 住民総会については，第3章第4節及び註46, 註50, 註51を参照。さらに拙稿 [381] を参照。

5) 「前都市収入役であるジュアン・ブルジョワから，1450年2月26日金曜日に市庁舎にて彼によって提出され，締め切られ，清書された会計簿の末尾にて彼が支払うべき額，トゥール貨で29リブラ10デナリウス……」《De Jehan Bourgois, naguères et dernier receveur de ladite ville, la somme de xxix livres x deniers tournois, par lui deue par la fin de son compte par lui rendu, cloz et affiné en l'ostel d'icelle ville le venredi xxvie jour de Février l'an mil iiii^c cinquante...》 ([386] fol. 2 r°)。

6) 「故ラウール・バポームの寡婦からトゥール貨で72ソリドゥス8デナリウス1オボルス。これは1449年1月23日に市庁舎にてこのバポームにより提出されたある会計簿の末尾で，残金[未納金]として負っているものである。それはその年に国王陛下のために徴収された租税を理由とするものであり，このバポームは都市のある区画の徴税係であった」《De la veusve de feu Raoul Bapaulmes la somme de lxxii sols viii deniers obole tournois, que ledit Bapaulmes devoit de reste par la fin d'un compte par lui rendu en l'ostel de ladite ville le xxiiie jour de Janvier M cccc xlix; à cause d'un impost mis sus oudit an pour le Roy nostre sire, duquel ledit Bapaulmes fut collecteur de la portion de ladite ville》 ([386] fol. 7 v°)。

7) 「ピエール・フレロンは，この会計簿によって負っている19リブラ3ソリドゥス6デナリウス1オボルスを彼の後継収入役に支払い，後継収入役はそれを彼の会計簿に計上した。よって完済」《Pierre Fréron a paié au receveur subsécquent lui, qui l'a compté en son compte, les xix l., iii s., vi d., ob. qu'il devoit par ces présents comptes. Pour ce quicté》。なおこの繰越金の額であるが，著者が改めて計算したところ，支出総額について会計簿に記載された支出総額と若干の誤差が生じた([表11]参照)。これが単なる技術的な問題であるのか，それともある目的のための会計操作の結果であるのか，ここで論ずる準備も能力も著者にはないが，会計簿の原本(手書本[386])を見る限り筆写ミスの可能性が高いように思える。

8) ディジョンでは《entrage》と呼ばれ，特に外国産ぶどう酒や家畜に課税。サン゠フルールでは《gabela》と呼ばれ，市門を通過するすべての商品，とりわけぶどう酒に課された。レンヌでは《clouaison》と呼ばれ，ぶどう酒の他にりんご酒などの飲料にも課税された。税率は都市と時代によって様々であった (Rigaudière [175] 905–909; [176] 49–52)。

9) 例えばナント，トロワ，トゥール (Rigaudière [176] 26)。囲壁維持のために，この権利がプロヴァンに最初に認められたのは1359年とされる (Bourquelot [388] t. 2, 36)。堀の漁業権について，1368年の請負契約書が1通伝来しており，それによるとプロヴァンの香辛料商ニコラ・ユイヨが9年間の契約をバイイ代理と交わしている (Mesqui [393] 241)。

第 7 章　15 世紀中葉における都市財政　　　　　　　　　　167

10) プロヴァンにおける外堀の存在が確認されるのは，1367～1370 年の防備強化工事請負契約書からである (Mesqui [393] 162, 232-244)。なおプロヴァンの堀の外観については Mesqui [393] 162-164 を参照。

11) 当時のプロヴァンにおける 1 パントの正確な容積は不明。参考までに近隣のランスでは 0.93 リットルであった (Desportes [71] 44)。プロヴァンにおけるぶどう酒税の初出は 1369 年 (Mesqui [393] 157)。フランス各都市におけるぶどう酒税については Rigaudière [176] 49-53，具体的な徴収方法については Chevalier [44] 212 を参照。

12) この中に収入役ピエール・フレロンの名があることから，彼が居酒屋であることが判明する。予納金が 2 番目に高い額(トゥール貨で 12 リブラ)であることから，経営規模も大きかったと考えられる。

13) このパンの原料は不明であるが，中世都市において《pain de poix》は原料が何であれ大型パンを指していたとされる。なお都市で販売されたパンについては，Desportes [482] に詳しい。

14) 15 世紀におけるプロヴァン徴税管区の範囲は，プロヴァン司教代理管区に相当し (Mesqui [433] 93)，それは同じくプロヴァン首席司祭管区に相当し，かつてのコミューン区域を包含していた。プロヴァンが徴税管区首邑となった正確な年代は不明であるが，1406～1440 年の間に王権により設置されたと思われる (Dupont-Ferrier [488] 305-306; [489] vol. 1, 7)。

15) プロヴァンの塩倉については，Binet [408] を参照。さらに他の都市の事例としてバル＝シュル＝オーブの塩倉を分析した Roger [358] を参照。塩税制度の歴史については高橋 [554] による整理を参照。さらに第 6 章註 16 を参照。

16) プロヴァン守備隊は，《six lances et les archers》という文言から，6 小隊とそれに属する複数の弓射手で構成されていたと思われる。1 小隊は基本的に完全武装した騎士 1 名を中心に槍持ち 1 名，弓射手 2 名，そして彼らの補佐 2 名の計 6 名からなるとされる。Fédou, R., et al., *Lexique historique du Moyen Age*, Paris, 1980, p. 94. さらに《comme ès autres tailles que chacun an ordinairement ilz ont payées》という文言からみて，守備隊の維持費はプロヴァン及びその徴税管区居住民に対するタイユで賄われていたようである。

17) 中世都市における公共工事は，囲壁・堀・塔などの構築を典型とする防衛目的のものとそれ以外に分けて検討されるのが普通であり，行政諸経費と並んで主要な支出項目の一つであった (Rigaudière [175] 664-665, 700)。この公共工事の分析に重点を置いた仕事は近年特に増えている。中世都市の建築現場を知るうえで有益な仕事として次のものを挙げる。Les bâtisseurs [464]; Benoit et Cailleaux [465]; Chapelot et Benoit [471]; La construction [509]; Lardin [511]; Leguay [142] [514] [515]; Sosson [527]. 研究史については拙稿 [252] 39-41 を参照。また，考古学・建築学的性格が強いものの，フランス中世都市防備施設の優れた研究として Mesqui [393]。

18) 修繕された給水場は，サン＝タユール，施療院，ラ・ピスロットの 3 箇所。なおプロヴァンの給水場は他にも 3 箇所あった (Veissière [448] 85; Garrigou-

Grandchamp et Mesqui [419])。
19) この役職については，Bibolet [285] 10-11; Bibolet et Collet [286] 及び Leguay [513] 邦訳 77-79 頁を参照。
20) 布告役及びセルジャンについては，Hébert [502]; Fédou [495] を参照。
21) 国王弁護士に関しては，Dupont-Ferrier [490] vol. 4, 67-76。国家の中央集権化における彼らの役割については，Karpik [506] を参照。
22) この国王役人については，Dupont-Ferrier [489] vol. 1, 61-90 に詳しい。
23) 公共事業費の税別割り振りは中世ではよく見られたことと思われるが，その実態を検討した研究はいまだ少なく，Chevalier [44] 210-217 と Rigaudière [175] が挙げられる程度である。
24) 休止の理由は，真夏だとモルタルが乾燥してしまい仕事にならないからだとされる (Mesqui [393] 174)。
25) かつて中世後期，とりわけ 15 世紀後半の都市は，急速な中央集権化を推進する王権によってその市政自主運営に関する権利(都市役人選出権，租税徴収権など)を剝奪され，以来王権の配下で独自性を失った，と考えられてきた (Ellul, J., *Histoire des Institutions*, t. 3: *Le Moyen Age*, Paris, 1962, pp. 333-334)。例えば Flammermont [496] はそうした論調である。Labande [508] はむしろ著者の考えに近いが，それでも国王役人の都市介入を強く見ている。

しかし近年の研究潮流は，シュヴァリエに代表されるように，この時代の権力関係をバランスがとれた状態に移行しつつあると捉える方向にある。本章もそうであるが，著者は同時代のシャンパーニュ諸都市の行・財政制度の特徴を検討した論文 [381] でも，そうした潮流を念頭に入れている。
26) シュヴァリエは，中世後期における王権と都市との関係の変化を分析した論文の中で，1450 年以降を王権と都市の同盟関係が復活し，両権力が相互補完的関係を築く時期と考えている (Chevalier [471a] 67; 拙稿 [252] 31-33)。

結　論

　欧米学界及びわが国学界の都市史研究に絶えず大きな影響を与えているフランス都市全体史・社会史の潮流の中で，近年中世都市財政史研究は独自の進展を見せてきている。そこでは，単なる都市財政構造の分析に留まらず，財政・会計史料の総体的利用を通じて財政を軸に広く都市社会の政治的・社会経済的変化を捉え，フランス王国の政治・経済面での構造変化の文脈の中に，中世後期の都市を積極的に位置付けようという姿勢が強く感じられる。本書は，そうした豊かな成果に学びながら，わが国学界ではこれまで本格的に研究されることがなかった中世後期フランス都市を対象とし，都市の政治的・社会経済的変化と絡めながら都市制度の展開を動態的に検討してきた。

　本書は3部7章構成の叙述形式を採った。第1部「研究史と課題の限定」では，まずフランス学界における中世都市財政史をめぐる研究動向を1950～1960年代，1970～1980年代，1990年代の3期に分けて詳細に検討した。そして1971年に発表されたファヴィエの包括的著作[96]が研究史上の一大画期をなし，その後の研究の大部分は，彼が提示した，① 数量データの統計処理，② 財政史と租税史との連結，③ 国内・国際的相互比較という3方向に沿って顕著な進展を見せてきたことを確認した。続いて，本書における具体的な考察の舞台として，シャンパーニュの都市プロヴァンに対象を限定した理由を説明した。すなわちプロヴァンは，シャンパーニュ伯領の中心都市の一つとしてまた大市開催都市及び毛織物工業都市として，フランス中世史において政治的・社会経済的に重要な地位を占めていることから，本書の課題追究に適合的であり，さらにこうした課題に取り組むための史料伝来と研究文献とに恵まれていることを確認した。

第2部「都市社会」では，まず中世プロヴァンにおける都市住民の社会経済的構造を，資産構成・職業・社会地誌の諸側面に関して追究し，中世プロヴァン経済の豊かさを確認した。さらにコミューン体制から都市評議会体制に至る行政制度の展開を分析し，そこから市当局と住民との社会関係の変化を確認した。続いてシャンパーニュ大市開催都市としての側面に焦点を当てて，市場に対する市当局及び住民の関与の仕方が，積極的介入ではなくむしろ適度な距離を置いたものであったことを確認した。

第3部「財政」では，1274～1331年，1360年，1451年の会計簿を素材にして都市財政・会計制度の発展を検討した。ここでは，13～15世紀における都市財政構造（収支・債権債務構成）だけでなく，そこから都市社会層の相互関係，市当局と都市住民との関係，市当局と上級権力（伯・国王・大司教など）との関係の変化を重層的に考察し，財政制度の展開と都市の社会経済状況との間に密接な関連性を確認した。各章の概要は，それぞれの章末尾の小括において説明しているので繰り返すことは避ける。以下ではむしろこれまでの検討結果を総合して，中世後期におけるプロヴァン都市制度の展開に認められる特徴をまとめ，フランス都市史の枠内に位置付けることで結論としたい。

13世紀から15世紀にかけて，都市内外の政治的・社会経済的変化に対応してプロヴァン都市制度は大きな変化を経験した。13世紀初頭，伯領の強大化と大市・繊維工業の発展による経済的繁栄を背景に，プロヴァンはコミューン制度を敷き，伯権力との利害調整を図りながら比較的安定した市政を行っていた。しかし，大市の衰退・毛織物工業不況・伯領の王領化という政治経済的変動に起因する既存体制の動揺が始まった13世紀後半から，プロヴァン都市制度も変化を余儀なくされた。都市をめぐる状況の変化に対応すべくプロヴァン市当局は上級権力との関係を重視し，体制維持のための財政政策を積極的に展開したが，それは住民との軋轢を生み，コミューン体制の崩壊を招いた。

しかし14世紀中葉以降，打ち続く政治的・経済的動揺と王権の影響力低下の中でプロヴァン都市制度は新体制を生み出した。それはまず行政面において，都市内諸権力の利害を調整しながら市政運営上の合意を得る市政合議機関（＝都市評議会）の創設という形をとり，さらに同時に住民全体の合意を得るために住民総会が制度として機能し始めた。続いて財政面では，コミューン体制

期には未成熟であった間接税体制が 14 世紀後半以降徐々に整備・強化され，15 世紀中葉までには防備強化政策と融合し，都市住民の経済生活と安全を保障する支柱となった。すなわちプロヴァンは，一方で都市評議会・住民総会という合議型の行政制度，他方で間接税体制を基軸とする財政制度の共生的発展を通じて，都市内外の様々な社会層(王権・都市内宗教機関・都市住民)の利害を調整し，都市全体の利益を実現するための都市制度を展開することで，困難の時代を乗り越えたといえる。

ところで，こうしたプロヴァン都市制度の展開をフランス中世都市史の中に位置付けると，それが「北フランス型」とも呼べるような，制度発展の一つの型を示すものであることが判明する[1]。そしてそれは，都市経済の衰退あるいは王権による都市自治権の剝奪が当然視されていた(とりわけわが国学界における)従来の中世後期都市像に対して，中世後期の都市制度が持つ積極的な側面を打ち出すことで修正を迫っているのである。こうした都市制度の展開に関する研究はまだ緒についたばかりで[2]，一層の研究の深化を必要とする[3]。本書が検討したプロヴァンの事例は，今後進むべき研究方向を指し示してくれていると思われる。

註

1) この点については，Chevalier [44] 197-217 が示唆に富む。
2) Rigaudière [180] 504-509 では，この問題の重要性が強く説かれている。
3) 拙稿 [381] は，中世後期シャンパーニュ諸都市を対象にして，行・財政制度の展開過程の特質を明らかにしようという試みである。著者は現在トロワ，ランス，シャロン゠シュル゠マルヌなどを対象に，この問題をより深く追究すべく研究を進めている。

あ と が き

　フランス中世史を専門として勉強するようになって10年が過ぎた。顧みるとたいした成果も出せずに月日ばかりを重ねてしまい，本当に恥ずかしい限りである。とはいえフランス中世都市財政史という狭い分野に身を置き，主にフランス学界の成果に学びながらも，基本的には自分のやり方で史料を読み自分のペースで研究を進めてきた。その成果が本書である。なかでも本書第2部「都市社会」と第3部「財政」は，自分独自のやり方で史料分析を行った成果であるが，長所よりも短所ばかりが目立つものとなっていることは十分承知している。例えば第6章と第7章では，それぞれ1年度分の会計記録しか利用しておらず，それ以外に伝来していないとはいえそれだけの史料分析から一般化することの危険性は免れない。さらに第3章における「コミューン」，「都市評議会」の捉え方にしても，説得力をもった説明はできていない。また本書の各所で言及している構造転換についても具体的に論じているわけではなく，もっと時間をかけて勉強し，章を増やして論じるべきであったと思う。出来上がった本書の原稿を読み返してみる。「今後の課題としたい」，「今後追究したい」という言葉が何と多いことか。とにかくこれからひとつひとつ丁寧に本書で約束した課題をこなしてゆかねばならない。視野をフランスからヨーロッパ全体に広げ，隣接する諸テーマに接近しつつも，中世都市財政史のテーマは追究し続けてゆくつもりである。その意味で，本書はわたしの研究の一通過点である。

　ヨーロッパ史研究を仕事にするとは学生のころは夢にも思わなかった。しかし思い起こすとヨーロッパに対する関心はかなり早くからもっていたようだ。中学時代に美術部で絵の勉強をするかたわら，クラシック音楽，欧米の映画音楽やロックに心を奪われ，高校在学中には，一方で音楽の授業でギターを習いながらドイツやイタリアの歌曲，シャンソン，映画音楽の主題歌などを歌い覚え，他方でイギリス，フランス，ドイツなどの文学作品をむさぼり読み，ヨー

ロッパに対する関心は増幅されていったように思う。もともと小さいころから天文学者を夢見ていたわたしが、自分の進むべき道を歴史学に見いだし始めたのは高校在学中の頃であった。実際、世界史の教諭で担任でもあった石野秀次先生の影響は大きかった。先生の世界史の授業を受けて、世界の動きを歴史的に理解する面白さ、社会経済・文化の多様性などを知るにつれて、自分のものの見方が一気に広がり好奇心を強く刺激されたことを覚えている。歴史学を勉強したいというわたしに、先生は熊本大学文学部史学科(現歴史学科)を薦めて下さった。

熊本大学に入学するとすぐに、わたしは西洋史学研究室に顔を出すようになった。熊本大学では研究室への配属は2年生からであったが、早く専門の世界をのぞきたい気持ちもあって厚顔無恥にも出入りしていた。それから大学院を含めて計6年、熊本市黒髪での生活はわたしにとってとても大切な、そして終生忘れることのないものとなった。九州大学時代を含めて、西山敬子さんにはこの場を借りて感謝の気持ちを伝えたい。本当にありがとう。

さて2年生になって正式に西洋史学研究室所属となった。1年間だけであったが、松垣裕先生(イギリス中世史)の講義に出席できたのは幸運であった。しかし何といっても桑原莞爾先生、山田雅彦先生の指導を受けることができたのは、本当に良かったと思う。両先生からは、研究の厳しさから酒の飲み方までさまざまなことを教わり、研究者として生きる姿勢も学ばせていただいた。その御恩は終生忘れることはない。桑原先生のイギリス近代史ゼミでは、ピンと張り詰めた緊張感の中で常に経済学辞典などを片手に英語と格闘していた。まともな質問さえできなかったが、歴史学のみならず経済学の面白さがなんとなく分かるようになったのは先生のゼミがきっかけである。5時過ぎてからの研究室での酒宴ではいろんな話を先生から聞き、それ自体が勉強になった。今思えば当時の史学科では本当に頻繁に飲み会が行われていた。文化史、国史、東洋史などの研究室がそれぞれ自然発生的に酒宴を開き、よく他の研究室の飲み会に紛れ込んだものである。他の研究室の先生や友人たちとの交流は今でも続いているが、その中でもゼミで苦楽を共にし酒宴を囲んだ友人、加茂博文氏、立石明氏、野上健治氏は今も親しく付き合ってくれている。

山田先生は西欧中世史研究の面白さを教えて下さっただけでなく、わたしが

あ と が き　　175

フランス史，それもシャンパーニュを研究のフィールドとするきっかけをも与えて下さった。先生の指導を受けて書いた卒業論文（「フランスにおける中世後期の『危機』」）と修士論文（「西欧中世都市の「自治」とその限界」）は自分の研究の出発点であり，そこで利用した史料と文献は先生が提供してくれたものである。先生の指導は常に厳しくかつ的確であった。博士課程への進学を躊躇するわたしを叱咤激励して下さり，私的な相談にも快くのって下さった。シャンパーニュ研究の先達であられる先生から見れば，本書の内容はあまりにも貧弱に映るであろう。学恩に報いるにはわたしはまだまだ未熟である。

　山田先生の薦めもあって，九州大学経済学部（当時）の森本芳樹先生のもとで勉強する機会を得たことは，わたしにとって大きな転機となった。森本先生からは，研究の指導を受けただけでなく，研究者としての生き方をも学ばせていただいた。読めるだけではなく書けて話せる語学の習得，幅広くかつ徹底した研究史の把握と整理，史料論を踏まえた史料分析，論理的かつ明確な文章の書き方，妥協を許さないプロ意識，世界を相手とする高い研究レベル。わたしは手取り足取り指導を受けたわけではない。むしろ自由に勉強することができた。もちろん研究報告をしたり，論文を書いて先生に見てもらうたびに厳しい指摘を受け，何度も挫けそうになった。しかしそのたびに研究の面白さを再認識し，頑張ろうという気持ちになったのは，本来あきらめの悪い自分の性格もさることながら，先生の人柄によるところが大きい。海外から高名な研究者が来るたびに先生の御自宅で行われた夕食会は，エンタテイナーとしての先生の独壇場であり，わたしはそうした先生の姿に大きな影響を受けてきた。先生は，現在久留米大学大学院比較文化研究所で研究と教育とにますます力を発揮されておられる。今も折にふれて御自宅にお邪魔し，会話を通じて勉強させていただいているが，その御厚意にいつも感謝している。

　毎年8月に久住合宿研修所で開かれた「西欧中世社会経済史料研究会」でも大いに鍛えてもらった。参加者はそれぞれの専門分野の代表的研究者であり，そこでのレベルの高い報告と議論は本当に勉強になった。その中でも九州大学大学院経済学研究院の田北廣道先生と藤井美男先生はわたしと専門分野が近く，都市会計簿の分析に関しては先達でもあることから，わたしの研究報告には非常に厳しい批判と同時に，有益な助言と温かい励ましの言葉を与えてくだ

さっている。また西南学院大学に赴任してから関わることになった「九州歴史科学研究会」の皆さんは，ヨーロッパ以外の歴史に大きく目を開く機会を与えてくださった。

　フランス国立図書館 (Bibliothèque Nationale de France) からは，多くの史料・文献の複写を許可していただいた。本書の第 1 部は BN での仕事と文献複写サービスに多くを負っている。フランス滞在中には，プロヴァン市立図書館主任司書 Anne Marzin さん（マルザンさんの推薦によりわたしはプロヴァン郡歴史・考古学協会会員に迎えられた），トロワ市立図書館・文書館アルシヴィスト Françoise Bibolet 先生，オーブ県文書館館長 Xavier de la Selle 先生，シャロン゠シュル゠マルヌ市立文書館職員の皆さん，そしてランス市立文書館員 Daniel Tant 氏および図書館職員の皆さん，ナンシー大学名誉教授 Michel Bur 先生に非常にお世話になった。心からお礼申し上げる。またわたしをスタッフの一員として迎えてくださった西南学院大学経済学部の先生方にも心から感謝したい。特に尾上修悟先生は，フランスと縁が深いこともあっていろいろと相談にのってくださっている。

　ここまで書いてきてあらためて感じることだが，本当にわたしは人との出会いに恵まれていると思う。いろんな人たちに支えられてこれまで生きてこれた。わたしは一体その人たちのために何をしてきたのだろう。そしてこれから何ができるだろうか。

　最後に本書の成り立ちに触れておきたい。本書は，1999 年 6 月に九州大学より博士号（経済学）を授与された学位論文を土台としている。1998 年 4 月からおよそ 1 年をかけて，論文指導委員会の先生方の意見や批判を取り入れつつ，苦しみながら作り上げたものである。貴重な時間を割いて辛抱強く指導してくださった，九州大学大学院経済学研究院の田北廣道先生，荻野喜弘先生，加来祥男先生，そしてオブザーバーとして貴重な御意見を下さった花井俊介先生（現在早稲田大学）に心からお礼を申し上げたい。先生方の指導のおかげで本書はできあがった。特に田北先生は，委員会に提出した原稿を隅々まで読み，問題点を山ほど指摘して下さり，しかも対応策まで用意して下さった。その指摘は正鵠を射たものばかりで，あらためて自分の詰めの甘さと思考力の未熟さを痛感し，論文完成をあきらめようと思ったほどであった。しかし容赦のない

厳しさと同時に深い優しさが込められた先生の言葉に励まされて，何とか仕上げることができた。委員会で指摘された問題点をすべて解決することは，今のわたしの実力ではできなかったが，今後研究を続けながら答えを見つけてゆきたい。

　本書の刊行に際しては九州大学出版会の藤木雅幸編集長にお世話になった。初めての出版で不慣れなわたしに的確な助言を下さり，安心して取り組むことができた。ありがとうございます。

　わたしの気ままな生き方を許し見守ってきてくれた父義男と母玲子に，感謝の気持ちを込めて本書を捧げる。

　2001年12月　三郎丸にて

花田　洋一郎

※本書の刊行にさいして，日本学術振興会平成13年度科学研究費補助金（研究成果公開促進費）[課題番号：135262]の交付を受けた。なお本書の内容には，平成12～13年度科学研究費補助金（奨励研究(A)）[課題番号：12730053]による研究成果の一部も含まれている。

参考文献目録

【I】 Historiographie 都市財政史関係研究文献

[1] Alauzier, L. d'., Comptes consulaires de Cajarc (Lot) au XIVe siècle, dans *BPH*, 1957, pp. 89–99.

[2] Arnould, M.-A., L'impôt dans l'histoire des peuples, dans [153] 1966, pp. 13–26.

[3] Aubry, M., Les mortalités lilloises (1328–1369), dans *RN*, t. 65, 1983, pp. 327–342.

[4] Bautier, R.-H., Feux, population et structure sociale au milieu du XVe siècle: l'exemple de Carpentras, dans *Annales, E.S.C.*, 1959, pp. 255–268.

[5] Id., Histoire sociale et économique de la France médiévale de l'an mil à la fin du XVe siècle, dans Balard, M., (Textes réunis par), *Bibliographie de l'histoire médiévale en France: 1965-1990*, Paris, 1992, pp. 48–50.

[6] Bécet, M., Comment on fortifiait une petite ville pendant la guerre de Cent Ans. Les fortifications de Chablis au XVe siècle, dans *Annales de Bourgogne*, t. 21, 1949, pp. 7–30.

[7] Beck, P., et Chareille, P., Espaces migratoires et aire d'influence de la ville de Dijon à la fin du XIVe siècle, dans *Cahiers de Recherches Médiévales (XIIIe-XVe siècles)*, n° 3, 1997, pp. 17–32.

[8] Belmont, A., Les artisans ruraux en Dauphiné aux XIVe et XVe siècles d'après les rôles de tailles et les révisions de feux, dans *Histoire, Économie et Société*, t. 12, n° 3, 1993, pp. 419–443.

[9] Benoit, P., Les comptes de la ville, source de l'histoire de la pierre à Paris au Moyen Age et à la Renaissance, dans Lorenz, J., et Benoit, P., (éd.), *Carrières et constructions en France et dans les pays limitrophes*,

> *Actes du 115ᵉ Congrès national des sociétés savantes. Section des sciences et Section d'Histoire des sciences et des techniques* (*Avignon, 9-12 avril 1990*), Paris, 1991, pp. 261-262.

[10] Bernard, J., et Giteau, Fr., Compte du trésorier de la ville de Bordeaux pour 1442 (février-août), dans *BPH*, 1963, pp. 179-215.

[11] Bertrand, F., Espalion en 1403 d'après un registre d'estimes, dans *Actes des XXIIᵉ et XIVᵉ Congrès de la Fédération historique du Languedoc méditerranéen et du Roussillon et de la Fédération des sociétés académiques et savantes de Languedoc-Pyrénées-Gascogne organisé à Rodez les 14-16 juin 1958*, Rodez, 1960, pp. 215-241.

[12] Besnier, G., Finances d'Arras (1282-1407), dans *Recueil de travaux offert à M. Clovis Brunel*, t. 1, Paris, 1955, pp. 138-146.

[13] Bibolet, Fr., Les métiers à Troyes aux XIVᵉ et XVᵉ siècles, dans *Actes du 95ᵉ Congrès national des sociétés savantes, Reims, 1970, Section de philologie et d'histoire jusqu' à 1610*, t. 2, Paris, 1974, pp. 113-132.

[14] Biget, J.-L., Les compoix d'Albi (XIVᵉ-XVᵉ siècles), dans [18] 1989, pp. 101-129.

[15] Id., Histoire et utilisation des compoix médiévaux, dans Cazenove, F. de., Fassina, P., et Malet, L., (éd.), *Compoix et cadastres du Tarn XIVᵉ-XIXᵉ siècle: étude et catalogue*, Archives départementales du Tarn, Albi, 1992, pp. 11-28.

[16] Id., Formes et techniques de l'assiette et de la perception des impôts à Albi et à Rodez au bas Moyen Age, dans Menjot et Sánchez Martínez [157] 1999, pp. 103-128.

[17] Biget, J.-L., et Boucheron, P., La fiscalité urbaine en Rouergue. Aux origines de la documentation fiscale, le cas de Najac au XIIIᵉ siècle, dans Menjot et Sánchez Martínez [156] 1996, pp. 15-28.

[18] Biget, J.-L., Hervé, J.-C., et Thébert, Y., (éd.), *Les cadastres anciens des villes et leur traitement par l'informatique. Actes de la table ronde organisée par le Centre d'histoire urbaine de l'École normale supérieure de Saint-Cloud avec la collaboration de l'École française de Rome et du CNRS (Saint-Cloud, 31 janvier-2 février 1985)*, École française de Rome, Rome, 1989.

[19] Billot, C., *Chartres à la fin du Moyen Age*, Paris, 1987.

[20] Bled, A.-M., Le consulat de Lautrec de 1447 à 1477. Démographie et fortunes, dans *Castres et le pays tarnais. Actes du XXVIe Congrès de la Fédération des sociétés savantes de Languedoc-Pyrénées-Gascogne organisé à Castres les 5-7 juin 1971, Revue du Tarn*, 1972, pp. 65-97.

[21] Blieck, G., et Vanderstraeten, L., Recherches sur les fortifications de Lille au Moyen Age, dans *RN*, t. 70, 1988, pp. 107-122.

[22] Bochaca, M., Typologie, apports et limites des sources fiscales urbaines en Bordelais: l'exemple de Saint-Émilion (fin XVe-début XVIe siècles), dans Menjot et Sánchez Martínez [156] 1996, pp. 29-36.

[23] Id., *La banlieue de Bordeaux. Formation d'une juridiction municipale suburbaine (vers 1250-vers 1550)*, Paris / Montréal, 1997.

[24] Id., La fiscalité municipale en Bordelais à la fin du Moyen Age, dans Menjot et Sánchez Martínez [157] 1999, pp. 83-102.

[25] Bois, G., Fiscalité et développement économique à la fin du Moyen Age, dans *Actes. Colloqui Corona, municipis i fiscalitat a la baixa Edat Mitjana*, Lleida, 1997, pp. 337-347.

[26] Bottin, G., Démographie historique et histoire domaniale: le fouage à Dieppe au XVe siècle, dans *Recueil d'études normandes offert en hommage à Michel Nortier, Cahiers Léopold Delisle*, t. 44, 1995, pp. 309-321.

[27] Bougard, P., et Wyffels, C., *Les finances de Calais au XIIIe siècle. Textes de 1255 à 1302 publiés et étudiés*, Bruxelles, 1966.

[28] Id., Les finances de Calais au XIIIe siècle. Le compte retrouvé de maître Pierre pour 1277-1278, dans *Bulletin de la Commission départementale d'Histoire et d'Archéologie du Pas-de-Calais*, t. 12-4, 1989, pp. 351-359.

[29] Brondy, R., Population et structure sociale à Chambéry à la fin du XIVe siècle d'après des documents fiscaux, dans *Mélanges de l'École française de Rome*, t. 86, 1974, pp. 323-343.

[30] Ead., La construction des fortifications de Chambéry aux XIVe et XVe siècles. Les conditions de travail des ouvriers, dans *Actes du Congrès des sociétés savantes de Savoie, Annecy, 1974, Mémoires et documents publiés par l'Académie salésienne*, t. 86, 1976, pp. 65-80.

[31] Ead., Commerce du vin et fiscalité à Chambéry aux XIVe et XVe siècles, dans *Les villes en Savoie et en Piémont au Moyen Age. Bulletin du Centre d'études franco-italien*, t. 4, 1979, pp. 74–79.

[32] Ead., Patrimoine immobilier et structures sociales dans les États de Savoie d'après le droit de toisé (XIVe-XVe siècles), dans *CH*, t. 26, 1981, pp. 213–230.

[33] Ead., *Chambéry. Histoire d'une capitale vers 1350–1560*, Lyon/Paris, 1988.

[34] Bruwier, M., Finances et comptabilité urbaines du XIIIe au XVIe siècle, dans [103] 1964, pp. 21–27.

[35] Carolus-Barré, L., La population de Crépy-en-Valois dans la première partie du XVe siècle d'après deux rôles de taille (1426–1450), dans *BPH*, t. 2, 1971, pp. 729–748.

[36] Id., Taille levée sur les habitants de Verberie pour l'équipement d'un franc-archer (1466), dans [93] 1979, pp. 207–218.

[37] Carpentier, E., et Glénisson, J., Bilans et méthodes: la démographie française au XIVe siècle, dans *Annales, E.S.C.*, 1962, pp. 109–129.

[38] Castaldo, A., *Seigneurs, villes et pouvoir royal en Languedoc: le consulat médiéval d'Agde (XIIIe-XIVe siècles)*, Paris, 1974.

[39] Id., Crises du XIVe siècle et démographie dans la région piscénoise: l'exemple de Conas, dans *Actes du XLVIIIe Congrès de la Fédération historique du Languedoc méditerranéen et du Roussillon organisé à Pézenas les 10–11 mai 1975*, Montpellier, 1976, pp. 49–74.

[40] Id., A propos de la question des feux au XIVe siècle: une liste nominative des habitants de Pézenas en 1378, dans *Hommage à Jacques Fabre de Morlhon. Mélanges historiques et généalogiques*, Rouergue-Bas-Languedoc, Albi, 1978, pp. 179–184.

[41] Cessot, A., Cherches de feux de 1450, dans *Nos ancêtres et nous*, n° 54, 1992, pp. 11–15.

[42] Chevalier, B., L'organisation militaire à Tours au XVe siècle, dans *BPH*, 1960, pp. 445–459.

[43] Id., *Tours, ville royale (1356–1520). Origine et développement d'une capitale à la fin du Moyen Age*, Louvain/Paris, 1975.

[44] Id., *Les bonnes villes de France du XIVe au XVIe siècle*, Paris, 1982.

[45] Id., Fiscalité municipale et fiscalité d'État en France du XIVe à la fin du XVIe siècle: deux systèmes liés et concurrents, dans [108] 1987, pp. 137–151.

[46] Id., Histoire urbaine en France X^e-XVe siècle, dans Balard, M., (Textes réunis par), *Bibliographie de l'histoire médiévale en France (1965–1990)*, Paris, 1992, pp. 20–22.

[47] Id., *Les bonnes villes, l'État et la société dans la France de la fin du XVe siècle*, Orléans, 1995.

[48] Id., Genèse de la fiscalité urbaine en France, dans *Revista d'Història Medieval*, 7, 1996, pp. 21–38.

[49] Id., La fiscalité urbaine en France, un champ d'expérience pour la fiscalité d'État, dans *Actes. Colloqui Corona, municipis i fiscalitat a la baixa Edat Mitjana*, Lleida, 1997, pp. 61–78.

[50] Clauzel, D., Lille à l'avènement de la période bourguignonne. Le témoignage des comptes urbains, dans *RN*, t. 59, 1977, pp. 19–43.

[51] Id., Comptabilités urbaines et histoire monétaire (1384–1482), dans *RN*, t. 63, 1981, pp. 357–376.

[52] Id., Finances et politique à Lille pendant la période bourguignonne. Historiographie et recherches actuelles, dans *Congrès de Comines, 28–31 VIII 1980, Actes*, t. 3, Comines, 1982, pp. 17–32.

[53] Id., *Finances et politique à Lille pendant la période bourguignonne*, Dunkerque, 1982.

[54] Id., Le roi, le prince et la ville: L'enjeu des réformes financières à Lille à la fin du Moyen Age, dans Cauchies, J.-M., (dir.), *Les relations entre princes et villes aux XIVe-XVIe siècles: aspects politiques, économiques et sociaux, Actes du Congrès du centre européen d'études bourguignonnes (XIVe-XVIe s.), Rencontres de Gand (24–27 septembre 1992)*, n° 33, Neuchâtel, 1993, pp. 75–90.

[55] Id., Le renouvellement de l'échevinage à la fin du Moyen Age: l'exemple de Lille (1380–1500), dans *RN*, t. 77, 1995, pp. 365–385.

[56] Id., Les élites urbaines et le pouvoir municipal: le "cas" de la bonne ville de Lille aux XIVe et XVe siècles, dans *RN*, t. 78, 1996, pp. 241–

267.

[57] Id., Lille et ses remparts à la fin du Moyen Age (1320–1480), dans Contamine, Ph., et Guyotjeannin, O., (dir.), *La guerre, la violence et les gens au Moyen Age, t. 1: Guerre et Violence. Actes du 119ᵉ Congrès national des sociétés historiques et scientifiques, Amiens, 1994*, Paris, 1996, pp. 273–293.

[58] Clavaud, F., Un rôle de capitation pour Cajarc, consulat du Haut-Quercy, en 1382, dans *BEC*, t. 149, 1991, pp. 5–50.

[59] Ead., Évolution et structures de la population à Cajarc, consulat du Haut-Quercy, au XIVᵉ siècle: un exemple du cas des petites villes, dans [118] 1995, pp. 51–83.

[60] Combes, J., Finances municipales et oppositions sociales à Montpellier au commencement du XIVᵉ siècle, dans *Actes du XLIVᵉ Congrès de la Fédération historique du Languedoc méditerranéen et du Roussillon organisé à Privas, les 22–23 mai 1971*, Montpellier, 1972, pp. 99–120.

[61] Contamine, Ph., Les fortifications urbaines en France à la fin du Moyen Age: aspects financiers et économiques, dans *RH*, t. 260, 1978, pp. 23–47.

[62] Contamine, Ph., et Mattéoni, O., (dir.), *La France des principautés. Les Chambres des comptes XIVᵉ et XVᵉ siècles. Colloque tenu aux Archives départementales de l'Allier, à Moulins-Yzeure, les 6–8 avril 1995*, Paris, 1996.

[63] Contamine, Ph., et Mattéoni, O., (Textes et documents réunis par), *Les Chambres des comptes XIVᵉ et XVᵉ siècles*, Paris, 1998.

[64] Coulet, N., A propos d'un cadastre provençal du XIVᵉ siècle, note d'histoire démographique, dans *Mélanges offerts à Edouard Perroy*, Paris, 1973, pp. 161–170.

[65] Id., *Aix-en-Provence. Espace et relations d'une capitale (milieu XIVᵉ siècle-milieu XVᵉ siècle)*, 2 vol, Aix-en-Provence, 1988.

[66] Id., Le cadastre de Digne de 1408 et le problème de la «réduction», dans [18] 1989, pp. 83–100.

[67] Coulet, N., et Guyotjeannin, O., (dir.), *La ville au Moyen Age, t. 1:*

Ville et espace, t. 2: Sociétés et pouvoirs dans la ville. Actes du 120ᵉ Congrès national des sociétés historiques et scientifiques, Aix-en-Provence, 1995, Paris, 2 vol, 1998.

[68] Delmaire, B., Les fortifications d'Aire au Moyen Age, dans *Bulletin de la commission départementale des monuments historiques du Pas-de-Calais*, t. 9, 1972-73, pp. 147-153.

[69] Derville, A., La finance arrageoise: usure et banque, dans Castellani, M.-M., et Martin, J.-P., (Textes réunis par), *Arras au Moyen Age. Histoire et Littérature*, Arras, 1994, pp. 37-52.

[70] Desportes, Fr., et P., Le sacre de Jean le Bon d'après ses comptes, dans *Villes et sociétés urbaines au Moyen Age. Hommage à M. le Professeur Jacques Heers*, Paris, 1994, pp. 185-205.

[71] Desportes, P., *Reims et les Rémois aux XIIIᵉ et XIVᵉ siècles*, Paris, 1979.

[72] Id., Nouveaux bourgeois et métiers à Amiens au XVᵉ siècle, dans *RN*, t. 64, 1982, pp. 27-50.

[73] Id., Les frais du sacre à Reims aux XIIIᵉ et XIVᵉ siècles, dans *Le sacre des rois. Actes du Colloque international d'histoire sur les sacres et couronnements royaux, Reims, 1975*, Paris, 1985, pp. 145-155.

[74] Dollinger, Ph., Le chiffre de population de Paris au XIVᵉ siècle: 210.000 ou 80.000 habitants? dans *RH*, t. 216, 1956, pp. 35-44.

[75] Dossat, Y., Mortalité en Bas-Quercy à Bioule en 1334, dans *Gaillac et pays tarnais. Actes du 31ᵉ Congrès de la Fédération des sociétés académiques et savantes Languedoc-Pyrénées-Gascogne, tenu à Gaillac les 21-23 mai 1977*, Toulouse, 1977, pp. 11-18.

[76] Droguet, A., Une ville au miroir de ses comptes: les dépenses de Marseille à la fin du XIVᵉ siècle, dans *Provence Historique*, t. 30, 1980, pp. 171-213.

[77] Id., *Administration financière et système fiscal à Marseille dans la seconde moitié du XIVᵉ siècle, Cahiers du Centre d'Études des Sociétés Méditerranéennes*, Nouvelle série n° 1, Université de Provence, Aix-en-Provence, 1983.

[78] Dubled, H., Le plus ancien cadastre de Carpentras (1414), dans *BPH*,

1963, pp. 627-654.

[79] Dubois, H., Population et fiscalité en Bourgogne à la fin du Moyen Age, dans *CRAIBL*, 1984, pp. 540-555.

[80] Id., La pauvreté dans les premières «cherches de feux» bourguignonnes, dans Dubois, H., Hocquet, J.-C., et Vauchez, A., (éd.), *Horizons marins, itinéraires spirituels. Mélanges offerts à M. Michel Mollat*, vol. 1, Paris, 1987, pp. 291-301.

[81] Id., Naissance de la fiscalité dans un État princier au Moyen Age: l'exemple de la Bourgogne, dans [108] 1987, pp. 91-100.

[82] Id., Sur les comptes des «marcs» de Dijon, dans [18] 1989, pp. 165-176.

[83] Id., Démographie urbaine médiévale: trois modèles de la mortalité à Dijon (1385-1407), dans Bourin, M., (Textes réunis par), *Villes, bonnes villes, cités et capitales. Mélanges offerts à Bernard Chevalier*, Tours, 1989, pp. 333-341.

[84] Id., Les feux féminins à Dijon aux XIVe et XVe siècles (1394-1407), dans Rouche, M., et Heuclin, J., (éd.), *La femme au Moyen Age. Actes du colloque de Maubeuge, octobre 1988*, Maubeuge/Paris, 1990, pp. 395-405.

[85] Id., La mort et l'impôt. Dijon, 1399-1403, dans Bardet, J.-P., Lebrun, Fr., et Le Mée, R., (Textes réunis et publiés par), *Mesurer et comprendre. Mélanges offerts à Jacques Dupâquier*, Paris, 1993, pp. 137-146.

[86] Id., Les fermes du vingtième à Dijon à la fin du XIVe siècle. Fiscalité, économie, société, dans *L'Argent au Moyen Age. Actes du 28e Congrès de la Société des Historiens Médiévistes de l'Enseignement Supérieur Public, Clermont-Ferrand, 1997*, Paris, 1998, pp. 159-171.

[87] Id., Quatre rôles d'impôt normands à la Bibliothèque nationale, dans Kerhervé, J., et Rigaudière, A., (dir.), *Finances, pouvoirs et mémoire. Mélanges offerts à Jean Favier*, Paris, 1999, pp. 372-387.

[88] Duparc, P., *La formation d'une ville Annecy jusqu'au début du XVIe siècle*, Annecy, 1973.

[89] Durbec, J.-A., Grasse en 1433 d'après son premier cadastre, dans *Actes du 2ème Congrès historique Provence-Ligurie, Grasse 11-14 oct. 1968*, Aix-Marseille, 1971, pp. 86-114.

[90] Durieux, A., Les finances de la ville de Compiègne: 1400-1431, dans *Bulletin de la Société historique de Compiègne*, t. 28, 1982, pp. 177-215.

[91] Dutour, Th., *Une société de l'honneur à Dijon à la fin du Moyen Age. Les notables et leur monde*, Paris, 1998.

[92] Eclache, M., Les estimes de la Dalbade en 1459, dans *AM*, t. 89, 1977, pp. 167-190.

[93] *Études sur la fiscalité au Moyen Age. Actes du 102e Congrès national des sociétés savantes, Philologie et histoire jusqu'à 1610*, t. 1, Limoges, 1977, Paris, 1979.

[94] Favier, J., L'histoire administrative et financière du Moyen Age depuis dix ans, dans *BEC*, t. 126, 1968, pp. 427-503.

[95] Id., *Les contribuables parisiens à la fin de la guerre de Cent Ans. Les rôles d'impôts de 1421, 1423 et 1438*, Genève/Paris, 1970.

[96] Id., *Finance et fiscalité au bas Moyen Age*, Paris, 1971.

[97] Id., Les rôles d'impôt parisiens du XVe siècle (à propos d'un article récent), dans *BEC*, t. 130, 1972, pp. 467-491.

[98] Id., Où va l'histoire de l'impôt? dans [93] 1979, pp. 7-10.

[99] Favreau, R., *La ville de Poitiers à la fin du Moyen Age. Une capitale régionale*, 2 vol, Poitiers, 1978.

[100] Favreau, R., et Glénisson, J., Fiscalité d'État et budget à Poitiers au XVe siècle, dans [153] 1966, pp. 121-134.

[101] Fédou, R., *Les hommes de loi lyonnais à la fin du Moyen Age*, Paris, 1964.

[102] Fianu, K., Les professionnels du livre à la fin du XIIIe siècle: l'enseignement des registres fiscaux parisiens, dans *BEC*, t. 150, 1992, pp. 185-222.

[103] *Finances et comptabilité urbaines du XIIIe au XVIe siècle (Colloque international, Blankenberge 6-9 IX 1962)*, Bruxelles, 1964.

[104] Flandin-Bléty, P., Le pouvoir municipal en Limousin au bas Moyen Age, dans Cassan, M., et Lemaitre, J.-L., (éd.), *Espaces et pouvoirs urbains dans le Massif central et l'Aquitaine du Moyen Age à nos jours*, Ussel, 1994, pp. 3-45.

[105] Fossier, L., L'artisanat parisien à la fin du XIIIe siècle d'après les rôles

de taille: critique d'une source, dans *Mélanges de l'École française de Rome*, t. 100, 1988, pp. 125-135.

[106] Fossier, R., La démographie médiévale: problèmes de méthode (Xe-XIIIe siècles), dans *Annales de démographie historique*, 1975, pp. 143-175.

[107] Foucaud, G., Un cadastre de 1400 à Figeac, dans *Bulletin de la Société des études du Lot*, t. 115, 1994, pp. 183-203, 259-280.

[108] Genet, J.-Ph., et Le Mené, M., (éd.), *Genèse de l'État moderne. Prélèvement et redistribution. Actes du Colloque de Fontevraud, 1984*, Paris, 1987.

[109] Glénisson, J., et Higounet, Ch., Remarques sur les comptes et sur l'administration financière des villes françaises entre Loire et Pyrénées (XIVe-XVIe siècles), dans [103] 1964, pp. 31-67.

[110] Gonthier, N., Les pauvres à Lyon d'après le rôle d'arrérages de 1430, dans *Revue du Lyonnais*, n° 4, 1978, pp. 201-211.

[111] Gouron, A., L'«invention» de l'impôt proportionnel au Moyen Age, dans *CRAIBL*, 1994, pp. 245-260.

[112] Grava, Y., Fiscalité, organisation de la société et répartition des pouvoirs en Provence: Martigues au XIVe siècle, dans [93] 1979, pp. 151-169.

[113] Guérout, J., Fiscalité, topographie et démographie à Paris au Moyen Age, dans *BEC*, t. 130, 1972, pp. 33-129, 383-465.

[114] Id., Fiscalité, topographie et démographie à Paris au Moyen Age (réponse à M. Jean Favier), dans *BEC*, t. 131, 1973, pp. 177-185.

[115] Guerreau, A., Analyse statistique des finances municipales de Dijon au XVe siècle. Observations de méthode sur l'analyse factorielle et les procédés classiques, dans *BEC*, t. 140, 1982, pp. 5-34.

[116] Id., Notes statistiques sur les jardins de Saint-Flour au XIVe siècle, dans [18] 1989, pp. 341-357.

[117] Guilbert, S., Les fortifications de Châlons-sur-Marne à la fin du Moyen Age, dans *Actes du 95e Congrès national des sociétés savantes, Reims, 1970, Section d'archéologie et d'histoire de l'art*, Paris, 1974, pp. 195-203.

[118] Guyotjeannin, O., (dir.), *Population et démographie au Moyen Age. Actes du 118ᵉ Congrès national des sociétés historiques et scientifiques, Pau 25-29 octobre 1993*, Paris, 1995.

[119] Hayez, A.-M., Les gabelles d'Avignon d'Innocent VI à Grégoire XI, dans [93] 1979, pp. 171-206.

[120] Hébert, M., *Tarascon au XIVᵉ siècle. Histoire d'une communauté urbaine provençale*, Aix-en-Provence, 1979.

[121] Id., Le système fiscal des villes de Provence (XIVᵉ-XVᵉ s.), dans Menjot et Sánchez Martínez [157] 1999, pp. 57-82.

[122] Heers, J., Les limites des méthodes statistiques pour les recherches de démographie médiévale, dans *Annales de démographie historique*, 1968, pp. 43-69.

[123] Higounet-Nadal, A., Règlement consulaire pour l'estimation de la taille de Casteljaloux en 1386, dans *Bulletin de la Société archéologique, historique, littéraire et scientifique du Gers*, 1959, pp. 237-243.

[124] Ead., La comptabilité de la taille à Périgueux au XIVᵉ siècle, dans [103] 1964, pp. 170-176.

[125] Ead., *Les comptes de la taille et les sources de l'histoire démographique de Périgueux au XIVᵉ siècle*, Paris, 1965.

[126] Ead., Le financement des travaux publics à Périgueux au Moyen Age, dans *Les constructions civiles d'intérêt public dans les villes d'Europe au Moyen Age et sous l'Ancien Régime et leur financement (Colloque international, Spa 5-8 IX 1968)*, Bruxelles, 1971, pp. 155-175.

[127] Ead., *Périgueux aux XIVᵉ et XVᵉ siècles. Étude de démographie historique*, Bordeaux, 1978.

[128] Ead., La démographie des villes françaises au Moyen Age, dans *Annales de démographie historique*, 1980, pp. 187-211.

[129] Ead., Bilan des recherches actuelles en démographie historique du Moyen Age, dans Ritter, G. A., und Vierhaus, R., (hrsg.), *Aspekte der Historischen Forschung in Frankreich und Deutschland. Schwerpunkte und Methoden. Deutsch-Französisches Historikertreffen, Göttingen 3-6 X 1979*, Göttingen, 1981, pp. 139-163.

[130] Humbert, Fr., *Les finances municipales de Dijon du milieu du XIVᵉ*

siècle à 1477, Paris, 1961.

[131] Jean, M., *La Chambre des comptes de Lille. L'institution et les hommes (1477-1667)*, Genève/Paris, 1992.

[132] Jones, R., Les fortifications municipales de Lisieux dans les chroniques et dans les comptes (première moitié du XVe siècle), dans Contamine, Ph., et Guyotjeannin, O., (dir.), *La guerre, la violence et les gens au Moyen Age, t. 1: Guerre et Violence. Actes du 119e Congrès national des sociétés historiques et scientifiques, Amiens, 1994*, Paris, 1996, pp. 235-244.

[133] Kerhervé, J., *L'État breton aux 14e et 15e siècles. Les ducs, l'argent et les hommes*, 2 vol, Paris, 1987.

[134] Id., Paysage urbain et société à Saint-Vincent de Nantes aux XVe et XVIe siècles, d'après le rôle de la «taillée de Toussaint», dans Laurent, C., Merdrignac, B., et Pichot, D., (Textes réunis par), *Mondes de l'Ouest et villes du monde. Regards sur les sociétés médiévales, Mélanges en l'honneur d'André Chédeville*, Rennes, 1998, pp. 263-281.

[135] *La démographie médiévale: sources et méthodes. Actes du Congrès de l'Association des Historiens Médiévistes de l'Enseignement Supérieur Public (Nice, 15-16 mai 1970), Annales de la faculté des lettres et sciences humaines de Nice*, 17, 1972.

[136] Laduguie, Ph., Gestion financière et budget de Bordeaux entre 1406 et 1422 d'après les registres de la Jurade, dans *Revue Historique de Bordeaux et du département de la Gironde*, t. 19, 1970, pp. 23-36.

[137] Lardin, Ph., Le financesment des fortifications en Normandie orientale à la fin du Moyen Age, dans *Les Normands et le fisc. Actes du 29e Congrès des sociétés historiques et archéologiques de Normandie, Elbeuf, 1994*, Elbeuf, 1996, pp. 47-58.

[138] Larguier, G., Les sources fiscales narbonnaises (fin XIIIe-XVe siècles), dans Menjot et Sánchez Martínez [156] 1996, pp. 57-66.

[139] Id., Genèse, structure et évolution de la fiscalité à Narbonne, dans Menjot et Sánchez Martínez [157] 1999, pp. 129-152.

[140] Laudet, C., La "cherche de feux" de 1475, dans *La mémoire d'Issy*, n° 3, 1990, pp. 17-20.

[141]　Le Goff, J., L'apogée de la France urbaine médiévale, 1150-1330, dans Duby, G., (dir.), *Histoire de la France urbaine*, t. 2, *la ville médiévale des Carolingiens à la Renaissance*, Paris, 1980 (1998²), pp. 293-301.

[142]　Leguay, J.-P., *La ville de Rennes au XVe siècle à travers les comptes des Miseurs*, Paris, 1968.

[143]　Id., Le paysage urbain de Rennes au milieu du XVe siècle d'après un Livre-Rentier, dans *Mémoires de la société d'histoire et d'archéologie de Bretagne*, t. 54, 1977, pp. 69-221.

[144]　Id., La confrérie des merciers de Rennes au XVe siècle, dans *Francia*, t. 3, 1975, pp. 147-220.

[145]　Id., *Un réseau urbain au Moyen Age: les villes du duché de Bretagne aux XIVe et XVe siècles*, Paris, 1981.

[146]　Id., Les villes fortifiées de la Guerre de Cent Ans, dans *L'Histoire* n° 166, mai 1993, pp. 22-28.

[147]　Leharie-Van Elsuwé, M., La révision des feux en Gascogne orientale aux XIVe et XVe siècles, dans *AM*, t. 82, 1970, pp. 349-358.

[148]　Le Mené, M., La construction à Nantes au XVe siècle, dans *Annales de Bretagne*, t. 68, 1961, pp. 361-402.

[149]　Id., La population nantaise à la fin du XVe siècle, dans *Annales de Bretagne*, t. 71, 1964, pp. 189-220.

[150]　Id., Ville et fiscalité d'État à la fin du Moyen Age. L'exemple d'Angers, dans Bourin, M., (Textes réunis par), *Villes, bonnes villes, cités et capitales. Mélanges offerts à Bernard Chevalier*, Tours, 1989, pp. 89-104.

[151]　Le Page, D., *Finances et politique en Bretagne au début des temps moderne 1491-1547*, Paris, 1997.

[152]　Lesquier, J., L'administration et les finances de Lisieux de 1423 à 1448, dans *Études Léxoviennes*, t. 2, 1919, pp. 37-175.

[153]　*L'impôt dans le cadre de la ville et de l'État* (*Colloque international, Spa 6-9 IX 1964*), Bruxelles, 1966.

[154]　Lodge, R. A., (éd.), *Le plus ancien registre de comptes des consuls de Montferrand en provençal auvergnat: 1259-1272*, Clermont-Ferrand, 1985.

[155] Lot, F., L'état des paroisses et des feux de 1382, dans *BEC*, t. 90, 1929, pp. 51–107, 256–315.

[156] Menjot, D., et Sánchez Martínez, M., (Coordinateurs), *La fiscalité des villes au Moyen Age (France méridionale, Catalogne et Castille)*, t. 1: *Études des sources*, Toulouse, 1996.

[157] Menjot, D., et Sánchez Martínez, M., (Coordinateurs), *La fiscalité des villes au Moyen Age (Occident méditerranéen)*, t. 2: *Les systèmes fiscaux*, Toulouse, 1999.

[158] Menjot, D., et Sánchez Martínez, M., Présentation, dans [156] 1996, pp. 9–14.

[159] Michaud-Fréjaville, Fr., Une cité face aux crises: les remparts de la fidélité, de Louis d'Orléans à Charles VII, d'après les comptes de forteresse de la ville d'Orléans (1391-1427), dans Duparc, P., (éd.), *Jeanne d'Arc, une époque, un rayonnement. Colloque d'histoire médiévale, 1979*, Paris, 1982, pp. 43–59.

[160] Mollat, M., *Comptabilité du Port de Dieppe au XVe siècle*, Paris, 1951.

[161] Montpied, G., La société grenobloise à la fin du Moyen Age d'après les révisions des feux et les rôles de taille, dans *Économies et sociétés dans le Dauphiné médiéval. Actes du 108e Congrès national des sociétés savantes. Section de philologie et d'histoire jusqu'à 1610, Grenoble, 1983*, Paris, 1984, pp. 51–65.

[162] Id., La population et la société Embrunaise à la fin du Moyen Age, dans *CH*, t. 28, 1983, pp. 3–27.

[163] Montpied, G., et Rouault, J., Du texte au graphe: établissement d'une carte du parcellaire à partir des données de deux cadastres de la fin du Moyen Age, dans [18] 1989, pp. 359–380.

[164] Neirinck, D., Les impôts directs communaux à Albi du XIIIe siècle au début du XVe siècle (calcul, composantes, évolution), dans [93] 1979, pp. 135–149.

[165] Neveux, Fr., *Bayeux et Lisieux. Villes épiscopales de Normandie à la fin du Moyen Age*, Caen, 1996.

[166] Neveux, H., La mortalité des pauvres à Cambrai (1377-1473), dans *Annales de démographie historique*, 1968, pp. 73–97.

[167] Neyer, J., L'impôt direct à Albi, d'après les comptes de 1359 et 1360, dans Menjot et Sánchez Martínez [157] 1999, pp. 365-372.

[168] Petillon, Cl., Le personnel urbain de Lille (1384-1419), dans *RN*, t. 65, 1983, pp. 411-427.

[169] Plaisse, A., et Plaisse, S., *La vie municipale à Evreux pendant la guerre de Cent Ans*, Evreux, 1978.

[170] Prat, G., Albi et la peste noire (d'après les registres d'estimes de 1343 à 1347), dans *AM*, t. 64, 1952, pp. 15-25.

[171] Rauzier, J., *Finances et gestion d'une principauté au XIVe siècle: le duché de Bourgogne de Philippe le Hardi, 1364-1384*, Paris, 1996.

[172] Renoux, A., Les manifestations de la puissance publique: enceintes, palais et châteaux. Rapport introductif, dans Demolon, P., Galinié, H., et Verhaeghe, F., (Textes réunis par), *Archéologie des villes dans le Nord-Ouest de l'Europe (VIIe-XIIIe siècle). Actes du IVe Congrès international d'Archéologie Médiévale (Douai, 1991)*, Douai, 1994, pp. 61-82.

[173] Rey, M., Aux origines de l'impôt: Les premiers comptes des aides dans l'élection de Langres, dans *Mélanges offerts à Edouard Perroy*, Paris, 1973, pp. 498-515.

[174] Rigaudière, A., *L'assiette de l'impôt direct à la fin du XIVe siècle, le livre d'estimes des consuls de Saint-Flour pour les années 1380-1385*, Paris, 1977.

[175] Id., *Saint-Flour, ville d'Auvergne au bas Moyen Age. Étude d'histoire administrative et financière*, 2 vol, Paris, 1982.

[176] Id., Le financement des fortifications urbaines en France du milieu du XIVe siècle à la fin du XVe siècle, dans *RH*, t. 273, 1985, pp. 19-95.

[177] Id., Les révisions de feux en Auvergne sous les règnes de Charles V et de Charles VI, dans [180] 1993, pp. 359-411.

[178] Id., La fortune des hommes de loi sanflorains d'après le livre d'estimes de 1380, dans [180] 1993, pp. 275-318.

[179] Id., Connaissance, composition et estimation du *moble* à travers quelques livres d'estimes du Midi français (XIVe-XVe siècles), dans [18] 1989, pp. 41-81.

[180] Id., *Gouverner la ville au Moyen Age*, Paris, 1993.

[181]   Id., La répartition de l'impôt royal en Auvergne sous les règnes de Charles VI et de Charles VII, dans Contamine, Ph., Dutour, Th., et Schnerb, B., (Textes réunis par), *Commerce, Finances et Société (XIe-XVIe siècles). Recueil de travaux d'Histoire médiévale offert à M. le Professeur Henri Dubois*, Paris, 1993, pp. 263-286.

[182]   Id., L'essor de la fiscalité royale du règne de Philippe le Bel (1285-1314) à celui de Philippe VI (1328-1350), dans *Europa en los umbrales de la crisis (1250-1350)*, Pampelune, 1995, pp. 323-391.

[183]   Id., Le contrôle des comptes dans les villes auvergnates et vellaves aux XIVe et XVe siècles, dans Contamine et Mattéoni [62] 1996, pp. 207-242.

[184]   Id., Comptabilité municipale et fiscalité: l'exemple du livre de comptes des consuls de Saint-Flour pour l'année 1437-1438, dans Menjot et Sánchez Martínez [156] 1996, pp. 101-134.

[185]   Id., Le chapitre des recettes du livre de comptes des consuls de Saint-Flour pour l'année 1393-1394, dans *Études et documents*, t. 10, 1998, pp. 15-62.

[186]   Id., Les révisions de feux à Nîmes dans la seconde moitié du XIVe siècle, dans Kerhervé, J., et Rigaudière, A., (dir.), *Finances, pouvoirs et mémoire. Mélanges offerts à Jean Favier*, Paris, 1999, pp. 185-207.

[187]   Id., L'assiette de l'impôt direct dans le compoix du Puy-en-Velay de 1408, dans Menjot et Sánchez Martínez [157] 1999, pp. 305-364.

[189]   Rossiaud, J., Problèmes fiscaux urbains de la fin du Moyen Age, dans *CH*, t. 9, 1964, pp. 325-354; t. 10, 1965, pp. 5-35.

[190]   Russell, J. C., L'évolution démographique de Montpellier au Moyen Age, dans *AM*, t. 74, 1962, pp. 345-360.

[191]   Saint-Éloy, M., Des échevins de Nevers. 1309-1610. Condition sociale, fortune et profession, dans *BPH*, t. 2, 1963, pp. 561-591.

[192]   Id., Dépenses alimentaires à la charge de la ville de Nevers du XVe au XVIe siècle. Nourriture des malades atteints de Peste et festins offerts par la communauté, dans *BPH*, t. 1, 1968, pp. 279-293.

[193]   Salamagne, A., Les chantiers de construction, dans *Valenciennes aux XIVe et XVe siècles. Art et Histoire*, Valenciennes, 1996, pp. 105-125.

[194] Id., *Construire au Moyen Age. Les chantiers de fortification de Douai*, Villeneuve-d'Ascq, 2001.

[195] Sosson, J.-P., Les finances urbaines, dans *Valenciennes aux XIVe et XVe siècles. Art et Histoire*, Valenciennes, 1996, pp. 55-66.

[196] Souchon, C., Étude sur la répartition des fortunes en Vivarais au XVe siècle d'après les registres d'estimes de 1464, dans *Actes du XLIVe Congrès de la Fédération historique du Languedoc méditerranéen et du Roussillon organisé à Privas les 22-23 mai 1971*, Montpellier, 1972, pp. 163-173.

[197] Soutou, A., Le leudaire de Balaruc-le-Vieux au XIVe siècle, dans *AM*, t. 108, 1996, pp. 247-252.

[198] Stouff, L., *Arles à la fin du Moyen Age*, 2 vol., Aix-en-Provence, 1986.

[199] Id., Les livres terriers d'Arles du XVe siècle, dans [18] 1989, pp. 307-339.

[200] Id., La population d'Arles au XVe siècle: compsition socio-professionnelle, immigration, répartition topographique, dans Garden, M., et Lequin, Y., (dir.), *Habiter la ville, XVe-XXe siècles*, Lyon, 1994, pp. 7-24.

[201] Suau-Noulens, B., La cité de Rodez au milieu du XVe siècle d'après le livre d'«estimes» de 1449, dans *BEC*, t. 131, 1973, pp. 151-175.

[202] Valladier-Chante, R., La représentativité démographique des estimes de 1464 pour la paroisse Saint-Saturnin de Vallon (Vallon-Pont-D'Arc), dans *Revue du Vivarais*, t. 96, n° 715, 1993, pp. 261-266.

[203] Viaux, D., Fortunes immobilières à Dijon au commencement du 15e siècle, dans *Annales de Bourgogne*, t. 66, 1994, pp. 65-80.

[204] Wolfe, M., Siege Warfare and the Bonnes Villes of France during the Hundred Years War, dans Corfis, I. A., et Wolfe, M., (Ed.), *The Medieval City under Siege*, Woodbridge, 1995. pp. 49-66.

[205] Wolff, Ph., Registres d'impôt et vie économique à Toulouse sous Charles VI, dans *AM*, t. 56-57, 1944-1946, pp. 5-66.

[206] Id., Une comptabilité commerciale du XVe siècle, dans *AM*, t. 64, 1952, pp. 131-148.

[207] Id., *Commerces et marchands de Toulouse (vers 1350-vers 1450)*, Paris,

1954.

[208] Id., *Les «estimes» toulousaines des XIVe et XVe siècles*, Toulouse, 1956.

[209] Id., Un leudaire de Toulouse, dans *AM*, t. 68, 1956, pp. 285-302.

[210] Id., Trois études de démographie médiévale en France méridionale, dans *Studi in onore di A. Sapori*, Milan, 1957, pp. 495-503.

[211] Id., Finances et vie urbaine: Barcelone et Toulouse au début du XVe siècle, dans *Homenaje a Jaime Vicens Vives*, vol. 1, Barcelone, 1965, pp. 691-704.

[212] Id., Toulouse vers 1400: répartition topographique des fortunes et des professions, dans *Actes du XXIe Congrès de la Fédération des sociétés académiques et savantes de Languedoc-Pyrénées-Gascogne organisé à Toulouse les 15-16 mai 1965*, Toulouse, 1966, pp. 161-168.

[213] Id., Pouvoir et investissements urbains en Europe occidentale et centrale du XIIIe au XVIIe siècle, dans *RH*, t. 258, 1977, pp. 277-311.

[214] Wolff, Ph., Cipolla, C., Dhondt, J., et Postan, M., Rapports de démographie médiévale, dans *Actes du IXe Congrès international des sciences historique*, Paris, 1950, t. 1: *Rapports. Moyen Age*, pp. 55-75 et t. 2: *Actes*, pp. 31-44.

[215] Wyffels, C., Le contrôle des finances urbaines au XIIIe siècle. Un abrégé de deux comptes de la ville d'Arras (1241-1244), dans *Studia Historica Gandensia*, t. 25, 1964, pp. 230-236.

[216] Zerner, M., Recherche d'une méthode d'interprétation démographique des cadastres du Comtat-Venaissin (1414): Le cas de Ménerbes, dans *Provence Historique*, t. 23, 1973, pp. 243-260.

[217] Ead., Le cadastre de Carpentras à l'épreuve des autres sources, dans [18] 1989, pp. 131-149.

[218] Ead., *Le cadastre, le pouvoir et la terre. Le Comtat Venaissin pontifical au début du XVe siecle*, École française de Rome, Rome, 1993.

*　　　　*　　　　*

[219] 伊藤滋夫「近世ノルマンディにおける直接税徴税機構―地方三部会とエレクション制―」『史学雑誌』103-7, 1994 年, 1-34 頁。

[220] 小倉欣一「ランデスヘルの租税政策と中世都市の自治―ヘッセン方伯居

城都市マールブルクにおける「領邦と都市」論―」『経済経営論集（経済学部編）』（東洋大学創立80周年記念特集号），1967年，109-151頁。

[221]　Kanao, T., L'organisation et l'enregistrement des messageries du duc de Bourgogne dans les années 1420, dans *RN*, t. 74, 1994, pp. 275-298.

[221a]　金尾健美「ヴァロワ家ブルゴーニュ公フィリップ・ル・ボンの財政 (1)―1420年代の収入構造。マクロ的視点から―」『川村学園女子大学研究紀要』9-1, 1998年，39-75頁。

[222]　影山久人「ハンザ都市リューベックにおける都市会計記録の一斑」『COSMICA』（京都外国語大学）12，1982年，145-154頁。

[223]　同上「ハンザ都市リューベックの財政収入 (1407/08年) に関する若干の覚書 I・II・III」『COSMICA』（京都外国語大学）13～15，1984～86年，145-154頁，197-205頁，182-200頁。

[224]　同上「中世都市リューベックの財政収入―1407/08年会計記録における若干の項目をめぐって―」『比較都市史研究』4-2, 1985年，47-53頁。

[225]　河原温「中世後期南ネーデルラントの会計簿史料について― E. Aertsの所論を中心に―」『クリオ』創刊号，1986年，52-60頁。

[226]　同上「中世フランドルにおける都市会計簿について」『西洋中世史資料の綜合研究。平成7年度～平成9年度科学研究費補助金（基盤研究 A1）研究成果報告書（研究代表者関西大学文学部朝治啓三）』，1998年，70-76頁。

[227]　城戸毅『中世イギリス財政史研究』東京大学出版会，1994年。

[228]　佐村明知『近世フランス財政・金融史研究―絶対王政期の財政・金融と「ジョン・ロー・システム」―』有斐閣，1995年。

[229]　神寳秀夫「自由帝国都市マインツの統治構造におけるツンフト」佐藤伊久男編著『ヨーロッパにおける統合的諸権力の構造と展開』創文社，1994年，347-417頁。

[230]　同上「ドイツ領邦絶対主義形成過程における中間的諸権力―領邦都市マインツの場合―(上)(中―1)」『史淵』137，2000年，141-157頁; 138, 2001年，145-179頁。

[231]　田北廣道「中世後期のケルン財政構造と『ツンフト闘争』―ケルン都市会計簿の分析を中心に―」『社会経済史学』43-5, 1977年，19-39頁。

[232]　中川和彦「中世カスティーリャの税制の素描」『成城大学経済研究』139，1998年，9-34頁。

[233] 中野忠「近世イギリス地方都市の会計簿と財政」『比較都市史研究』5-2, 1986年, 35-55頁。

[234] 同上「エリザベス朝ニューカスルの都市会計簿を巡って——資料的考察——」『大阪学院大学商経論叢』12-4, 1987年, 67-87頁。

[235] 同上「イギリス近世都市の財政構造——エリザベス朝期ニューカスル会計簿の分析——」『社会経済史学』56-3, 1990年, 1-33頁。

[236] 同上『イギリス近世都市の展開——社会経済的研究——』創文社, 1995年。

[237] 畑奈保美「1408年フランドルにおける租税割当比率の改定」『歴史』87, 1996年, 50-79頁。

[238] 平嶋照子「13世紀末ブリュージュの会計簿について」『経済論究』(九州大学) 70, 1988年, 99-129頁。

[239] 藤井美男「中世後期南ネーデルラントにおける君主財政——都市財政との関係をめぐる予備的考察——」『商経論叢』(九州産業大学) 32-1, 1991年, 157-188頁。

[240] 同上「中世後期ブリュッセルの財政構造——毛織物ギルドとショセの財政をめぐって——」『経済学研究』(九州大学) 59-3・4, 1993年, 193-210頁。

[241] Id., Les finances urbaines dans les Pays-Bas méridionaux au bas Moyen Age. Quelques réflexions méthodologiques, dans Aerts, E., et al., (éd.), *Studia Historica Œconomica: Liber Alumnorum Herman Van der Wee*, Leuven, 1993, pp. 161-171.

[242] 同上「中世後期ブリュッセルの財政に関する一考察——財政をめぐる中世都市と領邦君主——」『商経論叢』(九州産業大学) 35-4, 1995年, 103-132頁。

[243] 山瀬善一「ヨーロッパにおける中世都市の財政とその制度」『国民経済雑誌』115-4, 1967年, 81-101頁。

[244] 同上『南フランスの中世社会・経済史研究』有斐閣, 1968年。

[245] 同上「13世紀末までのフランドル伯の財政」『国民経済雑誌』122-6, 1970年, 1-21頁。

[246] 同上「フランスにおける13世紀初頭までの国家財政の発展」『経済学研究年報』(神戸大学) 17, 1970年, 79-112頁。

[247] 同上「伯ギュイ・ドゥ・ダンピエールと伯財政」『関西大学商学論集』15-5・6, 1971年, 1-22頁。

[248] 同上『百年戦争——国家財政と軍隊——』教育社, 1981年。

[249] 同上「封建国家財政から近世国家財政への移行期の諸困難—主としてフランスとネーデルラントについて—」『広島経済大学研究論集』11-2, 1988年, 109-127頁.

[250] 若曽根健治「領邦ティロール都市部における租税制度」『社会経済史学』42-1, 1976年, 1-25頁.

[251] 同上「領邦ティロール農村部における租税制度」『法制史研究』25, 1976年, 89-133頁.

[252] 拙稿「フランス中世都市財政史研究の動向—1990年代のフランス学界—」『経済学論集』(西南学院大学) 35-4, 2001年, 21-56頁.

【II】 Sources et ouvrages concernant le comté et les villes de Champagne
シャンパーニュ伯領史関係及びシャンパーニュ諸都市関係史料と文献

A: Sources imprimées 刊行史料

[253] Arbois de Jubainville, H. d'., *Histoire de Bar-sur-Aube sous les comtes de Champagne: 1077-1284*, Paris / Troyes / Bar-sur-Aube, 1859.

[254] Id., *Histoire des ducs et des comtes de Champagne*, Paris, 7 vol, 1859-1869.

[255] Bourgeois, R., *Du mouvement communal dans le comté de Champagne aux XIIe et XIIIe siècles*, Paris, 1904.

[256] Coq, D., (éd.), *Chartes en langue française antérieures à 1271 conservées dans les départements de l'Aube, de la Seine-et-Marne et de l'Yonne*, Paris, 1988.

[257] Evergates, Th., (Ed. and trans. by), *Feudal Society in Medieval France. Documents from the County of Champagne*, Philadelphia, 1993.

[258] Guilbert, S., (éd.), *Registre de délibérations du Conseil de ville de Reims (1422-1436)*, Reims, 1993.

[259] Longnon, A., *Rôles des fiefs du comté de Champagne sous le règne de Thibaud le Chansonnier (1249-1252)*, Paris, 1877.

[260] Id., *Documents relatifs au comté de Champagne et de Brie, 1172-1361*, Paris, t. 1: *Les fiefs*, 1901, t. 2: *Le domaine comtal*, 1904, t. 3: *Les comptes administratifs*, 1914.

[261] Roserot, Al., Le plus ancien registre des délibérations du Conseil de ville de Troyes (1429–1433), dans *Collection de documents inédits relatifs à la ville de Troyes et à la Champagne méridionale*, t. 3, Troyes, 1886, pp. 163–472.

B: Bibliographie 研究文献

[262] Arbois de Jubainville, H. d'., Recherches sur l'origine du notariat en Champagne, dans *Revue historique de droit français et étranger*, t. 11, 1865, pp. 163–168.

[263] Barbat, L., *Histoire de la ville de Châlons-sur-Marne et de ses monuments depuis son origine jusqu'en 1855*, Châlons-sur-Marne, Roanne, 1855–1860 (1979²).

[264] Barthélemy, Ed. de., *Châlons pendant l'invasion anglaise, 1338–1453*, Châlons-sur-Marne, 1851.

[265] Id., Châlons au XVe siècle, dans *MSACSAM*, 1872–73, pp. 151–157.

[266] Id., *Histoire de la ville de Châlons-sur-Marne et de ses institutions depuis son origine jusqu'en 1848*, Châlons-sur-Marne, 1888.

[267] Bauny, L., Les fortifications de Châlons. Droits de propriété de la Ville, dans *MSACSAM*, t. 19, 1920–22, pp. 295–298.

[268] Bautier, R.-H., Fragments d'un rôle pour la levée d'un subside en Champagne (1340–1341), dans *BEC*, t. 104, 1943, pp. 266–274.

[269] Id., Les registres des foires de Champagne. A propos d'un feuillet récemment découvert, dans *BPH*, 1945, pp. 157–188.

[270] Id., Les principales étapes du développement des foires de Champagne, dans *CRAIBL*, 1952, pp. 314–326.

[271] Id., Les foires de Champagne. Recherches sur une évolution historique, dans *Recueils de la Société Jean Bodin V: La Foire*, Bruxelles, 1953, pp. 97–147.

[272] Id., Les Tolomei de Sienne aux foires de Champagne d'après un compte-rendu de leurs opérations à la foire de mai de Provins en 1279, dans *Recueil de travaux offert à M. Clovis Brunel*, t. 1, 1955, pp. 106–129.

[273] Id., Les Foires de Champagne. Centre de l'Économie internationale

au Moyen Age, dans *VC*, n° 47, 1957, pp. 4-10.

[274] Id., L'Exercice de la juridiction gracieuse en Champagne du milieu du XIIIe siècle à la fin du XVe siècle, dans *BEC*, t. 116, 1958, pp. 29-106.

[275] Bellenger, Y., et Quéruel, D., (dir.), *Les champenois et la croisade. Actes des quatrièmes journées rémoises 27-28 novembre 1987*, Paris, 1989.

[276] Benton, J. F., Philip the Fair and the Jours de Troyes in *Studies in Medieval and Renaissance History*, 6, 1969, pp. 281-344.

[277] Id., (Edited by Bisson, T. N.), *Culture, Power and Personality in Medieval France*, London/Rio Grande, 1991.

[278] Besnier, M., Bibolet, Fr., et alii, *Aube*, Paris, 1994.

[279] Bibolet, Fr., Les institutions municipales de Troyes aux XIVe et XVe siècles (1354-1493), dans *Positions des thèses soutenues par les élèves de la promotion de 1941 de l'École Nationale des Chartes*, 1941, pp. 9-17.

[280] Ead., Le rôle de la guerre de cent ans dans le développement des libertés municipales à Trôyes, dans *MSAA*, t. 99, 1939-1942, pp. 295-320.

[281] Ead., La participation du clergé aux affaires municipales de la ville de Troyes aux XIVe et XVe siècles, dans *MSAA*, t. 100, 1943-1945, pp. 51-70.

[282] Ead., Les assemblées générales des habitants de Troyes aux XIVe et XVe siècles: La Saint-Barnabé, dans *MSAA*, t. 101, 1946-1953, pp. 15-25.

[283] Ead., Réunions du conseil de ville de Troyes aux XIVe et XVe siècles, dans *MSAA*, t. 101, 1946-1953, pp. 31-51.

[284] Ead., Les fonctionnaires royaux à Troyes aux XIVe et XVe siècles, dans *MSAA*, t. 103, 1961-1963, pp. 5-17.

[285] Ead., Le rôle des beffrois au Moyen Age, dans *VC*, n° 402, 1989, pp. 1-11.

[286] Ead., et Collet, B., Les voyeurs à Troyes, dans *VC*, n° 402, 1989, pp. 12-13.

[287] Ead., Rouquet, Ch., Boisseau, A., et E. Saint-Mars, *Histoire de Troyes*, Troyes, 1997.

[288] Bourquelot, F., Fragments de comptes du XIIIe siècle, dans *BEC*,

t. 24, 1863, pp. 51–79.

[289] Id., *Études sur les foires de Champagne, sur la nature, l'étendue et les règles du commerce qui s'y faisait aux XIIe, XIIIe et XIVe siècles*, 2 vol, Paris, 1865.

[290] Boutiot, Th., Recherches sur les grands jours de Troyes, dans *MSAA*, t. 16, 1852, pp. 405–446.

[291] Id., Dépenses faites par la ville de Troyes à l'occasion du siège mis devant Montereau par Charles VII en 1437, dans *Annuaire de l'Aube*, 1856, 2e partie, pp. 23–33.

[292] Id., *Des institutions communales dans la Champagane méridionale au XIIe au XIIIe siècle*, Troyes, 1865.

[293] Id., Décentralisation administrative des mairies, des échevinages et des conseils de ville, depuis le XIIe siècle jusqu'en 1789, dans *MSAA*, t. 34, 1870, pp. 5–29.

[294] Id., Nouvelles recherches sur la cour des grands jours, dans *Annuaire de l'Aube*, 1870, 2e partie, pp. 61–88.

[295] Bur, M., Les relations des comtes de Champagne et des ducs de Lorraine au début du XIIIe siècle, dans *BPH*, 1964, pp. 75–84.

[296] Id., Remarques sur les plus anciens documents concernant les foires de Champagne, dans *Les Villes. Contribution à l'étude de leur développement en fonction de l'évolution économique (Colloque d'octobre 1970 à Troyes)*, Reims, 1972, pp. 45–62.

[297] Id., La frontière entre la Champagne et la Lorraine du milieu du Xe à la fin du XIIe siècle, dans *Francia*, t. 4, 1976, pp. 237–254.

[298] Id., *La formation du comté de Champagne, v. 950-v. 1150*, Nancy, 1977.

[299] Id., et alii., Bibliographie des revues intéressant l'histoire de la Champagne, dans *Études champenoises*, t. 3, 1978, pp. 5–101.

[300] Id., Note sur quelques petites foires de Champagne, dans *Studi in memoria di Federigo Melis*, vol. 1, Naples, 1978, pp. 255–267.

[301] Id., Rôle et place de la Champagne dans le royaume de France au temps de Philippe Auguste, dans *La France de Philippe Auguste. Le temps des mutations*, Paris, 1980, pp. 237–254.

[302] Id., En marge du rattachement de la Champagne au domaine royal.

Les enjeux de la politique territoriale dans les hautes vallées de la Marne, de la Meuse et de la Saône au XIIIe siècle, dans [367] 1986, pp. 1-15.

[303] Chapin, E., *Les villes de foires de Champagne des origines au début du XIVe siècle*, Paris/Genève, 1937 (1976²).

[304] Clause, G., Guilbert, S., et Vaïsse, M., (dir.), *La Champagne et ses administrations à travers le temps. Actes du colloque d'histoire régionale, Reims/Châlons-sur-Marne, 4-6 juin 1987*, Paris, 1990.

[305] Clause, G., et Ravaux, J.-P., *Histoire de Châlons-sur-Marne*, Roanne, 1983.

[306] Collet, B., Le XVIe siècle et la rénovation des fortifications de la ville de Troyes, dans *VC*, n° 359, 1985, pp. 5-12.

[307] Id., Évolution de la fortification, dans *VC*, n° 389, 1988, pp. 10-33.

[308] Id., Le financement de la fortification de la ville de Troyes au XVIe siècle, dans Leroy, P.-E., (rassemblés par), *Le beau XVIe siècle troyen. Aspects de la vie politique, économique, artistique, littéraire et religieuse à Troyes de 1480 à 1550*, Troyes, 1989, pp. 7-22.

[309] Id., Les constructions d'ouvrages et les mises en défense des enceintes urbaines, dans *VC*, n° 445, 1993, pp. 2-29.

[310] Corrard de Bréban, A.-H.-Fr., *Les rues de Troyes anciennes et modernes*, Troyes, 1857.

[311] Couvret, A.-M., Les chartes de franchises concédées par les comtes de Champagne au XIIIe siècle dans la future Haute-Marne, dans [367] 1986, pp. 41-48.

[312] Crozet, R., *Histoire de Champagne*, Paris, 1933.

[313] Crubellier, M., et Juillard, Ch., *Histoire de la Champagne*, «Que sais-je?», 1952.

[314] Crubellier, M., (dir.), *Histoire de la Champagne*, Toulouse, 1975.

[315] Demouy, P., Les voyages des archevêques de Reims aux XIe-XIIe siècles, dans *TAR*, t. 164, 1985, pp. 49-68.

[316] Id., Les archevêques de Reims et les foires (XIe-XVe siècles), dans *Le Marchand au Moyen Age. Actes du 19e Congrès de la Société des Historiens Médiévistes de l'Enseignement Supérieur Public*, Paris, 1992, pp.

81-94.

[317] Demouy, P., et Vuilliez, Ch., (Textes réunis par), *Compter les Champenois. Actes du colloque d'histoire régionale de Reims, 26-27 avril 1996*, Reims, 1997.

[318] Desportes, P., (dir.), *Histoire de Reims*, Toulouse, 1983.

[319] Dupieux, P., Foires de Champagne et drapiers des Pays-Bas, dans *Nouvelles Revue de Champagne et de Brie*, t. 14, 1936, pp. 193-207.

[320] Evergates, Th., The Aristocracy of Champagne in the Mid-Thirteenth Century: A Quantitative Description, in *Journal of interdisciplinary History*, vol. 5, 1974. pp. 1-18.

[321] Id., *Feudal Society in the Bailliage of Troyes under the Counts of Champagne, 1152-1284*, Baltimore/London, 1975.

[322] Id., A Quantitative Analysis of Fiefs in Medieval Champagne, in *Computers and the Humanities*, vol. 9, 1975, pp. 61-67.

[323] Id., The Chancery Archives of the Counts of Champagne: Codicology and History of the Cartulary-Registers, in *Viator*, vol. 16, 1985, pp. 159-179.

[324] Id., Champagne, in Kibler, W. W., and Zinn, G. A., (Eds), *Medieval France. An Encyclopedia*, New York/London, 1995, pp. 190-194.

[325] Héron de Villefosse, R., *Histoires de Champagne et de Brie*, Paris, 1971.

[326] Hubert, J., La frontière occidentale du comté de Champagne du XIe au XIIIe siècle, dans *Recueil de travaux offerts à M. Clovis Brunel*, t. 2, 1955, Paris, pp. 14-30.

[327] Humbert, G., *Institutions municipales et administratives de la Ville de Reims sous l'Ancien Régime*, Paris, 1910.

[328] Guilbert, S., A Châlons-sur-Marne au XVe siècle: Un conseil municipal face aux épidémies, dans *Annales, E.S.C.*, 1968, pp. 1283-1300.

[329] Ead., Relations entre les administrations municipales des villes champenoises pendant la guerre de Cent Ans, dans Clause et alii [304] 1990, pp. 131-140.

[330] Ead., (dir.), *Fêtes et politique en Champagne à travers les siècles. Actes du 2e colloque d'histoire régionale Reims, 15-16 juin 1990*, Nancy, 1992.

[331] Ead., Le recours au prince: villes champenoises et ducs de Bourgogne

au début du XVᵉ siècle, dans Cauchies, J.-M., (dir.), *Les relations entre princes et villes aux XIVᵉ-XVIᵉ siècles: aspects politiques, économiques et sociaux. Actes du Congrès du centre européen d'études bourguignonnes (XIVᵉ-XVIᵉ siècles), Rencontres de Gand (24-27 septembre 1992)*, nᵒ 33, Neuchâtel, 1993, pp. 177-185.

[332] Ead., (dir.), *La Champagne, terre d'accueil de l'Antiquité à nos jours. Actes du 3ᵉ colloque du Centre d'Études champenoises, Reims, 27-28 mai 1993*, Nancy, 1994.

[333] Ead., Migrations de tisserands flamands et picards et agitation sociale à Châlons-sur-Marne au début du XIVᵉ siècle, dans Guyotjeannin [118] 1995, pp. 267-273.

[334] Ead., À Châlons-en-Champagne en 1423, gens de la ville et gens des champs, dans Demouy et Vuilliez [317] 1997, pp. 107-115.

[335] Lalore, L'Abbé Ch., Ce sont les coutumes des foires de Champagne, dans *Annuaire de l'Aube*, 1888, 2ᵉ partie, pp. 63-99.

[336] Lalou, E., Le gouvernement de la reine Jeanne 1285-1305, dans [367] 1986, pp. 16-30.

[337] Laurent, H., Droit des foires et droits urbains aux XIIIᵉ et XIVᵉ siècles, dans *Revue historique de droit français et étranger*, t. 11, 1932, pp. 660-710.

[338] Lebourg, M.-A., Les anciennes fortifications de Reims, dans *TAR*, t. 79, 1885-86, pp. 248-289.

[339] Leconte, M., La frontière occidentale du comté de Champagne aux XIᵉ, XIIᵉ et XIIIᵉ siècles, dans *Revue de Moret et de sa région*, nᵒ 120, 1991, pp. 65-72.

[340] Lefèvre, A., Les finances de la Champagne aux XIIIᵉ et XIVᵉ siècles, dans *BEC*, t. 19, 1857, pp. 409-447; t. 20, 1858, pp. 40-80.

[341] Id., Les baillis de la Brie au XIIIᵉ siècle, dans *BEC*, t. 21, 1859, pp. 179-188.

[342] Id., Du revenu des comtes de Champagne au XIIIᵉ siècle, dans *BEC*, t. 26, 1864, pp. 297-302.

[343] Le Galois d'Aubepierre, J., *Ce qu'on apprenait aux foires de Troyes et de la Champagne au XIIIᵉ siècle, suivi d'une Notice historique sur les*

foires de la Chamapagne et de la Brie (revue et augmentée par Assier, A.,), Paris, 1858.

[344] Liebert, H., *L'Industrie à Troyes à la fin du Moyen Age (XIVe et XVe siècles)*, Diplôme d'Études Supérieures inédit, (s.l., s.d.).

[345] Longnon, J., La Champagne, dans Lot, F., et Fawtier, R., (dir.), *Histoire des institutions françaises du Moyen Age, t. 1: Institutions seigneuriales*, Paris, 1957, pp. 123–136.

[346] Lot, F., L'origine de Thibaud le Tricheur, dans *Le Moyen Age*, 1907, pp. 169–189.

[347] Naud, G., Le comte de Bar, client en foires de Champagne de 1322 à 1328, dans *Annales de l'Est*, 1967, pp. 217–251.

[348] Ozanam, D., Les officiers royaux des bailliages de Champagne de 1285 à 1422, dans *Positions des thèses soutenues par les élèves de la promotion de 1944 de l'École Nationale des Chartes*, 1944, pp. 121–129.

[349] Id., Une institution locale: Les receveurs de Champagne sous l'administration royale (1285–1357), dans *Recueil de travaux offert à M. Clovis Brunel*, t. 2, 1955, Paris, pp. 335–348.

[350] Patault, A.-M., *Hommes et femmes de corps en Champagne méridionale à la fin du Moyen Age*, Nancy, 1978.

[351] Pierre, M.-J., Notes sur les foires de Champagne et de Brie, dans *Congrès archéologique de France, 69e session, Troyes/Provins, 1902*, Paris/Caen, 1903, pp. 423–457.

[352] Poinsignon, M., *Histoire générale de La Champagne et de la Brie depuis les temps les plus reculés jusqu'à la division de la province en départements*, 3 vol, Châlons-sur-Marne, Paris, 1885 (1974^3).

[353] Portejoie, P., *L'ancien coutumier de Champagne (XIIIe siècle)*, Poitiers, 1956.

[354] Racine, P., De Lombardie en Champagne au XIIIe siècle, dans *TAR*, t. 164, 1985, pp. 69–85.

[355] Ravaux, J.-P., Les matériaux de construction utilisés à Châlons-sur-Marne du XIIe au XVIIIe siècle, dans Arnoult, J.-P., (éd.), *Histoire et traditions de Champagne. Mélanges d'ethnographie et d'histoire offerts à Germaine Maillet*, Châlons-sur-Marne, 1979, pp. 169–177.

[356] Id., Histoire topographique de Châlons-sur-Marne (IVe-XVIe siècles), dans *MSACSAM*, t. 95, 1980, pp. 57–87.

[357] Roger, J.-M., Sur le transfert de la foire de la Madeleine de La Perthe à Plancy (1273–1276), dans *Études champenoises*, t. 1, 1974, pp. 120–125.

[358] Id., Note sur le grenier à sel de Bar-sur-Aube à la fin du XVe siècle: Molé et Clairvaux, dans *VC*, n° 258, 1976, pp. 8–10.

[359] Id., Un brevet des foires de Champagne du XIVe siècle, dans *BEC*, t. 141, 1983, pp. 117–121.

[360] Rubaud, R., Bar-sur-Aube au temps des foires, dans *Mélanges d'Archéologie et d'Histoire médiévales dans l'Aube*, n° 2, Hors-Série, 1985, pp. 65–103.

[361] Saint-Denis, A., Un quartier de Châlons-sur-Marne au XIIIe siècle: le ban Saint-Pierre, dans *MSACSAM*, t. 91, 1976, pp. 143–169.

[362] Schönfelder, Al., *Handelsmessen und Kreditwirtschaft im Hochmittelalter-Die Champagnemessen*, Schriften zur Wirtschaftsgeographie und Wirtschaftsgeschichte, 1, Saarbrücken-Scheidt, 1988.

[363] Taittinger, Cl., *Thibaud Le Chansonnier, comte de Champagne*, Paris, 1987.

[364] Thomas, H., Beiträge zur Geschichte der Champagne-Messen im 14 Jahrhundert, in *Vierteljahrschrift für Sozial-und Wirtschaftsgeschichte*, 64-4, 1977, SS. 433–467.

[365] Id., Die Champagnemessen, in Koch, R., (hrsg.), *Brücke zwischen den Völkern. Zur Geschichte der Frankfurter Messe*, 3 Bde, Bd. 1: *Frankfurt in Messenetz Europas. Erträge der Forschung*, Frankfurt am Main, 1991, SS. 13–36.

[366] Waquet, H., *Le bailliage de Vermandois aux XIIIe et XIVe siècles: études d'histoire administratives*, Paris, 1919.

[367] *1285-1985 autour du 7e centenaire du rattachement de la Champagne à la France. La future Haute-Marne du IXe au XIVe siècle, Chaumont 26-27 avril 1985*, dans *Les Cahiers Haut-Marnais*, n° 167, 1986.

[368] Wescher, H., Foires et marchés de Champagne, dans *Les Cahiers CIBA*, 1948, pp. 470–504.

* * *

[369] 大黒俊二「シャンパーニュの大市,その成立過程と内部組織—序説的概観—」『待兼山論叢』13,1979 年,25-47 頁。
[370] 同上「中世南北商業とシャンパーニュの大市—主としてジェノヴァの公証人文書よりみたる—」『西洋史学』119,1981 年,21-43 頁。
[371] 山田雅彦「中世都市トロワの発展と地域流通」『西洋史学論集』21,1984 年,17-36 頁。
[372] 同上「シャンパーニュの初期年市をめぐる諸問題」『西洋史学』136,1985 年,34-53 頁。
[373] 同上「西欧中世都市の起源と年市—A・ロンバール゠ジュルダンの最近の業績をめぐって—」『市場史研究』2,1986 年,81-93 頁。
[374] 同上「13 世紀初頭の流通税表に見るサンスの流通構造—シャンパーニュ大市近接地域における都市と農村—」森本芳樹編著 [575] 1988 年,261-309 頁。
[375] 同上「西欧中世市場論のための一覚書—メリー゠シュル゠セーヌの市場譲渡に関する 1177 年文書をめぐって—」『文学部論叢』(熊本大学) 45,1994 年,93-105 頁。
[376] 渡辺節夫「フランス中世史史料調査報告 I」『香川大学教育学部研究報告第 1 部』46,1979 年,95-174 頁。
[376a] 同上「11・12 世紀の交,北フランスにおける領主支配権の特質」『土地制度史学』92,1981 年,41-59 頁。
[376b] 同上「フランス中世における教会守護権 (advocatio) について」『香川史学』10,1981 年,1-14 頁。
[377] 同上「北部ブルゴーニュにおける在地の動向とシャンパーニュ伯権力—Bar-sur-Aube 地域について—」『史学雑誌』91-2,1982 年,38-72 頁。
[378] 同上「北部ブルゴーニュにおける在地の動向と諸伯権力(上・下)—Bar-sur-Seine, Tonnerre 地域を中心として—」『西洋史学』123,1982 年,43-63 頁;124,1982 年,43-53 頁。
[379] 同上「フランス中世中期における貴族制と親族関係—シャンパーニュ地域の事例について—」樺山紘一編『西洋中世像の革新』刀水書房,1995 年,5-29 頁。
[380] 拙稿「シャンパーニュ大市における慣習的租税の税額表」『市場史研究』

18, 1998 年, 167-177 頁。

[381] 拙稿「中世後期フランス都市行・財政制度の特質—シャンパーニュ諸都市の場合—」田北廣道編著『中・近世西欧における社会統合の諸相』九州大学出版会, 2000 年, 359-391 頁。

[III] Sources et ouvrages concernant l'Histoire de la ville de Provins et de sa région
プロヴァン史関係史料及び文献

A: Sources manuscrites 未刊行史料

Bibliothèque municipale de Provins (Fonds ancien)
プロヴァン市立図書館(古文書所蔵部)

[382] Manuscrit 89: Cartulaire de la ville de Provins.

[383] Manuscrit 92: Cartulaire de Provins, composé par Michel Caillot.

[384] Manuscrits 149-151: Provins. Notes et documents recueillis par Félix Bourquelot pour servir à une histoire de cette ville et rangés par ordre chronologique (t. 3: 1250-1299, t. 4: 1300-1349, t. 5: 1350-1499).

[385] Manuscrit 166: Compte de Frère Pierre de Juilli. Il est transcrit dans [384] t. 4, pp. 196-211 (=Manuscrit 150).

[386] Manuscrit 166: Compte de Pierre Fréron (1451). Il est publié dans Mesqui [393] pp. 257-276.

[387] Manuscrit 167: Marchés pour l'adjudication des travaux des ponts, remparts et fossés de la ville de Provins (années 1367-1370). Ils sont publiés dans Mesqui [393] pp. 233-256.

B: Sources imprimées 刊行史料

[388] Bourquelot, F., *Histoire de Provins*, 2 vol, Provins/Paris, 1839-1840.

[389] Id., Un scrutin au XIVe siècle, dans *Mémoires de la société nationale des antiquaires de France*, vol. 21, 1852, pp. 455-499.

[390] Carrière, V., *Histoire et cartulaire des Templiers de Provins*, Paris, 1919.

[391] Housset, R., Le cens des Cordelières de Provins. Début du XIVe siècle, dans *BHAP*, 1939, pp. 1-124.

[392] *Mémoires de Claude Haton*, t. 1: *1553-1565* (Édition intégrale sous la

[393] Mesqui, J., *Provins. La fortification d'une ville en Moyen Age*, Paris, 1979 (pièces justificatives, pp. 185–276).

[394] Morlet, M.-Th., et Mulon, M., Le censier de l'Hôtel-Dieu de Provins, dans *BEC*, t. 134, 1976, pp. 5–84.

[395] Prou, M., et Auriac, J. de, (éd.), *Actes et comptes de la commune de Provins de l'an 1271 à l'an 1330*, Provins, 1933; *Table des noms de lieux et de personnes*, Montereau, 1935.

[396] Veissière, M., *Une communauté canoniale au Moyen Age: Saint-Quiriace de Provins (XIe-XIIIe siècles)*, Provins, 1961.

[397] Id., (éd. anotées par), Rivot, P.-Cl., Chronique ancienne de Provins, dans *BHAP*, n° 122, 1968, pp. 123–159; n° 123, 1969, pp. 97–116; n° 124, 1970, pp. 95–117; n° 125, 1971, pp. 78–95.

[398] Id., (éd. anotées par), Rivot, P.-Cl., Anecdotes anciennes de Provins, dans *BHAP*, n° 126, 1972, pp. 36–60; n° 128, 1974, pp. 73–100; n° 131, 1977, pp. 35–50; n° 132, 1978, pp. 71–80.

[399] Id., *La collégiale Notre-Dame du Val de Provins au Moyen Age (1193–1359)*, Provins, 1998.

C : Bibliographie 研究文献

[400] Auriac, J. de, Les «Désaveux» à Provins au XIIIe siècle, dans *BHAP*, 1921, pp. 40–48; 1922, pp. 12–34.

[401] Id., Les noms de familles à Provins au XIIIe siècle, dans *BHAP*, 1924, pp. 25–32.

[402] Id., L'origine du nom de Provins, dans *BHAP*, 1926, pp. 13–16.

[403] Id., Les voyages des Maires de Provins aux XIIIe et XIVe siècles, dans *BHAP*, 1926, pp. 21–32.

[404] Id., Le régime municipal à Provins jusqu'à la Révolution, dans *BHAP*, 1937, pp. 1–70; 1938, pp. 71–130.

[405] Baron, Fr., Les possessions hors les murs de l'Hôtel-Dieu de Provins au XIIIe siècle, dans *BHAP*, n° 130, 1976, pp. 45–58.

[406] Bautier, R.-H., Provins et les foires de Champagne, dans Bardon, M., Delahaye, G.-R., Jacquart, J., et Lemaître, N., (Études réunies par),

De l'histoire de la Brie à l'histoire des réformes. Mélanges offerts au chanoine Michel Veissière, Paris, 1993, pp. 153-174.

[407] Bénard, P., Provins d'après un état des possessions des comtes de Champagne et de Brie (1276-1278), dans *BHAP*, n° 135, 1981, pp. 33-45.

[408] Binet, A., Le grenier à sel de Provins, dans *BHAP*, n° 121, 1967, pp. 83-112.

[409] Boisset, Cl., La fabrication des draps à Provins au Moyen Age, dans *BHAP*, n° 137, 1983, pp. 45-52.

[410] Bourquelot, F., Notice historique et archéologique sur le prieuré de Saint-Loup-de-Naud (Seine-et-Marne), dans *BEC*, 1841, pp. 244-271.

[411] Id., Notice sur le manuscrit intitulé Cartulaire de la ville de Provins (XIIIe et XIVe siècles), dans *BEC*, t. 17, 1856, pp. 193-241, 428-460.

[412] Id., Notice sur le Cartulaire des Templiers de Provins (XIIe et XIIIe siècles), dans *BEC*, t. 19, 1858, pp. 171-190.

[413] Id., L'Italie aux foires de Champagne et de Brie, dans *Revue des sociétés savantes*, 1859, 18p.

[414] Id., Renier Accorre, financier et grand propriétaire au XIIIe siècle, dans *BEC*, t. 28, 1867, pp. 64-81.

[415] Bur, M., Provins dans l'histoire de la Champagne du Xe au XIIe siècle, dans *BHAP*, n° 131, 1977, pp. 25-30.

[416] Cailleaux, D., L'implantation des frères mineurs dans le diocèse de Sens au XIIIe siècle, dans *Études bourguignonnes. Actes du 109e Congrès national des sociétés savantes, Dijon, 1984, Section d'histoire médiévale et de philologie*, t. 2, Paris, 1987, pp. 263-302.

[417] Corvisier, C., La grosse tour du comte de Champagne à Provins dite «Tour de César», dans *BHAP*, n° 153, 1999, pp. 105-146.

[418] Desportes, P., Les relations entre Rémois et Provinois aux XIIIe et XIVe siècles, dans *BHAP*, n° 133, 1979, pp. 93-95.

[419] Garrigou-Grandchamp, P., et Mesqui, J., *Atlas historique des villes de France. Provins*, Paris, 1991.

[420] Garrigou-Grandchamp, P., Les maisons cannoniales de Saint-Quiriace à Provins, dans *BHAP*, n° 145, 1991, pp. 65-116.

[421] Godefroy, J., L'Histoire du prieuré Saint Ayoul de Provins et le récit des miracles du saint, dans *Revue Mabillon*, 1937, avril-juin, pp. 94–107; 1938, janvier-mars, pp. 29–48; avril-juin, pp. 84–98; juillet-septembre, pp. 112–125.

[422] Héliot, P., et Rousseau, P., L'âge des donjons d'Étampes et de Provins, dans *Bulletin de la Société des antiquaires de France*, 1967, pp. 289–301.

[423] Jorré, A., Les remparts de la Cité médiévale à Provins (Ville-Haute), dans *BHAP*, n° 126, 1972, pp. 90–98.

[424] Kus, M.-Ch., *Le temporel de l'Hôtel-Dieu de Provins 1170–1300*, Mémoire de maîtrise de lettre sous la direction de Mr. le Professeur Robert Boutruche, Université de Paris IV, 1970.

[425] Lefèvre, E., *Les rues de Provins*, Provins, Bruxelles, 1868 (1979²).

[426] Maillard, Fr., Les habitants de Provins vers 1323, dans *Bulletin de la société national des antiquaires de France*, 1984, pp. 142–145.

[427] Maille, Marquise de., L'Église cistercienne de Preuilly, dans *Bulletin monumental*, 1930, pp. 257–354.

[428] Ead., *Provins. Les monuments religieux*, Paris/Chartres, 2 vol, 1939 (1975²).

[429] Maxe-Werly, L., Essai sur le type de la monnaie de Provins, dans *MSACSAM*, 1877–1878, pp. 217–241.

[430] Mesqui, J., Provins et la fortification des villes au Moyen Age, dans *BHAP*, n° 132, 1978, pp. 51–58.

[431] Id., Notes sur la topographie de Provins à l'époque des foires, dans *BHAP*, n° 135, 1981, pp. 47–54.

[432] Id., Les censiers médiévaux de Provins, dans *BHAP*, t. 139–140, 1985–1986, pp. 65–76.

[433] Id., Le territoire de Provins du XIIe au XVIe siècle, dans *BHAP*, n° 141, 1987, pp. 87–102.

[434] Id., Quelques aspects de l'expansion urbaine dans la ville basse de Provins aux XIIe et XIIIe siècles, dans *BHAP*, n° 143, 1989, pp. 35–46.

[435] Id., Le palais des comtes de Champagne à Provins (XIIe-XIIIe siècles), dans *Bulletin monumental*, t. 151, 1993, pp. 321–355.

[436] Id., Un document fondamental pour l'histoire de Provins et du chapitre Saint-Quiriace entre 1350-1411. Le Livre Pelu (ms. 220 de la Bibliothèque municipale), dans Bardon, M., Delahaye, G.-R., Jacquart, J., et Lemaître, N., (Études réunies par), *De l'histoire de la Brie à l'histoire des réformes. Mélanges offerts au chanoine Michel Veissière*, Paris, 1993, pp. 197-218.

[437] Id., Le cloître Saint-Quiriace et l'organisation du castrum primitif à Provins, dans *BHAP*, n° 147, 1993, pp. 55-77.

[438] Morlet, M.-Th., L'origine des habitants de Provins aux XIIIe et XIVe siècles d'après les noms de personne, dans *BPH*, 1961, pp. 95-114.

[439] Ead., Un censier de l'Hôtel-Dieu de Provins (XIIIe siècle), dans *BHAP*, n° 130, 1976, pp. 43-44.

[440] Opoix, Ch., *Histoire et description de Provins*, Provins, 1823 (1846^2).

[441] Pichon, A., *L'abbaye Saint-Jacques de Provins (1157-1350)*, Mémoire de maîtrise d'histoire médiévale sous la direction de Mr. le Professeur Robert Fossier, Université de Paris I, 1991.

[442] Ead., L'abbaye Saint-Jacques de Provins (1157-1350), dans *BHAP*, n° 146, 1992, pp. 65-74.

[443] Plavinet, P., Les limites boisées au nord de Provins, dans *BHAP*, n° 132, 1978, pp. 21-28.

[444] Richard, L., *Les émeutes à Provins vers 1280, Mémoires de maîtrise soutenu à la faculté de Lettre de Paris*, le 15 oct. 1969, Paris.

[445] Rifaux, P.-L., et Bénard, J.-Fr., *Provins médiéval*, Provins, 1996.

[446] Rogeron, M., L'enceinte de Provins, dans *Congrès archéologique de France. 69e session, Troyes / Provins, 1902*, Paris / Caen, 1903, pp. 489-511.

[447] Touati, Fr.-O., Domus judœorum leprosorum: une léproserie pour les Juifs à Provins au XIIIe siècle, dans Dufour, J., et Platelle, H., (dir.), *Fondations et œuvres charitables au Moyen Age. Actes du 121e Congrès national des sociétés historiques et scientifiques, Nice, 1996, Section d'histoire médiévale et philologie*, Paris, 1999, pp. 97-106.

[448] Veissière, M., (dir.), *Histoire de Provins et de sa région*, Toulouse, 1988.

[449] Id., L'Hôpital provinois du Saint-Esprit, dans *BPH*, 1961, pp. 581–606.

[450] Id., Réforme grégorienne et communautés canoniales. A propos de Saint-Quiriace de Provins, dans *BPH*, t. 2, 1963, pp. 745–756.

[451] Id., La vie économique à Provins au XIVe siècle d'après les noms de ses habitants, dans *BHAP*, n° 124, 1970, pp. 118–121.

[452] Id., Le Grand Hôtel-Dieu de Provins (XIIe-XVIIIe siècles). Quelques travaux récents, dans *BHAP*, n° 130, 1976, pp. 29–38.

[453] Id., Les cartulaires de Hôtel-Dieu de Provins. Édition critique, dans *BHAP*, n° 130, 1976, pp. 39–42 (résumé d'une thèse de l'École des chartes de Dupraz, D., d'après *Positions de thèses de l'École Nationale des Chartes*, 1973, pp. 75–78).

[454] Id., Les possessions *intra muros* de Hôtel-Dieu de Provins au XIIIe siècle (les grandes lignes d'un mémoire de maîtrise de Kus, M.-Ch.,), dans *BHAP*, n° 130, 1976, pp. 59–62.

[455] Id., Provins et ses environs à la fin du XIIIe siècle. A propos d'une publication récente (Censier de l'Hôtel-Dieu de Provins), dans *BHAP*, n° 131, 1977, pp. 31–34.

[456] Id., *Études seine-et-marnaises. Archives et Histoire*, Provins, 1992.

[457] Id., Les manuscrits provinois de Rivot, dans [456] 1992, pp. 95–99.

[458] Verdier, Fr., *Chalautre-la-Grande. Fragments d'histoire du Xe au XVe siècle*, Paris, 1997.

[459] Verdier, P., Renier Acorre, bourgeois de Provins, seigneur de Gouaix au XIIIe siècle, dans *BHAP*, n° 147, 1993, pp. 79–83.

[460] Id., La construction d'une seigneurie dans la Champagne du XIIIe siècle: Renier Acorre, seigneur de Gouaix (1257–1289), dans *Seigneurs et seigneuries au Moyen Age. Actes du 117e Congrès national des sociétés savantes, Clermont-Ferrand, 1992, Section d'histoire médiévale et de philologie*, Paris, 1993, pp. 99–110.

【IV】 Ouvrages d'Histoire générale ou d'Histoire locale
その他参考文献

[461] Aerts, E., Les comptes du duché de Brabant au bas Moyen Age et la

recherche historique, dans *Bulletin trimestriel du Crédit communal de Belgique*, n° 142, 1982, pp. 275-294.

[462] Amargier, P.-P., Autour de la création du conseil de communauté aux Sainte-Maries-de-la-Mer en 1307, dans *BPH*, 1965 (1968), pp. 437-448.

[463] Babeau, H., *Les assemblées générales des communautés d'habitants en France du XIIIe siècle à la Révolution*, Paris, 1893.

[464] *Les bâtisseurs du Moyen Age. Organisation et mode de construction. La pierre, le bois et le métal*, *Dossiers d'Archéologie*, n° 219, Dijon, 1996.

[465] Benoit, P., et Cailleaux, D., (Études réunies et éditées par), *Hommes et travail du métal dans les villes médiévales*, Paris, 1988.

[466] Blieck, G., Contamine, Ph., Faucherre, N., et Mesqui, J., (Textes réunis par), *Les enceintes urbaines (XIIIe-XVIe siècle). Actes du 121e Congrès des sociétés historiques et scientifiques, Nice, 1996, Section archéologie et histoire de l'art*, Paris, 1999.

[467] Bonney, R., (Ed.), *Economic Systems and State Finance*, Oxford/New York, 1995.

[468] Id., (Ed.), *The Rise of the Fiscal State in Europe c. 1200-1815*, Oxford/New York, 1999.

[469] Carolus-Barré, L., Documents inédits sur la commune de Château-Thierry (1239) et sur sa population (1301), dans *Actes du 95e Congrès national des sociétés savantes, Reims, 1970, Section de philologie et d'histoire jusqu'à 1610*, t. 2, Paris, 1974, pp. 89-112.

[470] Carpentier, E., et Le Mené, M., *La France du XIe au XVe siècle. Population, société, économie*, Paris, 1996.

[471] Chapelot, O., et Benoit, P., (Études réunies par), *Pierre et métal dans le bâtiment au Moyen Age*, Paris, 1985.

[471a] Chevalier, B., Pouvoir central et pouvoirs des bonnes villes en France, aux XIVe-XVe siècles, dans Gensini, S., (a cura di), *Principi e Città alla fine del Medioevo. Collona di Studi e Ricerche, 6, 1996*, Pisa, 1996, pp. 53-76.

[471b] Id., Le pouvoir par le savoir: le renouvellement des élites urbaines en France au début de l'âge moderne (1350-1550), dans Petitfrère, Cl., (Textes réunis et présentés par), *Construction, reproduction et représen-*

tation des patriciats urbains de l'Antiquité au XXe siècle. Actes du colloque des 7, 8 et 9 septembre 1998 tenu à Tours, Tours, 1999, pp. 73-81.

[472] Chevrier, G., Caractères méconnus de la tutelle des mineurs dans le droit coutumier récent (XVIe-XVIIIe siècles), dans Revue historique de droit français et étranger, t. 22, 1943, pp. 217-235.

[473] Id., Autorité communale et vie familiale à Dijon aux XIVe et XVe siècles, dans Annales de Bourgogne, t. 16, 1944, pp. 7-14; t. 17, 1945, pp. 231-238; t. 18, 1946, pp. 251-257.

[474] Colpart, L., L'abbaye de Barbeau au Moyen Age, dans Paris et Ile-de-France, Mémoires, t. 46, 1995, pp. 11-90.

[475] Combes, J., Hôteliers et hôtelleries de Montpellier à la fin du XIVe et au XVe siècle, dans Hommage à André Dupont, Montpellier, 1974, pp. 55-81.

[476] Contamine, Ph., L'armement des populations urbaines à la fin du Moyen Age: l'exemple de Troyes (1474), dans Contamine, Ph., et Guyotjeannin, O., (dir.), La guerre, la violence et les gens au Moyen Age, t. 2: Guerre et Gens. Actes du 119e Congrès national des sociétés historiques et scientifiques, Amiens, 1994, Paris, 1996, pp. 59-72.

[477] Contamine, Ph., Bompaire, M., Lebecq, S., et Sarrazin, J.-L., L'Économie médiévale, Paris, 1993.

[478] Coulet, N., Les hôtelleries en France et en Italie au bas Moyen Age, dans L'homme et la route en Europe occidentale au Moyen Age et aux Temps modernes, Flaran, 2, 1982, pp. 181-205.

[479] Id., Propriétaires et exploitants d'auberges dans la France du Midi au bas Moyen Age, dans Peyer, H. C., (Hrsg.), Gastfreundschaft, Taverne und Gasthaus im Mittelalter, München, 1983, pp. 119-136.

[480] Demurger, A., Temps de crises, temps d'espoirs: XIVe-XVe siècles, Paris, 1990.

[481] Derville, A., L'Économie française au Moyen Age, Paris, 1995.

[482] Desportes, Fr., Le pain au Moyen Age, Paris, 1987 (見崎恵子訳『中世のパン』白水社, 1992 年).

[483] Desportes, P., Les communes picardes au Moyen Age: une évolution

originale, dans *RN*, t. 70, 1988, pp. 265-284.

[484] Dubled, H., Aux origines des communes. Les syndics et conseillers de Carpentras du XIIIe au XVe siècle, dans *BPH*, 1965 (1968), pp. 449-462.

[485] Dubois, H., Crédit et banque en France aux deux derniers siècles du Moyen Age, dans *Banchi pubblici, banchi privati e monti di pietà nell 'Europa preindustriale. Amministrazione, tecniche operative e ruoli economici. Atti del Convegno Genova, 1-6 ottobre 1990*, Genova, 1991, pp. 753-779.

[486] Id., Troyes, cité d'accueil au XIVe siècle: Français et Italiens, dans Guilbert [332] 1994, pp. 111-118.

[487] Id., Les foires et l'organisation de l'espace dans le royaume de France au Moyen Age (XIIe-XVe s.), dans *Annali della Facoltà di Sciènza Político*, n° 30, 1993-1994, pp. 127-141.

[488] Dupont-Ferrier, G., Essai sur la géographie administrative des élections financières en France de 1356 à 1790, dans *Annuaire-Bulletin de la société de l'histoire de France*, 1929, pp. 223-390.

[489] Id., *Études sur les institutions financières de la France à la fin du Moyen Age, vol. 1: Les Élections et leur personnel, vol. 2: les finances extraordinaires et leur mécanisme*, Paris/Genève, 1930-33 (1976²).

[490] Id., *Nouvelles Études sur les institutions financières de la France à la fin du Moyen Age, vol. 3: Les origines et le premier siècle de la Chambre ou cour des aides de Paris, vol. 4: Les origines et le premier siècle de la cour du Trésor*, Paris/Genève, 1930-33 (1976²).

[491] Durbec, J.-A., Les premières délibérations des conseils de la ville de Nice en 1454-1457, dans *BPH*, 1965 (1968), pp. 463-506.

[492] Favier, J., (dir.), *XIVe et XVe siècles: crises et genèses*, Paris, 1996.

[493] Favreau, R., Voyages et messageries en Poitou à la fin du Moyen Age, dans *Bulletin de la Société des antiquaires de l'Ouest*, 4e série, t. 13, 1975-76, pp. 31-53.

[494] Id., (éd.), *Aunis, Saintonge et Angoumois sous la domination anglaise 1360-1372. Comptes et pièces diverses tirés des archives anglaises*, Saintonge/Aunis, 1999.

[495] Fédou, R., Les sergents à Lyon aux XIVe et XVe siècles: une institution, un type social, dans *BPH*, 1964, pp. 283-292.

[496] Flammermont, J., *Histoire des institutions municipales de Senlis*, Paris, 1881.

[497] Genet, J.-Ph., (éd.), *L'État moderne: Genèse. Bilans et perspectives. Actes du Colloque tenu au CNRS à Paris les 19-20 septembre 1989*, Paris, 1990.

[498] Goldsmith, J. L., The Crisis of the Late Middle Ages: The Case of France, in *French History*, vol. 9-4, 1995, pp. 417-450.

[499] Gonthier, N., *Cris de haine et rites d'unité. La violence dans les villes, XIIIe-XVIe siècle*, Turnhout, 1992 (藤田朋久・藤田なち子訳『中世都市と暴力』白水社, 1999年).

[500] Grand, R., Un sens peu connu du mot Désaveu en droit coutumier: Le Désaveu de communauté familiale par-devant l'échevinage, dans *Revue historique de droit français et étranger*, 1923, pp. 385-404.

[501] Hayez, M., et Hayez, A.-M., L'hôtellerie avignonnaise au XVe siècle: à propos de la succession de Siffrède Trolhon (1387), dans *Provence Historique*, t. 100, 1975, pp. 275-284.

[502] Hébert, M., *Voce preconia*: Note sur les criées publiques en Provence à la fin du Moyen Age, dans Mornet, E., et Morenzoni, F., (Travaux réunis par), *Milieux naturels, espaces sociaux. Études offertes à Robert Delort*, Paris, 1997, pp. 689-701.

[503] Henneman, Junior, J. B., France in the Middle Ages, in Bonney [468] 1999, pp. 101-122.

[504] Higounet-Nadal, A., Voyages et missions du consulat de Périgueux aux XIVe et XVe siècles, dans *Périgueux. Le Périgord. Les anciennes industries de l'Aquitaine. Actes du XXXe Congrès d'études régionales organisé à Périgueux, 1978*, Bordeaux, 1981, pp. 157-170.

[505] Hilton, R. H., *English and French towns in feudal society. A comparative study*, Cambridge / New York, 1992 (瀬原義生訳『中世封建都市—英仏比較論—』刀水書房, 2000年).

[506] Karpik, L., *Les avocats entre l'État, le public et le marché XIIIe-XXe siècle*, Paris, 1995.

[507] Kerhervé, J., *Histoire de la France: la naissance de l'État moderne 1180-1492*, Paris, 1998.

[508] Labande, L.-H., *Histoire de Beauvais et de ses institutions communales jusqu'au commencement du XVe siècle*, Paris, 1892.

[509] *La construction au Moyen Age. Histoire et archéologie. Actes du Congrès de la Société des Historiens Médiévistes de l'Enseignement Supérieur Public* (*Besançon, 2-4 juin 1972*), Besançon / Paris, 1973.

[510] Lalou, E., Les révoltes contre le pouvoir à la fin du XIIIe et au début du XIVe siècle, dans *Violence et contestation au Moyen Age. Actes du 114e Congrès national des sociétés savantes* (*Paris, 1989*), *Section d'histoire médiévale et de philologie*, Paris, 1990, pp. 159-183.

[511] Lardin, Ph., *Les chantiers du bâtiment en Normandie orientale* (*XIVe-XVIe siècles*) (*Les matériaux et les hommes*), Université de Rouen, 1995, Presses Universitaires du Septentrion, Villeneuve d'Ascq, 2 vol, 2000.

[512] Le Roy Ladurie, E., Système de la coutume. Structures familiales et coutumes d'héritage en France au XVIe siècle, dans *Annales, E.S.C.*, 1972, pp. 825-846 [邦訳: 木下賢一訳「慣習法の体系。16世紀フランスにおける家族構造と相続慣行」二宮宏之・樺山紘一・福井憲彦編『家の歴史社会学』(叢書歴史を拓く。アナール論文選2), 新評論, 1983年, 155-196頁].

[513] Leguay, J.-P., *La rue au Moyen Age*, Rennes, 1984 (井上泰男訳『中世の道』白水社, 1991年).

[514] Id., L'approvisionnement des chantiers bretons en matériaux de construction aux XIVe et XVe siècles, dans [471] 1985, pp. 27-79.

[515] Id., Accidents du travail et maladies professionnelles au Moyen Age, dans *L'Information Historique*, t. 43, 1985, pp. 222-233.

[516] Id., L'Évêque et la Cité aux XIVe et XVe siècles. Exemples bretons et savoyards, dans Bériac, Fr., (Textes réunis par), *Les prélats, l'église et la société: XIe-XVe siècles. Hommage à Bernard Guillemain*, Bordeaux, 1994, pp. 269-283.

[517] Leyte, G., *Domaine et domanialité publique dans la France médiévale* (*XIIe-XVe siècles*), Strasbourg, 1996.

[518] Maugis, E., *Recherches sur les transformations du régime politique et*

social de la ville d'Amiens des origines de la commune à la fin du XVIe siècle, Paris, 1906.

[519] Mollat, M., et Wolff, Ph., *Ongles bleus, Jacques et Ciompi. Les révolutions populaires en Europe aux XIVe et XVe siècles*, Paris, 1970 (1993²) (瀬原義生訳『ヨーロッパ中世末期の民衆運動——青い爪，ジャック，そしてチオンピ——』ミネルヴァ書房，1996年).

[520] Petit-Dutaillis, Ch., *Les communes françaises*, Paris, 1947.

[521] Rigaudière, A., *Pouvoirs et institutions dans la France médiévale. Des temps féodaux aux temps de l'État*, t. 2, Paris, 1994.

[521a] Id., Pratique politique et droit public dans la France des XIVe et XVe siècles, dans *Archives de philosophie du droit*, nouvelle série, vol. 41, 1997, pp. 83-114.

[522] Id., Voyager pour administrer: les émissaires sanflorains en Auvergne et dans le royaume (1393-1394), dans Lardin, Ph., et Roch, J.-L., (Textes réunis par), *La ville médiévale en deçà et au-delà de ses murs. Mélanges Jean-Pierre Leguay*, Rouen, 2000, pp. 291-314.

[522a] Id., Aide aux quatre cas, coutume, droit féodal et droit écrit: Robert de Balsac et ses hommes de Saint-Chamant (1487-1489), dans Paviot, J., et Verger, J., (Textes réunis par), *Guerre, pouvoir et noblesse au Moyen Age. Mélanges en l'honneur de Philippe Contamine*, Paris, 2000, pp. 605-618.

[523] Rossiaud, J., Crises et consolidations: 1330-1530, dans Duby, G., (dir.), *Histoire de la France urbaine, t. 2: La ville médiévale des Carolingiens à la Renaissance*, Paris, 1980 (1998²), pp. 407-613.

[524] Roux, S., *Le monde des villes au Moyen Age, XIe-XVe siècle*, Paris, 1994.

[525] Schneider, H., Aspects de la gestion des finances du duché de Lorraine à la fin du Moyen Age, dans *Annales de l'Est*, t. 49, 1998, pp. 19-50.

[526] Seibt, F., und Eberhard, W., (hrsg.), *Europa 1400. Die Krise des Spätmittelalters*, Stuttgart, 1984.

[527] Sosson, J.-P., *Les travaux publics de la ville de Bruges XIVe-XVe siècles. Les matériaux. Les hommes*, Bruxelles, 1977.

[528] Sosson, J.-P., Thiry, Cl., Thonon, S., et Van Hemelryck, T., (éds.),

Les niveaux de vie au Moyen Age: Mesures, perceptions et représentations. Actes du Colloque internationale de Spa, 21-25 octobre 1998, Louvain-la-Neuve, 1999.

[529] Teyssot, J., Les institutions communales de Riom, XIIIe-XVIIIe siècles, dans *L'Histoire en Auvergne. Revue archéologique et historique*, n° 2, 1995, pp. 63-70.

[530] Tracy, J. D., (Edited by), *City Walls. The Urban Enceinte in Global Perspective*, Cambridge, 2000.

[531] Verhulst, A., et Morimoto, Y., (éd.), *Économie rurale et Économie urbaine au Moyen Age*, Gent/Fukuoka, 1994.

[532] Vidal, A., (éd.), *Comptes consulaires d'Albi (1359-1360)*, Toulouse, 1900 et *Douze comptes consulaires d'Albi du XIVe siècle*, Albi, 1906.

[533] Id., (éd.), Les délibérations du conseil communal d'Albi de 1372 à 1388, dans *Revue des langues romanes*, t. 46, 1903, pp. 33-73; t. 47, 1904, pp. 75-90, 348-373, 535-564; t. 48, 1905, pp. 240-279, 420-470.

[534] Viollet, P., *Les communes françaises au Moyen Age*, Paris, 1900.

[535] Wolff, Ph., Les hôtelleries toulousaines au Moyen Age, dans *BPH*, 1961, pp. 189-205.

[536] Id., *Automne du Moyen Age ou printemps des temps nouveaux? L'économie européenne aux XIVe et XVe siècles*, Paris, 1986 (山瀬善一・尾崎正明監訳『近代ヨーロッパ経済のあけぼの――中世の秋から近代の春へ――(上・下)』晃洋書房，1991-93年).

*   *   *

[537] 朝治啓三・服部良久「概説　危機と再編」朝治啓三・江川溫・服部良久編著『西欧中世史[下]――危機と再編――』ミネルヴァ書房，1995年，1-46頁。

[538] 朝治啓三「王権と諸身分」朝治啓三・江川溫・服部良久編著『西欧中世史[下]――危機と再編――』ミネルヴァ書房，1995年，75-104頁。

[539] 磯谷明徳「コメント――経済学から――」『社会経済史学』63-2，1997年，101-110頁。

[540] 井上泰男「初期ヴァロワ朝の「政治危機」について――「国王顧問会」と「身分制議会」――」『北海道大学人文科学論集』3，1965年，1-38頁。

[541] 同上『西欧社会と市民の起源』近藤出版社, 1976年。
[542] 江川溫「ヨーロッパの成長」『岩波講座 世界歴史8 ヨーロッパの成長』岩波書店, 1998年, 3-75頁。
[543] 近江吉明『黒死病の時代のジャクリー』未来社, 2001年。
[544] 岡村明美「フランス中部におけるコミューヌ運動―シャトオヌフ・レ・トゥールの場合―」『西洋史学報』16, 1990年, 25-42頁。
[545] 同上「中世フランスにおけるフランシーズ文書の系譜と改変」『史学研究』194, 1991年, 71-81頁。
[546] 奥西孝至「ヨーロッパにおける市場の発展と市場経済」『国民経済雑誌』183-4, 2001年, 89-103頁。
[547] 小野善彦「下バイエルンの租税委員会 (1358年) について」『西洋史学』133, 1984年, 36-56頁。
[547a] 小野善彦「上バイエルンの租税令 (1396) について」『岩手大学文化論叢』1, 1984年, 35-61頁。
[548] 河原溫『中世フランドルの都市と社会―慈善の社会史―』中央大学出版部, 2001年。
[549] 酒田利夫『イギリス中世都市の研究』有斐閣, 1991年。
[550] 同上『イギリス都市史』三嶺書房, 1994年。
[551] 同上『イギリス社会経済史論集』三嶺書房, 2000年。
[552] 斎藤絅子『西欧中世慣習法文書の研究―「自由と自治」をめぐる都市と農村―』九州大学出版会, 1992年。
[553] J. シュネーデル (山田雅彦訳)「フランス王国におけるフランシーズ文書の起源―11-12世紀―」[566] 1987年, 124-163頁。
[553a] 鈴木道也「中世盛期フランス王国の慣習法文書―北東フランスを中心として―」『西洋史研究』新輯第22号, 1993年, 83-110頁。
[553b] 同上「中世後期アルザス・ロレーヌ地方における「慣習法文書」と「判告集」」『埼玉大学紀要 教育学部 (人文・社会科学編)』47-1, 1998年, 133-149頁。
[554] 髙橋清徳「フランス絶対王制成立過程における塩税制度 (gabelle du sel) (一)―フランス絶対王制の研究その二―」『法律論叢』(千葉大学) 42-3, 1968年, 77-92頁。
[555] 同上「中世の社会―都市と産業」樺山紘一・柴田三千雄・福井憲彦編『フランス史1』山川出版社, 1995年, 327-383頁。

[556] 田北廣道「14-15世紀西欧における都市と農村―近代都市システムの起点形成―」『経済学研究』(九州大学) 57-5・6, 1992年, 263-276頁。
[557] 同上「世界システム論の史的可能性―先資本主義システム研究の進展を受けて―」細江守紀・濱砂敬郎編『現代経済学の革新と展望』九州大学出版会, 1994年, 239-264頁。
[558] 同上「都市と農村」朝治啓三・江川溫・服部良久編著『西欧中世史［下］―危機と再編―』ミネルヴァ書房, 1995年, 131-156頁。
[559] 同上「中世後期ケルン空間における金融的な中心地システムの形成―「定期金」制度を中心として―」『福岡大学商学論叢』40-3, 1996年, 739-775頁。
[560] 同上『中世後期ライン地方のツンフト「地域類型」の可能性―経済システム・社会集団・制度―』九州大学出版会, 1997年。
[561] 同上「問題提起」『社会経済史学』63-2, 1997年, 1-9頁。
[562] 同上「中世後期ケルン空間における経済・社会・制度―社会統合論としての「市場史」研究に向けて―」『社会経済史学』63-2, 1997年, 56-80頁。
[563] 同上「中世後期ケルン空間における「市場」統合と制度―15世紀ケルン・ノイス間のシュターペル抗争を素材として―」同編著『中・近世西欧における社会統合の諸相』九州大学出版会, 2000年, 287-320頁。
[564] 丹下栄「西欧中世初期における市場の地位―カロリング期パリ地方を中心として―」『社会経済史学』63-2, 1997年, 10-31頁。
[565] 出口裕子「中世後期・近世初期ユーリヒ゠ベルク公領の財政」『早稲田大学大学院文学研究科紀要』46-4, 2000年, 45-55頁。
[566] G. デュビィ, M. ミッテラウアー, J. シュネーデル, G. デスピィ他著（森本芳樹編訳）『西欧中世における都市と農村』九州大学出版会, 1987年。
[567] 中堀博司「中世後期フランシュ゠コンテにおける伯支配と塩の生産・流通―ブルゴーニュ伯による政策史的観点より―」『西洋史学論集』36, 1998年, 41-64頁。
[568] 同上「中世後期ブルゴーニュ伯直営製塩所グランド゠ソヌリの管理体制―ブルゴーニュ公国形成との連関において―」『史学雑誌』110-8, 2001年, 55-83頁。
[569] 野崎直治『ヨーロッパ中世史』有斐閣, 1992年。

[570] 藤井美男『中世後期南ネーデルラント毛織物工業史の研究―工業構造の転換をめぐる理論と実証―』九州大学出版会，1998年．
[571] 同上「近代国家形成過程における都市エリートの学説史的検討―対象と方法をめぐって―」『経済学研究』(九州大学) 66-5・6，2000年，43-65頁．
[572] Ch. プティ゠デュタイイ(高橋清徳訳・解説)『西洋中世のコミューン』東洋書林，1998年．
[573] A. フルヒュルスト(森本芳樹・藤本太美子・森貴子訳)『中世都市の形成―北西ヨーロッパ―』岩波書店，2001年．
[574] 森本芳樹『西欧中世経済形成過程の諸問題』木鐸社，1978年．
[575] 森本芳樹編著『西欧中世における都市゠農村関係の研究』九州大学出版会，1988年．
[576] 森本芳樹「市場史研究の現状と方向―西欧前近代市場の検討から―」『市場史研究』14，1995年，58-61頁．
[577] 山瀬善一「中世末期におけるフランスの貨幣変更(mutatio monetae)の意義」『国民経済雑誌』125-5，1972年，1-20頁．
[578] 同上「14世紀のフランスにおける貨幣変更と国王課税」『広島大学政経論叢』22-1，1972年，29-52頁．
[579] 山田雅彦「北フランス中世盛期の都市゠農村関係に関する研究―1960年以降のフランス学界―」『史学雑誌』95-1，1986年，62-88頁．
[580] 同上「市と交易」江川温・服部良久編著『西欧中世史[中]』ミネルヴァ書房，1995年，151-173頁．
[581] 同上「中世中期における市場と権力―12世紀フランドル伯領を中心に―」『社会経済史学』63-2，1997年，32-55頁．
[582] 同上「安全護送権と封建制の定立―12世紀フランス王領における王権と領主権を中心に―」『文学部論叢』(熊本大学) 65，1999年，51-80頁．
[583] 同上「ヨーロッパの都市と市場」佐藤次高・岸本美緒編『市場の地域史』(地域の世界史9) 山川出版社，1999年，53-89頁．
[584] 同上『中世フランドル都市の生成―在地社会と商品流通―』ミネルヴァ書房，2001年．

参考資料

参考資料

[表1] 13～15世紀プロヴァン略史

年　代	事　　　項
1201	チボー4世(吟遊伯)即位；伯チボー3世妃ブランシュ・ド・ナヴァル摂政就任(～1222年)，仏王の庇護下
1213～1222	チボー4世の伯位継承問題をめぐる内戦(伯アンリ2世の娘フィリッパとアリックスが継承権を要求)；フィリッパは5000 lb.と定期金1200 lb.の支払いで継承権を断念
1227	アリックス，伯位継承権再要求；ブルターニュ伯，マルシュ伯，ブーローニュ伯と共謀し，伯領内に進攻(1228～1230年)；1234年ルイ9世により決着(トゥール貨で40000 lb.と定期金2000 lb.を彼女に支払う)
1230	コミューン文書(チボー4世発給)；都市内における防備強化工事開始
1234	アリックスへの支払いのためにシャルトル，ブロワ，サンセール伯領とシャトオダン副伯領を仏王に売却；チボー4世，ナヴァル王位を継承
1252	1252年文書：1230年文書の確認及び条項の一部修正・追加
1253	チボー5世即位
1268	1268年文書：1230年・1252年文書の確認及び条項の一部修正・追加
1270	アンリ3世即位；小麦・肉・魚の販売を規制する伯文書発給
1273	《新慣習法》文書；税制改革に反対する手工業者・商人の暴動
1274	ジャンヌ即位；イングランド王ヘンリー3世の息子エドモン・ド・ランカストル(アンリ3世妃ブランシュと翌年再婚)摂政位就任(～1284年)
1275	伯妃ブランシュ，ナヴァル王国管理権を仏王に譲渡；女伯ジャンヌ，仏皇太子フィリップと婚約
1280	仏王フィリップ3世，シャンパーニュ諸都市にナヴァル遠征費要求
1281	手工業者反乱；市長ギョーム・パントコト暗殺；即時鎮圧で首謀者処刑；市政官と暴動参加者の追放；コミューン停止；同年6月コミューン再建
1284	ジャンヌ，仏皇太子フィリップと結婚；過去の都市の諸特権確認文書発給
1285	仏王フィリップ4世即位；伯領は王領に併合(正式併合は1361年)；高台区で防備強化工事
1294～1299	フランドル＝ギュイエンヌ戦争
1305～1306	徒弟奉公期間をめぐる織工⇔縮絨工・起毛工の紛争；元市長ジュアン・ド・フォンテーヌ＝リアン逮捕
1310	食糧不足を起因とする手工業者の暴動
1315	パン価格の高騰と貧困の蔓延→手工業者反乱；市内警備区域の細分化(12区域)
1319	市政改革王令(仏王フィリップ5世発給)
1323	都市内で暴動→コミューン停止
1324	都市及び周辺村落住民による住民投票の後，コミューン再建；縮絨工と起毛工の反乱(国王親任官により鎮圧)

年　代	事　　　　　　　項
1327	ガスコーニュ戦争のための援助金の件で《コミューンの反乱者たち》と市政役人とが対立；前市長ロベール・ド・ヴァンシ公金横領事件
1331	モーのバイイとプロヴァンのプレヴォ，市長選出権をコミューンから奪取　仏王フィリップ6世，国王親任官ジャック＝ラ＝ノエにコミューンの負債処理を命令；負債処理委員会招集(1332年12月に負債処理に関する協定確認)
1334	バイイ，コミューンの刑事裁判権を禁止し，罰金徴収権を奪取
1338	トロワ・モーのバイイの調査後，プロヴァン市長・参審人の裁判権回復
1344	国王顧問官ピエール・ド・ヴィレーヌがコミューン成員ジャカン・トリトを贋金作りの咎で投獄・殺害したことに市長が抗議(コミューンに関する最後の言及)
1348	ペスト流行
1349	仏王フィリップ6世，コミューンの鐘奪取を命令；バイイが所有する礼拝堂の鐘に代替
1350	飢饉発生 → 住民暴動；コミューン最終的廃止期(?)
1357	タイユ未納者リスト伝来；都市評議会初出
1358	シャンパーニュ地方三部会開催；下町区を中心に防備強化工事再開(15世紀末まで継続)；イングランド軍の進攻
1359	都市の堀の漁業権獲得；イングランド軍による都市包囲　初代都市守備隊長 Simon de Jouy
1360	都市会計簿伝来；塩税に関する言及初出；都市守備隊長 Denis Chertemps
1367～1370	外堀掘削工事；ぶどう酒税・小麦税徴収請負記録伝来　都市守備隊長 Guillaume dou Plessié
1368	都市守備隊長 Guy de Pontion
1370	イングランド軍の進攻
1375	都市守備隊長 Guillaume de Mortery
1378	イングランド軍による都市包囲
1379	ナヴァル王シャルルの軍による都市占領(同年フランス国王軍(ベリー公指揮)に降伏)
1391	疫病(ペストなど)流行
1399	国王エド徴収権獲得(2年間)
1400	疫病流行
1402	国王エド徴収権更新(2年間)；都市の代訟人職，市長の役目を果たす
1404	ナヴァル王シャルル3世の支配下
1405	1407年までオルレアン公ルイの支配下
1412	都市守備隊長 Gaucher du Chastel；下町区と高台区との囲壁改修・維持費が居住民全体の負担となる；両地区を仕切る市壁については国王・家屋所有者・居住民の3者が負担；疫病流行

1415	都市守備隊長 Pierre de Chailly; 都市を取り囲む12の外堡を夜警
1417	ブルゴーニュ公の支配下
1418	工事監督職《Maître des œuvres》設置; 疫病流行
1426	国王エド徴収権更新
1429	サン゠キリアス参事会教会にシャルル7世とジャンヌ・ダルク来訪
1432	イングランド軍による都市占領; その主導下でドンジョン改修; 1433年に撤退
1436	都市守備隊長 Nicolas de Giresme
1437	国王エド徴収権更新
1444〜1446	国王エド徴収権更新
1451	代訟人 Jehan le Court; 幕壁の一部構築; 国王エド徴収権更新; 都市会計簿伝来
1453	槍隊5隊維持のためにタイユ徴収
1455	国王エド徴収権更新(その後の更新年: 1460, 1470, 1478, 1484)
1459	都市守備隊長 Nicole de Giresme (上記 Nicolas の甥)
1459〜1460	仏王軍駐屯兵士30名のためにタイユ徴収
1467頃	参審人職再設置(4名以下)
1468	疫病流行
1499	疫病流行

230   参考資料

[表2] 文書集成に現れるプロヴァン住民の所有財産（13世紀後半〜14世紀初頭）
※カルチュレールの記載との対照を容易にするために、項目は年代順にではなく記載順に配列している。

番号	年代	分与者	受取人	内容
1	1272 04 11	Ales la Jocée 亡夫 Garnier Joce de Vuleines	Guillot, Estenenet	動産 100s.
2	1272 04 10	Helouis 亡夫 Jaque Douchie	娘婿 Garin, Maron	各自に 20s., 羽毛寝台 1 台、ぶどう畑 3 カルチエ
3	1272 08 10	Rigolez de Hollande		羽毛寝台 3 台、織機 2 台、大箱 6 個、銅製瓶 3 個、フライパン 2 個、ベンチ 2 脚、寝台 3 台、織機の紡ぎ車 2 台、敷物 2 枚、羊毛 1 房
4	1272 04 10	Bardauz de la Marquotiere	Robin, Raoulet, Gilet	ぶどう畑 1 1/2 アルパン、羽布団 3 枚、クッション 3 個、小桶 3 個、ぶどう酒醸造用大桶 3 個、樽 4 樽、小樽 7 樽、大箱 4 個
5	1272 12 27	Dame Felise	Katerine	シーツと敷物付き寝台 2 台、テーブルクロス 5 枚、鍋 2 個、フライパン 2 個、白黒の羊毛布切れ 3 枚
6	1272 05 13	Tiece la Cherronne 亡夫 Jehan le Cherron	Gilet, Jehannaut Maillaut	各自に 30s. その他
7	1272 05 23	Guiarz li Larges	Herbelaut	堀の前の家屋の半分、ぶどう畑 1 カルチエ、Bannos の土地 1 アルパン、大箱 5 個、鷲鳥 2 羽、雛 6 羽
8	1272 05 25	起毛工 Robins li Sourz 妻 Richauz	Jehan	織機 1 台、現金 4s.
9	1272 08 14	Ernous Miniaus de Sourdu	Jehannaut Bousart	家屋、羽布団 2 枚、鯡約 6 万、小麦 2 ス

参考資料　231

10	1272 06 08	Marie 亡夫 Henri Mouton	Jehannaut	チェ, ライ麦1スチェ, 空豆1スチェ, 羽布団1枚, 小クッション1個, シーツ2枚, 大箱1個, 4d. の毛織物2枚, 家屋の半分
11	1272 07 22	Isabiaux 亡夫 Alixandre dou Minaige	子供3人	動産15lb., 羽毛寝合3台
12	1272 08 07	Marie dou Four	Robin	ぶどう畑1/2 アルパン, ぶどう畑の動産, 鮪10万, 羽布団1枚, クッション1個, フライパン2個, 大箱2個
13	1272 08 08	Marie de Vanderez	Martin	家屋の1/4
14	1272 02	Mile le Pevrier と義娘 Gilon との間で Mile の娘故 Jeh' の相続財産分割		Gilon: Cuchermoi の土地5 1/2 アルパンと1アルパン, 土地8アルパン 故 Jehannaut: aus Rues のぶどう畑1アルパン, 土地約7アルパン, Ruperreux の菜園付家屋1軒, 土地4アルパン, Moucenne の水車付近の建物2軒
15	1272 10 17	Jehanz d'Aucerre	Houdeion, Aveline	Houdeion: 土地4アルパン1カルチェ弱, 土地3アルパン, Varoilles のぶどう畑5アルパン, 樽代として現金40lb., 家屋(＝住居)の半分と菜園 Aveline: 土地と囲い地3 1/3 アルパン, Champflori の土地3アルパン, Chantaloe と Varoilles のぶどう畑5カルチェ, 樽代として現金40lb., 家屋(＝住居)の半分と菜園
16	1272 10 17	Thomas Neruez	娘婿の故 Garin Pionnier の子供 Gilet, Gilon	動産の半分のすべて

番号	年代	分与者	受取人	内容
17	1272 10 24	Emeline de Chantereine	Oudet	100s.
18	1272 10 26	Adanz de Cortaon	Oudinet	現金 100s., 羽毛寝台 3 台, 赤ぶどう酒 2 樽, 大箱 1 個, 大瓶 1 個, 織機 1 台, 建物 1 棟, 土地 2 アルパン とぶどう畑
19	1272 10 30	吃音の Estienes de Sainte-Coulomme	Estevenet	土地 とぶどう畑 2 アルパン, 動産すべて: 大箱, 小麦, ライ麦, ぶどう酒, 羽布団, クッション, シーツ, テーブルクロス, 樽, 大樽, 家屋の 1/4
20	1272 12 18	Jehanz Guefiers de Sainte-Coulomme	Estevenant, Perraut	動産すべて, ぶどう畑約 3 カルチェ
21	1272 11 04	Herberz des Rues	Bricet	家屋の半分, ぶどう畑 3 カルチェ, ブドウの木の苗 1 束, 大桶 1 個, ぶどう酒樽 2 樽, 大桶 8 個, 寝台 2 台, フライパン 2 個, 空樽 3 樽, すべての家財道具, 菜園の半分
22	1272 11 07	Guiarz Bourdons	娘婿 Jehᵗ le Large	ぶどう畑 1 カルチェ, 大樽 3 樽, 大箱 4 個, 羽毛寝台 1 台, 雌牛の皮 3 ミリ, 腕豆 1 スチェ, タオル地の衣服 4 枚
23	1272 12 12	Jehanz Labiche de Sourdu	Mace	羽毛寝台 2 台, フライパン 2 個, 小フライパン 1 個, 大箱 2 個, パン捏桶 1 個, ベンチ 1 脚, soilles 2, 盥 1 個, すり鉢 1 個, 椅子 2 脚, その他設備, Sourdeil の家屋の取り分
24	1272 12 31	Miles Parez	Jehᵗ	Jaci 通りの家屋の半分
25	1272 12 31	Agnes de Monteign	Estevenet	ベンチ 2 脚, 大箱 2 個, 椅子, パン捏桶

参考資料　233

26	1273 01 02	亡夫靴屋の Lietarre 妻 Edeline	夫 Thomas de France	1個, 藁寝台1台, シーツ複数結婚に際して, 土地6アルパン, Jouy通りの家屋1軒, すべての取得財産を譲渡ぶどう桶運搬馬2頭, ぶどう桶1, ぶどうが実ったぶどう畑1カルチェ
27	1273 10 01	Pierres Ammiarz	Guillot	寝台1, 羽布団1枚, 羽毛クッション1個, シーツ4枚, 敷物1枚
28	1273 01 29	Perronnelle 亡夫油売りの Pierre	Jeh'	羽布団, クッション, シーツ付寝台, 箪笥ベッド, クッション1個, 大箱1個, 糸40s., プライパン1個
29	1273 02 10	肉屋 Challes, 妻 Berte	Perraute	姉妹へ: 羽毛布団12枚, 羽毛クッション12個, シーツ24枚, 羊毛の房9, 銅製瓶8本, プライパン5個, 錫製板4本, 大鍋1個, 釜1個, 鉄製子犬(おもちゃの1種?), すり鉢1個, 燭台1個, テーブルクロス2枚, 大箱5個, 現金7lb. 4s. 6d., 菜園付建物2棟 Jaquete: 羽毛寝台5台, 羽毛クッション5個, シーツ20枚, 現金4lb. (一亡父の財産相続)
30	1273 02 12	縁飾工 Jehans des arbres 妻 Johanne	妻の妹 Hersant, Jaquete (Jaquete は異父妹)	
31		Simons Reinbauz と室内装飾工故 Richier の娘婿 Jehannez との共有		毛織物乾燥施設2棟, 家屋2軒を分割 (毛織物乾燥施設前と Mellot 通りにある)
32	1273 02 24	Perrauz, 妹 Margue	兄弟 Colet (ou Colauz)	羽毛布団1枚, 詰毛クロス2枚, シーツ10枚, テーブルクロス2枚, タオル1枚, 敷物1枚, 羊毛の房1, 大箱2個, パン捏桶1個, テーブル1台, すり鉢1個,

番号	年代	分 与 者	受 取 人	内　　　容
33	1273 03 22	Marie 亡夫 Tierri Ayoul	Jeh^t	銅製瓶1本、フライパン2個、soilles 2、盥1個、ベンチ1脚、椅子1脚、新しい通りの家屋の1/3、鷲鳥1羽
34	1273 03 27	パン屋 Jehanz li Piquarz	Nicholas Tuebuef	21 lb. で 3 エールの小麦畑と 2 エールの小麦畑を売却
35	1273 08 17	Guerris	Perraut	ぶどう畑 1/2 カルチエ、大箱 1 個、大鉄 1 個
36	1273 05 05	Gautiers de la Faloise	Jeh^t	大鉄 1 個
37	1273 05 07	Emauris Visarz	Margueron	クッション 1 個、大箱 1 個、Plougel 前の家屋の付属建物、衣服
38	1273 05 17	Blanche (亡夫 Jaque Morise)	Colaut	動産 20 lb.
39	1273 10 01	Girarz de Poille	妹 Johanne	Poilli の家屋 1 軒、Croix Boissie の土地 3 カルチエ、ぶどう畑 1/4 カルチエ、現金 15 lb. (この金銭の担保として、有名ぶどう酒 3 樽、大箱 3 個、全動産、すべての負債を持つ)
40	1274 05	Erambours (亡夫パン屋 Michiel)	Perraut, Johanne, Jaquete	動産 60 lb.
41	1274 05 31	娘 Emanjons	父 Girart と母	羽毛寝台 1 台と詰毛寝台 1 台、シーツ 10 枚、テーブルクロス 3 枚、タオル 2 枚、大箱 1 個、パン捏桶 1 個、瓶 2 本、フライパン 1 個、家屋の家財道具類に関して 20s.
42	1274 06 17	母 (亡父 Evrart d'Aujuerre)	Melons	Aujuerre の土地 5 カルチエ、Vilers の土地 5 カルチエ、旧通りの家屋 1 軒の

参考資料　235

43	1274 06 21	父母	Isabelons	²/₃, 寝台1台 Septvielles の土地1アルパン, ぶどう畑3カルチエの半分, 沼地1エニール, 大樽1樽, フライパン1個, 雌牛1頭, 羽布団1枚, クッション1個, 大箱1個, 家屋付属建物1棟
44	1274 07 04	母	Tiebauz Fortin	家屋の半分
45	1274 07 12	Emanjarz la Reine	Hellouison	土地1アルパン, Les Bordes の建物1棟, 羽毛寝台4台
46	1274 07 22	Oudet Berost	Gilez, Ernous, Adine	Adine: Morteri の家屋と菜園の半分, 寝台1台, 大箱1個, フライパン1個, 三脚1個
47	1274 07 21	Jeh. Pichet de Saveigni	Isabelons	大箱1個, 母からの財産相続分
48	1274 07 22	母 (父 Florie)	Isabelons de Choisi	寝台1台, 大箱1個, パン捏桶1個, スコップ1個
49	1274 08 17	Marie (Eude de Mesabon の妻, 故 Alixandre de Brebant の娘)	2人の義理の娘 (夫の連れ子)	240 lb.
50	1274 08 17	Pierres de St Meesme	2人の義理の娘 (故 Jeh.Mignot の子)	120 lb.
51	1274	故 Milet Tourneclo の妻	Jehᵗ, Jaqᵗ	50 lb.
52	1274 09 23	Blanche de Morteri	Isabelon	羽布団, フライパン3個, 大箱1個, パン捏桶1個, 炊事用品
53	1274 10 12	亡夫羊飼いの Thᵗ	Jehᵗ	Saint Jehan の家屋1軒, 土地 ½ アルパン, ぶどう畑 1½ カルチエ, 倉庫の半分, 動産60s, 寝台1台
54	1274 11 03	Jehanz de Nouvaut	Raoulauz, Gaillarz	寝台3台, 大箱3個, ベンチ1脚, パン捏桶1個, フライパン1個
55	Hermant de la Margotiere			

番号	年代	分与者	受取人	内容
55	1274 11 09	Tierris de la Ferté	Henriet	父からの相続物件以外に、現金で 5s.
56	1274 11 18	Guill. de Miauz （妻 Elelon は故 Brice の姪）	Isabel （故 Brice de St Bon の妻）	相続財産の内現金で 18s.
57	1274 10 28	Boidon de Roilli	Huiarz	土地 1 カルチェ
58	1274 11 15	故 Garnier Ferri （2人の妹が右の者の妻）	Guill. de Furnes	Saint Jehan の貧庫、それに属する土地 11 アルパン、フラシッスュ修道会前の毛織物乾燥施設、ドミニコ修道会前の広場
			Herbert de la Noe	採草地、キュロワパン通りの家屋、建物、ぶどう酒搬出税 48s. 分、少額の貢租
59	1274 12 23	父 Hue de l'Orme と母	Jehannauz de l'Orme	土地 3 アルパン
60	1275 08 25	Pierres Randoufles	Helouis de Foretoilles とその相続人	Pigi 村域の土地 3 アルパン、菜園を売却
61	1275 10 20	妻 Lietouis dite Emeraude Tyarz de Mintoi	Jehannet	Mintoi の家屋 1 軒とその表と裏にある菜園
62	1275 04	Estienes de Basoches 亡妻 Bourge	Jehannet	動産 120lb.
63	1275 06 23	Emauri Visart	Saintons, Isabelons	家屋の付属建物 1 棟、耕地 1/2 アルパン
64	1275 06 24	Jehanz de Valermez	Huet de Saint Telier	Mareigni の家屋 1 軒と菜園ともつものすべてを 110s. で売却
65	1275 06 25	同上		土地約 10 ソルデを売却
66	1275 01 20	Isabiaus la Mirouaude	Helisant	寝台 1 台、大箱 1 個、土地 1/2 アルパン
67	1275 01 25	母（亡夫 Estiene de l'Orme）	Perraus	雌牛 2 頭、すべての子牛、ぶどう酒 3 樽、大樽 3 樽、空樽 3 樽、パン捏桶と大箱各 3 個、麦藁籠すべて、動産のすべて
68	1275 03 10	Jehanz Broichiez de Justeigni	Hue de l'Orme	囲い地 1 区画を 40s. で売却

参考資料　237

69	1275 02 27	Henris Denises Guill. Rougiaus de Richebour と妻 Marie	Guill. の妹 Helouis	Pigi の土地約 7 カルチエ 8 ペルシェ, Pigi の Fay の森約 1/2 アルパンを 12lb. で売却
70	1275 03 10	Renauz de Saint Maart de France	Isabelon	母親からの動産相続分から 100s., 織機 3台と羽毛寝台 2台は父親が占有
71	1275 01 03	Pierre Taupin	Herbelauz	ぶどう畑 1 カルチエ, 寝台 1 台
72	1275 03 26	Marguerite 故 Eliot Paguelot の娘	Jaq' Paguelot	Biauvoir の探草地 3 アルペェ 2 ペルシェ, le fossé Laneeur の探草地 1/2 アルパン 10 ペルシェ
73	1275 05 03	亡妻 Helois	日銭稼ぎ Lucas	60s.
74	1275 05 03	Lieion	Marguerons	寝台 1 台, 燭台 1 個, 三脚 1 個, フライパン 1 個
75	1275 05 06	亡夫 Jehan l'Alemant Brocart	Perrauz	貢租付土地 6 アルパン, 家屋, 動産 12 lb., 馬具をつけた馬 1 頭
76	1276 01 11	Jehannez de Savigni	Jairapin de Saint Elyer	土地約 1/2 アルパンを 18s. で売却
77	1276 02 22	Tiecons la Burele	Jehannet	ぶどう酒 1 樽, 寝台 2 台, 大箱 3 個, 空の小樽 2 樽
78	1276 03 13	亡夫 Gilet Traineburel Gilez dou Four	Phelippon, Jaquette	亡母の動産 120lb. の分割
79	1276 04 19	Guilloz Barrez de Roilli	Ales de Roilli	Roilli の家屋 1 軒と囲い地を 4 lb. 10s. で売却
80	1276 03 22	Jaquete 故 Soguet の娘 (Henriez Queue の妻の姪で, 彼が管理)		Buat の建物 2 棟と付属施設, Le Paraclit の建物 1 棟と沼地, 土地 1 1/2 カルチエ, ぶどう畑 1 1/2 カルチエ, boieor 裏の土地 1 カルチエ
81	1276 03 30	Guilloz li Princes	Colet le Prince	住居裏の土地の半分, 60s. までの価値の動産

参考資料

番号	年代	分与者	受取人	内容
82	1276 04 08	母と義父	Jehannez (故 Ansel Viellon の息子)	馬 2 頭、荷車 1 台と馬具、寝合 2 台、小麦を入れた大箱 1 個
83	1276 04 11	Hue de Gouvois	Jehannez	Rumeilli の土地 2 アルパン
84	1276 04 12	父 le bailli de Moulinblas	Jehannez	動産の半分、現金 10s.、Moulinblas の家屋に関して 40s.、外衣 1 着
85	1276 05 01	Jehans Vitez de Chalostre la grant, 妻 Johanne	Ysabellon	Sourduel の土地 1 アルパン、Saint Nicholas 礼拝堂付近のぶどう畑 1/2 カルチエ、寝合 1 台、大箱 1 個
86	1276 05 03	Tiecons Barine de Mesabon	Perret	chemin de perre の土地 1/2 アルパン
87	1276 07 26	Godefroiz Hardiz	Fremi le Suirre	Monteigni の鍛冶場に属する家屋 1 軒を 100s. で売却
88	1276 07 26	Huiarz 故 Boidon の息子	染色工 Jehan	故 Boidon de Rolli の家屋の 1/3 を 40s. で売却
89	1276 08 19	母 (亡夫 Climant Colie)	Marons	羽布団 1 枚、クッション 1 個、シーツ 4 枚、大箱 1 個、家財道具
90	1276 11 23	Thiebaut Hubert de Viulaines	Martins	約 10 lb.
91	1276 12 01	錠前工 Pierre	Loranz	Viulaines と Saint Lou 間の土地 2 アルパン、30s. の衣服
92	1276 12 06	Gilet Chevalier de Montigni	Jaquez, Jehannins	寝合 3 台、大箱 4 個、フライパン 4 個、豚と雌羊 16 頭、油搾り器 1 台
93	1275 10 27	父	Perrez Goudriz	Cortaon の家屋 1 軒
94	1277 01 30	Jaque Brisemur	Gilez	結婚時に母からの相続財産から 100s.
95	1275 05 03	Roberz Chevaliers	Melon, Jehannet, Gilon	500 lb.
96	1275 09 29	Estevenez	Renaut le Champenois	Sordu の家屋 1 軒と菜園を 110s. で売却
97	1277 04	Agnés (亡夫 Raou de Corguiost)	Simonnet	動産 60 lb.

参考資料

98	1277 05 17	Evrart Bance	Julions	家屋1軒、寝台1台
99	1277 05 23	床屋(ひげそり屋) Pierres		Sorduの家屋を占有
100	1276 06 14	故 Robert Pichon	Johanne, Aaliz	20lb.、プロヴァン外の小麦畑
101	1277 02 07	Jehan Bochet de Longuevile	Isabelons	la Roe de Tramizの土地3カルチェ、土地1½カルチェ、大箱4個、寝台2台
102	1277 02 05	故鍋釜工 Jehan	Jehannet Rosselet Jehannet Petit	家屋(複)、菜園、倉庫、それに属する土地50アルパン、採草地3カルチェ、ぶどう畑3カルチェ、ぶどう畑2½アルパン、耕地1アルパン
103	1277 02 21	Jaque d'Anson la vile	Jehannez	住居である家屋と菜園
104	1277 03 01	Oudet de Saint Elier	Jehannet	羽毛寝台2台、フライパン1個
105	1277 03 12	Aceline (亡夫 Pierre de Saint Martin)	Jehanne	動産100lb.
106	1277 03 19	故油売り Oudet	Mabile	現金10lb.、土地3アルパン、羽布団、クッション、シーツ8枚、テーブルクロス4枚
107	1277 04 02	故 Perret Mole	Helissanz	土地1アルパン
108	1277 04 04	Jehannez de Luinart	Perret Bonblé de Boisbordi	Marigni村域の土地½アルパンを35s.で売却
109	1277 05 28	Pierre Loois	Thiebauz	負債の内20lb.まで
110	1277 07 02	Martin de Joy (亡妻 Johanne) (Jehan d'Auceurreの娘)	Jehannin	18lb.
111	1277 07 16	羊毛延伸工 Auberz	Colet, Jehannet	青色毛織物4反、縞毛織物1反、羽毛寝台3台、瓶3本、錫及び金属製のフライパン3個、Molin nuefの家屋の半分、大箱3個
112	1277 06 03	Jehans Hiaumers de Fontenoi	Mathé	土地1アルパン、新築の家屋

参考資料

番号	年代	分与者	受取人	内容
113	1277 08 09	Guill. Pautonniers	Perraut	20lb., 寝台1台、20s. の価格の箱
114	1277 08 14	Gile de Monglat	Remis	Chiejarbe の土地3カルチェ、大鉄2組、圧搾機1台、綿繰り器1台
115	1277 05 14	蠟燭工 Richart de Moret	Bertauz	ぶどう畑1カルチェ
116	1277 08 14	Helluis (亡夫 Raoul de Foretoilles)	Henriet	織機1台、羽毛寝台1台、瓶1本、フライパン1個、soille 1、盥1個、テーブル1台、四脚台、パン捏桶1個、大箱1個、土地10アルパン、動産20lb.、菜園
117	1277 08 27	Jehan Brocart de Boisbordin	Perrauz	Sourduel の菜園付倉庫1棟の半分を4 lb. で売却
118	1277 08 29	Pierre li Papelarz de Sourdu	兄弟 Jehan le Papelart	Pigi 村域の土地3カルチェを50s. で売却
119	1277 09 02	Estienes Salemons	Jehan Maupetit	羽毛寝台2台、大箱3個、ベンチ1脚、小麦2スチェ、ライ麦3スチェ、ぶどう畑2アルパンで収穫したぶどう、薊3万5千
120	1277 09 08	Guioz Pionniers	Estevenet	le Chanoi のそばの土地3カルチェを50s. で売却
121	1277 10 26	Damerons de Pivet	Evrardier de Ruilli	家屋の1/3と菜園
122	1277 09 07	母	Oudez de Sourdu	羽毛寝台1台、大箱1個、羽布団1枚、4lb. までの毛皮付きコート1着、le Piquart の土地1 1/2 カルチェ
123	1277 09 07	Oudez de Sourdu	姉妹 Emelineite	
124	1277 11 21	Hue Bidarz	染色工 Jehan	Chieses の未耕地を20s. で売却
125	1277 11 26	せむしの Gileberz		負債の担保: 寝台2台(羽毛/詰毛)、大

	日付		関係者	内容
126	1277 12 05	Hersanz (亡夫 Bertelot)	Edeline	箱1個, パン捏桶1個, フライパン3個, 馬具 建物2棟, 寝台1台, 大箱1個, 家財道具
127	1277 12 05	石工 Garins	Ysabelon	パン捏桶1個, 小麦畑の半分
128	1277 12 07	酒倉係 Gautiers	Guill. de Paris	負債の担保: Marigniの自宅裏の小麦畑 2アルパン
129	1278 02 06	母 (亡夫 Robert de Tours)	Andriez	羽毛寝台1台
130	1278 02 25	母 (亡夫 Jaque Gourbaut)	Johanne	羽毛寝台2台, パン捏桶1個, 大箱1個, 盤2個, フライパン2個, 銅製板1本, 錫製板1本
131	1278 06 15	Garniers de Choisi an Brie 妻 Marguerite	Ysabelon	寝台1台, 現金40s.
132	1278 03 06	Emanjarz (亡夫靴屋 Milet)	Sebilon	詰毛寝台1台, 大箱1個, フライパン1個, パン捏桶1個
133	1278 03 30	燕麦挽 Hersanz dou Puis-le-conte	Gauteron	寝台1台, 大箱1個
134	1278 04 01	羊革商 Henmeris	Jehannet	高台区の皮売台2台, 現金100s., 寝台1台, 大箱1個
135	1278 05 06	Margurite (亡夫 Nicholas Climent)	Paquete	羽毛寝台1台, 大箱1個
136	1278 05 06	薪計量桝工 Girarz li Bergoingz	Jehannet	5s.
137	1278 05 09	油売り Perronneile de la Pisserote	油売り Perret	20s.
138	1278 08 12	Johanne (亡夫 Augier)	Maron	羽毛寝台11台, プロヴァン産白ぶどう酒1樽, テーブルクロス11枚, 大箱5個, テーブル2台, 錫製板10本, 11本

番号	年代	分与者	受取人	内容
139	1278 09 04	Pierres li Papelarz		の瓶とフライパン1個
140	1278 09 23	母（亡夫 Huguet de Champflori）	Johanne	住居と菜園を13lb.10s.で売却 羽毛寝台2台、シーツと枕12個、ぶどう畑1カルチエと家屋1軒、外套、兎毛裏地の青色外衣、兎毛裏地のコート、フライパン2個
141	1278 09 21	Adan Hasart	Jehannez de la Noe	請負：Boolet の土地 6½ アルパン、毎年13s.
142	1278 09 23	Marie（亡父 Crestiain le Bergoing）	妹とその夫金髪の Girart	30s., 10s. の外套
143	1278	Simonnez（亡父 Michel d'Estivax）	義母 Johanne	木造家屋、石造建物、ヴォールト天井の建物、全菜園、木造家屋前の建物3棟、皮鞣場にある建物5棟、家屋1軒、建物2棟、広場2、広場1、毛織物乾燥施設3棟
144	1278 10 29	Girarz de Poilli	妹 Johanne	売却：プロヴァン産ぶどう酒5樽、雌牛2頭、大樽、大箱、寝台、24 lb.
145	1278 11 11	蠟燭工 Perrez	妹 Bilon	20s.
146	1278 10 30	母（Bourgerée de Boisbourdin の妻）	Aveline	寝台1台、大箱1個、雌羊4頭、動産の半分
147	1278 12 16	染色工 Jehans	Ansel Pourcel	Roilli. Le Chieses の未耕地を28s.で売却
148	1279 02	蠟燭工 Marguerite（縮絨工 Jehannet de Sens の妻）	前亡夫 Jehan le Champenois との息子 Guillemet	100s., 羽毛寝台1台、羽布団、クッション、シーツ4枚、敷物（10s.）で売却
149	1279	蠟燭工 Herbelez（亡父 Guiart）	妹 Jouhanne	大箱4個、菜園のすべての木々を売却

参考資料

150	1279 12 09	フェルト帽工 Henri, 妻 Ysabel	Thiebauz Gasteblez de Dontelli	80 lb.
151	1283 01	Isabiaus le fremie de Pougins	Herriaut	土地1地片
152	1282	Renauz de Chauveri	Emelinon	家屋の付属建物, 寝台1台, 羽布団, クッション, シーツ6枚, テーブルクロス2枚, 大箱2個, 小麦2スチェ, パン捏桶, フライパン, 三脚, 燭台, soille, 雌牛1頭, 外套類
153	1282	Jeufroiz de Ganne, 妻 Edeline	Melinete	Vilers Boneus 村域の土地1アルパン
154	1282 03	仕立屋 Loranz de l'opitail	Jehannet	Nangis のそばの Courdenein の菜園の半分, 現金 30s.
155	1283 10 22	Jehans Jorez d'Ablenai	Delinon	小麦畑3アルパン, 大箱3個, 寝台1台, フライパン, 三脚, soille, 盥, 家屋とその土地
156	1283 10 29	Emenjart (亡夫 Siraut dou minage)	Soufise	la Perriere のぶどう畑1カルチェ, 寝台1台, シーツ6枚, 敷物1枚
157	1283 11 19	泥灰土採り Agnés	Perraute	寝台1台, 羽布団, クッション, シーツ, 敷物 200 lb.
158	1283 09 17	毛織物業者 Jehanz de Verie	Jehannet	寝台1台, 大箱2個, パン捏桶1個, 鞍
159	1283 09 24	Jehannez de Roiz, 妻 Johanne	Colin	馬2頭と荷車1台, 土地1カルチェ付馬1頭と荷車, 雌羊100頭
160	1283 10 07	Gileberz de Mori	Jehannin	建物2棟, 寝台2台, 織機1台
161	1283 07 30	Julieins de Sanliz	Simonnet	織機1台
162	1283 06 04	Jehanz de Boielle	Jehannin	寝台1台, シーツ5枚, 枕1個, エプロン4枚, タオル4枚, 帽子4個, 現金 60 lb.
163	1283 09 20	Pierres de Clermont	Quateline	

参考資料

番号	年代	分与者	受取人	内容
164	1284 01 09	Estiene Musel de Vouton	Jehannez li Picarz	土地 1 カルチェ
			愚か者の Perrinez	土地 1/2 カルチェ
			商人 Jehannet	土地 1 カルチェ
165	1284 02 11	Climanz de Morteri, 妻 Gilons	Margue	Merroles 村城の土地 3 アルパン、家畜 6 頭、雌牛 1 頭、寝台 1 台、大箱 1 個、外套類
166	1284 03 12	Jehanz Gayfier	Rogier	土地 1/2 アルパン
167	1284 06	故 Estiene Husebrese	子供たち	家屋 (複)、建物
168	1284 10 22	Jehanz Bouchuauz de Bauchesi	Simonnet	60s.
169	1284 10 27	縮絨工 Jehanz li Bailliz 妻 Bançons	Jouhanne	寝台 1 台、シーツ 4 枚、敷物 1 枚、大箱 1 個、パン捏桶、フライパン 1 個、テーブルクロス 2 枚
170	1284 10 29	Colauz Savoirs, 妻 Isabiaus	Jaquin, Jehannin	la Bretonniere の家屋の半分、シーツ付寝台 1 台、パン捏桶
171	1284 11 05	Jeubert le Cordelat	Jehannin	シーツと敷物付寝台 2 台、ぶどう酒小樽 1 樽、フライパン 2 個 (1 つは柄なし)
172	1284 05 03	Colauz dou Four	Jehannet	100s.
173	1284 05 08	Aaliz de Langni	Guillot	5s.
174	1284 06 02	Ernous Bouselins	Oudinet	靴 1 足について 2s.
175	1284 07 23	Adanz Grapins	Ansel Chauplume	60s.、大箱 1 個、その留め金
176	1284 08 12	居酒屋 Archambauz	Jehannet	動産 80 lb.
177	1284 05 07	Jehannez de Jutegni	彼らの妹 Gilon	15s.
178	1285 03 03	Raulez li Normanz de Chalaute Johanne de Parz	Perrinet	動産 800 lb.、土地とぶどう畑 25 アルパン、負債約 1000 lb. の 1/3、住居の 1/3

参考資料

179	1285 03 05	Jehannez (亡父 P. dou Four)		雌羊 70 頭 Avugles 橋にある家屋 1 軒、織機 1 台
180	1285 03 12	鍛冶屋 Thiebauz	Jehannet	寝台 16 台、馬 2 頭、鍛冶道具、水差しとスコップ 12 個
181	1285 03 04	染色工 Jehanz	市長 Guill. le Chapelier	クロルバル ド森と Ansel de Quinci の囲い地の間の森 59 アルパンについて 285 1b. を負う
182	1285 03 19	Est. Cornuz	Jeubert	ぶどう畑 1/2 カルチェ
183	1285 01 26	Estienes Buirante, 妻 Marie	Jaquin	建物 2 棟、Espaillart のぶどう畑約 1/2 カルチェ、現金 10 lb.
184	1285 01 31	Jehannez Gourmanz de Sourdu 妻 Gilons dou Mes	Baberon, Tevenin, Jaquin (妻の連れ子)	シーツと掛け布団付きの寝台 1 台、娘に 40s.
185	1285 04 09	Hanris dou Minage	Jehannet	10 lb.
186	1285 03 10	Agnes de Monteier (亡夫 Guill.)	Jehannet, Robin	Monteier 村城の土地各自に 4 アルパン
187	1285 03 19	Houdeons de Sanci	Jehannet	土地 1 アルパン
188	1285 04 19	Isabiaus (亡夫 Baudoin de Messi)	Aleson	寝台 1 台、大箱 1 個、シーツ 6 枚、敷物 1 枚、フライパン 1 個、盥 2 個、三脚 1 個、外套 2 着
189	1285 04 22	Aceline (亡夫 Jeh. Jaquart de Seint Elier)	Giron	Hautebonne の土地 1/2 アルパン、羽毛寝台 1 台、シーツ 4 枚、敷物 1 枚、大箱 1 個、テーブルクロス 2 枚、タオル 2 枚 5s.
190	1285 04 23	Estevenez Pié d'or, 妻 Isabiaus	Th, Dore	各自に小麦 1 ミーヌ
191	1285 04 23	Gilons de Conbles (故 Robert de Manches の義理の娘)	Jehannin, Jaquin 夫 (亡父 Colin Hurtaut)	
192	1285 04 27	鼻革工 Guiarz li Bergoinz	Perrin	小寝台 1 台
193	1285 05 23	Simons a la Boce	Guillemet	小寝台 2 台、釜 1 個、フライパン 2 個
194	1285 05 28	Jehannez li Landriaz	妹 Marion	小麦畑 1/2 アルパン、蓟畑 1/2 アルパン、

番号	年代	分与者	受取人	内容
195	1285 05 28	Jehannez Riboz de Sourdu 妻 Isabiaus	Hanriet, Jehannet	豌豆畑 1/2 アルパン、小麦、シーツと掛け布団付羽毛寝台1台、パン捏桶、大箱2個、フライパン1個、燭台1個
196	1285 06 18	Pierre Gauterauz	Perrin	豌豆畑1アルパン、中庭付き家屋1軒の半分、家財道具 10s.
197	1285 06 19	妻 Jaquaute la Vinchante Estienes Brulez	Jehannin	ぶどう畑 1/2 アルパン、土地 1/2 アルパン、動産すべて、雌牛1頭、雌羊4頭、冬小麦畑 2 1/2 アルパン、燕麦・大麦畑3アルパン
198	1285 08 26	羊飼い Raous de Lumarz	Jehannin, Perraute Emelum	Lumarz の家屋1軒の半分、各自に 5s.
199	1285 08 27	Raous Tetarz de Rouilli		羽布団・クッション・シーツ・掛け布団付き寝台1台、大箱1個、外套代として 20s.
200	1285 09 02	Thiebauz Chiquoz de Vilers	Jaquete	羽布団2枚、クッション1個、大箱2個、パン捏桶、フライパン1個、三脚1個、振子経糸2、すり鉢1個、その他動産、シーツ10枚
201	1285 09 14	蹄鉄工 Jehanz li lorgnes	Perrin	鍛冶場と道具すべて、寝台1台
202	1285 09 16	Jorge Poilletourtel	Jorgant	ぶどう畑 1/2 アルパン、Montegni の土地5カルチエ、倉庫1棟、家屋(複)すべて、家屋の付属建物
203	1285 09 29	Isabiaus Blanchons	Colin	現金 101b.、母が住む家屋の半分
204	1285 10 27	蹄鉄工 Estevenez de Sept-Vielles	Babelon	貨租付き家屋1軒、ぶどう畑3カルチエ

参考資料　247

205	1285 12 03	Helouis la Mullote	Emmion	(貢租3d.付), 動産すべて la fontene de la Roche の土地1カルチェ, 大箱1個, パン捏桶, フライパン1個, 家財道具
206	1286 02 10	Jehanz Brisepein	Robin, Raoulin	保有地, 2年間毎週12d.
207	1286 02 27	Jeufroiz Anyo	先妻 Marguerite との間の子 Jehannin	動産 10lb.
208	1286 03 04	賢女 Houdeons	Colaute	毛皮外套1着
209	1286 03 18	Roberz de Joi, 妻 Luciene	Jehannin 最初の妻 Marie la Corne-Dieu) (亡父	Maregni の土地6アルパン, 倉庫と囲い地, シーツと掛け布団付き寝台2台, テーブルクロス2枚, タオル4枚, 瓶2本, フライパン2個, 手洗い盥2個, 大箱1個
210	1286 06 15	Colauz Savoirs de la Bretonniere, 妻 Isabiaus	Jaquete	建物1棟, 若雌牛1頭, 小麦4スチェ
211	1286 08 26	魚屋 Jehanz, 妻 Pastourelle	Jehannin	10s.
212	1286 04 19	Gilons de Tosac	Jehannin, Lietouis, Maroie	ぶどう畑1アルパン(現物地代7s., 貢租4d.), 長女にシーツと掛け布団付き寝台1台, 大箱1個, 次女に寝台1台
213	1286 05 08	Emanjons (亡父麦打ち人 Otran)	Girart	外套1着
214	1286 05 31	Marons li Moines	Guillemin	50s.
215	1286 07 21	Evrarz Chevrioz	Oudaut	Lumarz の土地5カルチェ
216	1286 07 26	Girart de Seint Omer	Perrin	20s. の価値までのもの
217	1286 08 30	Pierres le Lohoreins, 妻 Huede	Jaquin, Jehannin	各自に寝台1台
218	1286 08 30	Jehan Coinart de Vuilenes, 妻 Edeline	妻の連れ子 Guarnier Joce de Cortaon	小麦1スチェ
219	1286 10 20	Jehanz Bouchins dou Puis-le-	Jehannin Velu	4s. の外衣, 靴1足

248　　　　　　　　　　　　　　　　　　参考資料

番号	年代	分与者	受取人	内容
220	1287 01 13	conte, 妻 Tiecons	Robins	40s.
221	1287 01 13	Jehanz de Sessons	肉屋 Jehannet	Pont Benoit と Torvoie 間の土地約 1/2 アルパン，動産すべて
222	1286 10 18	Isabiaus (亡夫鍛冶屋 Perraut)	Jehannin	シーツと掛け布団付き寝台 2 台
223	1286 11 27	小売商人 Jehanole	Jehannin	Molin Rouge のぶどう畑 1 アルパン，Champflori の土地 3 アルパン
224	1286 09 23	Tomas de Marnai, 妻 Edeline	Jehannet, Thibaudin	長男：織機 1 台，シーツと掛け布団付き羽毛寝台 1 台，現金 20s. / 次男：現金 60s.
225	1282 10 23	欠落	Thiebaut	荷車と馬具をつけた馬 2 頭，小麦約 2 ミュイ，豌豆荷車約 3 台分，羽毛寝台 3 台，大箱 3 個，フライパン 2 個
226	1282 09 18	Raous de Boisertaut	Melon (亡父 Jaque le Breton, Raoul の妹の娘)	71b.
227	1282 09 28	Ernoul Pionier de Sept-vielles	Jehannet	住居付属建物 1 棟，羽布団，クッション 1 個，大箱 1 個，ベンチ，Perriere de Meance のぶどう畑 1 地片
228	1282 09 01	Pierres li Papelarz de Sordu, 妻 Jaquerons		薪束 12 ミリェの代金未払いにより 4lb. 16s. で Sordu の家屋 1 軒を手放す
229	1286 09 23	兄 Adenis, 妹 Tiecons (Renaut de Marnai の子)	お互いを解放	土地 2 アルパン
230	1283 10 05	故 Raoul dou Toquin	妻 Jehannet Guerart dou Toquin	20lb.
231	1282 10 09	Felix de Sordu	Jehannet Aubretin	100s.

参考資料　249

232	1282 10 31	Raoul Jeubelins de Merroles	Emeline la Beirarde	Merroles の菜園を 4 lb. で売却
233	1287 04 11	Loranz de Lechieles	Colin	5s.
234	1282 11 16	Jobert (Feleigni le petit の村役人)	Jaquote	Feleigni の貢租付き土地 3 カルチェ、Molinpré のぶどう畑 2 地片
235	1282 11 15	Jehans Maupetiz, 妻 Johanne	Vincans de la Noe	Pigi の土地 4 アルパン を 19 lb. で売却
236	1282 11 18	Joubert Tricote de Saveigni	Joubert de Boisbourdin	la Mardelle の菜園 1 カルチェ を 7 lb. 10s. で売却
237	1287 06 06	Huiarz Savoir de Rouilli	Jehannin	Rouilliaut 通りの土地 1 アルパン、ぶどう畑 1/2 アルパン
238	1287 06 27	Marie des Hales	Felisant	25 lb.、寝台 1 台、織機 1 台
239	1287 08 21	Meraute (亡夫 Pourpanse)	Jaquin	シーツ、掛け布団付き詰毛寝台 1 台
240	1287 08 22	Rogiers de Boingnecon	Perraut, Jouhanne	織機 1 台、寝台 1 台、掛け布団付き寝台 1 台、白の掛け布団 4 枚敷布団付き寝台 1 台、シーツ 6 枚、大箱 1 個、パン捏桶、木箱、三脚、テーブル、らいこ 1 個、フライパン 2 個 (1 つは柄なし)、三脚、焼き網、1 パントの錫瓶、ぶどう酒用板
241	1287 09 26	大工 Ansiaus、妻 Gilons	Colin	寝台 1 台、シーツ 4 枚、羊毛 1 房、大工道具 1 式 (斧 1、槌 1、錐 2)
242	1287 10 10	Ernous de Merroles、妻 Margueriteе	Ansel, Margueron	土地 2 アルパン、家屋 1 軒、倉庫 1 棟、不動産 1、馬 1 頭、馬具と二輪・四輪荷車、la Mardelle の土地 4 アルパン、Trambloiz の土地 5 1/2 カルチェ、l'ourme au quoic の土地 1/2 アルパン、les marnes de Vauraol の土地 1 カルチェ、雌牛 1 頭、雌子牛 1 頭、大箱と道具入れ 1 式、シーツと掛け布団付きの寝台 1 台

番号	年代	分　与　者	受　取　人	内　　　容
243	1287 11 26	Pierres Trocheruz de Septvielles	Denisaut	Septvielles 村城の土地 1 アルパン（貢租 2d.）、現金 10s.
244	1287 12 08	金貸し Jehannez de la Broce	Jaquet	la Broce 村城の土地 9 カルチェ、小麦 1/2 ミュイ
245	1287 12 19	ピカルディーのパン焼き Jehanz	Godefroi	小麦 1 ミュイ、6lb. の価格の豚 6 頭、寝台 1 台、シーツ 4 枚、羊毛 1 房、馬具
246	1287 11 21	Jehanz de Courtacon	Colin	Courtacon 村城の土地 20 アルパンと採草地 2 アルパン、倉庫 1 棟、菜園付き家屋 1 軒、シーツと掛け布団付きの羽毛寝台 4 台、織機 1 台
247	1287	Isabiaus（亡夫 Jehan le Griois）	Perrin, Jaquin, Marie, Margueron, Johennne Jaquin de Libouein（妻の連れ子）	各自に 100lb.
248	1285 01 26	Est. Buiraute, 妻 Marie	Babelon, Tevenin, Jaquin（妻の連れ子）	建物 2 棟、Espaillart のぶどう畑 1/2 カルチェ、現金 10lb.
249	1285 01 31	Jehannet le Gourmant de Sourdu, Gilons dou Mes	Jehannin, Michelant	シーツ・掛け布団付きの寝台 1 台、40s. [184 番と同じ記述。重複?]
250	1287 02 17	Emeline（亡夫 Girart Flori de Courmenon）		20lb.、冬麦畑 2 アルパンの小麦半分、燕麦畑 9 アルパンの燕麦の半分、60lb.
251	1287 10 24	Emanjart（亡夫 Jeh. de Sessons）	子供	
252	1286	Girarz de Fontene Ruiant	Felipon, Perrin, Jaquete（最初の妻 Nichole との子）	Grés の土地 2 1/2 アルパン（貢租 5d.）、土地 3 カルチェ（貢租 2d.）、Vignetes の倉庫の半分、菜園、建物 1 棟、ぶどう畑 3 カルチェ（貢租 1d.）、羽毛寝台 2 台、羊毛 2 房、シーツ 8 枚、テーブルクロス 4 枚、大箱 2 個、燭台 1 個、銅製板 1

参考資料　251

253	1288	Jehannez Bechuz de Libouein	Jaquin (Fontenoi 主任司祭書記)	本, フライパン 1 個 借金の担保として Libouein 村城の麦畑 2½ アルパン
254	1288 12 22	Isabiaus de Forestailles (亡夫 Tierri de Quarreillon)	Jehannin	10 lb.
255	1288 12 22	染色工 Raous li François 他に兄弟姉妹 2 人	Isabel de Joi 兄弟 Perraut de Vineil の元妻	20s.
256	1288	故 Climant Labelle の妻	故 Jehan Pen の子供	18 lb.
257	1289 01 26	Estevenet Gouguaut → 縄作り Jeuberz de Montegni	Jaquin, Isabelon, Edelon, 兄弟 Gilaut (故 Pierre Gouguaut の子)	21s.
258	1288 02 16	馬市の Perronnelle la Bergouime	屋根葺工 Bertelot	土地・ぶどう畑 1 アルパン, シーツ 4 枚
259	1288 02 13	Pierres de Ganne	Perrin l'abé	7 lb.
260	1288	故 Huet Bonpein	Jehannin	小麦 20 スチエ, 燕麦 5 スチエ, 羽布団 2 枚, クッション 1 個, フライパン 2 個, soille 1, 盤 1 個, 小麦を入れた箱 3 個, パン捏桶, 大箱 2 個, 胡桃 1 ミーヌ, 雌牛 1 頭, 子雌牛 2 頭, 雌羊 30 頭, 小麦 4 スチエ, 現金 16s. 6d., 貢租付き土地 14 アルパン, 小麦畑 4 アルパン
261	1288 09 06	Jehanz Mellins de Sourdu	Jehannin, Perrin	la foretelle の土地 1 アルパン (貢租 ⅓ ob.)
262	1288 09 13	故 Colaut de Foretailles → Avelons de Joi	Colaut の息子 Perrin	100s.
263	1288 08 20	Egnaces de Chansenés (亡夫 Jeh. la Pie)	Milaut, Jehannin, Jaquin	各自に雌牛 1 頭 動産 100s.

番号	年代	分与者	受取人	内容
264	1288 07 24	Gilons de Becherel	Michelaut	5s.
265	1288 07 23	Colins de la Croiz 兄弟 Oudins	互いに与え合う	外套，頭巾，長靴下1足，靴1足
266	1288 05 24	故 Jaque Coulon	Jehannins, Simonnez	30s.，小麦1スチエ
267	1288 06 14	Lietarz Clereveue dou Mes	Gilaut	Maiance から Pruilli にかけて土地1カルチエ，樽1樽，浴槽1台，大桶1個
268	1288 06 14	Raous de Conbles	Evrart	パン捏桶
269	1288 06 21	Guerri Petitbon	2人の子供	100s.，銅製版1本
270	1288 07 09	Marie (亡夫パン屋 Challe)	Angnés	小寝台1台，シーツ2枚，褐色の目の粗い掛け布団1枚，大箱1個，建物1棟
271	1288 07 16	肉屋 Estines Rossignoz	Simonnet, Denisaut	各自に20s.
272	1288 07 16	蹄鉄工 Jehanz de Lion	Jehannin, Jaquete	鍛冶場，100s.，寝台1台
273	1288 10 08	Houdeons la Paillarde de Brei	Jocelin Paillart	外衣1着のために12s.
274	1288 11 12	Perraute la Ribode de Sourdu	Droin	6s.
275	1288 11 06	剪毛工 Jehannez Bidauz 亡妻 Helois la Bidaude	Climent, Perrmnet, Jaqueron	21lb.
276	1288 10 22	Marie dou Gaut (Simon de Guandelluz の妻)	Guill. (前夫故 Guiart de Troies との子供)	大箱1個，4lb.
277	1288 10 25	Gilaute la Moliée de Fontenoi	Jaquinet	倉庫1棟，裏の菜園の半分，Montodein 給水場にある家屋1軒
278	1288 05 07	Osanne (亡夫 Perraut de Chanhuion)	Emanjon	4lb. 10s.
279	1288 05 24	Helouis la Mullote de Pont Benoit	Jehannin, Aaliz	息子：ぶどう畑1カルチエ，住居 娘：寝台1台，大箱1個，土地1カルチエ
280	1288 05 24	桶作り Droanz	Perrin	外衣1着

参考資料　253

281	1288 10 22	イーブルの Guill. Bellinc しだ集めの Johanne (妻)	Marguerée (妻の連れ子)	父が住んでいた家屋 (61b. で買戻)、寝台1台、大箱1個
282	1288 11 02	Jehanz Bonins de Lumarz	Jaquin	小麦畑1アルパン、小麦1スチエ
283	1289 01 28	亡先夫 Denise de Chantemelle 妻 Emeline Lespinciee	Perrin (Colauz Bodins の義理の息子)	16 lb.
284	1289 02 09	故 Guillot Ogier	Perrin (Renaut Ausdences の義理の息子)	52 lb.
285	1289 02 11	Agnés de Lumarz (亡父 Jehan de Chochaus)	Jaquin 亡夫 Jeubert の息子	シーツと掛け布団付きの羽毛寝台1台
286	1289 02 13	父	Jehannez Moriaus, Huanz, Marguerons	土地 5 1/2 アルパンを分割、家屋1軒
287	1289 03 04	Jehanz de Posieres	Johanne	寝台1台、シーツ2枚、敷物、大箱1個、20s.
288	1289 03 18	故 Jehannet dou Molin Rouge	Estevenet	18 lb.
289	1289 04 14	Helois la Blancharde de Changi	Jeufrin, Jehannin	織機2台
290	1289 04 17	Raous de Pleeurre 妻 Gilons de Coulommiers	Aliz	羽毛寝台1台、敷物1枚、シーツ4枚、金属製版1本 (6s. の価値をもつ)、8s. の大箱
291	1289 05 06	Helouis la Saunée	Gilaut	8s.
292	1289 04 07	亡父 Jeubert de Bannos	Colins (Isabel la Françoise の義理の息子)	27 lb. 15s.
293	1289	Jeuberz de Bannos	姪 Babelon, Maron	建物2棟
294	1289 06 10	Jehanz Lonbarz de Boisbourdin	Jehannet le Blonde	Boisbourdin 村域の土地4アルパン、家屋1軒と付属建物、小麦3スチエ、小麦を入れる大箱
295	1289 07 01	Isabiaus la Chiesoie 亡夫革靴工 Renaut	Jehannin と幼い弟 Bourgois, Franquin, Gilaut	Cufière の建物2棟と菜園、道路、Revel の囲い地のぶどう畑 1/2 アルパン

参考資料

番号	年代	分与者	受取人	内容
296	1289 07 01	故 Herbert de l'ospitail	Jehannin	30 lb.
297	1289 07 05	Johanne (Guill. de Chatel Tierri の娘)	Johanne	200 lb.
298	1289 08 03	鍛冶屋 Blanche	Gilaut	10s.
299	1289 08 03	Bordes に住む Est. Fardel de Sourdu	Perrin	鯡 6000、大鉞 1 個
300	1289 08 12	Guarins de Servole	Jehannin	小寝台 1 台とシーツ 2 枚、5s.
301	1289 08 17	故 Denisaut の妻	兄弟 Jaque de Marivas	13s. 6d. 1 ob.
302	1289 08 21	Adanz Toorne, 妻 Emeline	Johanne	la Folie の土地 1 アルパン、小麦 10 スチエ、家屋 1 軒と菜園、シーツと掛け布団付き寝台 1 台、大箱 1 個
303	1289 09 09	Jehanz li Gobiz de Sourdu	Raoulet	土地 1 アルパンでとれる鯡
304	1289 09 23	Hues de Gouvois	Johanne	油搾機 2 組、シーツと掛け布団付き寝台 3 台、胡桃 2 ミュイ、動産の残り
305	1289 10 01	織工 Guarins de Chanetronc	Isabelon	都市内の囲い地にある土地 7 カルチエ の土地 7 カルチエ 75s. 12d.
306	1289 10 24	義母 Johanne (亡夫 Bertaut dou Minache)	Colins	
307	1289 10 28	Oudauz de Chaalons, 妻 Berte (前夫故 Oudaut de Pigi の子)	Adenet, Guarnaut	シーツと掛け布団付き寝台 1 台、大箱 1 個、Bouzancais 門の外にある家屋 1 軒につき 100s. と家屋の半分
308	1289 11 04	亡先夫 P. le Bergoin, 妻 Isabel de Joi, 義父 Robin de Meleroi	Jehannins	50 lb.
309	1289 11 28	Isabelon (亡夫 Baudoin Roti)	娘	6 lb.
310	1289 12 19	故石工 Erart	Katherine	Monteier 癩病院そばの土地 7 カルチエ

参考資料　255

311	1289	Raou le Normant (亡妻 Gilon de Luardon)	Perrin	の半分, la Perriere から le Puis le conte にかけてのぶどう畑 1/2 アルパン, 1/2 カルチェ, Seinte Coulomme の採草地 1 カルチェ, Seint Jehan の広場, Fontenelles 通りの土地付き家屋 1 軒, Merroles の土地 2 アルパン, 新プールの半分 (Seint Jehan の前), 寝台 1 台, 大箱 1 個
312	1289 12 06	Acelot (亡夫 Jaque le Breton) (新夫 Pierres de Seint Aubin)	Melon	100lb., 新しい通りの家屋 1 軒
313	1289 12 23	Thiebauz de Mauni, 妻 Houdearz	Isabelon	7lb.
314	1290 11 03	Jehannez Moriaus de Viez Champoigne	Jaquin, Colin	パン捏桶, 大箱 1 個, 寝台 2 台 (1 つは羽毛), 家財道具
315	1290 08 18	鍛冶屋 Estienes de Seint Elier	Isabelon	Viez Champoingne の家屋 1 軒, その前の広場と木材, Seint Lorant 礼拝堂前の地下室 2 室の宿泊料
316	1290 08 20	Marie de Courfreeing	Colin	Grantchamp の土地 2 アルパン, 寝台 1 台, 大箱 1 個
317	1290 09 09	Jeufroiz Anio 妻 Edeline dou Molin d'Oucle	Perrin, Estenein	8s.
318	1290 11 17	Thiebauz de Lachi, 妻 Helui-	Jehannin, Tieson	ドイツ人通りの建物 8 棟 瓦屋根の家屋 1 軒と中庭 ドイツ人通り近くの家屋 1 軒と建物 1 棟, Seint Martin de Chanetron 村城の土地 12 アルパン, 馬具, 各自に 100lb., 藁葺きの家屋 1 軒, Seint Martin de Chanetron の倉庫 1 棟 動産 Chalemeson の家屋,

番号	年代	分与者	受取人	内容
319	1290 10 16	毛織物業者 Jehan de Verie sanz	Jehannins	20 lb.(母からの動産相続分)
320	1290	織工 Jehanz de Seint Jehan	Jehannin, Seinton, Johanne	3人に 60s., 娘2人には娘合2台 5s.
321	1290 02 17	Berte (亡夫 Guill. Chofe)	Jehannin	Fontenoi のぶどう畑 3 カルチェ, 20 lb., 馬1頭, 馬具, 荷車
322	1290 02 17	ドイツ人 Raoulin, 妻 Isabiaus	Jehannin	Fontenoi のプレヴォ Renaut de Fontenoi から Bois-Seint-Marz の土地1アルパンを購入
323	1290 03 14	Tomas de Chantaloe (la Fontene の石工故 Th. の息子)		
324	1290 03 17	羊皮商人 Marie (亡夫羊皮商人 Perraut)	Guillot, Jehannin	シーツと掛け布団付き寝台1台
325	1290 05 06	Emeloz de Vinacourt (毛皮商 Hanri le Portier の妻)	妹 Margue	シーツと掛け布団付き寝台1台
326	1290 12 11	Jehanz Lacoste	Guillemin	20 lb., 土地26アルパン, 倉庫1棟と菜園
327	1291 01 08	古着商 Jehanz de Seint Jehan	Jaquin	羽毛寝台1台, 40s.
328	1291 01 08	Jaquez de Conbles, 妻 Emeline	Gauteron (前夫故 P. Pifaut との息子)	動産として 70s.
329	1291 01 10	亡父 Gile la Barbiere	Brunete	15 lb.
330	1291 01 24	肉屋 Gilaut Haterel	Maron	青緑色の上着1着
331	1291 03 19	獅子鼻の Estevenez de la Noe 妻 Marie	Johanne	革帯を張った羽毛寝合用の布団
332	1291 03 30	馬の胸前工 Pierres de la Chauciée (亡妻 Johanne de Posieres)	Houdeon	60s.
333	1291 04 02	Agnés de Chatelfort	Jehannin Piz-de-beuf	羽毛寝台1台, 麻シーツ4枚, 羊毛1

参考資料　257

334	1291 07 20	ヴァランシェンヌの Colarz Tonniaus ヴァランシェンヌ出身のドイツ人の兄弟故 Renier Blaret の息子	Jehannin, Johanne	房、現金 30s. 動産として 2 lb. 12s.
335	1291 08 19	Thiebauz de Joi (亡妻 Helois de l'Etre)	Johanne	50s.
336	1291 09 14	Tevenez de Pinaut	Johanne	boiour de Creveceur の裏の土地 2 地片、寝台 1 台、シーツ 2 枚
337	1291	故 Hanri Bone	Guilloz de Chanhuion (Hanri の息子 Hanriez の養育者)	12 lb.
338	1291 11 08	Angnés (亡夫 Thomas de Joi)	Gilon, Perrin, Jaquin	寝台 1 台
339	1291 12 02	Helois (亡夫らいご作り Alein)	3 人の子供	45 lb.
340	1291 12 17	Jehannez li Bergoinz, 妻 Colaute	Poincelin	大蠟燭 2 本、塩 6 個、寝台 2 台、大箱 1 個 Boisbourdin 村域の土地 3 アルパン、ぶどう畑約 ½ アルパン、Boisbourdin のどう畑そばの土地 1 地片
341	1291 12 21	Jehanz Bonblef de Boisbourdin 妻 Eminons	Ernoul	家屋 1 軒、ぶどう畑そばの土地 1 地片
342	1292 01 04	Emangarz de Vuilenes	Gilaut	5s.
343	1292 01 25	Aveline de Viez Chanpoingne	Jehannet	6s.
344	1292 01 25	Johanne (亡夫 Hugaut)	Tomas	40s.
345	1292 01 25	巡礼者 Isabiaus de Richebour	Oudinet	小麦倉庫の半分、そばの菜園、le molin de Choisel の森 ½ アルパン (貢租 3 ob.)、小麦入れの大箱、寝台 1 台、シーツ 4 枚と掛け布団、椅子 1 脚、馬 1 頭、菜園 10s.
346	1292 02 29	Helois (亡夫 Gile de Monciaus)	Jehannin	

番号	年代	分与者	受取人	内容
347	1292 03 23	Emanjart（亡夫 Gile Durin de Varoilles）	Jehannin	土地
348	1292 02 04	Marie Loriaude（亡夫 Jehan Chanpi de Barbonne, 亡父馬具工 Archanbaut）	Guillemin	Seint Ayoul 地区の家屋 1 軒の半分
349	1292 04 11	Jehanz Haie Dieu d'Amillis	Jehannin	6 lb.
350	1292 06 20	故 Fomarie, 故 Amiaute → Pierres de la Cheiene	Margueron	6 lb.
351	1292 06 13	粉挽き Jehanz de Chalaute la petite	Simon	大鉞 1 個, 鉈鎌 1 個, 土地 1 カルチエ, 現金 100 s.
352	1292 06 13	Jehanz Saillanz-bien de Bannos	Jehannin	家屋 1 軒の半分と菜園, Houdebour の土地 3 アルパン, 寝台 1 台, 織機 1 台, 大箱 1 個, パン捏桶
353	1292 06 13	染色工 Renauz de Chalons	Colin, Jehannin	各自に 10 lb.
354	1292 06 27	Simons Fouberz de Joi	Gilet	寝台 1 台, 大箱 1 個, 剪毛鋏 1 個, 現金 100 s.
355	1292 11 06	Emeline（亡夫 Macé de Rupereus）	Jehannin	40 s.
356	1292 07 09	Colauz Savoirs de la Bretonniere, 妻 Isabiaus	Marie	羽布団, クッション, 雌牛 1 頭, 大箱 1 個, 住居 1 軒
357	1292 08 22	Estienes de Tachi	Girart	ruelle des Paliz に隣接するぶどう畑 1 カルチエ
358	1292 08 24	Nicholas de Courceroi 妻 Marie de Trefos	Aleson（妻の連れ子）	寝台 1 台とシーツ 4 枚, 羊毛 1 房
359	1292 11 16	Jehanz de Joi de Boisbourdin	Jehannin, Raoulin	雌羊 13 頭, 馬 1 頭と馬具, シーツと掛

参考資料　259

360	1292 06 06	Jehanz Denises des Courtiux (亡妻 Gilon)	Gilaut, Marguerite	け布団付き羽毛寝台1台 60lb.
361	1293 01 15	錠前工 Gilons	Jehannin	100s.
362	1293 02 05	剪毛工 Tierris, 妻 Marie	Tevenin	衣服代として2s.
363	1293 02 08 ~14	故ふいご作り Alein	Isabelon	15 lb.
364	1293 02 27	パン屋 Jehanz de Choisi, 妻 Maron (亡先夫麦打ち Morel との子供)	Jehannin, Robin	6lb., 羽毛寝台1台, 敷物1枚, シーツ10枚, テーブルクロス1枚, 高級掛け布団2枚, 大箱1個, 錫製瓶2本, 銅製瓶1本, フライパン2個, 大鍋1個, soille 1個, 盥1個, 燭台1個, 焼網1個, 小麦を入れる樽1樽 120lb.
365	1293 02 16	Jehanz Gifez (妻の亡夫 Nicholas l'Alemant との子供)	Emeline	シーツと掛け布団付き羽毛寝台1台, 15 lb.
366	1293 02 20	Lore (亡夫 Guarnier de Boulo-ges)	Jehannin	斧1個, 錐3本, 鋏1個
367	1293 03 26	高台区の Pierres Noquaz	Perrin	Pipeiart 通りの家屋1軒 (貢租1d.), シーツと掛け布団付き羽毛寝台1台
368	1293 03 13	Oudauz de la Broce, 妻 Emenjarz	Margueron, Seinton	
369	1293 04 03	折畳み工 Jehanz Mulloz Luquaute (前夫 Huet Alalievre との息子)	Jehannin	シーツと掛け布団付き羽毛寝台3台, 折り畳み台, 毛羽立て台, 逆毛加工用鉄具1個, 穴空け器16個, 大箱2個, パン捏桶, テーブルクロス2枚, テーブル1台, 紡ぎ車, 糸張り器, 羊毛計量器具 10s., 薄地の毛織上着1着
370	1293 04 03	Andriux Griviaus de Molin d'Oche	Robin Grivel	

参考資料

番号	年代	分 与 者	受 取 人	内 容
371	1293 05 11	Nichole de Conbles (亡父 Est. dou Marchés), 夫(?) Hue le Picart との娘	Emeline	100s., Conbles の耕地 7 アルパン（貢租付）
372	1293 06 12	帽子屋故 Lorin, 妻 Agnés (新夫フェルト帽屋 Pierres de Conbles)	Alixandre	131b.
373	1293 06 12	Martins de Pifrout (最初の妻故 Marguerite との娘)	Bourgaut	家屋 1 軒
374	1293 07 06	Guilloz de Chenoise (亡夫車大工 Adan)	Margueron	小寝台 1 台, 大箱 1 個, 40s. までの価値の家財道具 母の動産から 50lb.
375	1293 08 14	Calebace の娘婿 Jehanz Chevaliers	Jehannin	鉄製武具
376	1293 08 21	Margue de la Fontenelle (亡夫 Guarnier Bourgoise)	Estevenet	耕地 4 アルパン, 小麦 4 スチエ, 小麦とライ麦の混合麦 4 スチエ, 燕麦 4 スチエ
377	1293 08 31	Lietarz Renarz de Seinte Coulomme	Baudin	Travances 村域の土地約 1 カルチエ
378	1293 09 07	Gilons la Pinarde de Fontenoi	Jehannin	鉄製武具
379	1293 10 05	ならず者 Simons, 妻 Isabiaus	Isabelon, Edelaut, Angnés	Marivas の土地 1/2 アルパン 赤ぶどう酒 1 樽
380	1293 10 19	Jaque (亡夫 Jeh. de Nouant)	Jehannin	
381	1293 10 28	Eranbour Buirarde de Monran (亡夫 Ansel de Monran)	Jehannet	Monran の土地 1 カルチエ
382	1293 10 28	縄作り Estienes de Montegni	Jeubert	10lb.
383	1293 11 13	Perraute de Charisi	Perraute, Johanne	シーツと掛け布団付き羽毛寝台 1 台, 各自に大箱
384	1293 12 11	毛皮商 Doucerons	Isabelon	シーツ 6 枚付き羽毛寝台 1 台, 敷物 1

参考資料   261

385	1293 12 18	(亡父毛皮商 Jaquet) Gautiers Petauz de Pontesiau	Colin, Helixant	枚、大箱1個、外套類、小麦2スチエ 羽毛寝台1台、小寝台1台、シーツ8枚、馬具
386	1293 12 18	鍋釜工 Jehannins, 妻 Johanne	Guillemin	10lb.
387	1293 12 18	ドイツ人 Rogiers, 妻 Angnés	Guillemin	Merroles からの道筋の土地2アルパン、Grisi のぶどう畑1/2アルパン、Puis-le-conte の建物1棟、負債10lb.
388	1293 12 18	Pierre dou Bois, 妻 Marie	Johanne	布地6枚、テーブルクロス2枚、羊毛1房、クッション1個、衣服
389	1293 12 21	Pierre Brouaille de Molin neuf	Perrin	小寝台1台
390	1294 01 04	パン屋 Cretieins de Rouilliaut	Tiecon	小麦1スチエ、50s.
391	1294 02 08	Isabiaus de Felegni (亡夫 P. Daridan)	Perrin	シーツ4枚・掛け布団付き羽毛寝台1台、赤ぶどう酒8ミュイ(初物)
392	1294 02 10	織工 Jehanz li Bazeniers (亡妻 Liegon)	Maron	100s., 寝台、羽毛布団と羽毛クッション、シーツ6枚、敷物1枚、テーブルクロス1枚、大箱1個
393	1294 02 24	Simons de Joi, 妻 Emeline	Maronnée (妻の連れ子)	Fontene Ruiant の菜園1、シーツ12枚と掛け布団付き羽毛寝台1台、テーブルクロス6枚、タオル6枚
394	1294 02 24	靴屋 Colauz de Gemeule-seur-Marne	Gilon	6d.
395	1294 03 15	Ernous Fulée de Trefos, 妻 Lietart	Henriet (亡夫 Daniel de Bergues との子)	11lb.
396	1294 03 21	Marie la Minelle de Sourdu (亡夫 Jehan Plate-oreille)	Isabelon	寝台1台、大箱1個、布地2枚、敷物1枚
397	1294 04 03	Philipe de Jaune (亡夫 Jehan le	Jehannin	動産すべて、100s.

番号	年代	分与者	受取人	内容
398	1294 04 23	Munier de Basoches	Jehannin	衣服, 外套, 青色外套, 山羊の毛の外套
399	1294 04 30	Simon de Gurci, 妻 Marons Raous Besace, 妻 Aceline	Jaquin, Martin, Hermant	Vilenes の土地 3 アルパン, Seinte-Coulomme の土地 1/2 アルパン, Farenostier と Seint Legier の土地 2 1/2 アルパン, Seint Lou 修道院のところの土地 1/2 アルパン, シーツと掛け布団付き羽毛寝台 2 台, 雌牛 1 頭
400	1294 05 03	Michiaus Coulons de la Planche aus chiens	Jehannin, Guillemin	各自に 5s.
401	1294 05 17	Adanz de Beraule, 妻 Aalés de Vuilenes	Jehannin	シーツと掛け布団付き羽毛寝台 2 台, パン詰桶, 大箱 1 個, 木箱 1 個, soille 1, 盥 1 個, 頑丈なスユップ 2 個
402	1294 05 17	Estevenins Rochante de Felegni le grant (亡妻 Isabel)	Guarnaut	39 lb.
403	1294 06 14	Evraz Benoiz de Fontenoy	Jaquin	10s.
404	1294 06 18	Marie (亡夫 Berthelin de Liboein)	Gilet	詰毛寝台 1 台, 羽毛クッション 1 個, 大鉄 1 個, 鉈鎌 1 個, 半円鎌 1 個
405	1294 06 18	Jaquot Picart de Sourdu	Isabelon	土地 1 アルパン, 寝台, 大箱
406	1294 07 02	壁土作り Jehan, 妻 Tiecons	Emmion (妻の連れ子)	20s., 羽布団, クッション, 布地 4 枚, 敷物 1 枚, 銅製瓶 1 本, フライパン 1 個
407	1294 07 07	Jehannez Ratanche de Rouilliaut, 妻 Heluis	Jehannin (妻の連れ子)	Bretonniere のぶどう畑 1 地片
408	1294 08 06	Jaques Gouliers	Robins	12 lb.
409	1294 08 16	Thomas des Bordes	Adenin, Perrin	Bordes の建物 4 棟と菜園, 建物の付属

410	1294 08 27	鍋釜工 Raous Bouteroche 妻 Bietriz	Angnés, Marion, Johanne	施設, 各自に大箱, Perrin に家屋にあるものすべてと家畜, 羽毛クッション Seint Ayoul 修道院の収穫物倉庫代わりの家屋1軒（貢租1d.）, 瓶, フライパンなど家財道具
411	1294 09 10	Raous Pau-de-rat de Chalaute la petite 妻仕立て屋 Johanne la Normande	Margueron	100s., シーツと掛け布団付き羽毛寝台1台 Jarrier の土地1アルパン（貢租3d.）
412	1294 09 12	Jehan Favier de Pontesiaus 妻 Hersant	Edelinon	羊毛を梳く櫛1個, 紡ぎ糸, 小寝台1台, 5s., 頑丈なスコップ, 三脚
413	1294 09 17	Hanriez Resons de Vouton	Eranbour, Perraute	大箱, フライパン, 布地4枚
414	1294 10 04	Emauri Freier de Sept-Vielles	Gilon	外套1着のために10s.
415	1294 10 22	Jehannez Choliers, 妻 Johanne	Isabelons, Perrin	羽毛寝台1台, 布地4枚, 羊毛1房, 敷物1枚, 銅製瓶1本, 頑丈なスコップ, 大箱, Perrin: 羽毛寝台1台, クッション1個, 布地6枚, 敷物1枚, フライパン2個, パン捏桶
416	1294 11 12	亡父 Jehan Herouart → Colins de Cloie	息子	700lb.
417	1294 11 26	Gilons（亡夫 Berthelot de Treignel）	Raoulin	40s.
418	1294 12 05	Renauz Hasarz li jeunes（亡妻 Perrin de France）	子供たち	動産として400lb.
419	1294 12 06	母 Margueron（亡父 Estevenet Eliot）	Aveline la Michelle de Boi	祖父の相続財産分割: 母は耕地 3 1/2 アルパン（貢租2d. 1/2 ob.）, 収穫したい小麦の1ボワセル, 倉庫の 1/4, Boui の家屋

参考資料

番号	年代	分与者	受取人	内容
420	1294 12 06	Jehanz li Rois de Molin d'Oucle	Jaquin	の付属施設の半分と菜園の付属施設すべて、Molin d'Oucle の住居と付属建物
421	1295 01 10	肉屋 Basins、妻 Jaquerée（亡夫 Girart Climant）	Johanne, Maronnin（妻の連れ子）	動産すべて、20 lb.、羽布団 5 枚、羽毛クッション 5 個、シーツ 30 枚、敷物 3 枚、セージ織物 1 枚、テーブルクロス 8 枚、枕 4 個、釜 3 個、物を溶かすための大きなフライパン 3 個、柄付きフライパン 2 個、錫製板 3 本
422	1295 01 06	Lorons de Sourdu（亡夫荷車引きの Jeh. de Sourdu）	Jaquin	瓶 10 lb.
423	1295 02 09	織工 Nicholas li François	Baudin	織機 1 台、20s.
424	1295 02 16	Eideline（亡夫 Jeh. Bourgoise de Vileines）	Margeron	Vileines の土地 1 アルパン、雌牛 1 頭、寝台 1 台、ベンチ 1 脚、パン捏桶、小麦を入れる大箱
425	1295 02 18	Pierre Jaquaires 亡妻 Margerite（故 Jeh. Mignot の娘）	Jehannin, Perrin, Joanne Perraute, Margeron	動産として 80 lb.
426	1295 03 07	毛織物業者 Jehan de Verie 亡妻 Isabiau（故 Renier de Bannos の娘）	Perrin, Maron	240 lb.
427	1295 02 25	義母 Gilon（亡夫 Tevenaut de Trois）	息子 Drois	青色外衣 1 着
428	1295 04 08	靴直し Perraut dou moulin Mosanne	妹 Margeron	寝台 1 台、シーツ 4 枚、現金 20s.

参考資料

429	1295 04 18	Perraut Mouilla de Pougnis	Margeron	大箱1個、寝台2台、フライパン1個、三脚、紡ぎ車1個、Septvieles 村域の土地 1/2 アルパン
430	1295 04 13	Simons dou Chanpelet	Joanne	トロワ門の外の土地10リブラ
431	1295 04 21	Isabelons、夫 Felipon de Baingnecon	Raoulin Estoupe	Raoulin Estoupe の妻 Joanne の相続財産、すべての動産、15s.
432	1295 04 27	Evras de Chalemeson	Babelon	Reinart の土地2アルパン (貢租2d. p.)、Chalemeson のぶどう畑 1/2 アルパン (貢租6d.)、羽布団・クッション・掛け布団・シーツ付き寝台1台
433	1295 04 28	Jaques Lacorre	Perrin	亡父母の相続財産から50lb.
434	1295 05 25	Jeh. de Cormerom	Jehannin	40lb., Horlande 門そばの家屋1軒の賃貸料
435	1295 05 27	Est. Pleons de Chalemeson	毛皮商 Jehannin	Chalemeson 村域の土地約 1/2 アルパン (貢租1ob. p.)、Chalemeson の家屋1軒の半分 (貢租1ob. p.)
436	1295 06 03	Jaquaute de Chenoise	Perrin	Perruneille 夫人の中庭の家屋1軒の半分
437	1295 06 25	Symonin Barbarin、妻 Eidelime (亡夫 Lorant Morel)	Perrin (妻の連れ子)	15 lb.
438	1295 06 10	Est. Ii Sures de Chenoise	Th.	小麦2スチエ、Seinoise の土地 1/2 アルパン (貢租3d.)
439	1295 06 18	Marie (亡夫鞘付きの Simon)	Lorant	羽毛褥台1台、シーツ4枚、敷物1枚、フライパン2個、パン捏桶、大箱1個 70 lb.
440	1295 07 04	Eimeline (亡夫 Jeh. dou Four)	Margerite	
441	1295 07 20	Jehannaut Boutant de Ste Coulonme	Colin	Charpotiere 村域の土地 1/2 カルチェ (貢租 1/4 d.)、大鉄1個

参考資料

番号	年代	分与者	受取人	内容
442	1295 07 22	Isabiaus (亡夫靴屋 Renier)	Jaqueite	寝台1台, 大箱1個, シーツ6枚
443	1295 07 22	Thomas Panlevez de Septvielles	Perrin	Septvielles の家屋1軒 (貢租1 ob.), Maance のぶどう畑1カルチェ (貢租1 d.), Maaince の採草地と土地3カルチェ (貢租3 d.), 寝台1台
444	1295 07 24	Marie la Renbaude	Colin	100s.
445	1295 08 12	Guiars de la loige, 妻 Heilouis	Perrin	動産, 馬1頭, 燕麦 1/2 ミュイ, 複数の家屋の賃貸料として40s. (1289. 3. 16 から6年間だけ)
446	1295 08 28	Raous Bades de Roulli	Jehannin	ぶどう畑1カルチェ, 混合麦1スチェ, 寝台1台
447	1295 09 09	Heilouis (故 Oudin Metrat de Longevile の娘)	Jaquin	20s.
448	1295 09 09	Jaqaut li mouffat de Sourdu	Oudin	Sourdu の土地の半分 (貢租5 d.), 鋤, 大鉄1個
449	1295 09 16	織工 Jeh. li Tainturiers	Jaqueite, Joanne	寝台2台, シーツ4枚, 大箱1個
450	1295 09 28	Nicolas Salaut, 妻 Joanne	Margeron	羽布団1枚, クッション1個, シーツ6枚, 敷物1枚, 大箱1個
451	1295 10 07	Herbelaut dou molin le preot	Melinante	10 lb.
452	1295 10 19	Joanne (亡夫 Guillot Frerom)	Raoulin	外衣1着, 大箱1個
453	1295 10 21	Thomas la Rue des Courtius	Isabelon	Hautes のぶどう畑1カルチェ (貢租1 d.)
454	1295 10 21	Jehannaut Fantegni	Jehanninnaut	外衣1着, 外衣1着
455	1295 10 21	革鞣工 Thomas	Michelin	8 lb. 2 s., 40 s. の衣服
456	1295 10 28	菓子屋 Jeh. de Paris	Jaquin	20 lb.
457	1295 10 28	弓加工 Vieiex	Jehannaut	5 s.

参考資料   267

458	1295 10 31	綿繰りエ Hanris	Melons	小箱2個、詰毛寝台1台、シーツ6枚、馬具
459	1295 11 10	洗濯屋 Pierres dou jardin au ma-richaus	Renaut	Renaut から父親に家屋1軒の半分
460	1295 11 11	Marions (亡夫 Béehaut)	Gilons	クッション1個、フライパン1個、馬具
461	1295 11 11	Giles de Ormay, 妻 Isabiaus	Colaute	寝台1台
462	1295 11 23	父 Colaut de Joy → Jehannaut de Rosoi	Perraute	60s.
463	1295 12 16	薔薇作り Est. de Feulegni-le-Grant, 妻 Jaquaute	Isabelon	9lb. 10s.
464	1295 12 22	Raous Badez de Roulli	Guillemin	7lb.
465	1295 12 21	ヴァランシエンヌの Colart Ton-niaus	Johanne (兄弟ヴァランシェンヌの故 Renier Blaret の娘)	22lb. 12s.
466	1295 12 25	Jehannins Desprais	妻の妹で故 Jeh. le Piquart の娘	71s. と30s. の価値を持つ寝台1台と敷物1枚
467	1296 01 27	Mabille, 新夫 Jeh. de Villega-gnon (前夫故 Pierre Lantant との息子)	Jehannin	動産140lb.
468	1296 03 05	Renaus de Chancenés	Perrin	10s., Buat 門付近の家屋1軒 (貢租 9d.)
469	1296 03 05	亡夫 Pierre Lapie (亡妻 Marge-rite) 妻は故 Felipe de Vodoi の娘	Jehannin, Perrin	40lb.
470	1296 03 05	Denisaut dou Bois Sent Pere, 妻 Isabiau (故 Ermangart la Frasée の娘)	Michelin	60s.
471	1296 03 05	故 Est. le Godois, Gileite (亡父肉	Jehannins, Girars, Tevenis	20s.

番号	年代	分与者	受取人	内容
472	1296 03 09	屋 Jeh. de Sourdu の娘 Guillot de Neufmoutier, 妻 Joanne (Bourge Biauman の娘)	Joanne	10lb.(内, 50s. は, Paraclit の菜園の半分に関して要求された)
473	1296 03 30	Heilouis de Faremoutier (亡夫 Pierre Quarré の妻)	Jaqueite	20s.
474	1296 03 31	Guillot dou Bourneuf	Jehannin, Jaquaute, Joanne	鞍のカヴァー, U字型金属器具, 仕事用道具, 羽毛寝台5台, 大箱, 盥6個, 100s. の馬1頭, Boisertaut の土地10 アルパン (貢租 32d.), Pougnis の土地1 アルパン (貢租 1d.)
475	1296 04 06	Jeh. de Bannos (亡妻 Marie)	子供たち	90lb.
476	1296 04 20	Jaquet Quoignars de Wileines	Jehannin	混合麦1スチエ, Sent Remi 様式の外衣1着
477	1297 02 22	Emeline (亡夫 Colaut de la Porte)	Heluisant, Johanne, Colins	各目に 12d.
478	1297 03 08	Jehan de Bannos	妹 Jehannin, Margueron (故 Robert Galemiche の子)	80lb.
479	1297 03 08	Marie la Badeniere	Jehannin	大箱1個, 鞍2個
480	1297 03 22	Symons de St Ylier, 妻 Marie	Perraute	Comblel 村域の土地5 カルチエと小麦 (貢租 4d.), 結婚のために 60lb.
481	1297 03 22	黒い Bardous de Roilli	Maron	羽布団とクッション付き寝台1台, シーツ4枚, 掛け布団, 雌牛1頭, Oches のぶどう畑約1 カルチエ (貢租 1ob.), Roilli のぶどう畑 1/2 カルチエ

参考資料　　　269

482	1297 03 22	Tevenauz li surres de Chenoise	Perrin	羽布団1枚、クッション1個、敷物1枚、大箱2個、油2カルト、鉈鎌1個、Vaucoulonの土地3カルチェ（貢租1/4 d.）
483	1297 06 19	Guillaumin Lagarge, 妻 Emeline	Felison	20s.
484	1297 07 26	Oudauz de Boissi	Tevenin	雌牛30頭、雌牛1頭、小麦畑8アルパン、小麦用倉庫、動産すべて
485	1297 07 26	Estienes de la Fontenelle	Jehannin Bourjoise	Vileines村域の土地6アルパン、小麦4ミュチエ
486	1297 07 26	Est. Lafleur de la Margotiere	Bertelin, Ysabelon	20s., 木箱1個 Ysabelon: 寝台1台、大箱1個、結婚時には20s.
487	1297 07 26	Marguerite de Sanci (亡夫鞍尾を結ぶ棚板作り Emauri)	Johanne	10lb.、羽毛寝台3台
488	1297 12 26	Jeh. de Commines	Jaquin	寝台1台、木箱1個、金属瓶1本、テーブル1台、テーブルクロス2枚
489	1297 08 11	Aaliz la Buirelle de Sainte Coulome	Guillot	大鉄1個
490	1297 08 11	Aaliz la Buirelle de Sainte Coulome	Gilaut	大鉄1個 [前項目と同じ記述。重複？]
491	1297 08 19	Bruns	Marquelin	タオル1枚、槌1個
492	1297 08 23	Emeline (亡夫 Guill. de Boolaut)	Jehannin	衣服のために40s.、20lb.
493	1297	織工 Jehannauz de Monraain	Jehannin, Thiecon	Monraain村域のぶどう畑1カルチェ、毛織物織機1台、麻織物用織機1台、羽布団、シーツ4枚
494	1297 09 08	Jehanne (亡夫 Baudaut d'Aire)	Ysabelon (夫の連れ子)	寝台1台、シーツ4枚、テーブルクロス

参考資料

番号	年代	分与者	受取人	内容
495	1298 03 25	Guillemin, Gautiers (故 Est. de Tachi の息子)		1枚, Gervese の中庭の家屋1軒の半分 相互解放: 大箱1個, 樽1樽
496	1297 11 04	馬市開催場の薔薇作り Pierres	Jehannin	斧1, 樽作りの道具1式, 錐2本
497	1297 11 08	Jehannaut Gourdeilles de Roilliau	Johanne	Roilli と les Chassebues のぶどう畑2地片 (貢租 3d.)
498	1300 04 22	Johanne de la Noe	Isabelon	寝台1台, 兎毛裏地の掛け布団1枚, シーツ4枚, 大箱1個
499	1300 04 27	Raous Martignons de Beingneux	Johanne	Planche Charme の土地1地片, Chanpeillon の採草地1/2アルパン
500	1300 10	Jehan Floquet (Guill. Chevaus が管理)	Gilaut	40 lb., 織機1台, 羽布団1枚, クッション1個, 敷物1枚
501	1300 10 17	Jehanz Dadins de Sourdu	Jaqueron	寝台1台, 羽布団, クッション, 大箱1個, 木箱1個, シーツ8枚, フライパン2個, 外套
502	1300 10 21	Jehanz li Arnonnaz, 妻 Emanjart	Gilon (妻の連れ子)	Monhannepon の耕地1カルチュエ
503	1300 10 28	Gilauz Gatelauz de Leschieles	Renaut	Leschieles 村域 St Eingnien の耕地1カルチュエ
504	1298 03 18	亡夫 Guillot de Nuefmoutier, 亡妻 Johanne (Bourge Biauman の娘)	Johanne	7 lb. 10s.
505	1299 03 27	Eudes de la Broce, 妻 Emanjart	Jaquaute, Johanne	各自に50 lb., 寝台1台, 大箱1個
506	1300 02 01	Macez de Ruperreux	Aceline	寝台1台, 織機2台
507	1300 02 12	庭師 Henris le Bregoin	Jehannin	100s.
508	1300 03 06	Acelins Picaus de Boy	Johanne	動産のすべて

参考資料

509	1300 04 29	Jehanz de Louvein	Jehannin	5s. の青色外套 1 着
510	1300 04 29	Guilloz Osians de Poingnin	Perrin	Chanoy, Harouart にある 2 地片のぶどう畑 1/2 アルパン
511	1300	Bousson	息子	長い上着 1 着
512	1300 05 09	Jehanz Aoulins, 妻 Tiece	Perrin Banniere, Jehannin	34 lb., 織機 1 台
513	1300 08 22	床屋(ひげそり屋) Jehanz de Morteri, 妻 Adine	Babelée	寝合 2 台、シーツ 12 枚、大箱 2 個、パン捏桶、フライパン 2 個、soille 1、盥 1 個、鉈鎌 1 個、三脚 1 台、床屋(ひげそり)用大鋏 600 個、現金 20s.
514	1300 08 25	金銀細工師故 Michel	子供	11 lb.
515	1300 08 26	Edeline la Maillaute	Est. Bidaust, Guillemaute	大盥 1 個
516	1300 08 26	Bernars Cornuz de Feleingni, 妻 Bilons	Emanjon, Johanne	Guillemaute: 寝合 1 台、大箱 1 個 18s. Johanne: 16s.
517	1300 10 28	Margue (亡夫 Garnier Bourjoise de la parroche de Vuilleins)	Gilaut, Johanne	vau Seint Lou の土地 5 アルパン、Pandanz の土地 1 1/2 アルパン、Mortevielle の土地 1 アルパン、Aaci の土地 3 カルチェ、Champsainier の土地 1 アルパン、Levat の土地 1/2 アルパン、Noe の森の土地 1 1/2 アルパン、Noe の森の土地 5 カルチェ、Mortevielle の土地 1/2 アルパン、Fontenelles にあるすべての家屋
518	1300 11 07	Robichonz de Merrolles, 妻 Hersant	Jehannin, Annes, Marguer	羽毛寝合 2 台、シーツ 8 枚、大箱 2 個、パン捏桶、ベンチ 1 脚、フライパン 1 個、盥 1 個、すり鉢 1 個、紡ぎ車 1 個、大鋏 1 個、雌羊 5 頭、大鋏 100 1/2 個、収穫ぶ

番号	年代	分与者	受取人	内容
519	1300 11 18	Marce de Monmirail	Jehannin	どう背負い籠1個、寝台1台、シーツ4枚、敷物1枚、大箱1個
520	1300 08 23	Sonnez (Meingot Meresse の兄弟) (亡妻Marie)	子供3人	600 lb.
521	1300 11 11	亡父 Pierre de Conbles → Pierres li Moines de Hollende	子供たち	146 lb.
522	1300 12 28	Tieconz de Sourdu	Marguerons, Perrine	羽毛寝台1台、敷物1枚、シーツ4枚、パン埋桶、すり鉢1個、三脚、燭台
523	1300 12	Houdeons (夫 Guillaume de Sanliz)	Jaquete	100 s.、羽毛寝台1台
524	1301 02 05	Macez Paradis de Monhannepon, 妻 Marie	Esvrart, Simon	鉈鎌1個、大鋏1個、Monhannepon村城のぶどう畑1/2アルパン Simon: 鉈鎌1個、大鋏1個、Monhannepon村城の土地1/2アルパン
525	1301 04 05	Eranbours de Vodoi	Margueron	小箱1個、小寝台1台
526	1301 04 07	Johanne (亡夫金銀細工師 Estienne)	Aubertin	動産
527	1301 01 09	Jaques Piquars de Sourdu	Hellissant, Maron	寝台1台、大箱1個、土地1/2アルパン
528	1301 04 28	Morel (亡妻 Aveline)	Jehannin, Johanne	動産相続分 600 lb.
529	1301 04 28	農民 Simons (亡父 Renaut Sodet)	Johanne	80 lb.
530	1301 05 05	顔料工 Girars	Lanbelin	5 s.
531	1301 05 05	Jacques Fautres (亡妻 Perraute)	Meingot	203 lb. 10 s.
532	1301 05 05	Nichole la Normande de Martroi	Richars	6 s.

533	1301 05 24	Marguerite de Courtaon	Margueron Aubert	羽毛寝台1台, 羽布団, クッション 8lb.
534	1301	Gautiers li Alemanz (亡妻 Isabelon de la Faloise)		
535	1301 06 02	Felipe la Lonbarde (Guiot Chipre の姉妹)	Betin Paguenet	上着1着, 外套, 胴着
536	1301 04 28	Emanjart la Bregoingne	Lorant	シーツ2枚付き寝台1台 15lb.
537	1301 06 10	Adanz li comtez, 妻 Bourgere (前夫故 Thomas de la Chaucié)	Johanne (妻の連れ子)	
538	1301 07 14	長靴下作り Robers (亡妻 Johanne)	Perrin, Jehannin	各自に30lb.
539	1301 07 14	Jehanz li bruns de Chalemeson, 妻 Emeline	Bertaut, Jaquin, Emanjart, Johanne, Emeline	Mes la Madeleine 村城の採草地・ぶどう畑・土地12アルパン, Avelliz と Chalemeson の家屋1軒, Chalemeson 村城の家屋1軒と菜園, Chalemeson の家屋の半分と菜園, 雌牛1頭, すべての馬具付けた馬1頭, 雌羊50頭 10lb.
540	1301 07 14	Robins Grelars de Feleingni	Raoulin	
541	1301 08 11	Jehanz Tonanz d'Avelliz, 妻 Isabeas la Bourjoise	Crestien (妻 Colaute)	Avelli の建物1棟と付属施設 (貢租付), Avelli の家屋1軒の半分と生垣で囲んだ菜園 (貢租付), Avelli の沼沢地の土地1/2 アルパン (貢租付), Montillier d'Avelli の土地1/2 アルパン (貢租1d.), Avelli 村城の土地1カルチェ (貢租1d. p.), 動産すべての半分, 家屋1軒の半分 (貢租 7d.), 燕麦3ミーヌ, クリスマス用の雄鶏1羽 50lb.
542	1301 08 11	亡父 Pierre de Conbles	Jehannin, Perraute	

番号	年代	分与者	受取人	内容	答
543	1301 08 14	亡母 de Florie Pierres Garas, 妻 Bancelin	Jehannin	寝台1台、羽布団、小クッション、シーツ4枚、敷物1個、フライパン1個、三脚、大鉄1個、子豚1頭、ぶどう畑 1 1/2 カルチュエ、食卓1台	
544	1301 01 01	Gile de Sanliz, 妻 Isabea	Jaquete, Johanne Girart	動産各目に100lb、樽のために40lb.	
545	1301 09 22	毛皮商 Jehanz		羽毛寝台1台とシーツ4枚、フライパン1個、食卓1台、鞍2台	
546	1301	Johanne de Rouilliaut (亡夫 Pierre Trochin)	Estiene, Hanriaut, Isabel	40lb.	
547	1301 10 11	油売り Duranz	Jehannin	23lb、油搾器1台、油を搾る道具一式	
548	1301 09 22	Isabelon (亡夫 Jehannet) (Levrin de Chalemeson)	Edeline, Felix	大箱1個、寝台1台 Felix: 土地1カルチュエ	
549	1301 10 11	錠前工 Jehan, 妻 Marguerite (亡父牛飼い Lanbert)	Heluisant	動産相続分4lb.	
550	1301 10 13	Jehannin Blancher de Villegueingnon, 妻 Johanne la Coifclause	Jehannin, Perrin, Cateline (Jehannin Blancher の兄弟と義理の娘、故 Renaut le coit の子供)	動産相続分9lb.	
551	1301 10 13	Edelingue de Ruperreux	Jehannin de Bannos	2s.	
552	1301 10 13	Euvrarz de Ranpeloin	Jehannin	2s.	
553	1301 10 11	Pierre de Torvoie	Margue	6s.	
554	1301 10 18	金銀細工師 Jehanz de Cuichermoy	Oudin	家屋1軒と生け垣で囲った菜園	
555	1301 10 04	Jaques Cerauz	Jouanne	12lb.	

参考資料　　　　　　　　　　　　　　　275

			縄作り	Raoulin	
556	1301 09 15	Perronnelle		Perrin, Simonnin	60s.
557	1301 10 30	油売り Pierres de Chalemeson		Felisant, Hanrion	Donteilli の土地約 3 $^{1}/_{2}$ アルパン
558	1301 10 30	油売り Eudes de Chalemeson			土地 4 アルパン, Donteilli の家屋 1 軒, すべての動産
559	1301 11 06	Jehanz Barbe des Courtius		Perrin, Jehannin	Vousie の囲い地の半分, 囲い地に属する家屋の半分 (貢租 3 mailles p.), 寝台 1 台, 大箱 1 台, 鋤 1 個, 大鋏 1 個
560	1303 04 24	Lieions (亡夫 Colaut Macherez)		Perraute, Jehannin	小寝台 1 台, シーツ 4 枚, 敷物 1 枚 Jehannin: soille 1, すり鉢 1 個
561	1302 02 03	Herbins de Reins, 妻 Jacaute la Gotranne		Johanne	20 lb., Houdoins 門付近の家屋 2 軒
562	1302	染色工故 Pierre le Convert 妻 Johanne		Perrin, Johanne	動産相続分 49 lb.
563	1302 03 16	Colaut Ponmier		Isabelon	100 lb., 寝台 1 台と布地 12 枚, テーブルクロス 2 枚, タオル 2 枚, 瓶 1 本, フライパン 1 個
564	1302 03 19	Jaques li larges de St Ilier		Jehannin, Estiene François	60 lb.
565	1302 03 19	Nicholas de Furnes (亡妻 Gilon)			動産相続分 30 lb.
566	1302 03 26	Herbin de Reins (義理の娘) (Heude de Longueville と Jaque の子)		Johanne la Sade	動産相続分 30 lb.
567	1302 05 04	故 Pierre le Buef		Maingot, Jaqueron	動産相続分 62 lb.
568	1302 05 09	Johanne de Limori		Perraute	寝台 1 台, シーツ 4 枚, 敷物 1 枚, 大箱 1 個, 現金 100s.
569	1302 06 07	Jehanz de Verie le viel		Perrin	11 lb.
570	1302 07 16	Isabeas la Barbonnoise de Bauchesi		Perrin	Bonsac 村域の土地 1 $^{1}/_{2}$ アルパン, Bauchezi 村域の土地 1 $^{1}/_{2}$ アルパン, Queues

参考資料

番号	年代	分与者	受取人	内容
571	1303	壁土作り故 Gautier の妻	Jehannin, Jaquin, Perrin, Gillaut, Thomas, Estiene (兄弟と子供)	de Bauchezi の家屋 1 軒と菜園 総額 120 lb. の分割 (各自 20 lb.)
572	1303 04 24	Millez des Essars de Bannos	Maron	60s., 敷物とシーツ 6 枚付き羽毛寝台 1 台, 大箱 1 個
573	1303 04 24	書記 Thibaut Brunias de Bergierez, 妻 Marie	Johanne	羽布団・クッションシーツ付き寝台 1 台, 100s. の価格の大箱, 銅製瓶 1 本, 20s. の価格のフライパン 1 個, 結婚時に購入する衣服 1 着代として 100s., トロワ司教管区内 Courbetost 教区の Mont Daon にある家屋 1 軒と菜園
574	1303 08 13	長靴下作り Herbins, 妻 Florie	Perrinaut Gelées (Herbins の義理の娘)	10 lb.
575	1303 08 15	亡夫 Hermant l'Alemant 妻 Margueron	Jehannin, Jeufroi	18 lb.
576	1303 07 19	亡夫 Jehannet le Roussel de Bazochez, 亡妻 Margueron (Jaque Fautrier の元妻)	Jehannin	480 lb.
577	1304	Marguerons (故 Aubergier の妻)	Erarst	12 d.
578	1304	Jehan, 妻 Emenjart l'Arnausse	Perrin	50 lb.
579	1304	書記 Jehannauz li Gracougnois	Thierriaut	ゆったりした外衣 1 着
580	1304	油売り Jehannis de Frerion	Meline (Angnés de Rumelli の娘, Jehannis の義理の妹)	10 lb.

参考資料　　277

581	1304 02 01	居酒屋故 Hermant の財産管理人 (Jehanz Baliers → Jehannin Petitmari)	Jehannin	38lb.
582	1304 03 20	Jaquins Jardens, 妻 Gilons (Perraute の妹, Renaut de Gloises の娘)	子供たち	24lb. (支払いは 1/3 の 8lb. 3s. 4d.)
583	1304 10 02	Guiote de la Chaucié → Marie de Lene	Annessaute, Jehannin, Jauntie (Marie の子)	12lb.
584	1304?	Isabiau la Baudouine	Tierri	20s., 小寝台 1 台, シーツ 4 枚, 羊毛房, 毛織物 2 組
585	1304?	仕立て屋 Doumenchins Paqueste Saniere	Johanne	寝台 1 台
586	1305?	Hanri li garaut, 妻 Esdeline	Gislun	シーツと掛け布団付き羽毛寝台 2 台, 建物 1 棟の半分 (貢租 1d. p. 付)
587	1305?	故 Robin de Gisor	Jehannin	動産相続分 200lb. の残り 90lb., 家屋の半分 (住居の側)
588	1305?	Jehans li Brouns de Boibourdin 妻 Emeline	Meline	寝台 1 台, 大箱 1 個, 家財道具すべて, Boibourdin 家屋 1 軒と菜園 (但し建物 1 棟は母が死ぬまで保持するので除く) 200lb.
589	1305 12 20	Isabiau de France (亡夫 Pierre de France)	Jehannin	父母の相続財産分割, 各自 6lb. 10s.
590	1305?	書記 Girars de Charentenay と兄弟 Guillemins		
591	1305?	Jehans Gourdaires	Jehanin	les Preaus の土地 1/2 アルパン, Bretonniere のぶどう畑 1/2 アルパン, les Groes のぶどう畑 1/2 アルパン, 10lb., 寝台 1 台
592	1305?	Jehannaut Chevriot, 妻 Marie	Isabelun	10lb. の価格の兎毛裏地の衣服 1 着

番号	年代	分与者	受取人	内容
593	1305?	Jaquins Colars de la Bretonniere	Johanne (故 Huguenin le Prince の娘)	動産 31 lb., Filigni la grant 付近のぶどう畑約 3 カルチエ
594	1305?	Jehannins (亡父 Piost) と妹 Heluisant		Merroles 村域のぶどう畑 1 地片
595	1305	Richart Bouquenel, 妻 Jouanne	Jehannin	羽布団・クッション・シーツ 4 枚付き寝台 1 台, 敷物 1 枚, 木箱 1 個
596	1305	Emeline la Gauvole	Guillemin	寝台 1 台, 馬具の入った大箱 1 個 20 lb.
597	1305	Jehan de Messaboun, 妻 Richouns	Jehannin	
598	1305	Nicholas de Chesi, 妻 Ysabiaus	Margueron	シーツ 4 枚付き羽毛寝台 1 台, 上質敷物 1 枚, 10s. の価格の木箱 1 個, 10s. の価格の柄付フライパン 2 個, 2s. の価格のすり鉢, 18d. の価格の盥 1 個, 三脚, 焼網, 銅製燭台, 現金 20s.
599	1305	Esdelimnuns la Bergoine	Millaut	20s., 衣服 1 着
600	1305	Ysabiau la Richiere	Felisant (亡父 Robin Chipotiau)	20 lb.
601	1305	Estieme de Chalaute (亡妻 Gilon)	子供たち	Estieme の取り分: la Pisserote 通りの家屋, 小家屋 1 軒, Montescourle の 2 地片のぶどう畑 3 アルパン, Merrole 村城の土地 45 アルパンと小倉庫 1 棟, 菜園 子供たちの取り分: Merroles の大倉庫 1 棟, Merrole 村城の土地とぶどう畑約 45 アルパン, プロヴァンの le Puis-le-

参考資料　279

602	1307	Jaquins Savoir de la Bretonniere	Jehanne (故 Huguenin le Prince の娘) 子供	10 lb. 10s.	conte の家屋 (複), 土地 $1/2$ アルパン, la croiz の土地 $1\ 1/2$ アルパン 12 ペルシュ, 家屋 (複), Nostre Dame dou Val にある採草地 1 アルパン, Merroles のぶどう畑 $1/2$ アルパン, 毛織物乾燥施設 1 棟, 広場複数
603	1307	故 Girast Boidun de la Baroche de Rouli		18 lb. 5s.	
604	1307 11 27	故 Adam de Joy (先妻故 Marie)	Marie	79 lb. 13s. 4d.	
605	1307	故 Adam de Joy (先妻故 Marie)	Babelon	80 lb.	
606	1307	故 Adam de Joy (先妻故 Marie)	Johanne	80 lb.	
607	1307 12 18	Jehans Fremoz (亡妻 Jaquaute)	Guillemin, Margueron	66 lb. 13s. 4d.	
608	1312 02 11	Oudaus de Jouy, 妻 Thiecons (故 Renaut de Marnay の娘)	Jehannin		毛織物織機 3 台, 縞模様に縁どった羊毛 6 房, 敷物 2 枚付き羽毛寝台 2 台, シーツ・テーブルクロス・タオル 22 枚, 大小フライパン 5 個, 銅製鍋 2 本, 錫製版 2 本, 大箱 3 個, 小箱 2 個, パン捏桶, 4 脚テーブル 3 台, 毛織物とその撚子経糸を織る紡ぎ車, 緯糸紡ぎ車, 紡ぎ用経糸を入れる籠, 椅子 2 脚, 鞍 6 個, 水入れ 2 個, 甕 1 個, シチュー鍋 1 個, 御椀入りの食器棚, 四輪荷車 3 台, すり鉢 1 個, 杭 1 個, hesto a lever sus les draps 1 個, 三脚, 爪型の器具 1 個, 大杯 1 個, 椅子 1 脚, 大壷型樽 1 樽, ぶどう酒

番号	年代	分与者	受取人	内容
609	1312	洗濯屋 Renaus, 妻 Jaquaute (Heude de Sanci と亡妻 Perronnelle の娘)	Heude の幼年の子供たち	がら空の樽 1 樽, 釜 1 個, 染色済み羊毛 2 組, 薪 200 本 すべての家屋の半分, 毛織物乾燥施設 3 棟の半分, Perreux のぶどう畑 3 アルパン, Sourdu 村城の土地 9 アルパン, 家屋 1 軒と中庭全体
610	1312 07 14	Heude de Sanci (亡妻 Perronnelle)	Jaques de Sanci	倉庫 1 棟, Villegruis 村城の土地約 120 アルパン, 家屋 1 軒と菜園, Nongent suz Saine と le port の間にある探草地 4 アルパン
611	1314 06 14	故 Jaque de Verye	Colin, Lorant, Jaquin Guillemaute	140 lb.
612	1308	下町区の床屋 (ひげそり屋) Sandrins (亡妻 Jaquaute)		30 lb.
613	1308	故 Perrin de Vodoi (故 Aliz de Ferrere)	Guillemin	28 lb.
614	1308	Hanri de Dieste	Perrin, Franquin	35 lb, 各自に藁地もしくは青色毛織物 4 オーヌ
615	1308 03	油売り Guillaumes de Sourdu	Jaqueron	寝台 1 台, シーツ 4 枚, テーブルクロス 2 枚, パン捏桶, ベンチ 1 脚, 頑丈なフライパン 3 個, soille 1, 盥 1 個, 三脚 1 脚, 燭台 1 個, hoaute 1, 紡ぎ車 1 個, 倒されたリンゴの木 1 本
616	1308	Tevenins Rochote de Feleigni	Garnier	羽毛寝台 1 台, ぶどう酒大樽 1 樽
617	1308	Adenez de Pontisiaux	Noel Menecier, Johanne	Sourdu 村城の土地 5 カルチェ
618	1308	Pierres Blindarz	Jehannin	10 s.

			Perrin, Gilot	
619	1308	Jehans Savoirs de Roilliot		ぶどう畑 1/2 カルチェと収穫されたぶどう、樽 1 樽
620	1308	目方量り屋 Jouhanne	Gillaus	縞模様毛織物 3 オーヌ
621	1308	Jehans Poitevin de Sourdu	Millaut	薊畑 1/2 アルパンと薊摘み取り器具
622	1308	Jehans li Poitevinaz de Sourdu	Margueron	摘み取り器具と共に土地 1/2 アルパン、建物 1 棟
623	1308	仕立て屋 Jouhanne Aupoce	Colin	寝台 1 台、シーツ 8 枚、大箱 1 個
624	1308	Esmenjon la Galée	Jehannin	100s.
625	1308	女大工 Melons	Jehannin	小麦 1 ミノ
626	1309 01 07	Gautiers de Durtain 亡妻 Jaqueste (Jehan de Launoy の娘)	Raoulin, Jehannin Denissant	5s. 動産相続分 1000 lb. の分割
627	1309	Huguauz de Sourdu	Jehannin, Simon	各自に斧 1 個、鉈鎌 1 個
628	1309 06 20	Heluis (亡夫床屋(ひげそり屋)Roger)	Gaucher	馬市開催区の建物 4 棟、家屋の半分
629	1309 07 04	Estiennes de Vilers Dam Jorge	Perrin	衣服 1 着、木箱 1 個
630	1309 07 04	Johannin d'Amillis, Jaquin de la Bootiere (後見人) → Roberz de la Bootiere	子供 6 人	10 lb.、寝台 1 台、大箱 1 個、家屋 1 軒の半分と付属施設 (貢租 3/4 d.)
631	1309 05 16	Gile (亡夫糠売り Guiart)	Jaquin, Margueron, Johannin	動産、120 lb.

《注記》
*文書の中には、分与者の名前が不明で続柄しか書かれていないものもある。
**受取人は、特に説明がないときは分与者の子供である。

[表3] プロヴァン住民（周辺村落民を含む）の職種構成（1324年頃）

職　　業	人数	教区（人数は判明分のみ）			
毛織物・麻織物工業		サン＝キリアス	サン＝ピエール	サント＝クロワ	サン＝タユール
羊毛延伸工 arçonneur	21	5	6	5	5
羊毛延伸工兼起毛工 arçonneur et laineur	2			2	
開毛工 batteur de laine	15	3	2	4	6
アザミ櫛梳毛工 chardonneur	3	1			2
起毛工 cotonneur de drap	2		1		1
起毛工兼起毛工 cotonneur de drap et laineur	1		1		
織元 drapier	53	6	8	8	18
織元兼剪毛工 drapier et tondeur	1			1	
織元兼織工 drapier et tisserand	1		1		
縮絨工 foulon	60	6	15	10	29
縮絨工兼起毛工 foulon et laineur	252	40	39	90	82
起毛工 laineur	78	11	14	15	38
起毛工兼折り畳み工 laineur et plieur	1			1	
起毛工兼閉布工 laineur et recloeur	1				1
羊毛商 marchand de laine	3		1		
開麻工 ouvrier de toile	3		1	1	1
毛織物計量人 peseur de drap	9	2	1	3	3
整経工 ordeur (ourdisseur)	1				1
閉布工 recloeur	4		1		3
染色工 teinturier	32	5	5	10	11
赤色染色工 teinturier de rouge	1			1	
染色工兼織工 teinturier et tisserand	1	1			
大青染色工 teinturier de guède	1				
織工 tisserand	333	52	59	86	130
麻織物織工 tisserand de toile	3		1		1
毛織物剪毛工 tondeur de drap	19	5	2	5	7
剪毛工 tondeur	11		3	3	5

参考資料

緯糸織工 trameur	1				1
羊毛仲買人 courtier de laine	1				
計量人 mesureur	1				
食　料　品					
肉屋 boucher	18	1		7	6
パン屋 boulanger	49		4	6	3
香辛料商 épicier	2			1	
チーズ屋 fromagier	5		1		2
油屋 huilier	10	1	2	2	5
菓子屋 pâtissier	3			2	1
小麦計量人 mesureur de blé	2		1		1
魚屋 poissonnier	4				
農　業					
羊飼い berger	2	1			
草刈り人 faucher	2		2		
農夫 laboureur de terre	316	3			2
牛飼い vacher	2				
ぶどう栽培人 vigneron	134	20		12	11
豚飼い porcher	1				
人夫 ouvrier à bras	1				
服　飾　・　装　飾					
仕立て屋 costurier	46	3	8	8	20
帽子屋 chapelier	6	1	3	1	
手袋工 gantier	2			2	
小間物商 mercier	15		2	3	3
毛皮商 pelletier	43	6	10	10	14
胴衣作り pourpointier	4				4
長靴下作り chaucier	7			4	1
縁飾り工 ferpier	12	1	1	3	6
綴れ織り作り tapissier	2			1	
建　築					
大工 charpentier	19	1		2	5
屋根葺き工 couvreur	20	3	1	3	8
石工 maçon	13	2		1	5
照　明					
ロウソク工 chandelier	3		1		1

職　　業	人数	教区(人数は判明分のみ)			
		サン＝キリアス	サン＝ピエール	サント＝クロワ	サン＝タユール
ランタン工 lanternier	2		1		1
皮　　革					
羊皮鞣し工 bazannier	6		1		5
製革工 corroyeur	3	1			
羊皮紙工 parcheminier	8	8			
鞍工 sellier	1		1		
馬具工 ouvrier à arnois de chevaux	1	1			
皮鞣し工 tanneur	10	4			5
靴屋 cordonnier	20		1	4	14
靴直し savetier	37	2	5	11	18
太鼓作り taboreur	6			2	4
各種製造・加工業					
車大工 charron	3				1
大樽工 cuvelier	2			1	1
樽工 tonnelier	4	2			2
陶工 potier	10		2	1	
籠細工師 vannier	2			1	1
石膏練り師 plâtrier	2			1	
炭焼き charbonnier	3			1	1
冶金・金属加工					
刀剣研ぎ師 fourbisseur	3	1	1	1	
蹄鉄工 maréchal	10		2	1	5
金銀細工容器工 navetier	1			1	
鉄商人 marchand de fer	1	1			
金　　融					
両替商 changeur	2				
非 製 造 業					
庭師 cortillier	23	7	1	1	14
洗濯屋 lavandier	3		1	1	1
床屋(ひげそり屋) barbier	12	3	2	3	2
居酒屋 tavernier	19	7		1	4

参考資料

運 搬 業					
荷車引き charretier	1				1
荷降ろし人夫 déchargeur	3			1	2
ぶどう酒荷降ろし人夫 déchargeur de vins	3			2	
そ の 他					
寡婦 veuves	115	7	7	32	34
プレヴォ管区の伯保護民 hommes de prévôté	159	10	17	37	48
職種不明者	642				
総 計	2775				

《典拠》Richard [444] 88-92 を基に著者作成。

[表4] シャンパーニュ大市開催期間

開 催 都 市	名 称	開 催 期 間
ラニィ	ラニィ年市	2/2～2/19
バル=シュル=オーブ	バル=シュル=オーブ年市	2/24-3/30～4/13-5/17
プロヴァン	5月年市	4/28-6/1～6/12-7/16
トロワ	サン=ジャン年市	7/9-7/15～8/26-9/2
プロヴァン	サン=タユール年市	9/14～11/1
トロワ	サン=レミ年市	11/2～12/20

《典拠》Chapin [303] 107 note 9.

[表5]　中世におけるプロヴァン年市関係主要年表

年　代	内　　　容	典　　拠
11世紀末	領主エンゲヌルフスと伯，サン゠タユール修道院への年市収入の寄進（後のサン゠タユール年市）	山田 [372] 39-40頁
1137年	サン゠マルタン年市初出	Mesqui [393] 187.
1138～1139年	サン゠タユール年市初出	Godefroy [421] 122.
1141年	5月年市初出	Chapin [303] 38-39.
1153年	伯，サン゠タユール修道院に年市の最初の7日間について都市全体の裁判権授与	[383] fol. 232 r^0.
1164年	5月年市の境界確認；市場開催区域内の都市住民の家屋賃貸料半分を伯へ譲渡	Mesqui [393] 189-190.
1174年頃	年市守護初出	Bourquelot [289] t. 2, 211.
1174～1180年	伯は流通税に基づく複数の定期金を教会諸機関に譲渡	Bautier [406] 159.
1180年頃	6年市サイクルの確立	*Ibid.*, 159.
1214年	火曜市初出	Carrière [390] no 9, 48.
1230年	コミューン文書：下級裁判権請負料の5月年市での伯への支払いなど年市関する複数の情報	Longnon [260] t. 2, 75-78.
1252年	伯，両年市期間にプレヴォ事務施設の側に市当局事務施設の設置を許可；外来商人への裁判権規定変更(外来商人は市当局にも提訴可能。市当局の罰金取分20s.)	[382] fol. 190 r^0-191 r^0.
1268年	1252年文書の確認；外来商人の裁判権，実質的に市当局から伯へ；但し，罰金規定に大きな変更なし	[382] fol. 191 r^0-193 r^0.
1273年	新慣習法文書：動・不動産税に代えて売上税を導入；大市で売却された毛織物の支払はすべて年市決済など；毛織物工業に関する情報豊富	Longnon [260] t. 2, 78-80.
1284年	プロヴァンに関する諸特権のすべてを王権が確認	[383] fol. 266 r^0.
1299年	プロヴァン年市改革文書：5月年市の衰退状況に関する調査；慣習・諸規定の遵守	Bourquelot [388] t. 2, 437-440.
1303年	年市諸慣習遵守を保証する王令	Bourquelot [289] t. 2, 304.

年	内容	出典
1312 年	年市における食料品不正販売の防止措置を含む王令	Ibid., 304.
1315～1322 年	シャンパーニュ大市改革計画記録	Ibid., 306-308.
1326 年	年市における商品仲介税・売買税など一部の税を廃止する王令	Ibid., 308.
1327 年	1326 年文書の一部項目変更及び補完	Ibid., 308.
1331 年	年市における諸慣習の遵守を規定する王令	Ibid., 308-309, note 4.
1344 年	同上	Ibid., 309.
1345 年	同上	Ibid., 309.
1349 年	年市諸慣習の復活；外来商人の滞在諸条件の変更；年市守護を筆頭に年市関係役人の職務規定などの変更	Ibid., 309-310.
1352 年	大市を通過しないフランスでの商取引をヴェネチア商人に許可する王令	Ibid., 310.
	最後のイタリア人銀行家(ピアチェンツァ出身)，プロヴァンを離れる	Bautier [406] 173.
1353/1362 年	大市セルジャンの諸特権確認(1365 年再確認)	Bourquelot [289] t. 2, 310.
1381 年	年市における諸慣習の遵守を規定する王令	Ibid., 310.
1391/1409 年	火曜市復興措置	Bourquelot [388] t. 2, 50, note 1.
14 世紀末	年市諸特権と諸慣習の遵守を在地領主が約束；年市裁判及び文書局の諸慣習・流儀・慣行に関する規定	[383] fol. 419 r⁰-446 r⁰.
15 世紀	サン゠マルタン年市の高台区から下町区への移設	Bourquelot [289] t. 1, 103-104.
1431 年	プロヴァン住民にサン゠チボー年市とサン゠マルタン年市をそれぞれ3日間ずつ認可する王令	Ibid., 104.
1445 年	上述2年市に関するフランシーズ文書授与	Veissière [398] 1977, 44.
1451 年	同上王令確認	Mesqui [393] 270.
1455 年	国王シャルル7世による年市再建；プロヴァン年市に搬入された物資・商品に対し，1リブラにつき12デナリウスの課税免除	Bourquelot [388] t. 2, 95.
1467 年	サン゠タユール修道院修道士たちはサン゠マルタン年市が同修道院前で開催されるように求める訴訟を提起するが，都市代訟人と参審人が勝訴	Ibid., 104.
	サン゠マルタン年市がプロヴァンの3教区	Bourquelot [289] t. 1,

年　代	内　　　　容	典　　　拠
1473 年	にて交互に開催 プロヴァン年市にて販売されたすべての商品に対する，1 リブラにつき 12 デナリウスの課税免除	104. Bourquelot [388] t. 2, 102.
1486 年	新設年市の再確認(1510, 1521 年にも確認)	Veissière [398] 1977, 44.

参 考 資 料　　　　　　　　　　289

[表6]　プロヴァンにおけるシャンパーニュ伯の所有財産(調査記録記載順に
史料文言を生かして整理。周辺村落に対して持つ権利は省略)

権利・物件	記　載　内　容
塔 (牢獄)	入獄者各自から入牢料 2d. 保監料 2d. 寝台賃貸料 3d. を毎日徴収。年間 100 lb. の価値を持つ。
裁判権	下級裁判権はプロヴァンのコミューンが年間 250 lb. で請負。上級裁判権は伯留保。罰金規定。
サン=タユール年市	下町区で開催。1000 lb. の価値を持つ。
サン=マルタン年市	高台区で開催(開催期間　11/30～1/1)。50 lb. の価値を持つ。
5月年市	高台区で開催。800 lb. の価値を持つ。
火曜市	高台区で開催。20 lb. の価値を持つ。伯は毛織物流通税を留保,利益は援助修道会と折半。
毛織物取引所(複数)	最も大きい取引所は定期金 60 lb. を持つ。援助修道会と折半。
小売商人取引所	定期金 10 lb. を持つ。援助修道会と折半。
倉庫	小売商人取引所の地下。100 s. の価値。援助修道会と共有。
小取引所	以前は賃貸されず。現在年間 100 s. で賃貸。援助修道会と共有。
家屋	《ルアンの家》。援助修道会保有。毎年 7 lb. をトロワのサン=テチエンヌ参事会教会に支払い。それ以上は伯と援助修道会とが折半。
家屋	高台区サン=ジャン通りにある。《カンブレの家》。年市非開催期は価値なし。5月年市で 6 lb. の価値,伯が留保。
Gaillard の家	サント=マリ教会の前にある。年市開催期及び非開催期を通じて賃貸。10 lb. の価値。
家屋	高台区 Filles Dieu 前,Colet de Naud の家。年間 24 s. の価値を持つ。
家屋	以前は Colet de Mayence の家。価値なし。
広場	高台区サン=チボー教会側。伯は年市非開催期には両替商用台 6 台だけ,年市期にはすべてを持ち,広場と併せて 10 lb. で賃貸。
物売台 2 台	下町区サン=ローラン教会前にある。鞣し革販売。8 s. で賃貸。
広場	両替商の広場の側にある。年間 20 s. の価値。

権利・物件	記載内容
複数の広場	高台区にある。
小丘 (motte)	そこに建つ小屋と併せて 28s. で賃貸。
家屋	その中に伯の倉庫がある。4 lb. で賃貸。
建物2棟	1つは 16s. で賃貸。もう1つは Robert le Normand に終身賃貸。
肉屋取引所	高台区。年間 70 lb. で賃貸。
パン焼きかまど	サン゠ジャン門付近。倉庫が隣接。18 lb. の価値を持つ。伯の採石場がある大きな広場も隣接。
パン焼きかまど	高台区と下町区に約 13 個。12～60 lb. で賃貸。Juerie のパン焼きかまどはパン売台と併せて賃貸。
倉庫2棟	下町区の家畜市場にある。多くの碾臼と道具を収納。
サン゠タユール年市商業施設 《maison des Osches》	請負額は不明。年市非開催期に年間約 50 lb. の価値を持つ。
靴屋の家	サン゠タユール年市商業施設の側にある。年間 40s. で請負。
靴屋の小家屋とブザンソン商人の家屋	デ・ダルヌの採草地と水車1基を加えて、8 lb. の価値を持つ。
ブザンソン商人の家屋の下にある建物	14s. で賃貸。
建物	サン゠タユール年市商業施設の入り口付近にある。20s. で賃貸。
家屋	通称ランス商人の大邸宅。40s. で請負。
家屋	通称ランス商人の小邸宅。40s. で請負。
家屋	キュロワゾンの家屋。年市期だけ請負。年市非開催期には価値なし。
複数の家屋	カンブレ商人の家。年間 15 lb. で賃貸、賃借人が維持。年市期には毛織物業者の取引所として使用。
家屋	大通り、サン゠タユール給水場付近。6 lb. で賃貸。かつて鍛冶屋 Raoul のものであったこの家について、伯は 60s. を定期金としてサント゠マリ・デ・ヴォー教会に支払う。
建物	シャンジ門側にある。20s. で賃貸。
家屋	Piepejart 通りにある。ユダヤ人の家と呼ばれている。30s. で賃貸。

建物3棟	下町区の屠殺場側にある。Jean Cedard の部屋と呼ばれている。60s. で賃貸。
建物10棟	デュルタン橋の上にある。
菜園2箇所	サント＝マリ・デュ・ヴァル教会の前にある。1つはサン＝タユールぶどう圧搾場に隣接。もう1つは公道に隣接。25s. で賃貸。
家屋と広場	シャンジのパン焼きかまどの前にある。6s. の価値を持つ。
建物の半分	伯の水車の前にある。伯の持ち分は10s. で賃貸。
倉庫	ボルド門側にある。伯の建築資材を保管。
プロヴァンの肉屋は各自，伯に毎年3s. の税を支払うべし。	
複数の肉屋物売台	伯に定期金として120 lb. 支払い。前述の肉屋税は総額19 lb. の収益。
肉屋の職人身分認可料として，伯は該当者各自から10 lb. 以上は受け取れない。	
ぶどう酒の流通税	1樽につき1スチエのぶどう酒を取る。半分はサン＝マルタン村の人々のもの。
パン焼きかまど	60s. で賃貸。
家屋	Mathieu de Mescringes 殿のものであった。11d. で賃貸。
家屋5軒	Hue de la Noë と Louis Chançon の家。2軒は高台区，3軒は下町区にある。各家屋から5d.。
土地	かつて Georges de Savigny のもので，Jean Calebace が保有。60s. の価値。
炭の流通税	炭1ミュイにつき7d. 徴収。
縮絨水車	各毛織物につき16d. 徴収。
羊毛計量分銅	分銅用の石1箇につき1d. 徴収。
羊毛流通税	この流通税の半分はテンプル騎士団が持つ。
プロヴァン市民は，火曜市で購入した羊毛の流通税として，羊毛計量分銅の石1箇につき1d. を負担。総額650 lb.。	
租税	ぶどう酒運搬税1050 lb.，毛織物新税2000 lb.。
水車10基	小麦234ミュイ9スチエで賃貸。
その他水車（複数）	小麦28スチエ〜15ミュイの価値を持つ。他に大麦6〜15ミュイの価値を持つ。
養魚池と葦・藺草	年間100s. の価値。

権利・物件	記 載 内 容	
ぶどう酒呼売税	呼売商から売却樽1樽につき1d.徴収。呼売商が60s.で請負。	
年市非開催期の租税	ぶどう酒税(無許可の家での販売について,売却樽1樽につき1スチエ分の価値を徴収)。麻織物流通税(麻織物1反につき1/2d.徴収)。その他流通税(皮革,チーズ,油,香油,鋼,鉄)。通年,総額295 lb.	
サン゠キリアス参事会教会に授与した諸収入		(内訳の記載なし)
サント゠マリ・デ・ヴォーの収入の半分を共有という形で授与。もう半分はサンス大司教が共有。		(内訳の記載なし)
プロヴァンのサン゠ニコラ参事会教会の参事会員数が充足され次第,収入の半分を共有という形で授与。もう半分はサンス大司教が共有。		(内訳の記載なし)
通過税	市道舗装のために伯役人が徴収。	

《注記》 lb.=リブラ, s.=ソリドゥス, d.=デナリウス。
《典拠》 Longnon [260] t. 2, 68–75 から, Bénard [407] を参照して著者が作成。

[表7] シャンパーニュ伯（1285年以降はフランス王）の大市収入

年 代	ラニィ	バル＝シュル＝オーブ	プロヴァン5月年市	トロワサン＝ジャン年市	プロヴァンサン＝タユール年市	トロワサン＝レミ年市
1276〜1278年		2000 lb.	800 lb.	1300 lb.	1000 lb.	700 lb.
1285年		1680 lb.	810 lb.			
1287年				800 lb.	925 lb.	550 lb.
1288年			990 lb.	790 lb.		480 lb.
1296年	1813 lb. 7s. 6d.	2140 lb. 13s. 5d.	1925 lb. 12s. 1d.	1375 lb. 18s. 1d.	1554 lb.	1386 lb. 8s. 4d.
1298〜1299年		1200 lb.	640 lb.	760 lb.	100 lb.	620 lb.
1310年頃		700 lb.	250 lb.	300 lb.	450 lb.	60 lb.
1320年				250 lb.		290 lb.
1323年		705 lb.				
1340〜1341年	360 lb.	280 lb.		180 lb.	155 lb.	177 lb. 10s.

《注記》 lb.＝リブラ，s.＝ソリドゥス，d.＝デナリウス。
《典拠》 Bourquelot [289] t. 2, 199 より作成。

[表8] 1274年度～1331年度: 収入部(裁判収入及び総計の単位はリブラ, それ以外%)

年度	裁判収入	租税	借入	債権回収	警備	浴場賃貸料	定期金	抵当	その他	総計
1274	596(24.2)	39.6	30.4	3.9			0.2		1.6	2462
1275	521(55.2)	2.7	31.9	3.9				4.5	1.8	942
1276	481(44.2)		33.8	14.4				5.2	2.4	1089
1277	402(46.4)	9.3	10.5	19.5			2.1	7.4	4.8	867
1278	429(23.3)		59.6	17.1						1844
1279	456(55.2)			42.7					2.1	826
1280	459(64.8)			34.6					0.6	708
1281	432(45.3)		44.1	9.8					0.8	953
1282	276(14.3)	21.8	59.4						4.5	1925
1283	436(24.5)	65.0			0.9			8.5	1.1	1782
1284	425(31.7)	41.7	10.2	11.2				4.3	0.9	1339
1285	446(99.1)							0.9		450
1286	433(96.4)								3.6	449
1287	411(100.0)									411
1288	629(60.7)		7.7	15.5	6.7		5.0	4.3		1036
1289	490(58.4)		19.0	16.0			2.7	3.9		839
1290	574(28.7)		65.4	5.9						1992
1291	629(31.3)	42.8		25.9						2011
1292	363(50.0)		27.7	22.3						724
1293	513(18.6)	72.6	2.9	4.3			1.5		0.1	2755
1294	450(27.0)	67.7		5.2					0.1	1664
1295	471(24.5)	61.8	3.1	1.1	8.3				1.2	1919
1296	458(25.2)	57.1		6.3	8.9			2.5		1817
1297	327(6.2)	54.9	21.2	4.8	2.6		8.9		1.4	5224
1298	385(31.1)	24.5	32.3		12.1					1238
1299	400(22.4)	31.9	33.6		8.9		2.7		0.5	1787
1300	430(29.6)	41.6	17.2		11.0			0.5	0.1	1454
1301	401(25.2)	39.0	25.2	0.1	10.1				0.4	1589
1302	408(19.5)	63.6		5.5	7.8			1.6	2.0	2084
1304	543(11.7)	81.9		1.7	4.1			0.6		4653
1305	491(30.2)			44.3	10.5		3.7	10.5	0.8	1624
1306	577(29.2)		10.1	12.1	9.2		28.6	3.6	7.2	1978
1307	526(50.2)		19.1		15.9		9.5	4.8	0.5	1048
1308	732(8.7)	74.5	11.0	0.8	1.9		1.3	1.3	0.5	8366
1309	690(47.2)			35.8	12.4			0.8	3.8	1462
1310	659(25.2)	33.2	8.0	17.8	5.7		5.7	0.5	3.9	2612

年度	裁判収入	租税	借入	債権回収	警備	浴場賃貸料	定期金	抵当	その他	総計
1311	438(11.6)	39.0	29.2	4.9	3.9	0.6	2.9	4.5	3.4	3764
1312	347(8.0)	71.0		6.4	3.2	2.7	7.2	1.5		4335
1313	448(51.8)	13.8		0.7	16.7	11.6		5.4		864
1314	131(3.1)	75.0	8.2	5.3	3.1	2.2	2.0	1.1		4192
1315	395(11.1)	74.1	8.5	3.0		2.8		0.5		3550
1320	302(60.3)				25.7	12.0			2.0	501
1324	477(84.6)			6.7		8.7				564
1325	561(47.5)	36.0		8.5		8.0				1181
1327	269(36.1)			29.2	20.0	14.7				746
1328	426(52.0)	7.0		9.8	16.1	13.5		1.6		819
1329								100.0		100
1330	—	—	—	—	—	—	—	—	—	639
1331	274(89.8)					1.0			9.2	305
平均	38.4	25.9	13.1	9.5	4.7	1.6	1.8	1.7	3.3	100.0

《注記》 会計簿中に記載がない場合は空欄にしている。
　　　　1330 年度の収入については，総額のみ記載されているため詳細は不明。
《典拠》 Prou et Auriac [395]

[表9] 1274年度～1331年度：支出部（請負料及び総額の単位はリブラ、それ以外%）

年度	請負料	旅費	贈与	給与	事務施設賃借料	事務諸経費	租税徴収経費	債務返済	軍備	警備	定期金	馬の賃借料	公共事業費	貸付	その他	総計
1274	264(10.7)		2.5	6.1	0.8	0.3		47.7			17.0	0.7		8.1	6.1	2457
1275	264(28.3)	5.6		14.5	2.7	0.8		15.9			6.7	1.5			24.0	933
1276	264(24.5)	14.5		10.4	2.3	0.7		14.6		6.7	10.9	2.9			12.5	1079
1277	260(30.5)	4.0		17.2	3.0	0.8	1.4	15.7			4.0	1.6			21.8	853
1278	264(16.6)	1.6	4.9	9.1	1.6			31.7				0.5		34.0		1588
1279	264(33.0)	8.1	5.3	18.4	3.9	0.4		28.8				0.5			1.6	800
1280	264(41.1)	6.5	6.7	24.0	3.9			8.7			6.2	1.4			1.5	642
1281	264(18.2)	19.5	14.2	26.4		1.7		10.1		0.5		0.6			8.8	1450
1282	264(12.7)	4.5	3.0	5.4	0.6			69.4				3.3	0.9		0.2	2075
1283	247(6.0)	3.4	5.3	4.7	1.2	2.0		69.9		1.0	0.4	0.8	0.1	0.2	5.0	4134
1284	264(20.2)	7.6	3.0	20.6	2.4	1.2		25.5	0.2	5.9	0.2	0.4		2.8	10.0	1307
1285	264(32.6)	18.8	3.1	19.5	3.8	0.6		15.7				2.7			3.2	809
1286	272(46.6)	14.6		33.6								0.3			4.9	584
1287	205(38.2)	11.2	2.6	36.3								0.4			11.3	537
1288	323(25.6)	5.9	2.1	12.5	2.4	0.5		44.5						0.1	6.4	1262
1289	224(16.9)	13.4		11.3	2.5			38.6			5.7		1.1		9.7	1329
1290	224(10.4)	8.0	3.7	8.2	0.7	0.1		60.4		0.1	0.7	1.3			6.4	2159
1291	224(12.0)	10.9	7.2	8.4	1.7			58.8				0.1			0.9	1873
1292	224(32.8)	21.7	18.5	21.7	4.6										0.7	682
1293	224(8.1)	1.7	2.1	6.3	1.7		3.7	53.3	21.8	1.4					1.3	1758
1294	224(13.5)	5.4	3.2	9.6	2.1		3.1	23.4	37.5	7.2		0.1			0.7	1663
1295	224(11.7)	4.0	5.4	14.2		0.2		17.2	34.3	9.0		1.3			4.5	1919
1296	224(12.2)	3.2	6.5	9.1	3.5			15.5	32.8	2.6	0.3	0.2			4.4	1834
1297	227(4.3)	12.0	2.4	4.6				33.8	33.7		3.0				3.6	5224
1298		5.0	34.3	17.7		3.3		29.6		10.4					3.0	1248

参考資料

年																			
1299	448(24.8)	1.6	14.1	12.0	1.1	0.1		32.7	0.4	7.0	4.8						1.4		1805
1300	224(15.4)	13.5	8.5	18.1	1.4	0.6		25.9		8.7	1.6						6.3		1454
1301	224(14.1)	2.1	8.8	11.1		—		19.5									31.7		1591
1302	210(9.4)	6.7	2.5	7.0	1.9	0.3	9.3	34.0	18.3	7.5	3.1	0.3					0.2		2240
1304	210(4.5)	5.0	5.0	5.7	1.1	0.5	2.2	2.1	54.7	3.8	10.0	—		0.1			17.5		4665
1305	210(14.2)	13.6	27.8	12.8	3.7	0.4		3.9		11.7	—	0.1					10.9		1475
1306	210(8.9)	30.4	9.0	9.1	2.7	0.6		0.9		6.6		0.1					31.8		2348
1307	210(19.6)	2.6	10.8	17.9	4.2	0.5		20.2		14.7	0.9			0.7			8.8		1072
1308	210(2.5)	3.2	17.1	3.4	0.6	0.5	0.1	20.6	46.3	1.8					0.1		3.8		8633
1309	210(13.8)	14.7	13.2	11.8	3.9	0.7		9.9		9.9	1.0	1.1			6.9		13.1		1519
1310	210(7.0)	7.1	11.0	7.3	1.8	0.6		24.9		5.2					28.8		6.3		2992
1311	210(5.9)	9.0	2.8	5.5	1.6	0.7	0.8	36.6		4.9	5.6	0.5			4.6		13.6		3566
1312	513(11.3)	9.6	9.0	5.1	1.2	0.6	1.4	48.4		3.8	1.1	0.3				7.9	4.9		4521
1313		5.4	24.4	21.7	5.4	1.7	0.8	12.3		17.3		0.3			3.4	3.3	7.3		969
1314	224(4.7)	6.1	6.8	5.3	0.9	0.5	0.3	33.3	26.0	3.6	4.5	0.3		0.3	0.3		7.4		4772
1315	224(6.0)	5.4	5.6	5.5	2.2	0.4	1.5	26.3	38.1	1.9	1.3	0.1		0.1	0.2		5.5		3710
1320	224(23.2)	15.9	13.5	17.0	5.0	2.6		2.6		17.5		0.1			0.4		2.2		965
1324	224(36.2)	7.8	3.7	8.3	2.9	13.1		0.8			1.1						29.0		618
1325	224(24.8)	6.3	4.8	28.1	0.9	2.4	—	20.6		0.9					1.5		7.7		904
1327		18.4	4.2	34.6	5.2	5.3	0.3	8.3	—	18.0					7.5		2.5		761
1328		6.4	7.2	33.9		5.6		14.8		16.2					4.7		6.0		815
1329		20.0		80.0															100
1330		—	—	—	—	—	—	—	—	—	—	—	—	—	—	—	—		647
1331		—															31.8		564
平均	15.7	—	17.9	7.4	15.2	1.9	1.0	0.5	42.9	24.4	7.2	4.3	1.9	0.5	1.3	1.2	31.8	8.3	100.0

《注記》 横線は、少額のため%表示ができないもの。会計簿中に記載がない場合は空欄にしている。
1330年度の支出については、総額のみ記載されているため詳細は不明。

《典拠》 Prou et Auriac [395]

[表10] 1360年会計簿の構成（記載順。貨幣単位略号 e.=ecu/g.=gros/v.g.=viel gros/liv.=livre/s.=sou/d.=denier/t.=tournois）

項　目	記　載　内　容	ページ数
冒頭部	会計責任者／会計内容／会計年度／監査委員会	p. 196
タイユ未納分の支払いと未納額	タイユ徴収係 Pierre le François からの入金と未納額 　入金　　50 1/4 e. 3 v.g. 12 d.t., 　未納額　195 3/4 e. 3 v.g. 1/2 g.	
	タイユ徴収係 Pierre déspoigny からの入金と未納額 　入金 151 1/2 e. 12 d.t.：サン＝タユール地区／サント＝クロワ地区／サン＝ピエール地区に関して 　未納額 304 3/4 e. 1 g.	p. 197
	タイユ徴収係 Odart de Suilaines からの入金と未納額 　入金　　1 e. 10 s. 　未納額　12 1/2 e. 119 s.	p. 199
	Pierre déspoigny からの追加入金 10 e. 3 g. 12 d. 　入金総額　214 1/2 e. 13 s. 　未納額　　500 3/4 e. 1 g. 119 s.t.	
徴収経費総額控除	36 3/4 e. 1 g. 複数のプロヴァン住民／サン＝タユール修道院長などから	p. 200
入金額と未納額の総額	729 1/2 e. 6 liv. 12 s.	
支出	都市守備隊長 Simon へ，パリ出張時の支出のために [出張内容：堀の漁業権を国王から獲得] Simon へ，ブレイ出張時の支出のために	p. 201
	都市の使者 Jaquemart へ，パリ出張のために 高台区の小間物商に都市の文書作成用の紙代として Jehan Meresse に，彼に対する都市の負債返済 Lucas le Graz に，彼の妻が支払った分の値引分返済 Pierre le Griois に，彼の支払いの値引分返済 Jehan de Ponz le Viel に，彼に対する都市の負債返済 会計係 Pierre de Juilli への給与	p. 202
支払総計①	207 1/4 e. 1 g. 7 s.t.	
前述のタイユ徴収係による未納額支払②	Pierre le François／Pierre déspoigny／Odart de Suilaines	
支払総計①＋②収支差額	723 e. 2 1/2 g. 6 liv. 6 s.t. ＋6 e. 4 g.	p. 203

守備隊会計簿の収支差額	この会計業務も Pierre de Juilli が担当 超過支出分 10 e. 5 g. 1 tiers de groz は都市の負債	
会計年度中の文書作成費用	50 e.	
Pierre de Juilli に対する都市の負債総額	60 e. 5 g. 1 estorllin.	
Pierre de Juilli の受取	上述差額 6 e. 4 g. / 1 リブラにつき 4 デナリウスの課税について受取 5 e. / 未納タイユ（5 月分の収入役から）12 1/2 e. / 塩税未納分 1 1/2 e. / 家屋 4 軒に関して 1 1/2 e.	
受取総額	29 e. 3 g.	
Pierre de Juilli の受取分を差引した都市の最終負債総額	31 e. 1 1/3 g.	
Pierre de Juilli へフランス大元帥 Robert de Fiennes による, 都市守備隊及び都市の（防備施設）改修のためのタイユ徴収に関わる特任状のコピー		pp. 204~205
1357 年 12 月 25 日頃のタイユ未納者リスト	Pierre déspoigny のリスト: 135 名 Pierre le François のリスト: 84 名 Odart de Suilaines のリスト: 22 名	pp. 206~211

《典拠》[385] を基に著者が作成。ページ数は [384] t. 4 によった。

[表11]　1451年度都市財政の収入部・支出部の内訳

収　入	lb.	s.	d.	ob.	%	支　出	lb.	s.	d.	%
前会計年度繰越金	29	0	10		5.1	公共工事費				
請負料	64	8	0		11.3	｛防備強化	237	14	3	43.8
市門通過税	45	18	0		8.1	公共設備整備	33	19	11	6.3
堀の漁業権	18	10	0		3.2	給水場導水管修繕	17	5	4	3.1
国王エド授与分	196	3	0		34.8	堀の水門修繕	1	18	4	0.4
ぶどう酒税	194	7	6		34.4	市道舗装	14	16	3	2.8
パン税	1	15	6		0.4	出張費	130	19	2	24.1
前会計年度未領収金	197	2	6		35.0	給与	63	8	6	11.6
国王エド授与分	40	0	0		7.1	贈与	2	10	10	0.4
タイユ	0	20	0		0.2	訴訟諸経費	29	14	2	5.5
塩税	156	2	6		27.7	歓待費	13	4	7	2.4
租税	74	6	3		13.1	会計監査会諸経費	15	5	0	2.8
その他		72	8	1	0.7	その他	16	16	0	3.1
総　　計	564	13	3	1	100.0	総　　計	543	12	5	100.0

《典拠》[386]を基に著者が作成。
《註記》1451年度プロヴァン会計簿には，他の都市会計簿と同様に，計算ミスと思われるものが多い。この表は，会計簿に記された個々の収入・支出項目の小計額を基礎数字として，著者の計算した合計を示している。これらの数字と会計簿そのものに含まれる合計との間には時に相違はあるが，いずれも特に問題とするほどの額ではない。

[表12] プロヴァンの市長リスト

在任期間	市　長　名	在任期間	市　長　名
1230〜1231	Jacques Rubeide	1288	Jean Lacorre
1231〜1232	Jacques Rubeide	1289	Robert Giffart
1233〜1234	Simon de Champelet	1290〜1292	Guillaume de Saint-Marcel
1235	Jacques de Froidmantel		
1236〜1237	不明	1293	Gautier de Durtain
1238	Jacques de Froidmantel	1294〜1295	Jean de Launoy
1239〜1240	不明	1296	Meingot Mairesse
1241〜1242	Guillard d'Aunoy	1297	Jean de Launoy
1242〜1243	Giles Hurez	1297〜1298	Gautier de Durtain
1243	Jacques de Froidmantel	1299	Meingot Mairesse
1244〜1245	不明	1300〜1301	Pierre de la Fontenelle
1246〜1247	Guillaume Reimon	1302〜1303	Jean de Fontaine Riant
1248〜1251	不明	1304	Pierre de la Fontenelle
1252	Jacques de Froidmantel	1305	Gautier de Durtain
1253	Simon de la Pisserotte	1306〜1308	Meingot Mairesse, Pierre de Feligni?
1254〜1257	Gilles Juliot		
1257〜1258	Gilebert de Rosti	1309	Pierre de Feligni
1259〜1262	Nicolas du Châtel	1310	Gautier de Durtain
1262〜1265 (1264?)	Guillaume Reimon	1311	Simon Loriaut
		1312〜1313	Ace Mairesse
1265	Jean Ferri	1314	Pierre de la Fontenelle
1266〜1267	Guillaume Reimon	1315	Ace Mairesse
1268	Guillaume Pentecôte	1316	Jean Reimon le jeune
1269	Pierre de la Rochelle	1317〜1318	不明
1270	Guillaume de Furnes	1319	Estienne Morise
1270〜1271	Guillaume Reimon	1320〜1321	Nicolas le Vulois
1271	Pierre de la Rochelle	1322〜1323?	Jean Honoré
1272	Guillaume Pentecôte	1324〜1326	Robert de Vinci
1273	Eudes Corion	1327	Jean Vincent de Vouton
1274〜1275	Miles le Pevrier	1328〜1329	Pierre Pilemer
1276〜juin 1278	Jean Lacorre	1330	Ace Mairesse
		1331	Thomas des Mares
1278〜janvier 1281	Guillaume Pentecôte	1338 以前	Michaux Dorvis
		1338	Pierre Pilemer
1281〜1282	Gilebert de Mori	1339?	Nicolas de la Noue
1283	Jacques le Pevrier	1340?	Jacques Hugues
1284	Guillaume le Chapeliers	1341?	Nicolas de la Noue
1285〜1287	Gautier de Durtain		

《典拠》 Chapin [303] 244-250 を基に著者が作成。

参考資料

[史料1]　子供の後見解放記録

《Par devant le meieur Pierre de la Fontenelle, Meingot Mesresse, Simon Loriaut, Nicholas Reinbaus, Hanri le fautrier, Jehan de Verie le jeine, eschevins, vindrent Jehanz Tonanz, d'Avelliz, et Isabeas la Bourjoise sa fame, et mistrent hors de leur avourie Crestien leur fil; et il en vost bien issir; et li donnerent a li et a Colaute [sa] fame I chambre atout I chas assis en a Avelli, tenant d'une part Jehant Thein et d'autre part Jaquin Bige, mouvant de la censsive Robin Beautouin, d'Avelli, a tel cenz et a tel moison comme elle doit; it. la moitié d'une meson atout I oche desrier, assise a Avelli, tenant d'une part audit Jehan Tain et d'autre part audit Jaquin Bige, de la censsive et de la mouison audit Robin Beautouin, d'Avelli, a tel cenz et a tel mouison comme elle doit; it. demi arpent de terre assis ou marois d'Avelli, au chief de l'oche, tenant d'une part audit feu Ericon Errapin et d'autre part aux hors feu Jehan Pine, de la censsive et de la mouison audit Robin, d'Avelli, a tel cenz et a tel mouison comme elle doit; it. demi arpent de terre assis es Montillier d'Avelli, tenant d'une part a Oudaut Mignote et d'autre part a Martin Blanchart, d'Avelli, de la censsive a mestre Girart de Reins, a I denier de cenz; it. I quartier de terre assis es Soreins ou finaige d'Avelli, tenant d'une part et d'autre a monseingneur Guillaume de Noien, chevalier, de la censsive Guillaume d'Avelli, escuier, a I parisis de cenz et a IIII d. de vinaige; it. il leur donnent la moitié de touz leurs muebles en que[l]que lieu que il soient, soit en ostel soit hors d'ostel; it. la moitié d'une masure tenant a la meson Robin Chauviau d'une part et d'autre part a Kateline d'Avelli, de la censsive et de la moison a mestre Girart de Reins, a VII d. de cenz et a III mineas d'avoine et a I chapon a Nouel. Et de toutez les chosez dessus dites il se tindrent pour bien paiez. Present Jehan de Sezenne, Renaut de Courtacon et Thomas, clerc de la loige, le van[d]redi apres la St Lorant, l'an mil IIIc et I.»

(部分訳)

「市長ピエール・ド・ラ゠フォントネル,参審人マンゴ・メーレス,シモン・ロリオ,ニコラ・ランボー,麦打ちのアンリ,ジュアン・ド・フェリー゠ル゠ジョーヌの前に,アヴェリのジュアン・トナンと妻イザボー・ラ・ブルジョワーズが赴き,息子クレチアンを後見解放した。そして彼も後見から離れることを望んだ。そして彼らは,彼とその妻コロートに,アヴェリにある建物1棟と付属建物1棟(その一部はジュアン・タンに,またもう一部はジャカン・ビジュに属し,アヴェリのロバン・ボートゥアンの貢租地からそれが負っている貢租と穀物賦課租付きで移ってきたものである),アヴェリにある家屋1軒の半分と裏側の生け垣で囲った菜園1つ(その一部は前述のジュアン・タンに,またもう一部は前述のジャカン・ビジュに属し,アヴェリのロバン・ボートゥアンの貢租地から,それが負っている貢租と穀物賦課租付きで移ってきたもの),アヴェリの沼沢地にあり,囲い地の端に位置する土地2分の1アルパン(…略…),アヴェリのモンチリエにある土地2分の1アルパン(…略…),アヴェリ村域のソランにある土地1カルチエ(…略…)を与える。そして彼らの動産すべての半分を,それが家の中にあろうと外にあ

ろうと，場所に関係なく彼らに与える。また家屋1軒の半分を与える(その一方はロバン・ショヴィオ，もう一方はカトリーヌ・ダヴェリの家屋に属する。それにはジラール・ド・ランス殿の貢租地と穀物賦課租が付いており，すなわち貢租7デナリウス，燕麦3ミノとクリスマスの雄鶏1羽である)。そして上述のすべてのことについて，彼らは十分に報われたので満足した。ジュアン・ド・セザンヌ，ルノー・ド・クルタコン，ロジュの書記であるトマが(証人として)参加した。サン゠ローランの祝日の後の金曜日。1301年(8月11日)」。

 《典拠》Prou et Auriac [395] 185-186.

[史料2] プロヴァン都市会計簿に現れる年市（[］内は金額）

会計年度	記　　載　　内　　容
1274	前年度ラニィ年市で借入[400 lb.]; 5月年市で借入[150 lb.]; ラニィとバル年市で借入返済[304 lb.]; トロワ年市で借入返済[54 lb. 10s.]; ロジュ賃借料[18 lb. 15s.]
1275	5月年市で借入[300 lb.]; 外来商人の罰金に関するプレヴォの負債を代わりに支払[10 lb.]; サン＝タユール年市の7日間の罰金[50s.]; 5月年市で請負料支払[264 lb. 10s.]; ロジュ賃借料[25 lb.]
1276	ロジュ賃借料[25 lb.]; 外来商人の罰金に関するプレヴォの負債を代わりに支払[10 lb.]
1277	5月年市で借入[60 lb.]; ロジュ賃借料[25 lb.]; 外来商人の罰金に関するプレヴォの負債を代わりに支払[10 lb.]
1278	5月年市で借入[1100 lb.]; ロジュ賃借料[25 lb.]
1279	ロジュ賃借料[31 lb.]
1280	ロジュ賃借料[24 lb. 10s.]
1281	5月年市で借入[420 lb.]; サン＝タユール年市で借入[260 lb.]
1282	5月年市で借入[109 lb.]; 5月年市のロジュ賃借料[50s.]; 5月年市以外でのロジュ賃借料[10 lb. 13s. 3d.]
1283	ロジュ賃借料2年度分をゴチエ・ド・デュルタンに支払[30 lb. 9s.]; サン＝タユール年市の諸経費支払[24s.]; 証人引受のためにプロヴァンに来た者のサン＝タユール年市における支出の弁済[64s. 6d.]; 5月年市ロジュ賃借料[40s.]; サン＝キリアス参事会教会に場所代[10s.]; 高台区にベンチ搬入[12d.]; それを下町区へ搬出[12d.]; ロジュ清掃[5d.]; 下町区へロジュ移設[3s.]; 5月年市3日間の松明代[55s.]; サン＝タユール年市ロジュ賃借料[6 lb.]; ロジュ設営[5s.]; ベンチ搬入出[24d.]; サン＝タユール年市3日間の松明代[33s.]; プレヴォのジュアン・レモンへサン＝タユール年市の7日間の給与支払[11 lb. 10s.]
1284	5月年市で借入[100 lb.]; サン＝タユール年市の7日間についてプレヴォの負債を代わりに返済[62s. 6d.]; ロジュ通年賃借料[16 lb.]; ロジュ賃借料（5月年市[55s.]／サン＝タユール年市[6 lb. 7s.]）; 5月年市とサン＝タユール年市3日間の夜警照明費[114s. 3d.]; 3日間の警備費[14s.]
1285	ロジュ賃借料（5月年市[57s.]／サン＝タユール年市[6 lb. 5s.]）; 年市最初の3日間の夜警照明費（5月年市[48s.]／サン＝タユール年市[66s.]）; ロジュ通年賃借料[16 lb.]
1286	外来商人の罰金の件で年市守護との交渉のために市長出張[40s.]; 同

参考資料　　305

	様の件でバイイと仏王のもとへ市長出張 [38s. / 7 lb. 16s.]; ロジュ賃借料; サン゠タユール年市からパリに金銭を運んだ馬2頭の賃借料 [50s.]
1287	サン゠タユール年市の7日間について入金 [4 lb. 12s. 6d.]; ロジュ賃借料
1288	外来商人の罰金返納 [160 lb.]; サン゠タユール年市で借入 [80 lb. 10s.]; 1287年ラニィ年市における返済の滞納分を一部返済 [221 lb.]; ロジュとして借りたゴチエ・ド・デュルタンの家屋の賃借料半年分 [4 lb. 5s.]; 5月年市ロジュ賃借料・ロジュ設営・ベンチ搬入・清掃 [55s.]; サン゠タユール年市ロジュ賃借料 [6 lb.]; ロジュを柵で囲いベンチを搬入出 [7s.]; 両年市3日間の夜警照明費 [70s./60s.]; サン゠タユール年市の7日間についてプレヴォに手当支払 [20s.]; 債務部: 返済金滞納分の内訳とラニィ, プロヴァン, トロワ年市での返済計画に関する記載
1289	ゴチエ・ド・デュルタンの家屋賃借料の残り半年分 [75s.]; 5月年市で借入, トロワ夏年市で返済 [40 lb.]; ロジュ通年賃借料 [16 lb.]; 5月年市ロジュ賃借料 [40s.]; ロジュ設置場所代 [10s.]; ロジュ移設・ベンチ搬入 [5s.]; サン゠タユール年市ロジュ賃借料 [6 lb.]; 囲いの設置及びベンチ搬入出 [5s.]; 両年市夜警照明費 [42s. 6d. / 44s.]
1290	ロジュ通年賃借料 [16 lb.]; 5月年市ロジュ賃借料 [40s.]; ロジュ移設と清掃 [4s.]; ベンチ搬入出 [2s.]; サン゠キリアス参事会教会に場所代 [10s.]; サン゠タユール年市のロジュにベンチ搬入出 [6 lb. 2s.]; 両年市夜警照明費 [60s. 3d. / 12s.]; 債務部: ラニィ年市で債務の一部を返済すべき旨の記載
1291	ラニィ年市で借入金返済 [60 lb.]; 5月年市ロジュ賃借料 [45s.]; 場所代 [10s.]; サン゠タユール年市のロジュ賃借料とベンチ搬入出 [6 lb. 2s.]; 両年市夜警照明費 [7 lb. 10s.]; ロジュ通年賃借料 [16 lb.]
1292	ロジュ通年賃借料 [16 lb.]; 5月年市ロジュ賃借料 [45s.]; 移設とベンチ搬入出 [5s.]; 場所代 [10s.]; サン゠タユール年市のロジュ賃借料とベンチ搬入出 [6 lb. 2s.]; 両年市夜警照明費 [6 lb. 10s.]
1293	ラニィ年市で市長が借入金の一部を返済 [7 lb. 14s.]; 残額はバル年市で返済 [60s.]; 年市書記にコミューン文書の筆写手当支払 [30s.]; 臨時ロジュ賃借料 [8 lb.]; ロジュ通年賃借料 [20 lb.]; 5月年市ロジュ賃借料 [45s.]; 場所代 [10s.]; サン゠タユール年市ロジュ賃借料とベンチ搬入出 [6 lb. 2s.]; 両年市夜警照明費 [4 lb. 6s. / 110s.]
1294	5月年市, サン゠タユール年市のロジュ賃借料及び常設ロジュ賃借料 [21 lb. 4s.]; 両年市夜警照明費 [8 lb. 16s.]; 幟購入 [4 lb. 8s. 2d.]; 5月年市において年市守護と交渉を行った都市相談役に手当 [65s. 7d.]; ロジュの庭地の整備 [15s. 6d.]

会計年度	記 載 内 容
1295	バル年市で仏王へ資金提供 [600 lb.]； 5 月年市で請負料支払 [224 lb. 10s.]； 年市開催期間中のロジュと非開催期のロジュの賃借料； 両年市夜警照明費
1296	バル年市で仏王へ資金提供 [600 lb.]； 5 月年市で請負料支払 [224 lb. 10s.]； ロジュ整備 [23 lb. 8s. 9d.]； 5 月年市ロジュ賃借料 [45s.]； 場所代 [10s.]； ベンチ搬入出と囲いの刈込 [5s.]； サン＝タユール年市ロジュ賃借料とベンチ搬入出 [6 lb. 3s.]； 年市非開催期間中のロジュ賃借料 [22 lb. 10s.]； 両年市夜警照明費 [9 lb. 4s. 2d.]
1297	サン＝タユール年市で借入 [400 lb.] (翌年のラニィ年市までに返済)； 両年市夜警照明費； 年市開催期のロジュと非開催期のロジュの賃借料
1298	サン＝タユール年市で借入 [400 lb.]； ロジュ賃借料； 年市開催期と非開催期の照明費
1299	5 月年市で借入 [600 lb.] と返済 [180 lb. 8s.]； ピアチェンツァの仲介人に 5 月年市における 600 lb. の借入仲介手数料 [40s.] とこの件の確認書作成費 [32s.]； 同じくサン＝タユール年市で 600 lb. の残額分の借入に関する仲介手数料 [20s.]； ロジュに関する雑費 [40s.]； 5 月年市のロジュ関係諸経費 [70s.]； 5 月年市 3 日間の松明代 [105s.]； サン＝タユール年市ロジュ賃借料 [4 lb.]； サン＝タユール年市の照明費 [6 lb. 12s. 6d.]
1300	5 月年市で借入 [200 lb.]； ロジュ通年賃借料と両年市ロジュ賃借料，そして照明費及びベンチ搬入 [19 lb. 10s. 8d.]； 年市守護へ贈与； ロジュの芝生の整備
1301	5 月年市で借入 [400 lb.]
1302	ロジュ通年賃借料 [20 lb.]； 両年市ロジュ賃借料と照明費及びベンチの搬入出
1303	記載なし
1304	5 月年市ロジュ関係諸経費 [76s.]； サン＝タユール年市のロジュ関係諸経費 [4 lb. 9s.]； 両年市照明費 [22 lb.]； 年市非開催期における市当局用の家屋賃借料 [20 lb.]
1305	5 月年市ロジュ賃借料 [4 lb. 10s.]； サン＝タユール年市のロジュ賃借料 [4 lb. 6s.]； 年市非開催期の都市事務所賃借料 [20 lb.]； 照明費 [25 lb.]
1306	5 月年市ロジュ賃借料 [6 lb. 7s.]； 場所代 [10s.]； ベンチ 2 台の搬入出 [6s.]； ロジュの囲い [3s.]； サン＝タユール年市ロジュ賃借料 [4 lb.]； 新品のベンチ 2 台の搬入出 [15s.]； 都市事務所賃借料 [20 lb.]； 照明費 [30 lb. 10s.]

1307	5月年市ロジュ賃借料 [48s.]；場所代 [10s.]；ベンチ2台の搬入出 [6s.]；ロジュの囲い [3s.]；サン＝タユール年市ロジュ賃借料 [4 lb.]；ベンチ1台購入 [10s.]；年市非開催期の都市事務所賃借料 [25 lb.]；照明費 [12 lb.]
1308	サン＝タユール年市7日間の裁判から入金 [16s.]；5月年市の3日間に借入 800 lb.（次のサン＝タユール年市までに返済。利子 100 lb.）；5月年市ロジュ賃借料 [78s.]；場所代 [10s.]；ベンチの搬入出 [3s.]；ロジュの囲い [3s.]；サン＝タユール年市ロジュ賃借料 [4 lb.]；ベンチ搬入出 [2s.]；都市事務所賃借料 [25 lb.]；照明費 [17 lb. 16s. 8d.]；5月年市での借入返済のため年市守護に返済確認書の交付費用支払 [47s. 6d.]
1309	5月年市ロジュ賃借料 [60s.]；場所代 [10s.]；ベンチの搬入出とロジュの囲い [6s.]；サン＝タユール年市ロジュ賃借料 [4 lb.]；ベンチ搬入出と新品のベンチ購入 [12s.]；都市事務所賃借料 [25 lb.]；照明費 [19 lb. 6s. 6d.]；ロジュの清掃と飾り付け及び庭地整備 [7 lb.]
1310	バル年市で借入 [210 lb.]；都市事務所賃借料 [25 lb.]；5月年市ロジュ賃借料 [60s.]；場所代 [10s.]；ベンチの搬入出とロジュの囲い [6s.]；サン＝タユール年市ロジュ賃借料 [4 lb.]；ベンチ搬入出 [3s.]；照明費 [20 lb. 11s. 11d.]
1311	バル年市で借入 [200 lb.]；5月年市で借入 [900 lb.]；年市守護に渡す文書の獲得のためにオルレアンに市政役人出張；年市守護が市民を投獄した件で市政役人のパリ出張；年市守護が牢獄で殺害した女性の件で市政役人パリ出張；市民を投獄した年市守護に対する文書の獲得のために市政役人パリ出張；年市商人に対する文書の獲得のために市政役人オーセールへ出張；都市事務所賃借料 [25 lb.]；5月年市での借入証明書発行費 [78s.]；5月年市ロジュ賃借料 [60s.]；場所代 [10s.]；ベンチの搬入出とロジュの囲い [6s.]；サン＝タユール年市ロジュ賃借料 [4 lb.]；ベンチ搬入出 [3s.]；照明費 [17 lb. 2s. 10d.]
1312	サン＝タユール年市でオーセール司教に貸付 [150 lb.]；都市事務所賃借料 [25 lb.]；5月年市ロジュ賃借料 [60s.]；場所代 [10s.]；ベンチの搬入出とロジュの囲い [6s.]；サン＝タユール年市ロジュ賃借料とベンチ搬入出 [4 lb. 3s.]；照明費 [22 lb. 13s.]
1313	バル年市からサン＝タユール年市までの4年市で借入返済 [46 lb.]；都市事務所賃借料 [25 lb.]；5月年市ロジュ賃借料 [60s.]；場所代 [10s.]；ベンチの搬入出とロジュの囲い [6s.]；サン＝タユール年市ロジュ賃借料とベンチ搬入出 [4 lb. 3s.]；照明費 [19 lb. 5s.]；ロジュの格子製作と庭地整備 [25s.]
1314	借入 345 lb.（翌年のバル年市までの3年市で完済）；借入返済 45 lb.（翌

会計年度	記　載　内　容
	年のバル年市までの3年市で完済); 2年市で借入返済 [16 lb.]; 年市守護の印璽付借入返済確認文書の作成費 [7s. 7d.]; 照明費 [16 lb. 10s.]; 5月年市ロジュ賃借料 [60s.]; 場所代 [10s.]; ベンチの搬入出とロジュの囲い [6s.]; 都市事務所賃借料 [25 lb.]
1315	5月年市で借入 300 lb.; ピアチェンツァ商人への借入返済 40 lb. (翌年のラニィ年市までに返済); 年市の楽器弾きへの手当と年市の警備; 照明費 [17 lb. 10d.]; 都市事務所賃借料 [25 lb.]; 5月年市ロジュ賃借料 [60s.]; 場所代 [10s.]; ベンチの搬入出とロジュの囲い [6s.]; 5月年市における借入仲介人に手数料 [40s.]; 年市借入証明書の作成費 [29s.]; ロジュの格子と裏の庭地の整備と土の撤去 [20s. 9d.]
1316	欠　　落
1317	欠　　落
1318	欠　　落
1319	欠　　落
1320	年市守護が市民に与えた害について仏王に上訴すべく, 市政役人がパリなどに出張; 年市守護への贈与; 外来商人から徴収した罰金の取り扱いをめぐる紛争のために市政役人出張; 照明費 [20 lb.]; 5月年市ロジュ賃借料 [55s.]; 場所代 [10s.]; サン゠タユール年市ロジュ賃借料 [4 lb.]; 両年市でのベンチ搬入出とロジュの囲い [9s.]; 都市事務所賃借料 [20 lb.]; 両年市における楽器弾きへの手当 (最初3日間の夕方) [30s. / 19s. 3d.]
1321	欠　　落
1322	欠　　落
1323	欠　　落
1324	債務部: 半年分のロジュ賃借料として 10 lb. を施療院長に負う
1325	6回の年市を通じて返済されるべき市長の負債 [42 lb.]; ロジュの庭地整備・格子製作・梁用の木材搬入 [30s.]; 5月年市ロジュ場所代 [60s.]; ロジュの囲い整備 [15d.]; ベンチと椅子を都市事務所からロジュへ搬入出 [2s. 6d.]; 5月年市の照明費 [9 lb.]; 年市照明用の蠟燭売却 [4s. 8d.]; 警備隊所属の楽器弾きへの手当 [30s.]; サン゠タユール年市ロジュ賃借料 [50s.]; ベンチを都市事務所からロジュへ搬入出 [3s.]; サン゠タユール年市照明費 [9 lb. 9s.]; 年市照明用の蠟燭売却 [4s.]; 楽器弾きへの手当 [30s.]; 債務部: 都市事務所賃借料として 10 lb. を施療院長に負う

1326	欠　　落
1327	5月年市ロジュの設営 [50s.]；5月年市ロジュ場所代 [10s.]；ロジュの囲い整備 [18d.]；ベンチと椅子をロジュへ搬入出 [3s.]；警備隊所属の楽器弾きへの手当 [25s.]；サン゠タユール年市ロジュをジュアン・クラランから賃借 [40s.]；ベンチと椅子を都市事務所からロジュへ搬入出 [3s. 6d.]；楽器弾きへの手当 [22s. 6d.]；ロジュの庭地と格子整備 [30s.]；市当局の訴訟で相談役を担った大市弁護士に手当支払 [60s.]
1328	ロジュの庭地と格子整備 [25s.]；5月年市ロジュ設営 [50s.]；5月年市ロジュの場所代 [10s.]；ロジュの囲いの刈込 [16d.]；ベンチと椅子をロジュへ搬入出 [3s. 6d.]；5月年市とサン゠タユール年市の年市書記が座る小型ベンチ購入 [6s.]；5月年市警備照明費（松明10本購入）[15 lb.]；釘を100個購入してベンチの修理 [2s. 6d.]；楽器弾きへの手当とぶどう酒 [36s.]；都市事務所賃借料 [20 lb.]；ランタン・蠟燭購入 [7s.]；サン゠タユール年市ロジュ賃借料 [50s.]；ベンチと椅子の搬入出 [3s.]；蠟購入 [15 lb. 16s. 10d.]；楽器弾きへの手当と夜警のセルジャンへぶどう酒提供 [38s.]
1329	記載なし
1330	債務部：今年度のロジュ賃借料として10 lb.を施療院に負う
1331	記載なし

《典拠》Prou et Auriac [395]
《注記》記載項目の中には金額が示されていないものがあるが，市政役人の出張などを除いて，それは会計簿中で金額が記されていない場合である。

[史料3]　非訟業務文書に現れる年市

年　　代	該当箇所の史料原文とその要約
①1272	チボー・ド・バノは，ポワシュ・ルが彼に売り，引き渡した毛織物の代金98 lb. を，ポワシュ，そして彼の兄弟とその仲間たちに，サン＝タユール年市で支払わねばならない。 《Tiebauz de Bannos vint par devant Jehan de Vilecran et requenut que il doit a Poiche Rous et a Doisi son frere et a ses compaignons IIIIxxXVIII lb. pour dras que cil Poiche Rous li a vanduz, bailliez et delivrez, a paier au paiemant de la foire saint Ayoul prochienemant a venir an l'an mil et CC et LXXII...》（典拠: Prou et Auriac [395] 3. 以下ページ数のみ）
②1274. 10. 12	ウデは，義理の父ジュアン・ドーセールの死により相続せねばならなくなった動産14 lb. から，彼の義理の母を解放。この14 lb. の内8 lb. は支払済で，残り6 lb. は5月年市で支払わねばならない。 《Oudez, filz a la dame dou Four, vint par devant le maieur Mile le Pevrier et par devant les eschevins... et quita sa dame, fame mestre Jeh. d'Aucerre, des muebles qui li devoient escheoir de la mort de ce mestre Jeh. pour la reson de sa fame, fille de ce mestre Jeh., pour XIIII lb. dom il se tint a paiez de VIII lb., et VI lb. a paier en la foire de may...》（13）
③1277. 11. 26	せむしのジルベールはトマ・マクレルと大工アンセルに4 lb. を負い，5月年市で支払わねばならない。 《Guileberz li bocuz vint par devant Morel de la loige et requenut qu'il devoit a Thomas Maquerel et a maistre Ansel le cherpentier IIII lb. a randre dedanz le paiement de may...》（36-37）
④1279. 2	蠟燭工のマルグリットは前夫との間の息子ギュメと，彼の父親の動産すべての分割相続を行い，未払分の40s. を彼女は，各年市で10s. ずつ完済するまで支払わねばならない。 《Marguerite la chandeliere, fame Jehannet de Sens, foulon, vint par devant le maieur Guill. Pantecoste et partie des eschevins et fist part a Guillemet, fil de feu Jehan le Champenois, mariz, devant le dit Jehan de Sens, a la dite Marguerite, et fist part au dit anfant de touz les muebles de par son pere, a C s. de tournois et a I lit de plume forni de coute et de coussin et de III dras en lit, et I tapiz en pris de X s. pris et vandu; des quiex elle livra, par l'acort au maieur et par l'acort au amis dou dit Guillemin, a Perraut Saradin, de Foretoilles, qui enmena l'anfant, II vaiches qui furent prisiées XLs. et XXs. contanz et le lit forni atouz les IIII dras, et X s. por le tapiz et XL s. que il

		demoura a paier, que li diz Perrauz doit recevoir, et le doit paier la dite Marguerite a chascune foire Xs. tant que li dit XLs. soient paié, et li diz Perrauz s'en tanra a paiez, et commancera la dite Marguerite a paier en la foire Saint Ayoul qui sera l'an LXXIX; et ne li puet demander li diz Perrauz que Xs. chascune foire des iqui en avant jusqu'a tant que cil XL s. soient paié» (41-42)
⑤1285.3.4		染色工ジュアンは森 59 アルパンについて 285 lb. を負い，次のような 3 回払いで支払うことを認めた．すなわち完済となるまで 1285 年のサン＝タユール年市にて 100 lb., 翌年の同じ年市で 100 lb., 翌々年の同じ年市で 100 lb. を支払う． «Jehanz li tointuriers...quenut qu'il devoit au maieur Guill. le chapelier IIcIIIIxx et V lb. pour LIX arpenz de bois qui sieent, si com l'an dit, antre le bois Crolebarbe d'une part et les chans Ansel de Quinci d'autre, par tiex paies c'est a savoir au paiement de la seint Ayoul l'an IIIIxxV, C lb., et an l'autre seint Ayoul ansivant C lb., et an chacune foire St Ayoul ansivant C lb. tant qu'il hoit tout parpaié» (56)
⑥1287		エマンジャール・ド・シは，ブランダン・ビゴンに対してその息子ペレのために渡すべき 9 lb. の保証人及び引渡人となった．彼女はブランダン自身あるいは彼の代理に，各年市で 6s. ずつ渡さねばならない．最初の支払を 1287 年のラニィ年市から始め，完済するまで行う． «Emenjarz de Chies...s'obliga a estre pleiges et randerrausse anvers Blandin Bigon pour Perret som fil de IX lb. a randre VI s. chacune foire a ce Blandin ou a son commandement; et doit commencier la prumiere paie au paiement de Langni l'an IIIIxx VII et de foire an foire tant que toute la dete soit paiée» (113)
⑦1288		ジュアネ・ベシュは，フォントノワ主任司祭の書記ジャカンに 40s. を負い，1289 年のサン＝タユール年市で完済することを彼に約束した． «Jehannez Bechuz, de Libouein, quenut...qu'il devoit XLs. a Jaquin, clerc au curé de Fontenoi, lesquiex il li promist a paier dedanz le paiement de la St Ayoul, l'an IIIIxx IX» (114)
⑧1290.12.8		ジャック・ド・ベルグは故アンリ・レコの娘エドリノートにトゥール貨で 62 lb. を負い，その内 30 lb. は以前に受け取り，残り 32 lb. は 1290 年のサン＝タユール年市で受け取った． «Par devant Guill. de Seint Marcel, maieur...eschevins...vint Jaques de Bergues et quenut qu'il devoit LXII lb. de tournois a Edelinaute, fille feu Hanri Lesquot, desquiex LXII lb. il avoit receu XXX lb. des le tems que Gautiers de Durtein fu maires, et en la foire

年　　代	該当箇所の史料原文とその要約
	Seint Ayoul, l'an MCCIIIxx X, XXXII lb....»　(129)
⑨1294.12.5	ルノー・アザール＝リ＝ジョーヌは，妻とその前夫との子供たちに対して，その子たちが父親から相続する動産としてトゥール貨で400 lb. を負う。その内260 lb. はジルとジャック [共に参審人で，ルノーの負債の一部を負担] がバル年市で渡すことを約束。ルノーはバル年市で残りの40 lb. を負う。 «Com Renauz Hasarz li jeunes fust tenuz envers les anffanz de sa fame et de feu Perrin de France, som devancier, en IIII c lb. de tournois pour reson des meubles qu'il deuvent avoir a leur partie de par leur pere, Giles de Sanliz, et venuz par devant le maieur Jehan de Launoy, et promist a randre des deniers desus diz C lb. dedanz le paiement de Bar; et Jaques de Bergues vint aussins devant le maieur, et en promist a randre XIIIxx lb. des diz deniers dedanz ledit terme, et li diz Renauz Hasarz XL lb. qu'il devoit de remenant des diz deniers, dedanz ledit terme aussins; et quita li diz Renauz ledit Gile de Sanliz et ledit Jaque de Bergues des C lb. et des XIIIxx lb....»　(147)
⑩1296.3.5	ジュアン・カンは故ピエール・ラピとマルグリットの2人の子供ジュアナンとペランに，彼らの亡父からの動産相続分として40 lb. を負い，それを1296年のサン＝タユール年市で支払わねばならない。同じく彼はその2人の子に，自分の子供トゥナンを加えた3人で，彼らの亡母の故マルグリットからの動産相続分について，トゥール貨で40 lb. の分割を行い，それを1297年の5月年市で支払わねばならない。 «Par devant Mengot Meireice, maieur...eschevins, vint Jeh. Quains, de Sourdu, et quenut que il devoit a Jehannin et a Perrin, anfans de feu Pierre Lapie et de Margerite, fille Felipe de Vodoi, pour les biens meubles de par feu Pierre Lapie leur pere, XL lb. a randre et a paier au paiemant de la foire Sent Ayoul l'an MCCIIIxx et XVI. It. Jeh. Quains fit part a Jehannin et a Perrin desus dit, anfans de feu Pierre Lapie et de feu Margerite, fille Felipe de Vodoi, et a Tevenin, fil Jeh. Quain et fil de feu Margerite desus dite, de XL lb. de tournois a eus III ansanble, pour resson des biens meubles de par feu Margerite, fille Felipe de Vodoi, mere des anfans desus diz, a randre et a paier au paiement de la foire de mai l'an MCCIIIxx et XVII,...»　(156–157)
⑪1296.3.31	赤色染色工ピエール・モクレールは染色工ピエール・ド・シャロンの息子に33 lb. を負い，1297年のバル＝シュル＝オーブ年市で引き渡

参考資料

		し，支払わねばならない。 «Par devant Mengot Meireice, maieur et partie des eschevins, vint an personne Pierre Mauclers, teinturiers de roige, et quenut que il devoit a Th. fil Pierre de Chaalons, teinturier, XXXIII lb. a randre et a paier au paiemant de Bair seur Aube, l'an IIIIxx et XVII...» (158)
⑫	1309.1.7	ゴチエ・ド・デュルタンは3人の子供(ラウラン，ジュアナン，ドニサン)と，彼らの母親故ジャケートが，彼女の死亡時に持っていた1000 lb. について，彼らのために分割相続を行ったことを認め，1308年の年市で渡した。 «Par devent vous, Pierre de Felegni, maire de commune de Provins, et les eschevins, vint en propre personne Gautiers de Durtain, bourjois de Provins, et recognut que il avoit fait partie a ces anfans Raoulin, Jehannin et Denissant, pour lur part des meublez que lidiz Gautiers et feu Jaqueste sa fame, jadiz mere des diz anfans, avoient quant elle trespassa, parmi la somme de mil livrez de tournois petiz; et fu fais cis acors par l'asantement de Jehan de Launoy, pere de ladite Jaqueste, en la foire de l'an mil CCC et huit...» (210)
⑬	1314.6.14	ジャック・ド・ベルグは故ジャック・ド・ヴェリの子供たち(コラン，ロラン，ジャカン)に対して，市長たちの手中にある140 lb. の保証人，引渡人となり，次の期限内に支払わねばならない。すなわち次の5月年市で20 lb.，次のサン＝タユール年市で60 lb.，1315年のサン＝タユール年市で60 lb.。 «Par devant Pierre de la Fontenelle, mayeur, ... eschevins, vint Jaques de Bergues, bourjois de Provins, et s'establi ploiges, renderres et paierres principaux envers Colin, Lorant et Jaquin, enfanz de feu Jaque de Verye, en la main desdiz mayeurs et eschevins, de la somme de sept vinz livres tournois petiz, fort monnoie, a rendre et paier aux termes ci dessouz nommez, c'est assavoir, a ce paiement de may prochain a venir, vint livres tournois; au paiement de la foire Saint Ayoul aprés ensivant, sexante livres tournois; et au paiement de l'autre foire St Ayoul aprés ensivant, l'an IIIc et XV, sexante livres tournois, ...» (208)

[史料 4] 1360 年会計簿冒頭部

《C'est le compte frère Pierre de Juilli, cellerier des receptes et mises par li faites pour la ville de Provins des deniers dehus à ycelle pour deffauz des taailles jadis recehues par Pierre le François et Pierre déspoigny, baillez et renduz pour leurs comptes.

Item d'aucunes composicions de genz dehors rendues en deffauz par Odart de Suilaines et des deniers dehuz à la ville pour fins de comptes cloz et affinez par les députez à oir yceuls comptes faites ycelles receptes et mises depuis le VIII jour de may CCCLIX juques au premier jour dudit mois de may, l'an révolu par lettres de commission seur ce faites et baillées audit cellerier par noble et saige homme monsseigneur Simon de Joy ad ce temps capitain, données ledit jour desquelles la teneur appert en la fin de ce compte rendu à honorables personnes et saiges Hugue de Malay, Oudart Durgant, et Jehan de Breuillecourt le XXIIe jour d'avril CCCLX par commission du connetable.》

《典拠》[385] fol. 1r[0].

(試訳)

「これは[ジュイ修道院の]食料保管係である修道士ピエール・ド・ジュイイの会計簿である。これはかつてピエール・ル・フランソワとピエール・デポワニィが受け取り、彼らの会計として引き渡し、返したタイユの未納分に関して、都市プロヴァンに支払われるべき金銭について、プロヴァンのために彼が行った収入と支出である。

同じく、オダール・ド・シュイレーヌにより未納とされている者と都市に支払われるべき金銭の構成については、会計簿の外に記されている。それは、当時の都市守備隊長であり、高貴にして賢明なる人物たるシモン・ド・ジュイ殿により、前述の食料保管係に上述の日に渡された、この行為に関する特任状によって、1359 年 5 月 8 日から 1360 年 5 月 1 日までの 1 年間についてプロヴァンで行われた収入と支出の都市会計簿を監査する代表たちによって会計簿の末尾が締め切られ、監査されるためにである。この特任状の内容は、1360 年 4 月 22 日に、名誉ある賢明な人物ユーグ・ド・マレ、ウダール・デュルガン、ジュアン・ド・ブルイユクールに提出されたこの会計簿の末尾の、フランス大元帥の特任状[を添付しているので、そこ]に現れている。」

[史料5]　フランス大元帥ロベール・ド・フィアンヌの特任状
«Symon de Joy, seigneur de Villeneufve la Cornue, capitainne de Provins à dan Pierre de Juilli, cellerier de Joy, salut et dillection. Les lettres de nostre très cher et redoubté seigneur monseigneur le connestable de France avons recehues contenant la forme qui s'enssuit :

Robers, sires de Fiennes, connestables de France, lieutenant du roy monseigneur et de monseigneur le régent en toute le comté de Champagne et de Brie en tout le bailliaige de Senz et de Vermandois, jusques à la rivière d'Oise et ès ressors d'iceulz au capitaine de Provins ou à son lieutenant Salut.

Nous vous mandons et commectons que toutes les personnes qui dehuesnent vous apparoitront devoir deniers ou autres choses quiconques pour taailles genz d'armes et pour la refection de la dicte ville vous contraingnier viguereusement et senz d'élay ou faites contraindre tout auxin qu'il en adcoustumé à faire pour debtes royaulx à paier et raporter lesdiz deniers par devers le receveur d'iceux, yceulx mettre et convertir aux choses dessus dites et nous mettons à tous que à vous et à vos députez en ceste partie obéissent et entendent diligemment. Donné à Troies le VIᵉ jour d'aoust l'an de grâce mil CCCLIX.

Par vertu desquelles lettres, par l'assentement et volonté de Denis Chertemps nostre compaignon, capitain dudit Provins et autres esleuz avec nous au consoil et gouvernement de ladite ville, nous confians du senz loistté et discrécion de vous, vous mandons et commectons que tout ce qui vous apparoitra estre dehu à la dicte ville de quienconques personnes par la fin de leurs comptes de toutes receptes dont il se seront entremis pour la ville et auxin les deffauz apportez par Pierre d'Esporgni, Pierre le François et autres establiz à recevoir taailles et autres subvencions establies à quelque fins de tout le temps passé, vous exigez, querez et recevez en nom et pour la dicte ville et de ce que vous recevrez, leur bailliez voz lettres de quittance ou ce pour aucune cause raisonnable sentez la ville estre tenue à yceulz debteurs, si leur en faites déduccion en present quittance de eulz par lesquelles raportant ce qui par vous leur sera einxin déduit sera aloé en voz comptes et rabatu de voz receptes, en faisent contraindreles refusenz de paier par prinse, vendue et explectacion de leurs biens, ou par prinse et détencion de leurs corps, selon ce que vous posrez plus hastivement les introduire à fin de paie. Et pour ce que sens grant peine et travail ne peut estre faite telle besoingne, il plaist à nous et audit consoil que vous prenez etavez pour voz gaiges de tout ce que vous recevrez ou déduirez de chacune livre XII d. à prendre par vostre main. Et nous donnons en mandement à touz ceuls qui sont ou seront commis pour oir les comptes de la ville que ce que prins et detenu aurez pour raison de voz diz gaiges aloent en voz comptes et rabatent de voz receptes senz contredit. De ce faire vous donons pooir, mandons et commendons à tous les subgez du roy nostre sire de monseigneur le régent et de nous requérons autres que à vous et à voz depputez en ce fesant obéissant et entendent diligemment. Donné soubz nostre seel, le VIIIᵉ jour du mois de may, l'an de grace mil

CCCLIX-Et ferez mises de la dicte recepte au mandement de Jaques Hugues ad ce commis lesquelles par raportant ses mandemens et quittances convenables nous voulons estre aloés en voz comptes. Donné comme dessus.»
　《典拠》[385] fol. 4v⁰.
　《注記》下線部は著者。

（下線部試訳）
　「都市の兵士と(防備施設)改修のためのタイユについて……」
　「余の仲間にしてプロヴァンの都市守備隊長ドニ・シェルタンと，余と共にある都市評議会と統治機関の他の選出者たちの同意と意向によって……」
　「過去にある目的で設定されたタイユと他の補助金……」
　「貴殿の手で取られるべき1リブラにつき12デナリウス……」

参考資料

[史料6]　1451年度会計簿冒頭部

《COMPTE de Pierre Fréron, receveur des deniers appartenants à la ville de Provins, des réceptes, mises et despenses par lui faictes pour le fait et gouvernement de ladite ville, tant en réparations et ouvrages comme autrement: comis et ordonné par Noble homme Monseigneur Denis, seigneur de Chailly et de La Motte de Nangis, chevalier, conseiller chambellan du Roy nostre sire, et bailli de Meaulx, pour ung an commenciant le premier jour de Mars mil iiii^c cinquante, et finissant le derrenier jour de Février mil iiii^c cinquante et ung ensuivant, comme par ses lettres de commission adressées audit Pierre Fréron puet apparoir, desquelles la teneur s'ensuit.

A TOUS CEULX qui ces présentes lettres verront, Denis, seigneur de Chailly et de La Motte de Nangis, chevalier, conseiller chambellan du Roy nostre sire, bailli de Meaulx, salut.

Comme par la nomination, raport et élettion de la plus grant et seine partie des manens et habitans des ville et chastel de Provins en assemblée géneralle par eulx faicte et tenue de nostre commandement, et en nostre présence en l'église des Jacobins dudit Provins, Pierre Fréron, demorant à Provins, ait esté nommé et esleu receveur des deniers appartenants ausdites villes et chastel. . . .(中略). . . ledit Fréron sera tenu et s'est chargé de cueillir, lever, recevoir et faire venir ens tous les deniers, droiz, prouffiz, et de les payer, bailler et délivrer au prouffit desdits ville et chastel, pour tant qu'ils pourront monter selon ce que mandé et ordonné lui sera par les mandemens par escript signez de Jehan le Court, clerc procureur et gesteur des besongnes et afferes desdits ville et chastel, et de Thiébaut Ragot, Simon Joliet, Jehan Farel, Denis Paste et Jehan Murlin dit Barre, ou des quatre ou trois d'eulx ad ce faire commis et ordonnés. Auquel receveur sera aloué en ces comptes déduit et rabatu de sa récepte ce qu'il aura payé par lesdits mandemens, en rapportant iceulx mandemens et quitances des payez, quant par lesdits mandemens lui sera mandé par devers lesdits commis, ou là où il appartendra, sans aucun contredit ou difficulté. Et sera tenu a promis ledit Fréron d'en rendre bon et léal compte et reliqua quant mestre sera et où il appartendra. Requérons autrement audit Fréron en ce faisant estre obéissant. . . .》

《典拠》［386］fol. 1r^0–fol. 1v^0.

《注記》下線部は著者。

（下線部試訳）

「都市プロヴァンに属する金銭の収入役ピエール・フレロンによる，改修及び工事とその他について，上述の都市の統治のために彼によってなされた諸収入，諸支出の会計簿……」

「プロヴァンのドミニコ修道会教会にて，余の命令により余の出席のもと開催され，彼ら［住民］が［議事を］進めた住民総会にて，プロヴァンの都市（下町区）と高台区住民たちの大部分の健全なる者たちの指名・報告・選出により，プロヴァンに住むピエール・フレロンは，都市に属する金銭の収入役に任命され，選出された……」

参考資料

[図1] 会計簿から見た14世紀初頭プロヴァンの財政機構

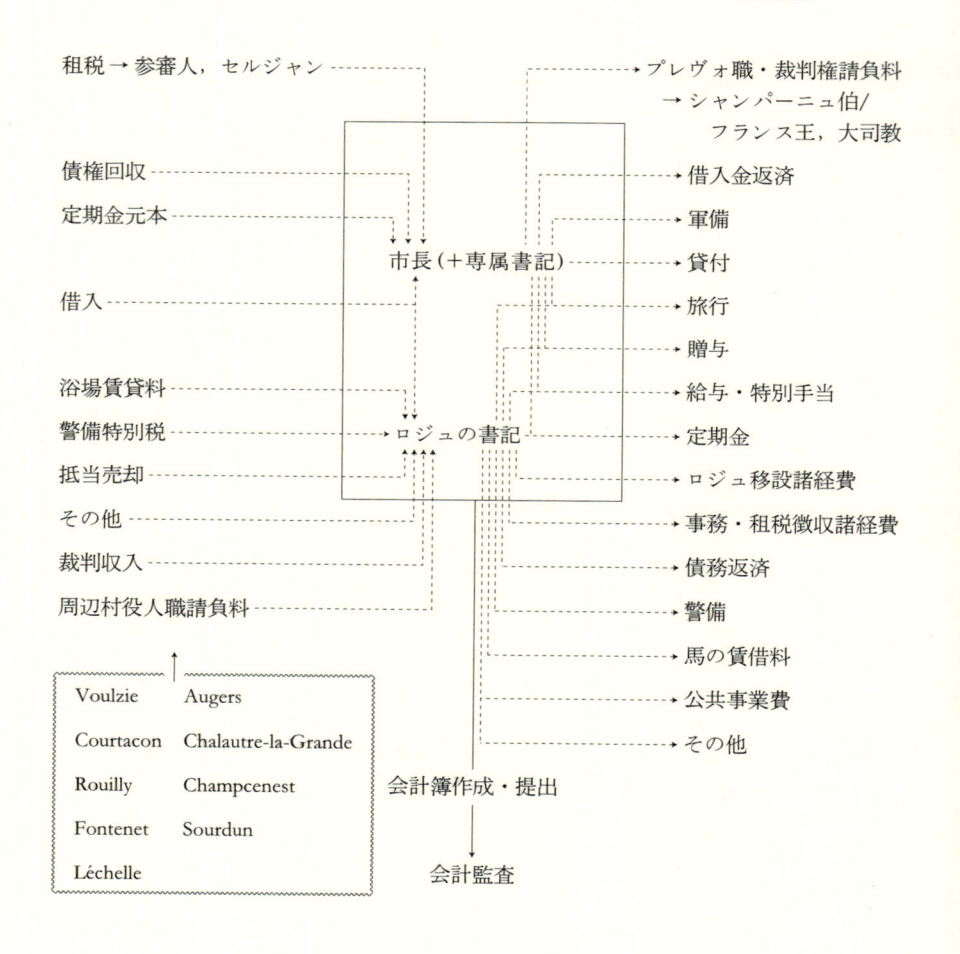

収入　　　　　　　　　　　　　　　　　　　支出

租税 → 参審人，セルジャン ………………………………→ プレヴォ職・裁判権請負料
　　　　　　　　　　　　　　　　　　　　　　　　　　→ シャンパーニュ伯／
　　　　　　　　　　　　　　　　　　　　　　　　　　　フランス王，大司教

債権回収 ……………………………………………………… 借入金返済
定期金元本 …………………………………………………… 軍備
　　　　　　　　　　　市長（＋専属書記）…………… 貸付
借入 …………………………………………………………… 旅行
　　　　　　　　　　　　　　　　　　　　　　　　　　 贈与
　　　　　　　　　　　　　　　　　　　　　　　　　　 給与・特別手当
浴場賃貸料 ……………………………………………………
警備特別税 …………… ロジュの書記 …………………… 定期金
抵当売却 ……………………………………………………… ロジュ移設諸経費
その他 ………………………………………………………… 事務・租税徴収諸経費
裁判収入 ……………………………………………………… 債務返済
周辺村役人職請負料 ………………………………………… 警備
　　　　　　　　　　　　　　　　　　　　　　　　　　 馬の賃借料

Voulzie	Augers
Courtacon	Chalautre-la-Grande
Rouilly	Champcenest
Fontenet	Sourdun
Léchelle	

　　　　　　　　　　　　　　　　　　　　　　　　　　 公共事業費
　　　　　　　　　　　　　　　　　　　　　　　　　 → その他

　　　　　　　　　　　会計簿作成・提出
　　　　　　　　　　　　　　↓
　　　　　　　　　　　　会計監査

[図2]　コミューン体制期プロヴァン市当局の構成と市政役人の職務内容

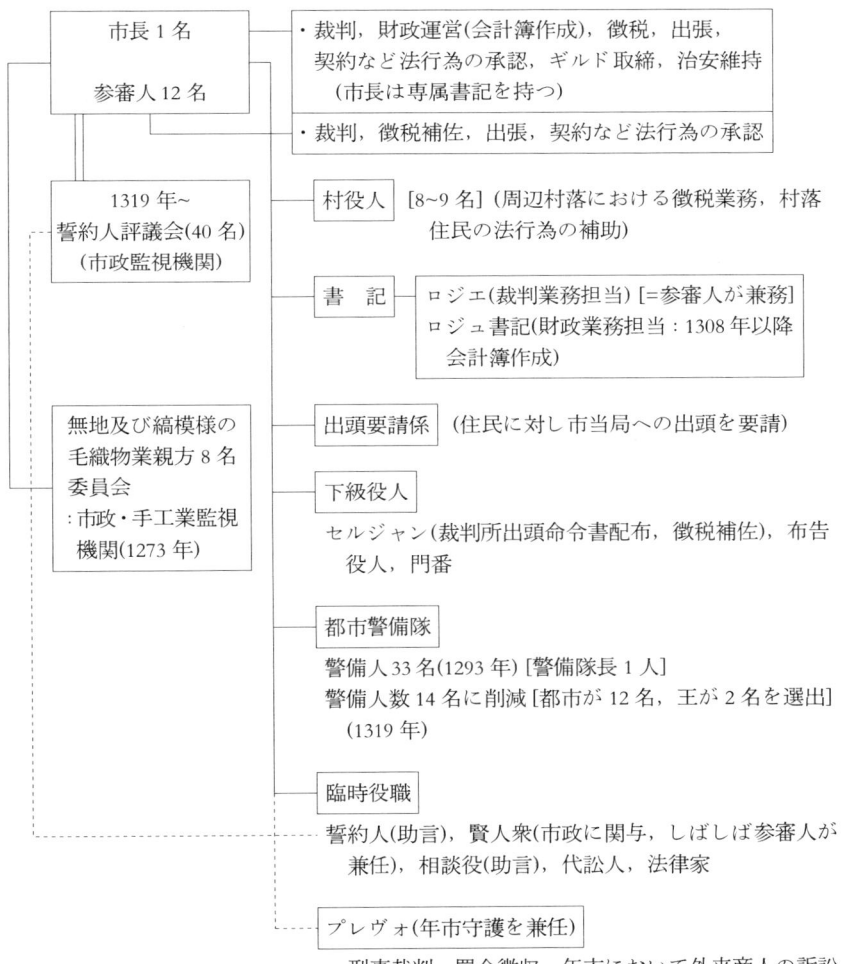

```
┌─ 市長1名 ─┬─・裁判，財政運営(会計簿作成)，徴税，出張，
│   参審人12名  │　契約など法行為の承認，ギルド取締，治安維持
│           │　(市長は専属書記を持つ)
│           └─・裁判，徴税補佐，出張，契約など法行為の承認
│
├─ 1319年～   ─┬─ 村役人　[8～9名](周辺村落における徴税業務，村落
│  誓約人評議会(40名) │　　　　　住民の法行為の補助)
│  (市政監視機関)    │
│                  ├─ 書　記　ロジエ(裁判業務担当)[=参審人が兼務]
│                  │         ロジュ書記(財政業務担当：1308年以降
│                  │         　会計簿作成)
│                  │
│                  ├─ 出頭要請係　(住民に対し市当局への出頭を要請)
│                  │
│                  ├─ 下級役人
│                  │   セルジャン(裁判所出頭命令書配布，徴税補佐)，布告
│                  │   　役人，門番
│                  │
├─ 無地及び縞模様の ─┤
│  毛織物業親方8名    ├─ 都市警備隊
│  委員会            │   警備人33名(1293年)[警備隊長1人]
│ ：市政・手工業監視   │   警備人数14名に削減[都市が12名，王が2名を選出]
│  機関(1273年)      │   (1319年)
│                  │
│                  ├─ 臨時役職
│                  │   誓約人(助言)，賢人衆(市政に関与，しばしば参審人が
│                  │   　兼任)，相談役(助言)，代訟人，法律家
│                  │
└┄┄┄┄┄┄┄┄┄┄┄┄┄── プレヴォ(年市守護を兼任)
                    ・刑事裁判，罰金徴収，年市において外来商人の訴訟
                    　処理
```

参考資料

[図3]　1360年会計簿に現れる人的配置

摂政王太子 Charles

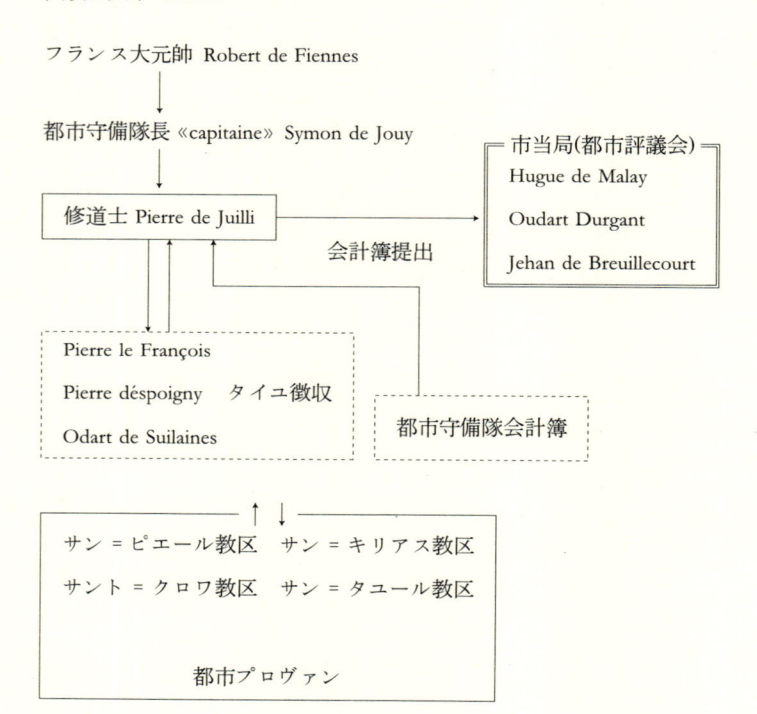

フランス大元帥 Robert de Fiennes
↓
都市守備隊長 《capitaine》 Symon de Jouy
↓

修道士 Pierre de Juilli　——会計簿提出——→　市当局(都市評議会)
　　　　　　　　　　　　　　　　　　　　　　　Hugue de Malay
　　　　　　　　　　　　　　　　　　　　　　　Oudart Durgant
　　　　　　　　　　　　　　　　　　　　　　　Jehan de Breuillecourt

Pierre le François
Pierre déspoigny　　タイユ徴収
Odart de Suilaines

都市守備隊会計簿

↑↓

サン＝ピエール教区　サン＝キリアス教区
サント＝クロワ教区　サン＝タユール教区

都市プロヴァン

[図4] 15世紀中葉プロヴァン市当局の構成

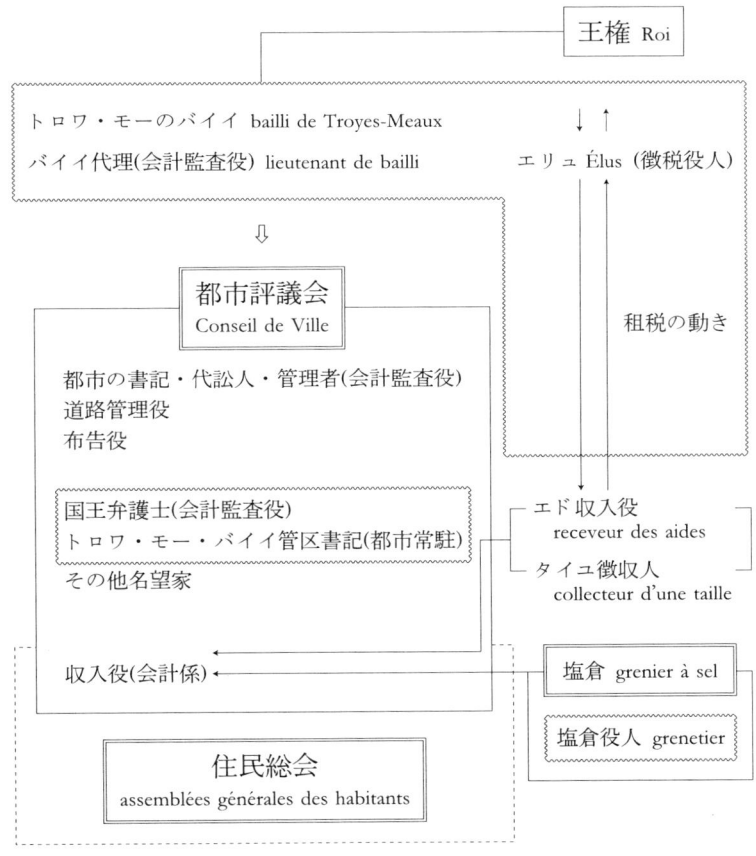

```
                                            王権 Roi
                                             ↓ ↑
  トロワ・モーのバイイ bailli de Troyes-Meaux
  バイイ代理(会計監査役) lieutenant de bailli    エリュ Élus（徴税役人）

                    ⇩
            ┌─────────────────┐
            │   都市評議会    │
            │ Conseil de Ville │              租税の動き
            └─────────────────┘
  都市の書記・代訟人・管理者(会計監査役)
  道路管理役
  布告役

  国王弁護士(会計監査役)                  ─ エド収入役
  トロワ・モー・バイイ管区書記(都市常駐)  │   receveur des aides
  その他名望家                            └ タイユ徴収人
                                              collecteur d'une taille

  収入役(会計係) ←─────────────        塩倉 grenier à sel
                                              塩倉役人 grenetier

              住民総会
       assemblées générales des habitants
```

《注記》 波線内は国王役人。

[地図1] 中世フランスにおけるシャンパーニュ伯領

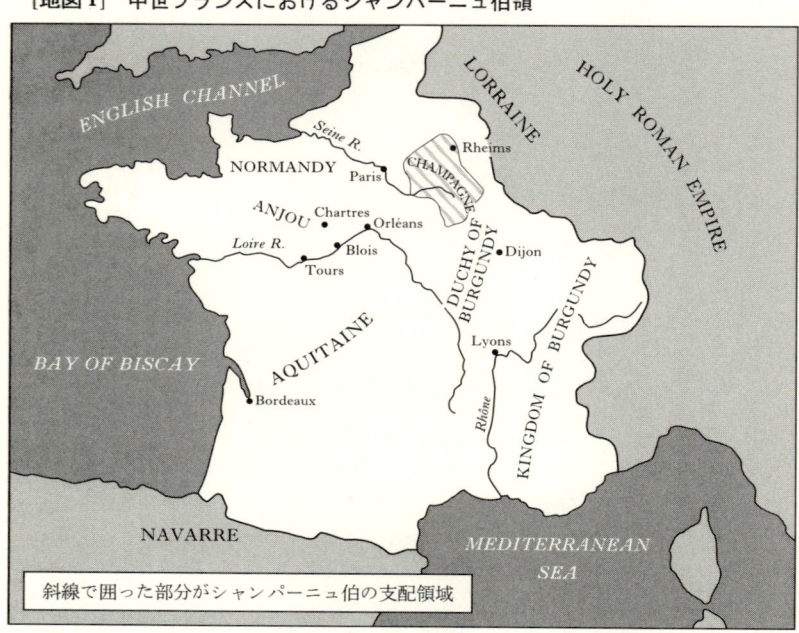

斜線で囲った部分がシャンパーニュ伯の支配領域

《典拠》 Evergates, Th., Champagne, County, in Strayer, J. R., (Ed.), *Dictionary of the Middle Ages*, vol. 3, New York, 1983, p. 244.

参考資料

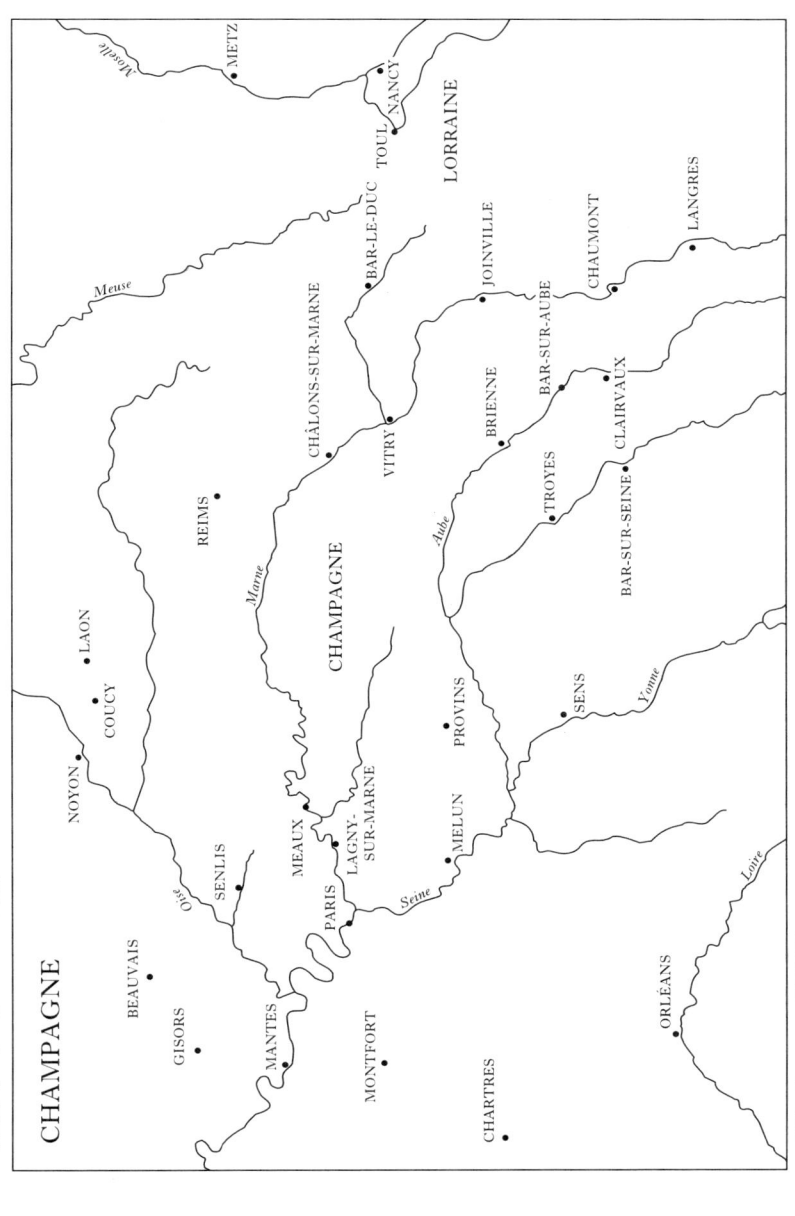

[地図2] シャンパーニュ地方

(典拠) Evergates [324] 191.

324　参考資料

[地図3]　シャンパーニュ大市とその周辺

　地図中の地名（上から、おおむね左から右へ）:

- ボストン
- スタンフォード
- セント・アイヴス
- ノーサンプトン
- ウィンチェスター
- ディクスマウデ
- ブリュッヘ
- ポーペリンゲ
- トルハウト
- ヘント
- サン＝トメール
- イーブル
- メヘレン
- モントルイユ
- バイユール
- メーセン
- ルーヴァン
- エダン
- リル
- トゥールネ
- ニヴェル
- オルシ
- リエージュ
- アラス
- ドゥエ
- ヴァランシエンヌ
- ユイ
- カンブレ
- モーブージュ
- アップヴィル
- ペロンヌ
- アヴェーヌ
- アミアン
- サン＝カンタン
- オバントン
- ルアン
- ボーヴェー
- ルヴィエ
- ポントワーズ
- サンリス
- カン
- ベルネ
- ムラン
- サン・ドニ
- ランス
- パリ
- シャロン＝シュル＝マルヌ
- シャルトル
- ラニィ
- プロヴァン
- サン＝ディジエ
- エタンプ
- サンス
- トロワ
- バル＝シュル＝オーブ
- スミュール

凡例:
- ▲　シャンパーニュ大市
- ●　その他の大市（イングランドとフランドル）
- ・　ハンザ17都市加入諸都市（22都市）
- ＊　1284年にシャンパーニュ大市にて計量桝が受け入れられた都市

50 kms

《典拠》Carpentier et Le Mené [470] 277.

参考資料　　325

[地図 4] プロヴァンの高台区と下町区

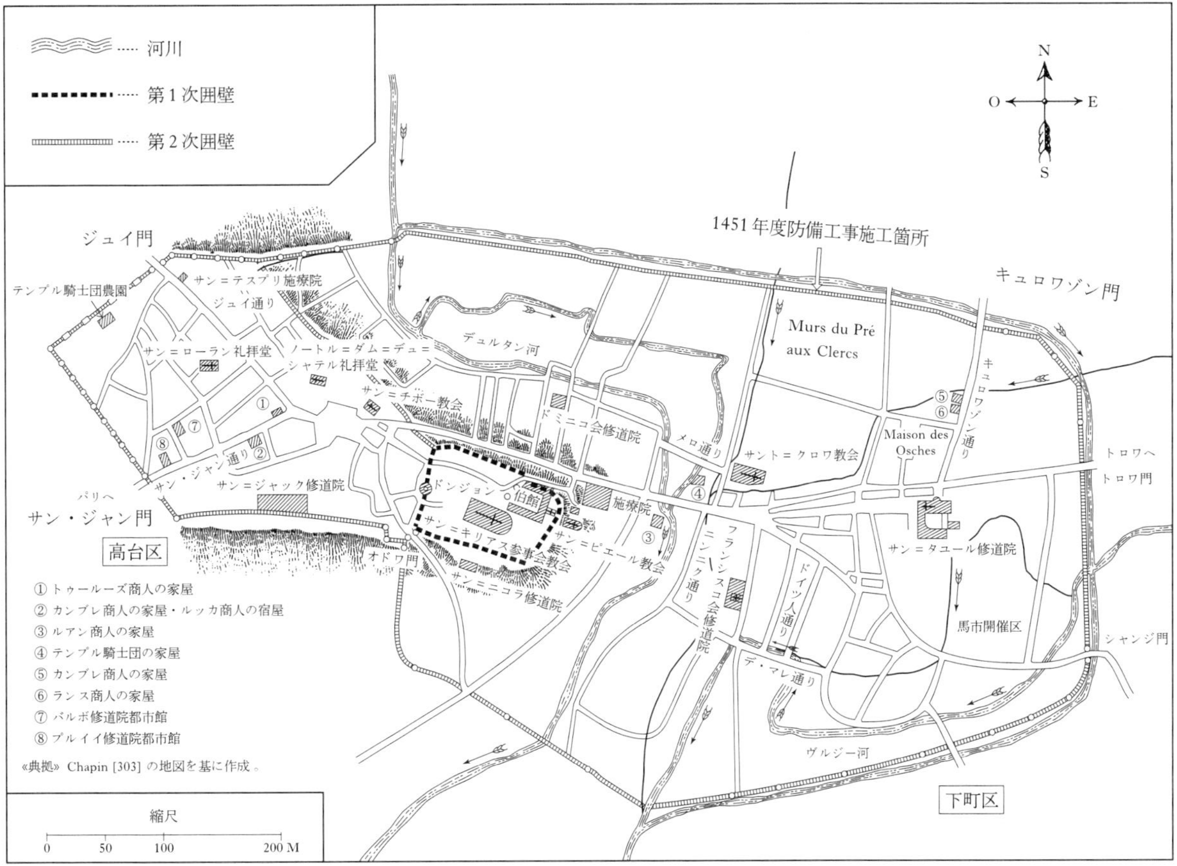

〰〰〰　河川
━━━　第 1 次囲壁
┄┄┄　第 2 次囲壁

高台区
① トゥールーズ商人の家屋
② カンブレ商人の家屋、ルッカ商人の宿屋
③ ルアン商人の家屋
④ テンプル騎士団の家屋
⑤ カンブレ商人の家屋
⑥ ランス商人の家屋
⑦ バルサン修道院都市館
⑧ ブルイイ修道院都市館

下町区

縮尺
0　50　100　　200 M

《典拠》Chapin [303] の地図を基に作成。

参考資料

[地図 5] コミューンの非訟事項管轄権を利用した人々の出身村落

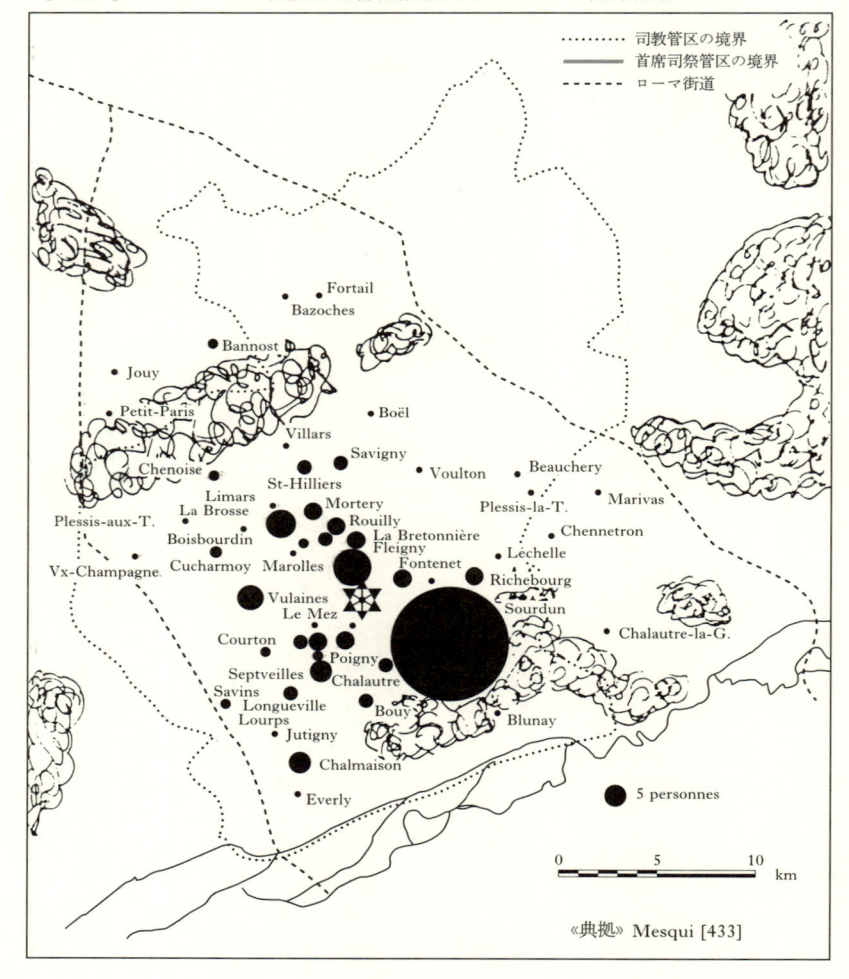

.... 司教管区の境界
━━━━ 首席司祭管区の境界
─ ─ ─ ─ ローマ街道

Fortail
Bazoches
Bannost
Jouy
Petit-Paris
Chenoise
Villars
Boël
Savigny
Voulton
Beauchery
St-Hilliers
Limars
Mortery
Plessis-la-T.
Marivas
La Brosse
Rouilly
Plessis-aux-T.
Boisbourdin
La Bretonnière
Chennetron
Vx-Champagne
Cucharmoy
Marolles
Fleigny
Léchelle
Fontenet
Richebourg
Vulaines
Le Mez
Sourdun
Chalautre-la-G.
Courton
Poigny
Septveilles
Chalautre
Savins
Longueville
Bouy
Lourps
Jutigny
Blunay
Chalmaison
Everly

● 5 personnes

0   5   10
└─┴─┴─┴─┘
          km

《典拠》Mesqui [433]

参考資料　　　　　　　　　　　　　　　　　　　　327

[地図6] 住民投票参加者の出身村落（括弧内の数字は下記村落に従属する小村落）

.... 司教管区の境界
―― 首席司祭管区の境界
――― ローマ街道

Chanoy (1)
Sancy (1)
Corberon (1)
CHAMPCENEST (2) ● AUGERS (1)
● Champcouelle (1)
Gondelot (1)
Coëffrin (1) ● Villiers-St-Georges (1)
Flaix (1)
Combles (3) Villars (3) Savigny (3) Voulton (5) Beauchery (1)
St-Hilliers (5) Le Plessis- Boôlot (5)
Chenoise (3) Limars (3) Poil-de-Ch Daoust (5)
(3) Mortery
Boisbourdin (3) ROUILLY (5)
Cucharmoy (3) ● Mourant (3) La Bretonnière (5) Cormeron (4)
Marolles (3) Lugrand (5) LÉCHELLE (4) ● Montpothier (6)
Vulaines (8) Fleigny (5) Courtioux (6)
FONTENET (5) Le Plessis-Pigy (4) Fouchères (6)
Mitoy (8) Le Mez (9) PROVINS
Mont-Hanepon (9) ● CHALAUTRE-LA-G. (6)
COURTON (8) Poigny (9) SOURDUN (7)
Longueville (9) Septveilles (9) Chalautre-la-Pte
Savins (9) Soisy (9) PONT-SUR-S.
Lourps (9) Bouy (9) Maulny (7)
Jutigny (9) Tachy (9)
Chalmaison (9) Gouaix (9)
Everly (9)
Les Ormes (9)

0   5   10
km
v. 1320

Le vote communal de 1324–25. Les localités sont suivies du numéro de la mairie dont elles dépendaient. 1: Mairie d'Augers. 2: Mairie de Champcenest. 3: Mairie de Rouilly. 4: Mairie de Léchelle. 5: Mairie de Fontenet. 6: Mairie de Chalautre-la-Grande. 7: Mairie de Sourdun. 8: Mairie de Courton. 9: Mairie de Voulzie. 《典拠》Mesqui [433]

[地図 7] **1451 年度都市会計簿における周辺村落に対する直接税負担配分**
(→ プロヴァン徴税管区に相当)

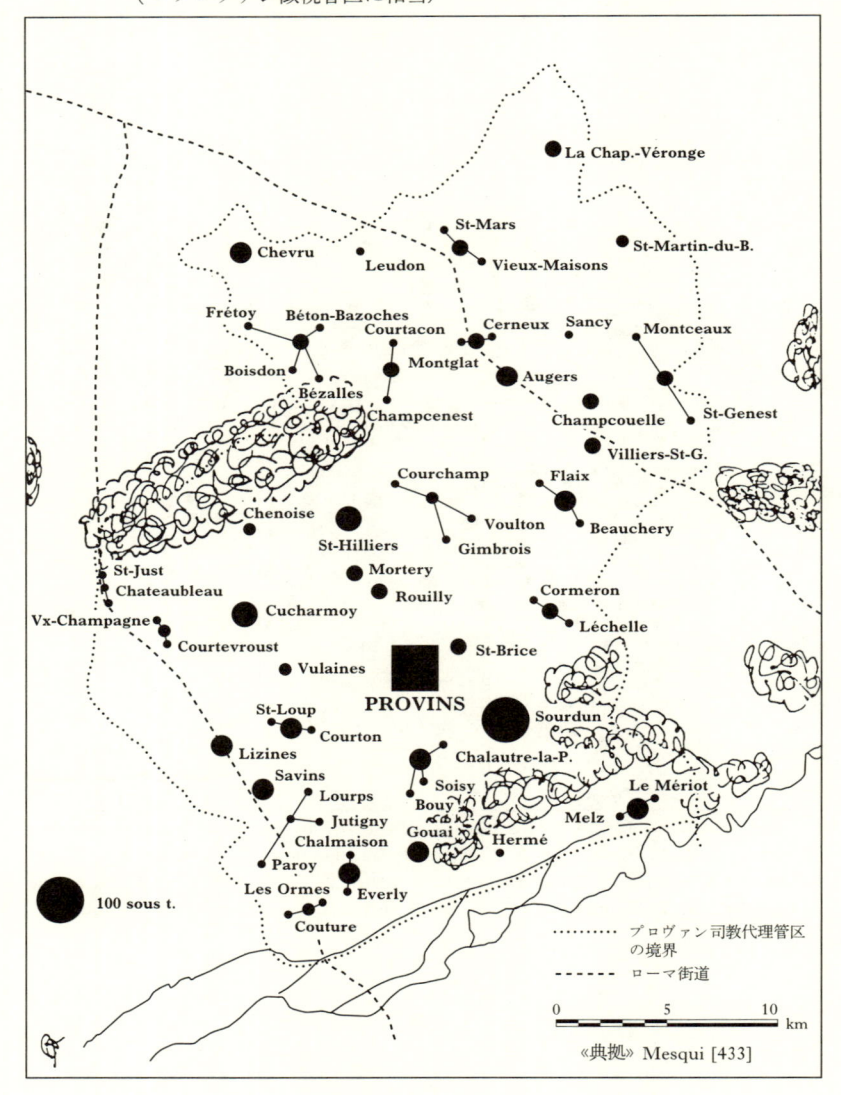

・・・・・・ プロヴァン司教代理管区の境界
--- ローマ街道

《典拠》Mesqui [433]

参考資料

[系図1] シャンパーニュ伯家系図概略

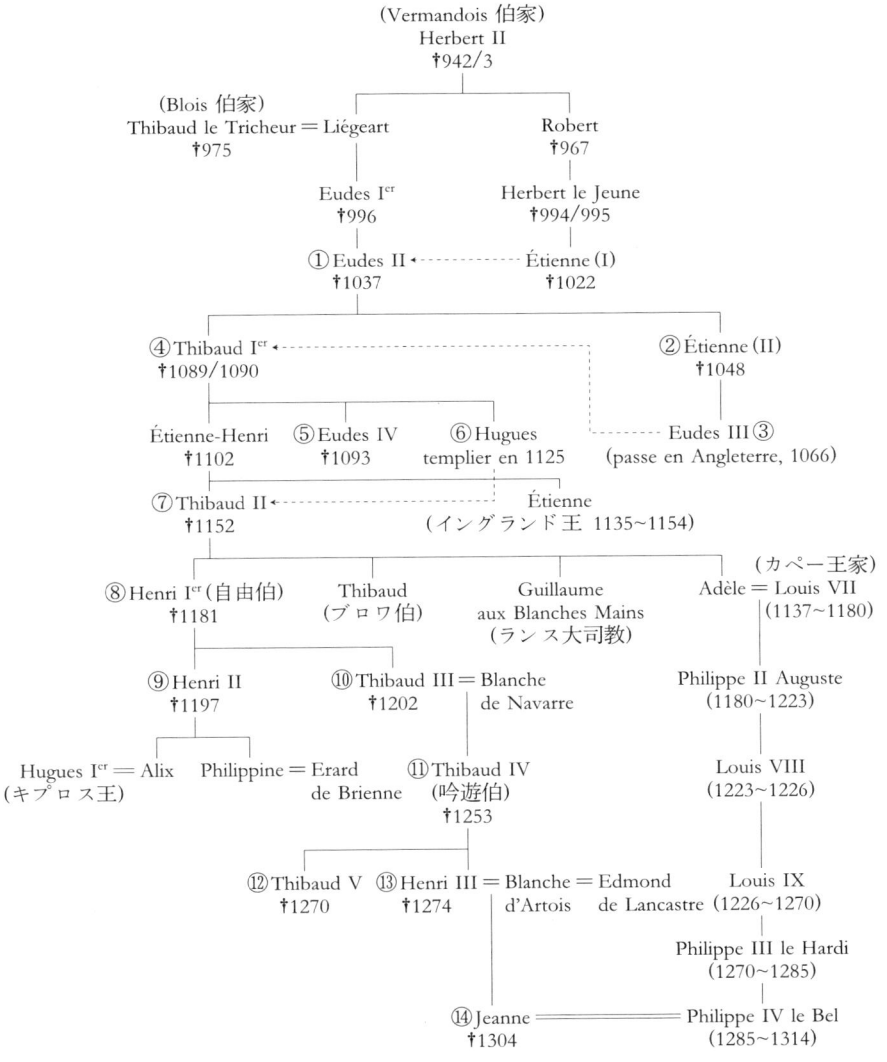

```
                              (Vermandois 伯家)
                                 Herbert II
                                  †942/3
                                    │
           ┌────────────────────────┴──────────┐
    (Blois 伯家)                              Robert
Thibaud le Tricheur ═ Liégeart               †967
        †975                                   │
           │                                   │
        Eudes Iᵉʳ                        Herbert le Jeune
         †996                                †994/995
           │                                   │
        ① Eudes II ◄- - - - - - - - - -  Étienne (I)
           †1037                             †1022
           │
    ┌──────┴──────────────────────────────────────┐
 ④ Thibaud Iᵉʳ ◄- - -                         ② Étienne (II)
    †1089/1090                                    †1048
    │                                              │
    │                                       - - Eudes III ③
    │                                       (passe en Angleterre, 1066)
    │
  ┌─┴──────────────┬──────────────┐
Étienne-Henri   ⑤ Eudes IV   ⑥ Hugues
   †1102           †1093     templier en 1125
    │
 ⑦ Thibaud II ◄- - - -          Étienne
    †1152                   (イングランド王 1135~1154)
    │
  ┌─┴─────────┬──────────────┬─────────────┐   (カペー王家)
⑧ Henri Iᵉʳ (自由伯)  Thibaud    Guillaume    Adèle ═ Louis VII
   †1181         (ブロワ伯)  aux Blanches Mains      (1137~1180)
    │                       (ランス大司教)             │
    │                                          Philippe II Auguste
 ⑨ Henri II   ⑩ Thibaud III ═ Blanche              (1180~1223)
    †1197        †1202       de Navarre             │
    │                           │                Louis VIII
Hugues Iᵉʳ ═ Alix  Philippine ═ Erard  ⑪ Thibaud IV (1223~1226)
(キプロス王)              de Brienne   (吟遊伯)       │
                                       †1253      Louis IX
                                         │       (1226~1270)
                             ⑫ Thibaud V  ⑬ Henri III ═ Blanche ═ Edmond
                                †1270       †1274    d'Artois  de Lancastre
                                             │                     │
                                             │             Philippe III le Hardi
                                             │                 (1270~1285)
                                             │                     │
                                          ⑭ Jeanne ══════ Philippe IV le Bel
                                             †1304            (1285~1314)
```

《注記》
　○内の数字はシャンパーニュ伯位の継承順を, ◄--- は支配域の継承先を, †年代は該当人物の死亡年を, それぞれ表している.

《典拠》
　Crubellier [314] 128–129 の系図を参考に著者が作成.

索引　INDEX

* 索引では本文を対象範囲とする。注については著者の判断で重要と思われるもののみを選んだ。
* 人名索引において，欧米研究者については著者の判断で重要と思われる者の名を選んだ。
* 地名索引では，本書の研究対象である都市プロヴァンの名とフランスという言葉はあまりにも頻出するので除外した。
* 事項索引において欧語表記をする際，同時代用語の場合は二重括弧《　》で表記した。

人名索引

あ行

アイエ Hayez, Anne-Marie　21, 95
アコール Accorre, Renier　86, 88, 126
朝治啓三　135
阿部謹也　117
アールツ Aerts, Erik　115, 118
アルヌール Arnould, Maurice-Aurélien　9
アルボワ・ド・ジュバンヴィル Arbois de Jubainville, Henri de　39, 71, 115, 121
アンベール Humbert, Françoise　10, 15, 26, 27, 28, 117, 118
アンリ1世自由伯 Henri Ier le Libéral　39, 71, 81, 82, 88
アンリ2世 Henri II　71
アンリ3世 Henri III　62, 109
イグネ Higounet, Charles　9, 25, 118
イグネ＝ナダル Higounet-Nadal, Arlette　9, 12, 13, 23, 26, 27, 33, 70, 72, 147
磯谷明徳　94
伊藤滋夫　33
岩井隆夫　85, 95
ヴァイシエール Veissière, Abbé Michel　42, 45, 53, 57, 58, 68, 70, 71, 80, 82, 83, 95, 96, 113, 117, 118, 121, 144, 145, 146, 148, 167
ヴァンシ Vinci, Robert de（プロヴァン市長）　110
ヴィオレ Viollet, Paul　33
ヴィダル Vidal, Auguste　33, 147
ウェイフェルス Wyffels, Carlos　10, 11, 28, 119
ウェーバー Weber, Max　1, 3
ヴェルディエ Verdier, François　117
ヴェルディエ Verdier, Pascale　88, 126
ウォルフ Wolfe, Michael　26
ヴォルフ Wolff, Philippe　4, 8, 9, 10, 23, 25, 26, 27, 85, 120, 135, 146
ウード2世 Eudes II　39, 80
エヴァーゲイツ Evergates, Theodore　39, 44, 120
江川溫　4, 45
エスピナ Espinas, Georges　8, 33
エベール Hébert, Michel　16, 18, 19, 25, 27, 28, 31, 119, 168
エルス Heers, Jacques　23
近江吉明　135
大黒俊二　40
岡崎敦　69
岡村明美　69, 85, 121

索引 INDEX

奥西孝至 94
小倉欣一 33, 94
小野善彦 35
オリアク Auriac, Jules de 42, 51, 52, 70, 72, 73, 86, 87, 92, 96, 115, 116, 118, 119, 120, 121, 127–133

か 行

影山久人 33
カスタルド Castaldo, André 16, 17, 23, 27
加藤哲実 94
金尾健美 33, 72, 146
カルパンティエ Carpentier, Élisabeth 4, 23, 42, 96
カロルス゠バレ Carolus-Barré, Louis 21, 23, 117
河原温 33, 35, 69
勘坂純市 94
城戸毅 33
ギルベール Guilbert, Sylvette 26, 45
クニピンク Knipping, Ricard 8, 33
グラヴァ Grava, Yves 21
クラヴォー Clavaud, Florence 24
グラン Grand, Roger 52, 56
クリュベリエ Crubellier, Maurice 38, 39, 44, 94
クレ Coulet, Noël 15, 16, 27, 70, 85, 119
グレニソン Glénisson, Jean 9, 23, 25, 118
クローズ Clause, Georges 45, 71
クローゼル Clauzel, Denis 2, 16, 20, 21, 25, 26, 27, 34, 115, 121
クロード・アトン Claude Haton 67, 75
ケレルヴェ Kerhervé, Jean 35, 126, 147
ゲルー Guérout, Jean 34
ゲロー Guerreau, Alain 15
コリオン Corion, Eudes (プロヴァン市長) 116
ゴールドスミス Goldsmith, James L. 4, 135
コンタミーヌ Contamine, Philippe 26, 42, 69, 72, 94, 153
近藤晃 94
コンブ Combes, Jean 28, 95

さ 行

斎藤(水野)絢子 4, 69, 121
酒田利夫 4
佐村明知 33
サン゠マルセル Saint-Marcel, Guillaume de (プロヴァン市長) 71, 121
シャパン Chapin, Elizabeth 35, 39, 40, 42, 46, 56, 57, 62, 69, 71, 72, 79, 82, 84, 85, 88, 92, 94, 95, 111, 112, 116, 117, 118, 121, 126, 146
シャルル5世(王太子 Dauphin シャルル) Charles V le Sage 140, 147, 148
ジャン2世 Jean II le Bon 135, 147
ジャンヌ Jeanne, comtesse de Champagne et de Brie, reine de France 39, 94, 121
シュヴァリエ Chevalier, Bernard 2, 16, 17, 22, 26, 27, 28, 33, 34, 36, 42, 65, 69, 73, 74, 75, 119, 121, 135, 142, 149, 153, 156, 167, 168, 171
シュヴリエ Chevrier, Georges 52
ジュネ Genet, Jean-Philippe 33, 34
シュネーデル Schneider, Jean 8, 69
シュンペーター Schumpeter, Joseph Alois 33
神寳秀夫 33
鈴木道也 69
ストゥフ Stouff, Louis 15, 16, 25, 27, 119
ストレイヤー Strayer, Joseph Reese 33
瀬原義生 3
ゼルネル Zerner, Monique 15, 23
ソッソン Sosson, Jean-Pierre 29, 167

索引 INDEX

た 行

ダイヤー Dyer, Alan 4
高橋清德 4, 54, 94, 148, 167
田北廣道 2, 4, 33, 94, 135
田中峰雄 34
谷澤毅 94
丹下栄 4, 94
チボー1世 Thibaud Ier 81, 82
チボー2世 Thibaud II 39, 111
チボー3世 Thibaud III 83
チボー4世吟遊伯 Thibaud IV le Chansonnier 39, 59, 71, 92
チボー5世 Thibaud V 83
チャットフィールド Chatfield, Michael 118
出口裕子 35
デポルト Desportes, Pierre 16, 17, 18, 25, 28, 45, 61, 71, 73, 74, 94, 122, 147, 148, 156, 167
デュトゥール Dutour, Thierry 30, 75
デュパキエ Dupâquier, Jacques 34
デュパルク Duparc, Pierre 16, 75
デュブレ Dubled, Henri 12, 73
デュボワ Dubois, Henri 15, 22, 24, 40
デュポン゠フェリエ Dupont-Ferrier, Gustave 33, 167, 168
デュルタン Durtain, Gautier de (プロヴァン市長) 56
デュルベック Durbec, Joseph-A. 25, 73
デルヴィル Derville, Alain 29, 94
デルサル Delsalle, Paul 35
ドゥミュルジェ Demurger, Alain 4
ドランジェ Dollinger, Philippe 34
ドロゲ Droguet, Alain 2, 16
ドーント Dhondt, Jan 35, 119

な 行

中川和彦 33
中野忠 33, 35
中堀博司 148

ヌヴー Neveux, François 30, 75
ネイエル Neyer, Julien 31, 147
ネランク Neirinck, Danièle 21

は 行

パイヤー Peyer, Hans Conrad 95
畑奈保美 33
服部良久 135
バボ Babeau, Henry 74
林毅 3, 4
パントコト Pentecôte, Guillaume (プロヴァン市長) 119
ビジェ Biget, Jean-Louis 15, 30, 31
ピション Pichon, Aline 70, 83
ビボレ Bibolet, Françoise 16, 35, 40, 45, 46, 66, 71, 73, 74, 168
ビュール Bur, Michel 39, 40, 45, 94, 120
ビヨ Billot, Claudine 16, 27, 28, 75, 119
平嶋照子 33
ピレンヌ Pirenne, Henri 1, 3, 121
ファヴィエ Favier, Jean 2, 7, 12, 13, 14, 21, 22, 23, 25, 31, 32, 34, 73, 115, 146, 147, 148, 169
ファヴロー Favreau, Robert 9, 16, 72
ファン゠ヴェルフェケ Van Werveke, Hans 8, 33
フィリップ3世 Philippe III le Hardi 39, 94, 119
フィリップ4世 Philippe IV le Bel 13, 39, 94, 120, 121, 146
フィリップ5世 Philippe V le Long 62, 112
フィリップ6世 Philippe VI 13, 18, 147
フェドゥー Fédou, René 12, 167, 168
フォシエ Fossier, Robert 23, 35
フォンテーヌ゠リアン Fontaine Riant, Jean de (プロヴァン市長) 110, 120
ブガール Bougard, Pierre 10, 11, 28, 119

フーコー Foucaud, Gilbert 30
藤井美男 4, 33, 34, 35, 85, 95
プティ゠デュタイイ Petit-Dutaillis, Charles 69, 115, 121
フランダン゠ブレティ Flandin-Bléty, Pierre 26, 73, 75
プルー Prou, Maurice 42, 51, 70, 72, 73, 86, 87, 91, 96, 115, 116, 118, 119, 120, 121, 127-133
ブリュウィエ Bruwier, Marinette 9
ブルクロ Bourquelot, Felix 40, 42, 44, 45, 46, 51, 56, 61, 71, 72, 80, 81, 84, 88, 95, 104, 109, 112, 115, 116, 117, 119, 120, 121, 126, 136, 145, 146, 166
プレース Plaisse, André et Sylvie 16, 26
ブロック Bloch, Marc 146
ブローデル Braudel, Fernand 7, 33, 43
ブロンディ Brondy, Réjane 16, 75
ボシャカ Bochaca, Michel 29, 30, 31
ボーチエ Bautier, Robert-Henri 33, 35, 40, 43, 45, 72, 77, 94, 95, 111

ま 行

マルザン Marzin, Anne 146, 165
マンジョ Menjot, Denis 28, 30, 31, 35
メスキ Mesqui, Jean 26, 42, 43, 55, 67, 70, 73, 74, 84, 88, 101, 115, 117, 143, 146, 148, 151, 152, 153, 165, 166, 167, 168
モラ Mollat, Michel 10, 120
モリ Mori, Gilebert de (プロヴァン市長) 56, 58
森本芳樹 4, 94, 146
モルレ Morlet, Marie-Thérèse 60, 70, 82
モンピエ Montpied, Georges 15, 16, 24, 25

や 行

山瀬善一 4, 9, 33, 146
山田雅彦 4, 33, 40, 44, 45, 54, 94, 95, 120
山本健 85, 95

ら 行

ラヴォー Ravaux, Jean-Pierre 45, 71
ラルー Lalou, Élisabeth 45, 126
ラルギエ Larguier, Gilbert 31
リゴディエール Rigaudière, Albert 2, 15, 16, 19, 20, 25, 26, 27, 29, 31, 35, 58, 72, 73, 74, 75, 104, 118, 119, 121, 126, 144, 147, 148, 153, 155, 158, 166, 167, 168, 171
リシャール Richard, Louise 59, 68, 70, 111, 120
ルー Roux, Simone 4
ルゲ Leguay, Jean-Pierre 10, 11, 25, 26, 27, 34, 74, 75, 118, 119, 167, 168
ルゴフ Le Goff, Jacques 32, 42, 45, 119, 122
ル・ペヴリエ Le Pevrier, Miles (プロヴァン市長) 56, 123, 124, 126
ルボー Rubaud, Roger 40
ルムネ Le Mené, Michel 4, 16, 23, 26, 42, 96
ル・ロワ・ラデュリ Le Roy Ladurie, Emmanuel 52
ロシオ Rossiaud, Jacques 12, 69, 135
ロート Lot, Ferdinand 34
ロニョン Longnon, Auguste 70, 71, 72, 94, 115, 116
ロベール・ド・フィアンヌ Robert de Fiennes (フランス大元帥) 64, 137

わ 行

若曽根健治 33
渡辺節夫 34, 40

索引　INDEX

地名索引

あ行

アヴィニョン Avignon　19, 21
アグド Agde　16, 17, 27
アスティ Asti　85
アヌシー Annecy　16
アミアン Amiens　75
アラス Arras　10
アルトワ Artois　20, 61
アルビ Albi　12, 21, 31, 147
アルル Arles　16, 25, 27, 119
アンジェ Angers　16
アンブラン Embrun　24
イタリア Italy / Italie　22, 40, 43, 45, 78, 88, 95
イル＝ド＝フランス Ile-de-France　38, 39
イングランド England / Angleterre　1, 4, 22, 33, 94, 118, 135, 140, 147
ヴィルモー Villemaur　70
ヴェルブリー Verberie　21
ヴェルマンドワ Vermandois　38
ヴルジー Voulzie　59, 117
ヴルジー川 la Voulzie　41
ヴレ Velay　29
エヴルー Évreux　16, 26
エクス＝アン＝プロヴァンス Aix-en-Provence　16, 27, 119
エスパリヨン Espalion　12
エペルネー Épernay　44, 120
オ＝ヴィヴァレ Haut-Vivarais　16
オーヴェルニュ Auvergne　29, 127
オジェール Augers-en-Brie　59, 117
オーセール Auxerre　82
オーリャック Aurillac　80

か行

カジャール Cajarc　10, 24

か行 (続)

ガスコーニュ Gascogne　110
カステルジャルー Casteljaloux　13
カルパントラ Carpentras　12, 73
カレー Calais　10, 11, 28, 119
クルタコン Courtacon (ancien nom de Courton)　71, 117
グルノーブル Grenoble　16
クロンミエール Coulommiers　71
コンピエーニュ Compiègne　16

さ行

サヴォワ Savoie　75
サンス Sens　38, 42, 105, 106, 124
サン＝テミリヨン Saint-Émilion　30, 31
サント＝マリ＝ド＝ラ＝メール Saintes-Maries-de-la-Mer　73
サン＝フルール Saint-Flour　15, 16, 19, 20, 25, 27, 28, 29, 31, 73, 119, 166
サン＝フロランタン Saint-Florentin　70, 71
サン＝マンミ Saint-Memmie　70
シャチヨン＝シュル＝マルヌ Châtillon-sur-Marne　70, 71
シャトー＝ティエリー Château-Thierry　117
シャルトル Chartres　16, 27, 28, 75
シャロートル＝ラ＝グランド Chalautre-la-Grande　59, 71, 117
シャロン＝シュル＝マルヌ Châlons-sur-Marne　38, 45, 50, 67, 71, 74, 75, 81, 95, 148, 171
シャンスネ Champcenest　71, 117
シャンパーニュ Champagne　3, 32, 35, 37-45, 57, 59, 69, 70, 74, 77-96, 101, 103, 111, 112, 113, 116, 117, 120, 124, 127, 136, 168, 169, 170, 171
シャンベリー Chambéry　16, 73

スペイン Spain / Espagne 22, 30, 33, 36, 95
スルダン Sourdun 55, 59, 71, 117
セザンヌ Sézanne 120
セーヌ＝エ＝マルヌ県 Département de la Seine-et-Marne 38, 41
セーヌ川 la Seine 13, 38, 41, 60

た 行

タラスコン Tarascon 16, 18, 19, 27, 28, 119
ディエップ Dieppe 10
ディジョン Dijon 10, 15, 25–28, 30, 45, 52, 73, 75, 166
デュルタン川 le Durteint 41, 83
ドイツ Germany / Allemagne 1, 4, 8, 22, 33, 35, 45, 70, 82, 85, 86, 87, 95
ドゥエ Douai 8, 33, 117
トゥール Tours 16, 17, 27, 28, 73, 75, 119, 121, 166
トゥールーズ Toulouse 8, 9, 16, 27, 80
ドフィネ Dauphiné 24
トロワ Troyes 16, 38, 39, 40, 41, 42, 44, 45, 50, 51, 64, 66, 67, 69, 70, 71, 72, 73, 77, 79, 81, 83, 84, 85, 95, 105, 111, 120, 124, 125, 127, 143, 148, 154, 166, 171

な 行

ナヴァル Navarre 39, 44, 119
ナルボンヌ Narbonne 31
ナント Nantes 11, 34, 147, 166
ニース Nice 23, 73
ネーデルラント Netherlands / Pays-Bas 33, 95
ノルマンディー Normandie 30, 75

は 行

バイユー Bayeux 30
パリ Paris 12, 13, 19, 23, 30, 34, 41, 42, 52, 63, 69, 96, 105, 120, 124, 127
バル＝シュル＝オーブ Bar-sur-Aube 40, 70, 77, 95, 120, 167
バル＝シュル＝セーヌ Bar-sur-Seine 70
バルボンヌ Barbonne 71
ピカルディー Picardie 61
フォントヴロー Fontevraud 21, 22
フォントネ Fontenet (ancien nom de Saint-Brice) 71, 117
フランドル Flandre 39, 52, 61, 69, 106
ブルゴーニュ Bourgogne 10, 15, 20, 22, 28, 30, 33, 35, 39, 45, 52, 72, 74, 146
ブルターニュ Bretagne 11, 12, 28, 30, 34, 35, 75
プロヴァンス Provence 12, 30, 31, 88
ブロワ Blois 39
ペリグー Périgueux 9, 12, 13, 27, 28, 147
ベルギー Belgium / Belgique 1, 7, 8, 9, 22, 121
ボルドー Bordeaux 10, 16, 31
ポワチエ Poitiers 9, 16

ま 行

マルセイユ Marseille 16
マルチーグ Martigues 21
モー Meaux 38, 39, 51, 64, 65, 66, 72, 154, 160, 162
モンフェラン Montferrand 127
モンペリエ Montpellier 28

ら 行

ラニィ Lagny-sur-Marne 77
ラフェルテ＝シュル＝オーブ La Ferté-sur-Aube 71, 121
ランス Reims 16, 17, 18, 28, 38, 42, 44, 50, 67, 71, 74, 95, 117, 124, 143, 148, 167, 171
ラングドック Languedoc 12, 88
ラングル Langres 16
リジュー Lisieux 30

リムーザン Limousin 26, 75
リモージュ Limoges 21, 80
リヨン Lyon 12
リール Lille 16, 20, 21, 25, 26, 27, 30, 121
ルアン Rouen 42, 73, 81
ルイイ Rouilly 59, 117
ルエルグ Rouergue 30

ルピュイ゠アン゠ヴレ Le Puy-en-Velay 31
レシェル Léchelle 71, 117
レンヌ Rennes 10, 11, 26, 27, 28, 34, 119, 166
ロデーズ Rodez 16, 31
ロートレック Lautrec 16
ロレーヌ Lorraine 30, 35

事項索引

あ行

アシーズ assise　105, 124, 125
アナール学派 The Annales School of History　7, 31, 33
安全護送 «sauf-conduit»　80, 95
囲壁 Enceinte　11, 13, 19, 35, 54, 55, 59, 106, 115, 116, 148, 159, 166, 167
エシュヴァン(→参審人)
エシュヴィナージュ(→市参事会)
エド aides　66, 153, 155, 156, 157, 158, 160, 161, 163, 164
エド収入役 receveur des aides　157
エリュ Élu　17, 74, 158, 160, 161
エレクシオン Élection (→徴税管区)
塩税 gabelle du sel　26, 141, 147, 148, 157, 158, 160, 161, 163, 167
塩倉 grenier à sel　154, 157, 158, 167
塩倉役人 grenetier du grenier à sel　154, 157, 161
大市(→シャンパーニュ大市)
織元 drapier　58, 68

か行

会計監査 contrôle des comptes　28, 29, 66, 74, 103, 116, 138, 140, 153, 154, 155, 162, 164, 165
会計法院 Chambres des comptes　30, 35
外来商人 marchands étrangers　62, 63, 78, 79, 80, 83, 85, 88, 89, 90, 92, 95, 117, 126
楽器(古ヴァイオリン)弾き ménétrier　101, 115
カピテーヌ capitaine (→都市守備隊長)
カルチュレール cartulaire　46, 51, 69, 100, 102, 104, 115, 126
間接税 impôt indirect　11, 17, 19, 20, 21, 26, 62, 105, 106, 109, 118, 124, 125, 126,
141, 162, 164, 171
給水場 fontaines　73, 158, 159, 160, 167
近代国家 L'État moderne　7, 21, 22, 33
毛織物工業(業者) draperie　3, 41, 42, 45, 57, 58, 59, 62, 63, 67, 68, 71, 72, 73, 82, 83, 87, 88, 93, 109, 111, 113, 119, 169, 170
賢人衆 prud'hommes　28, 72
戸 «feu»　13, 24, 34
後見解放 «désaveux»　50, 51, 52, 53, 67, 69, 78, 85, 86, 87
貢租台帳 «censier»　82, 83, 115
高等教育関係中世史家協会 Société des Historiens Médiévistes de l'Enseignement Supérieur Public　23
高等法院 Parlement　120, 127, 161
5月年市(→年市)
国王エド(→エド)
国王代訟人 procureur du Roi　65, 73, 144, 154
国王弁護士 avocat du Roi　65, 73, 154, 160, 168
穀物計量税 «minage»　81, 82, 83
国立科学研究センター Centre National de la Recherche Scientifique　15, 21
コミューン commune　1, 42, 49, 50, 52, 54, 56, 57, 59–63, 64, 65, 67, 68, 69, 70, 71, 77, 94, 99, 101, 104, 105, 110–117, 120, 121, 122, 124, 135, 143, 148, 165, 167, 170
コミューン運動(→コミューン)
コミューン文書(→コミューン)
小麦(粉挽)税 «molage»　26, 65, 136, 141

さ行

参審人 échevins　18, 28, 60, 61, 63, 68, 71, 85, 88, 91, 103, 105, 116

索引　INDEX

サン＝キリアス教区 Saint-Quiriace, paroisse　83
サン＝キリアス参事会教会 Saint-Quiriace, collégiale　55, 80, 81, 82, 95, 115, 117
サン＝ジャック修道院 Saint-Jacques, abbaye　64, 82
サン＝タユール教区 Saint-Ayoul, paroisse　58, 83
サン＝タユール修道院 Saint-Ayoul, prieuré　41, 55, 70, 77, 81, 90, 95, 143
サン＝タユール年市(→年市)
サン＝タユール年市商業施設 《maison des Osches》　82, 95
サン＝テスプリ施療院 Saint-Esprit, hôpital　82, 95
サント＝クロワ修道院 Sainte-Croix, monastère　143
サント＝クロワ教区 Sainte-Croix, paroisse　58, 83
サン＝マルタン年市(→年市)
サン＝ローラン礼拝堂 Saint-Laurent, chapelle　77, 86
市参事会 échevinage　32, 60, 61, 103, 116, 143
下町区 ville basse　41, 54, 58, 70, 80, 81, 82, 83, 87, 88, 89, 90, 95, 159
市長 maire　10, 28, 56, 60–63, 68, 69, 71, 72, 91, 92, 103, 105, 110, 113, 116, 119, 120, 121, 123, 124, 125, 126
市長暗殺事件 Assassinat du maire　57, 70, 105, 109, 110, 111, 118, 119, 120
市当局(市政機関) municipalité　2, 3, 11, 20, 28, 35, 43, 49, 50, 51, 59–63, 67, 68, 69, 71, 72, 77, 78, 79, 84, 85, 89–93, 96, 99, 100, 101, 102, 103, 106–111, 114, 117, 118, 124, 137, 138, 141, 148, 152, 153, 156, 161, 164, 170
市門通過税　156, 163, 166
社会職能分析 analyse socio-professionelle　3, 13, 19, 20, 24, 25, 30, 31, 32, 50, 56, 57, 58, 59, 70, 71, 170
社会地誌 social topography　13, 23, 24, 25, 30, 31, 32, 170
シャンパーニュ大市 foires de Champagne　38, 39, 40, 41, 42, 43, 44, 45, 55, 77–96, 100, 101, 106, 111, 112, 113, 117, 119, 170
シャンパーニュ大市の税額表 tarifs des foires de Champagne　45
シャンパーニュ伯 comte de Champagne (→シャンパーニュ)
シャンパーニュ伯所有財産調査記録 Extenta　79, 94, 101, 115
シャンパーニュ伯文書 chartes promulguées par le comte de Champagne　51, 59–63, 70, 71, 72, 79, 88, 101, 104, 105, 109, 111, 115, 117, 121, 124
シャンパーニュ伯領 comté de Champagne (→シャンパーニュ)
ジュイ修道院 Jouy, Abbaye　84, 137, 143, 145, 148
週市 marché　78, 81
収入役 receveur　10, 11, 17, 19, 28, 44, 107, 113, 126, 152, 154, 155, 160, 166
周辺村落 《vilois》　54, 55, 57, 58, 59, 74, 87, 88, 104, 112, 117, 124, 136
住民総会 assemblée générale des habitants　17, 32, 66, 67, 68, 74, 75, 154, 157, 161, 165, 166, 170, 171
住民投票 scrutin　56, 57, 62, 63, 68, 70, 110, 112, 121
ジュレ(→誓約人)
ジュレ税 jurée　60, 61, 62, 72, 109, 115
諸学会全国連合 Congrès national des sociétés savantes　21, 24, 35, 96
人口 Population　13, 14, 18, 19, 23, 24, 25, 31, 32, 34, 42, 119
税額査定帳簿 《estimes; compoix; cadastre》　8, 9, 12, 15, 17, 18, 20, 24, 30, 58,

69, 115, 158
誓約人 jurés 29, 61, 72, 103, 116
総徴税官 receveur général 161
租税システム(体系) systèmes fiscaux 17, 31, 34, 141

た 行

タイユ taille 9, 11, 12, 13, 16, 17, 18, 19, 21, 23, 24, 28, 58, 60, 74, 105, 115, 118, 137, 138, 139, 140, 141, 142, 143, 145, 147, 148, 157, 158, 167
高台区 ville haute 41, 54, 58, 77, 79, 80, 81, 82, 84, 86, 88, 89, 90, 95, 148
チャージ・アンド・ディスチャージ(責任負担・責任解除) charge and discharge 107, 118
徴税管区 157, 158, 162, 167
直接税 impôt direct 10, 19, 21, 26, 58, 105, 141, 158
テンプル騎士団 Templiers 81, 85
トゥール貨 monnaie de Tours; le tournois 45, 103, 136, 147, 152, 156, 159, 160, 161, 166, 167
道路管理役《voyeur》 65, 66, 160, 168
都市会計簿 livre des comptes municipaux 8–12, 16–21, 25–28, 32, 34, 35, 51, 72, 89, 90, 99–121, 123–133, 135–149, 151–166, 170
都市守備隊 garnison de ville 138, 139, 140, 142, 145, 147, 158, 160, 167
都市守備隊長(代理) capitaine (ou lieutenant du capitaine) 28, 64, 65, 73, 74, 142, 161
都市評議会 Conseil de Ville 32, 49, 50, 64–68, 69, 73, 74, 127, 143, 144, 145, 148, 152, 153, 165, 170, 171
ドミニコ修道会(修道士) Frères Prêcheurs 42, 66, 83, 115

な 行

年市 foires 40, 43, 45, 62, 77–96
年市守護 gardes des foires 62, 63, 73, 81, 88, 90, 92, 95, 96, 110, 113
ノートル=ダム・デュ・ヴァル参事会教会 Notre-Dame du Val, collégiale 55, 64, 83, 143

は 行

バイイ bailli 28, 44, 62, 63, 65, 72, 73, 80, 92, 96, 105, 110, 118, 120, 154, 160, 162
バイイ代理 lieutenant du bailli 64, 65, 73, 154, 166
バルボ修道院 Barbeaux, couvent 84
パン税 66, 74, 157, 160, 163
非訟事項管轄権《juridiction gracieuse》 94
百年戦争 La guerre de Cent Ans 11, 13, 25, 32, 38, 68, 96, 112, 135, 148
布告役(人) sergent crieur 160, 168
ぶどう酒税 11, 19, 20, 26, 65, 80, 84, 136, 141, 157, 160, 163, 166, 167
ぶどう酒搬入税《intragium》 82, 83
フランシスコ修道会(修道士) Frères mineurs; Cordeliers 42, 83, 95, 143, 156, 162
フランス大元帥 connétable de France 64, 137, 140, 142, 146, 147
プルイイ修道院 Preuilly, abbaye 84
ブルゴーニュ公 Duc de Bourgogne (→ブルゴーニュ)
ブルゴーニュ国家 L'État bourguignon (→ブルゴーニュ)
ブルターニュ公 Duc de Bretagne (→ブルターニュ)
プレヴォ prévôt 56, 60, 61, 62, 63, 65, 71, 72, 73, 80, 90, 95, 104, 105, 110, 111, 113, 117, 120, 124, 125
プロヴァン貨 monnaie de Provins; le

索引 INDEX

provinois　41, 45, 60, 117
プロヴァン郡歴史・考古学協会 Société d'Histoire et d'Archéologie de l'arrondissement de Provins　42, 46
プロヴァン施療院 Hôtel-Dieu de Provins　82, 88, 101, 115, 143, 167
ペスト(伝染病) Peste　17, 24, 68, 96, 135
防備施設(防備強化) fortifications　9, 11, 18, 19, 25, 26, 27, 28, 32, 35, 62, 64, 65, 68, 73, 74, 101, 115, 119, 136, 140, 142, 143, 145, 146, 148, 153, 155, 156, 157, 158, 159, 162, 163, 165, 167, 171
堀(外堀) fossé　73, 115, 156, 159, 162, 163, 166, 167

ま 行

村役人職《mairie》　60, 104, 108, 124, 125
メール(→市長)
物売台 étal　80, 82, 83
文書集成(→カルチュレール)
モンチエ=ラ=セル修道院　Montier-la-Celle, abbaye　81, 105, 161

や 行

宿屋(宿泊) hôtelier　79, 85, 87, 88, 89, 95, 162
ユダヤ人 juif　60, 156
浴場 bains　105, 106, 117

ら 行

流通税 tonlieu　11, 61, 80, 81, 82, 83, 84, 90, 95
歴史史料研究所 Institut de Recherche et d'Histoire des Textes　42, 46, 69, 127, 146, 151
歴史人口学 Démographie historique　23, 24, 25, 35
ロジュ(訴訟及び事務処理施設)《loge》　62, 63, 89, 90, 100, 106, 115, 125
ローマ・フランス学院 École française de Rome　15

Provins, ville de Champagne du XIIIe au XVe siècles. Étude sur les institutions urbaines et les habitants provinois

Yoichiro HANADA

TABLE DES MATIÈRES

INTRODUCTION

PREMIÈRE PARTIE——HISTORIOGRAPHIE ET DÉFINITION DU SUJET

CHAPITRE I   État et perspectives des recherches françaises, depuis 1950, sur les finances municipales des villes au Moyen Age

CHAPITRE II   La signification de l'étude d'histoire socio-économique de la région champenoise au Moyen Age

DEUXIÈME PARTIE——LA SOCIÉTÉ URBAINE

CHAPITRE III   Les activités économiques et la structure socio-professionelle des Provinois et l'organisation municipale de la ville de Provins aux XIIIe-XVe siècles

CHAPITRE IV   Les relations socio-économiques entre les foires de Champagne, le gouvernement municipal et les habitants aux XIIe-XIVe siècles

TROISIÈME PARTIE——FINANCES

CHAPITRE V   Les Finances municipales de la ville de Provins du dernier quart du XIIIe siècle au premier quart du XIVe siècle d'après les comptes municipaux de Provins (1274-1331)

EXCURSUS:
Essai d'analyse du compte municipal de Provins pour l'année 1274-1275

CHAPITRE VI   Les Finances municipales de la ville de Provins au milieu du XIVe siècle: Essai d'analyse d'un compte de 1360

CHAPITRE VII   Les Finances municipales de la ville de Provins au milieu du XVe siècle: Essai d'analyse du compte municipal de Provins (1451-1452)

CONCLUSION GÉNÉRALE

SOURCES ET BIBLIOGRAPHIE

APPENDICE

INDEX

著者略歴

花田 洋一郎（はなだ・よういちろう）

1968 年　福岡県生まれ
1987 年　福岡県立宗像高校卒業
1991 年　熊本大学文学部史学科卒業
1993 年　熊本大学大学院文学研究科修士課程修了
1996 年　九州大学大学院経済学研究科博士課程単位
　　　　　取得退学
1996〜1998 年　九州大学経済学部助手，日本学術振興会特
　　　　　別研究員（PD）を経て，
1998 年　西南学院大学経済学部専任講師
現在　　西南学院大学経済学部助教授
　　　　　博士（経済学）

主要論文
「フランス中世都市の財政と「自治」―プロヴァンの都市会
　計簿（1274 年-1331 年）を素材にして―」『社会経済史学』
　第 61 巻第 5 号，1995 年。
「中世後期フランス都市行・財政制度の特質―シャンパーニュ
　諸都市の場合―」田北廣道編著『中・近世西欧における
　社会統合の諸相』九州大学出版会，2000 年。

フランス中世都市制度と都市住民
――シャンパーニュの都市プロヴァンを中心にして――

2002 年 2 月 15 日　初版発行

　　　著　者　花　田　洋一郎
　　　発行者　福　留　久　大
　　　発行所　（財）九州大学出版会
　　　　　　〒812-0053　福岡市東区箱崎 7-1-146
　　　　　　　　　　　　九州大学構内
　　　　　　電話　092-641-0515　（直通）
　　　　　　振替　01710-6-3677
　　　　　　印刷・製本／研究社印刷株式会社

© 2002 Printed in Japan.　　　　　ISBN 4-87378-708-4

田北廣道 編著
中・近世西欧における社会統合の諸相

A5判 496頁 8,200円

中・近世西欧における社会諸階層が様々な生活領域と多様な空間的次元で取り結ぶ関係を，反発・緊張のなかの「社会統合」と捉えつつ，対象時代・地域を絞り込んだ実証研究を行う。それを通じて「社会統合」の具体相と，そこで生み出されるダイナミズムを照射する。

田北廣道
中世後期ライン地方のツンフト「地域類型」の可能性
――経済システム・社会集団・制度――

A5判 340頁 6,500円

H. レンツェの提唱した「ツンフト地域類型」を叩き台に一つの動的モデルの提示を狙いとし，「地域類型」の形成過程と，その経済史研究にもちうる可能性とを明らかにする。

藤井美男
中世後期南ネーデルラント毛織物工業史の研究
――工業構造の転換をめぐる理論と実証――

A5判 320頁 7,000円

本書は，同工業の歴史に関する諸学説を批判的に検討するとともに，2つの有力都市イーペルとメヘレンを実証分析の素材に据え，'産業的中産層'出現の手工業史における意義を解明する。

デュビィ，ミッテラウアー，デスピィ，シュネーデル，キースリンク，ファン・デル・ウェー／森本芳樹 編／宮松・藤田・森本・平嶋・山田・田北・藤井 訳
西欧中世における都市と農村

四六判 320頁 3,200円

地域内部での都市的・農村的諸機能の編成と分布をあらゆる定住地に目を配って再現しようとする地域史の手法により，中世における都市と農村との多様な共生関係が解明される。

（表示価格は本体価格です。）

斎藤絅子
西欧中世慣習法文書の研究
――「自由と自治」をめぐる都市と農村――

A5判 320頁 7,000円

本書は，中世都市の重要な特徴の1つとされてきた「自由と自治」に焦点を当てて，フランス王国北辺から神聖ローマ帝国西辺の一帯を対象として，中世人の視野の広がりにおける，都市と農村との関係を模索しようとするものである。

ジャン・マビヨン／宮松浩憲 訳
ヨーロッパ中世古文書学

B5判 762頁 14,000円

中世ヨーロッパに関する文書史料について，真正文書を偽文書から区別する手続きが，歴史学にとって不可欠の前提となる。著者は文書の材質，書体，文体，下署，印章，日付事項から真偽を判別する新しい合理的方法論を提示する。西洋古文書学の金字塔，世界初の現代語訳。

宮松浩憲
西欧ブルジュワジーの源流
――ブルグスとブルゲンシス――

A5判 536頁 8,000円

中世初期に新生した西欧ブルジュワジーが都市・農村の両性的存在から市民へ収斂していくと同時に，多核構造の中世都市を巨大な共同体へ発展させる過程を，都市と農村を一体とする地域史の視点に立って解明した総合的実証研究。

L. ジェニコ／森本芳樹 監修
歴史学の伝統と革新
――ベルギー中世史学による寄与――

四六判 288頁 3,800円

社会史による問題意識の革新が豊かな実りをもたらすためには，ますます確実な史料処理が不可欠である。1982年日本での五つの講演から生まれた本書では，コンピューターによる中世文献史料の検索と分析の最近の達成を軸に，現代歴史学の進むべき途を示す。

九州大学出版会刊